经典撷玉

中华传统文化精粹文段导读

黄耀新 主编

中国文史出版社

目　　录

1

序

　　阅读中华优秀传统文化经典，最好是阅读原著。而这些原著，对于大多数人来说，或因语言古奥而读不懂字面意思，或读懂了字面意思，因缺乏背景知识还是不知所云，或因说理枯燥而无法卒读，或因长篇大论而令人生畏……总之，阅读整本原著既无兴趣也乏能力。

　　如何让人们产生兴趣、形成能力呢？三年前，为了配合教材学习，引导学生拓展阅读，从课内走向课外，我整理出三十多则《庄子》寓言。每则寓言一二百字甚至更短，加上注释，再命制两道简单的小题。寒假期间，每天发给学生一则，要求学生认真阅读并抄写，再答题。结果发现，效果不错。后来的假期，我依样画葫芦，每天发给学生一则由课文延伸出去的古文小段，效果仍然不错。

　　看来，阅读传统经典名著，先挑选一些原著中容易读进去的短小精美的文段，阅读难度大大降低，就能够做到读下去、读进去了。再循序渐进，就可以去读整本原著了。

　　中华优秀传统文化经典卷帙浩繁，读什么是需要选择的。我领着工作室的老师们从选入统编中学语文教材的那些经典中选择了十三本名著，再从每本著作中选择课文以外的几十则精短文段。

　　我们选择的文段，第一，力求短小，读起来不费力，但相对完整。第二，力求体现全书的核心思想、基本观点。有了课文学习的基础，再好好学习这些名段名句，这本书主要的思想观点也就基本了解了。第三，力求包含成语典故、名言警句等。除了解思想而外，还可以积累语言。第四，力求内容有趣或表达精彩，引人入胜。简言之，兼顾思想性、艺术性和可读性。

每本经典，我们都做了一个千字左右的简介。所选的几十个文段按主题或题材进行了大致的分类。每个文段后面有一个稍详的"注释"，和一个帮助理解文意的尽量简短的"提示"。

　　我们选择比较好的原著版本作为选择文段的底本，这在简介中做了交代。

　　我们编辑这本书，期望读者通过几十个小小的文段，对某部经典产生兴趣，进而阅读整本原著。通过阅读原著，对中华优秀传统文化产生兴趣，能够继承和弘扬中华优秀传统文化，体会中华文化的核心理念和人文精神，领略传统智慧，培养理性精神，增强文化自信。

　　这本书可以作为阅读中华优秀传统文化经典原著的入门书，更适合中学师生作为课文学习的拓展阅读材料。它对于培养语文四大核心素养，尤其是"文化传承"和"语言建构"两方面的素养，十分有益。

黄耀新

2023 年 3 月

《诗经》撷玉

王永娟

《诗经》是我国最早的一部诗歌总集。它收集和保存了西周初年至春秋中叶（前 11 世纪至前 6 世纪）的诗歌。西汉时被尊为儒家经典，始称《诗经》。

《诗经》在内容上分为《风》《雅》《颂》三个部分。《风》是周代各地的歌谣；《雅》是周人的正声雅乐，又分《小雅》和《大雅》；《颂》是周王庭和贵族宗庙祭祀的乐歌，又分为《周颂》《鲁颂》和《商颂》。

《诗经》的艺术手法，用"赋""比""兴"三字来概括。"赋"就是直接抒写和铺述。"比"就是比喻，以彼物比此物，使事物的表达更加形象生动。"兴"，朱熹解释为"先言他物以引起所咏之词"（《诗集传》），一般用在诗歌开头。

《诗经》内容丰富，反映了劳动与爱情、战争与徭役、压迫与反抗、风俗与婚姻、祭祖与宴会，甚至天象、地貌、动物、植物等方方面面的情状，是周代社会生活的一面镜子。

孔子说："小子何莫学夫诗？诗，可以兴，可以观，可以群，可以怨。迩之事父，远之事君，多识于鸟兽草木之名。"（《论语·阳货》）又说："兴于诗，立于礼。"（《论语·泰伯》）他高度评价了《诗经》在修身、治国等方面的作用，把诗歌提到了治国兴邦的高度。先秦诸子经常引用《诗经》说理；先秦政治家、外交家亦多引诵《诗经》来表达立场态度；汉武帝时《诗经》被儒家奉为经典，成为后世儒家学者精神气韵的根基。

1

《诗经》在中国乃至世界文化史上都占有重要地位。它描写现实、反映现实的写作手法，开创了诗歌创作的现实主义优良传统，历代诗人的诗歌创作不同程度地受到《诗经》的影响。很多名句千古流传，如"杨柳依依""雨雪霏霏""风雨凄凄""战战兢兢，如履薄冰""他山之石，可以攻玉"等等，至今还经常运用。

今天，我们读《诗经》，不仅能了解几千年前中国古人的生活，增加语言文化知识的积累，还能感受到古今情感的相通，更能受到诗歌艺术美的熏陶。

下面所选的《诗经》原文，以中华书局2015年9月版《诗经》（王秀梅译注）为底本，参阅中华书局2018年7月版《诗经析读》（李山著），并参阅其他《诗经》研究资料，择善而从。《诗经》语言比较古奥难懂，故注释稍详，有些句子加以串解，对诗篇的思想内容和艺术特色做了必要的提示。

所选二十五首诗，兼顾思想性和艺术性，展现了《诗经》内容的主要方面。对于入选统编中学语文教材的《关雎》《蒹葭》《芣苢》《静女》《无衣》《氓》，这里不再选用。

一、偕老古今愿

婚恋是人们的感情生活中最为重要的部分，爱情是文学永恒的主题，"与子偕老"是中国最美好的婚恋宣言。《诗经》中有大量的婚恋诗，表现了爱情、婚姻的方方面面。有快乐甜蜜的约会，也有缠绵刻骨的相思，有宴尔新婚、琴瑟和谐，也有移情别恋、家庭暴力……这些诗歌对人类最普遍情感的描述和抒发，总是最能触及人类灵魂的深处，是《诗经》中最动人的篇章。

月　　出

月出皎兮①，佼人僚兮②。舒窈纠兮③，劳心悄兮④。
月出皓兮，佼人懰兮⑤。舒慢受兮⑥，劳心慅兮⑦。

月出照兮，佼人燎兮⑧。舒夭绍兮⑨，劳心惨兮⑩。

（《国风·陈风》）

【注释】①皎：月光洁白明亮。②佼（jiǎo）：通"姣"，美好。僚：同"嫽"，娇美。③舒：舒徐，从容娴雅。窈纠：同"窈窕"，行步舒缓的样子。④劳心：忧心。悄：忧愁状。⑤懰（liǔ）：妩媚。⑥慢（yǒu）受：舒迟、舒缓的样子。⑦慅（cǎo）：忧愁；一说读sāo，心神不安。⑧燎：明也；一说姣美。⑨夭绍：柔美，动态委婉的样子。⑩惨（cǎo）：通"懆"，焦躁的样子。

【提示】这首诗采用重章叠唱的形式，集中表现了对意中人的由衷赞美、热烈追求，是中国古典诗歌中最早写月下怀人的篇章。望月怀人的迷离意境和伤感情调一经它开端，同类之作便源源不断。

汉　广

南有乔木①，不可休思②。汉有游女③，不可求思。
汉之广矣，不可泳思；江之永矣④，不可方思⑤。

翘翘错薪⑥，言刈其楚⑦。之子于归⑧，言秣其马⑨。
汉之广矣，不可泳思；江之永矣，不可方思。

翘翘错薪，言刈其蒌⑩。之子于归，言秣其驹。
汉之广矣，不可泳思；江之永矣，不可方思。

（《国风·周南》）

【注释】①南：南方，周人所谓的南，所指大概对应今天江汉、江淮一带。②休：休息。思：语助词。③汉：汉水，现称汉江。游女：出游的女子；一说指汉水女神。④江：江水，即长江。永：长。⑤方：用竹木编成的筏子。此处用作动词，用木筏渡水。《鲁诗》"方"作"舫"，小舟。⑥翘翘：本指鸟尾上的长羽，这里是高高挺出的样子。错薪：丛生高挺的灌木、茅草，可用作薪柴。依周礼，嫁娶要点火把，所以《诗经》中的嫁娶多以折薪、刈楚起兴。⑦言：语助词。刈（yì）：割取。楚：灌木名，即牡荆。⑧之子于归：那个女子出嫁。之，此，这。于，虚词，用在动词前；一说往。归，古代把丈夫家看作女子的归宿，故称"归"。⑨秣：用谷草喂马。⑩蒌：蒌蒿，一种生在水边的草，嫩时可食，老则为薪。

【提示】这是一首樵夫咏唱的恋歌。所爱的姑娘要出嫁了，新郎不是他。他们之间的鸿沟比汉水、江水更宽，无法渡过。高大的乔木、浩淼的江水、翘翘的薪蒌，引动他的情思，想到爱慕却难以追求的姑娘，无限惆怅，就唱出了这首恋歌。

桃　夭

桃之夭夭①，灼灼其华②。之子于归，宜其室家③。
桃之夭夭，有蕡其实④。之子于归，宜其家室。
桃之夭夭，其叶蓁蓁⑤。之子于归，宜其家人⑥。

（《国风·周南》）

【注释】①夭夭：绚丽茂盛、生机勃勃的样子。②灼灼：花朵鲜艳如火闪耀。华：同"花"，指盛开的花。③宜：和顺、亲善。室：夫妻小家庭。家：夫家家族。④有蕡（fén）：即蕡蕡，草木果实又多又大的样子。⑤蓁（zhēn）蓁：树叶繁密的样子。⑥家人：家族及家族众人。

【提示】这是一首祝贺年轻姑娘出嫁的诗。通篇以桃起兴，以桃花喻美人，为新娘唱了一首赞歌。首章如花，赞其美；次章有实，祝有嗣；三章叶茂，赞其德。全诗语言精练优美，"室家"的倒文、同义变化，用一"宜"字贯穿，写出了新娘的年轻娇美和美好德行给新建的家庭注入新鲜的血液，带来和谐欢乐的气氛和未来兴旺的发展。

女曰鸡鸣

女曰："鸡鸣。"士曰："昧旦①。"
"子兴视夜②，明星有烂③。"

"将翱将翔④，弋凫与雁⑤。"

"弋言加之⑥，与子宜之⑦。
宜言饮酒，与子偕老。
琴瑟在御⑧，莫不静好⑨。"

"知子之来之⑩，杂佩以赠之⑪。
知子之顺之，杂佩以问之⑫。
知子之好之⑬，杂佩以报之⑭。"

（《国风·郑风》）

【注释】①昧旦：天将亮未亮之时。②兴：起。视夜：察看夜色。③明星：启明星，即金星。有烂：即"烂烂"，明亮的样子。④将翱将翔：宿鸟将出巢飞翔。⑤弋：用生丝做绳，系在箭上射鸟。凫：野鸭。⑥言：语助词，下同。加：射中；一说"加豆"，食器。⑦与：为。宜：用适当的方法烹调。⑧御：用，此处是弹奏的意思。⑨静好：和睦安好。⑩来（lài）：通"赉"，慰劳，关怀。⑪杂佩：古人佩饰，上系珠、玉等，形质不一，故称杂佩。⑫问：慰问，问候；一说赠送。⑬好（hào）：爱恋。⑭报：赠物报答。

【提示】这是一首极富情趣的对话体诗，描述一对青年夫妇的对话，生动地表现了他们生活的和睦、感情的诚笃。对话由短而长，节奏由慢而快，情感由平静而热烈，人物个性也由隐约而鲜明。

谷　风①

习习谷风②，以阴以雨③。黾勉同心④，不宜有怒。
采葑采菲⑤，无以下体⑥？德音莫违⑦，及尔同死⑧。

行道迟迟⑨，中心有违⑩。不远伊迩⑪，薄送我畿⑫。
谁谓荼苦⑬？其甘如荠⑭。宴尔新昏⑮，如兄如弟。

5

泾以渭浊⑯，湜湜其沚⑰。宴尔新昏，不我屑以⑱。
毋逝我梁⑲，毋发我笱⑳。我躬不阅㉑，遑恤我后㉒。

就其深矣，方之舟之㉓。就其浅矣，泳之游之。
何有何亡㉔，黾勉求之。凡民有丧㉕，匍匐救之㉖。

不我能慉㉗，反以我为仇㉘。既阻我德，贾用不售㉙。
昔育恐育鞫㉚，及尔颠覆㉛。既生既育，比予于毒㉜。

我有旨蓄㉝，亦以御冬㉞。宴尔新昏，以我御穷㉟。
有洸有溃㊱，既诒我肄㊲。不念昔者，伊余来墍㊳。

（《国风·邶风》）

【注释】 ①谷风：山谷刮来的风。②习习：柔和舒缓的样子；一说连续不断的样子。③以阴以雨：带来云又带来雨。阴雨滋润百物，可喻夫妇和美；阴云晦暗，大雨滂沱，可喻夫妇失和，家庭暴力。④黾（mǐn）勉：勤勉。⑤葑（fēng）：蔓菁。菲：萝卜。土下生长的块状茎为重要疏菜。⑥以：用。无以下体，即扔掉土下生长的块状茎。反问句是对丈夫抛弃自己的质问。⑦德音：指丈夫曾对她说过的好话。⑧及：和，与。⑨迟迟：动作迟缓的样子。⑩中心：心中。有违：行动和心意相违背。⑪伊：是。迩：近。⑫薄：语助词。畿（jī）：指门槛。⑬荼：苦菜。⑭荠：荠菜；一说甜菜。⑮宴：快乐。昏：即"婚"。⑯泾、渭：即泾河、渭河，在陕西高陵相会。泾河水清，渭河水浊，相会后水全都变浊。以：由于，因为。⑰湜（shí）：水清见底。沚（zhǐ）：水中小洲；一说底。⑱不我屑以：不认为我是洁净的；一说倒装，不屑与我交往。屑，通"洁"。以，与，友好。⑲逝：往，去。梁：捕鱼水坝。⑳发：打开；一说通"拨"，搞乱。笱（gǒu）：捕鱼的竹篓。㉑躬：自身。阅：容纳。㉒遑：暇，来不及。恤：顾及。后：指走后的事。㉓方：筏子，此处作动词。㉔亡：同"无"。㉕民：人，这里指邻人。㉖匍匐：手足伏

6

地而行，此处指尽力。㉗能：乃。恤（xù）：好，爱惜。㉘仇：仇人。㉙贾（gǔ）：卖。用：指货物。不售：卖不出。㉚育恐育鞠：在恐惧、困穷中生存。育，长。鞠（jū），穷。㉛颠覆：艰难，患难。㉜予：我。于：如。毒：毒虫，毒物。㉝旨蓄：蓄以过冬的美味干菜和腌菜。旨，甘美。蓄，积蓄。㉞御：抵挡。㉟穷：窘困。㊱有洸（guāng）有溃（kuì）：即"洸洸溃溃"，水流湍急的样子，此处借喻人动怒。㊲既：尽。诒：通"贻"，给予。肆（yì）：劳苦的工作。㊳伊：语助词；一说维。余：我。来：语助词；一说犹"是"。塈（jì）：爱；一说通"疾"，憎恨。

【提示】这是遭到丈夫遗弃的女子写的诉苦诗。全诗通过男女对比，今昔对比，被弃和新婚的对比，塑造了吃苦耐劳、温婉柔顺、痴心多情的女子形象和朝秦暮楚、薄行缺德、少情寡义的男子形象。鲜明的对比加深了我们对被弃女子的同情和对薄情男子的厌恶。

思考与行动

读了这一组婚恋诗，你对《诗经》中的男女情事是否产生了进一步了解的兴趣？如果你的答案是"是"，那么，你可以再选读《诗经》中的这些诗歌：

1. 思念：《周南·卷耳》《卫风·伯兮》《王风·采葛》。

2. 约会：《召南·野有死麇》《召南·摽有梅》《鄘风·桑中》《王风·大车》《郑风·将仲子》《郑风·山有扶苏》《郑风·野有蔓草》《郑风·溱洧》。

3. 婚礼：《召南·鹊巢》《邶风·简兮》《豳风·伐柯》《卫风·木瓜》《郑风·丰》《鄘风·君子偕老》《齐风·著》《唐风·绸缪》《周南·螽斯》。

4. 夫妻：《郑风·缁衣》《郑风·风雨》《齐风·鸡鸣》《齐风·东方之日》《齐风·东方未明》《唐风·有杕之杜》。

5. 畸恋：《召南·江有汜》《邶风·日月》《鄘风·柏舟》。

6. 婚变：《陈风·衡门》《王风·中谷有蓷》。

7. 悼亡：《邶风·绿衣》《唐风·葛生》。

鲁迅曾说"人类的悲欢并不相通",读了上面不同类型的婚恋诗,你认同鲁迅先生的话吗?

二、百谷筑国基

近年考古证据表明,中华民族的先祖早在一万年前就开始了农业种植。周代的农作物已经非常丰富,耒耜等农具普遍使用,表示谷物粮食总称的"百谷"一词在《诗经》中多次出现。人们对农作物的观察日益精细,农作物收获后的深加工也日益多样。《诗经》中描述农业生产生活以及与农事直接相关的政治、宗教活动的诗歌,被称作农事诗。这些诗歌从不同的侧面描写了周代的农事状况,是我国周代农业社会生产生活的一面镜子。通过对农事诗的研读,可以理解中华民族精神气质和审美趋向产生的物质根源。

七月 (节选)

七月流火①,九月授衣②。一之日觱发③,二之日栗烈④。无衣无褐,何以卒岁?三之日于耜⑤,四之日举趾⑥。同我妇子,馌彼南亩⑦。田畯至喜⑧。

七月流火,九月授衣。春日载阳⑨,有鸣仓庚⑩。女执懿筐⑪,遵彼微行⑫,爰求柔桑⑬。春日迟迟⑭,采蘩祁祁⑮。女心伤悲,殆及公子同归⑯。

七月流火,八月萑苇⑰。蚕月条桑⑱,取彼斧斨⑲,以伐远扬⑳,猗彼女桑㉑。七月鸣鵙㉒,八月载绩㉓。载玄载黄㉔,我朱孔阳㉕,为公子裳。

四月秀葽㉖,五月鸣蜩㉗。八月其获,十月陨萚㉘。一之日于貉,取彼狐狸,为公子裘。二之日其同㉙,载缵武功㉚,言私其豵㉛,献豜于公㉜。

五月斯螽动股㉝,六月莎鸡振羽㉞,七月在野,八月在宇,九月在户,十月蟋蟀入我床下。穹窒熏鼠㉟,塞向墐户㊱。嗟我妇子,曰为改岁㊲,入此室处。

......

二之日凿冰冲冲，三之日纳于凌阴㊳。四之日其蚤㊴，献羔祭韭。九月肃霜，十月涤场㊵。朋酒斯飨㊶，曰杀羔羊。跻彼公堂，称彼兕觥㊷，万寿无疆！

（《国风·豳风》）

【注释】①火：星名，或称大火，即心宿三星的第二星，颜色与火焰相近而得名。每年夏历五月黄昏，这星当正南方，也就是正中和最高的位置。过了六月就偏西向下了，这就叫作"流"。"流火"，就意味着天地运行，时光流转。相传颛顼帝时就设置了火正，专职观测，由此还产生了历法"大火历"，指导生产减灾。②授衣：将裁制冬衣的工作交给女工。九月丝麻生产结束，开始制作冬衣。③一之日：周历的正月，即夏历十一月。觱（bì）发：大风吹刮的声音。④二之日：周历的二月，即夏历的十二月。栗烈：即"凛冽"。⑤三之日：周历的三月，即夏历一月。于：语助词，用在动词前，不翻译。耜（sì）：修理耒耜等农具。⑥趾：足；一说通"镃"，类似锄头的农具。举趾，就是下地劳作。⑦馌（yè）：送食物。南亩：指南北向的田地。⑧田畯（jùn）：农官名，又称农正或田大夫。至：同"致"，送来。喜（chì）：同"饎"，酒食。至喜即送酒食慰劳农夫。⑨春日载阳：春天开始变暖。⑩仓庚：鸟名，即黄莺、黄鹂。春天到北方正值小麦将熟、桑葚甜美时。⑪懿：深。⑫遵：沿着。微行：田间小径，小路。⑬爰：语助词；一说"于焉"的合音，到那里。柔桑：初生的嫩桑叶。⑭迟迟：白天变长的意思。⑮蘩：白蒿，用来"沃"蚕子，具体操作方法不详。祁祁：众多（指采蘩者），一说采蘩用于女子出嫁前的"教成之祭"。⑯公子：指国君之子。"殆及公子同归"是说怕被公子强迫带回家。⑰萑（huán）苇：即芦苇，八月收割，可以编织席子、箔等。⑱蚕月：指夏历三月。条桑：修整桑树枝条。⑲斧、斨：形制不同的斧头。⑳远扬：指长得太长而高扬的枝条。㉑猗（yǐ）：通"掎"，牵引。女桑：柔软的桑枝。"掎桑"是用手拉着桑枝来采叶。㉒鵙（jú）：鸟名，即伯劳，在北

9

方，夏历七月开始鸣叫，与"流火"一样，意味着时光流逝。㉓载：语助词，用在动词前，不翻译。绩：把丝、麻等搓成线。㉔玄、黄：两种颜色，这里指染出这两种颜色。玄为黑中带红。㉕朱：深红色。孔阳：特别鲜明灿烂的颜色。㉖秀：开花。葽（yāo）：草药名，即远志。㉗蜩：蝉。㉘蘀（tuò）：落叶。㉙同：聚会。㉚缵（zuǎn）：继。武功：借畋猎进行军事训练。㉛私：自己享有。豵（zōng）：一岁的小猪，这里泛指小兽。㉜豜（jiān）：三岁的大猪，这里泛指大兽。㉝斯螽（zhōng）：虫名，蝗类，即蚱蜢、蚂蚱。动股：古人以为斯螽两股相切发声。㉞莎鸡：虫名，今名纺织娘。振羽：言鼓翅发声。㉟穹：将室内搬空；一说缝隙。窒：堵塞。穹窒熏鼠就是说将室内搬空，堵上缝隙，便于熏除鼠害。㊱向：朝北的窗户。户：门。"塞向"意为堵上北向的窗户。墐（jìn）：用泥涂抹。贫家门扇用柴竹编成，涂泥使它不通风。㊲改岁：旧年将尽，新年快到。㊳凌阴：指藏冰之地方。㊴蚤：通"早"；一说通"爪"，从冰室中取食物。㊵涤场：农事完毕，把打谷场收拾干净；一说天宇澄净。㊶朋酒：两樽酒。斯：语助词。飨：宴享，乡人年终聚饮，此诗当指腊祭后的大酺。㊷称：举起。兕觥（gōng）：角爵，形状弯曲如牛角的酒杯类器物。

【提示】此诗是周代早期农业生产、农民生活的一面镜子。自古有"一诗三体"之说，有"调兼雅颂""无上神品"之誉。通篇用"赋"的手法，以时序为经，以民生为纬，修造农具、耕织畋猎、修房祭祀、阶级矛盾、天文历法，无所不包。不仅有重要的历史价值，同时也是一首杰出的叙事兼抒情的名诗。劳动场面、生活图景中，各种人物的面貌宛然，情韵生动，呈现出一幅人们随物候改变而进行耕织畋猎、聚会祭祀的民俗图景。

信南山①

信彼南山，维禹甸之②。畇畇原隰③，曾孙田之④。我疆我理⑤，南东其亩⑥。

上天同云⑦。雨雪雰雰⑧，益之以霢霂⑨。既优既渥⑩，既沾既足⑪。生我百谷。

疆场翼翼⑫，黍稷彧彧⑬。曾孙之穑⑭，以为酒食。畀我尸宾⑮，寿考万年⑯。

中田有庐⑰，疆场有瓜，是剥是菹⑱，献之皇祖⑲。曾孙寿考，受天之祜⑳。

祭以清酒，从以骍牡㉑，享于祖考。执其鸾刀㉒，以启其毛㉓，取其血膋㉔。

是烝是享㉕，苾苾芬芬㉖。祀事孔明㉗，先祖是皇㉘。报以介福㉙，万寿无疆！

（《小雅》）

【注释】①信（shēn）：即"伸"，延伸。南山：即终南山。②维：是。禹：大禹。甸：治理。③畇（yún）：平整田地。畇畇就是土地平展整齐的样子。原：广平或高平之地。隰（xí）：低湿之地。原隰泛指全部田地。④曾孙：后代子孙。田：用作动词，开始耕种。⑤疆：田界，用作动词，划田界。理：田中的沟垄，用作动词，挖沟堆垄。⑥南东：用作动词，指将田垄开辟成南北向或东西向。⑦上天：冬季的天空。同云：天空布满阴云。⑧雨（yù）雪：下雪。"雨"作动词，降落。雰（fēn）雰：纷纷。⑨益：加上。霢（mài）霂（mù）：小雨。⑩优：充足；一说通"渥"，润泽。渥：湿润。⑪沾：沾湿。足：充分；一说通"浞"，湿润。⑫场（yì）：田界。翼翼：整齐貌。⑬彧（yù）彧：同"郁郁"，茂盛貌。⑭穑：收获庄稼。⑮畀（bì）：给予。尸：祭祀活动中代表鬼神受祭的人。宾：宾客。⑯寿考：长寿。考，同老。⑰庐：草庐，房屋；一说"芦"之假借，即芦萉，今称萝卜。⑱菹（zū）：腌菜。⑲皇祖：先祖之美称。⑳祜（hù）：福。㉑骍（xīng）：赤黄色（栗色）的牲畜。牡：雄性兽，此指公牛。㉒鸾刀：带铃的刀。㉓毛：取牛毛是为向神显示其色纯一。㉔膋（liáo）：脂膏，此指牛油。㉕烝（zhēng）：冬祭。享：祭献，上供。或以为"烝"，即蒸煮之"蒸"；享，即"烹"，煮。㉖苾（bì）：浓香。㉗孔明：礼仪隆重周备。㉘

皇：祖先神因得到献祭而更加赫赫伟大；一说即"暀"之假借，归往，前来享受献祭的意思。㉙介福：巨大的幸福。

【提示】此诗是岁末烝祭的乐歌。周人奉农神后稷为始祖，烝祭自然要述祖德、言天意，同时也要用自己顺天时勤勉保民的主观努力来向祖先报告。全诗气象雄浑，感情深挚。叙述原隰的由来，充溢着慎终追远的厚德精神。赋法白描景物，有大处落墨的田原沟洫纵横延伸，给人一种辽阔苍茫之感；又有逶迤绵延的终南山脉，给人一种雄浑之感。用最好的农获来做祭品，祈望先祖赐福，情动于衷，庄严肃穆之感从字里行间氤氲而出。

大　　田①

大田多稼②，既种既戒③，既备乃事④。以我覃耜⑤，俶载南亩⑥。播厥百谷⑦，既庭且硕⑧，曾孙是若⑨。

既方既皂⑩，既坚既好⑪，不稂不莠⑫。去其螟螣⑬，及其蟊贼⑭，无害我田稚⑮。田祖有神⑯，秉畀炎火⑰。

有渰萋萋⑱，兴雨祈祈⑲。雨我公田⑳，遂及我私㉑。彼有不获稚㉒，此有不敛穧㉓。彼有遗秉㉔，此有滞穗㉕，伊寡妇之利㉖。

曾孙来止，以其妇子，馌彼南亩㉗，田畯至喜㉘。来方禋祀㉙，以其骍黑㉚，与其黍稷㉛。以享以祀，以介景福㉜。

（《小雅》）

【注释】①大田：广阔的农田。②稼：种植，这里指要种植的庄稼。③既：已经。种：指选种籽。戒：同"械"，指修理农具。④乃：这些。⑤覃（yǎn）：通"剡"，锋利。耜（sì）：功能与锹相似的农具。⑥俶（chù）：开始。载：从事。⑦厥：代词，相当于"其"。⑧庭：通"挺"，挺拔。⑨曾孙是若：顺了曾孙的愿望。曾孙，祭祀活动中周王族的成员面对先祖鬼神时的自称。若，顺。⑩方：通"房"，谷子抽穗，谷粒刚刚长出嫩壳的状态。皂：指谷壳已经基本成形，谷粒刚刚灌浆还未饱满的状态。⑪坚、好：谷粒已

12

经饱满，手捏指掐都硬硬的。⑫稂（láng）：指穗粒空瘪的谷子。莠（yǒu）：长得像谷子的杂草，狗尾巴草。⑬螟（míng）：吃禾心的害虫。螣（tè）：吃禾叶的害虫。⑭蟊（máo）：吃禾根的害虫。贼：吃禾节的害虫。⑮稚：幼禾。⑯田祖：农神。有神：有灵，显灵。⑰秉畀（bì）炎火：助我们抓住害虫投入大火里烧死。秉，执持。畀，给与。⑱有渰（yǎn）：即"渰渰"，阴云密布的样子。⑲祁祁：徐徐。⑳公田：公家的田。周代井田制，一块大田分九区，中间百亩为公田，收获归周王；周围八区各百亩，收获归八家所有。㉑私：私田。㉒稚：矮苗小穗的庄稼。㉓穧（jì）：已割而未收的禾把。㉔秉：收割后捆扎成束的庄稼。㉕滞：遗留。㉖伊寡妇之利：这些都留作贫苦无依者捡拾维生。㉗馌（yè）：送饭。南亩：南北向的田地，这里泛指农田。㉘田畯（jùn）：周代农官，负责督促农事。㉙来：语助词。方：指四方之神。禋（yīn）祀：升烟以祭，古代祭天的典礼，也泛指祭祀。㉚骍（xīn）：赤色牛。黑：指黑色的猪羊。㉛与：加上。㉜介：祈求。景：大。

【提示】此诗是周王族的后代子孙丰收后祭祀田祖的颂歌。记述了农业生产、收获的情形。选种播种、除草除虫、公私兼顾、德泽孤苦，这样的子孙祭祀祈福，想来是会得到先祖鬼神的"景福"的。诗中主要运用赋法白描，勾勒了一幅上古时代农业生产方面的民情风俗画卷，学习时要注意体会其淳厚古朴。

噫 嘻①

噫嘻成王②，既昭假尔③。
率时农夫④，播厥百谷⑤。
骏发尔私⑥，终三十里⑦，
亦服尔耕⑧，十千维耦⑨。

（《周颂》）

【注释】①噫嘻：感叹声，有神圣的意味。②成王：即周成王姬诵，是周武王之子，周王朝的第二位君主。③昭假（gé）：犹召请。

昭，通"召"。假，通"格"，降临。尔：语助词。④率：率领。
时：通"是"，此。⑤厥：语助词。⑥骏：迅速；一说通"畯"，田
官。发：开发。私：私田。⑦终：井田制的土地单位之一，每终占
地一千平方里，纵横各长约三十一点六里，取整数称三十里。⑧服：
配合，从事。⑨耦：两人各持一耜并肩共耕。一终千井，一井八家，
共八千家，取整数称十千，结对约五千耦。

【提示】本诗是一首赞颂周成王藉田亲耕的诗歌。天子亲耕，以
示重视。全诗只有一章八句。前四句是周王向臣民庄严宣告自己已
召请祈告了上帝先公先王，得到了他们的准许，以举行此藉田亲耕
之礼；后四句则直接训示田官勉励农夫全力耕作。诗虽短而气魄宏
大。具体反映了周初藉田典礼实况，也折射了农业生产的基本情况，
具有较高的史料价值；通篇赋法中，后四句又以隔句对（又叫"扇
面对"）闻名后世，这种修辞结构技巧的使用又给本诗增添了重要
的文学价值。

<h3 style="text-align:center">载   芟①</h3>

载芟载柞②，其耕泽泽③。千耦其耘④，徂隰徂畛⑤。侯
主侯伯⑥，侯亚侯旅⑦，侯彊侯以⑧。有嗿其馌⑨，思媚其
妇⑩，有依其士⑪。有略其耜⑫，俶载南亩⑬。播厥百谷，实
函斯活⑭。驿驿其达⑮，有厌其杰⑯。厌厌其苗⑰，绵绵其
麃⑱。载获济济⑲，有实其积⑳，万亿及秭㉑。为酒为醴㉒，
烝畀祖妣㉓，以洽百礼㉔。有飶其香㉕，邦家之光。有椒其
馨㉖，胡考之宁㉗。匪且有且㉘，匪今斯今，振古如兹㉙。

（《周颂》）

【注释】①载：连词，又。芟（shān）：割除杂草。②柞：砍除
树木。③泽泽：通"释释"，土地松散润泽的样子。④千：概数，言
其多。耦（ǒu）：两人并耕叫"耦"。耘：除田间杂草。⑤徂：往。
隰（xí）：低湿地。畛（zhěn）：高坡田。⑥侯：语助词。主：家长，
古代一国或一家之长均称主。伯：长子。⑦亚：仲、叔、季诸子。

14

旅：幼小子弟辈。⑧彊（qiáng）：同"强"，强壮者。以：雇工。⑨有喃（tǎn）：即"喃喃"，众人吃饭的声音。馌（yè）：送给田间耕作者的饮食。⑩思：语助词。媚：美。⑪依：壮盛。士：指壮劳力。⑫有略：即"略略"，形容锋利。耜（sì）：周代农具，与锹功能相似。⑬俶（chù）载：开始劳作。⑭实函斯活：种子蕴含着生机活力。函，含。斯，语助词。活，活力。⑮驿驿：通"绎绎"，禾苗出生的样子。其：语助词。达：出土。⑯厌：通"黡"，美好。杰：高过一般禾苗的禾苗。⑰厌厌：通"稭稭"，禾苗整齐茂盛的样子。⑱麃（biāo）：谷物的穗。⑲载（zài）获：开始收获。济济：人众多的样子。⑳有实：即"实实"，铺展成一大片的样子。积：露天堆积。㉑亿：十万。秭（zǐ）：一万亿。㉒醴：甜酒。㉓烝（zhēng）：进。畀（bì）：给予。祖妣（bǐ）：祖父、祖母以及祖先。㉔以洽百礼：合于各种礼仪的需用。洽，合。㉕有飶（bì）：即"飶飶"，食物香气氤氲的样子。㉖椒：以椒浸制的酒。㉗胡考：长寿，指老人。㉘匪且有且：这事情并非此时此地所独有。匪，非。且，此。㉙振古：终古；一说自古。振，起，自从。

【提示】此诗记述了春种夏长秋收冬祭的全过程。全诗三十一句，虽未分段，但其叙事自成段落，层次清楚。主要描述了农事开垦、播种直到收获祭祖的经过，反映了劳动生产的艰苦和共力合作获取丰收的喜悦，并说明了农事乃家国自古以来的根本。此诗多用白描、咏叹、叠字、排比、对偶等手法，行文生动活泼。

思考与行动

1. "民以食为天"，没有农业生产就没有人类的生存。

你是否参加过农业生产劳作？如果有，请描述你记忆最深刻的一个劳动场景，与同学交流。如果没有，请你通过数字媒体搜索，或者通过亲友帮助，真切地参与一次农业生产劳作，然后再记下自己的最真切的感受。

2. "农村、农业、农民"在我国当下语境中被概括为"三农"。请通过数字媒体搜索或者进行一次"三农"调查，初步了解我国当下"三农"问题的部分特点。然后，把你的感受写下来。

三、善战遏残杀

有周一代，西北的戎狄猃狁频繁入侵，东南的淮夷荆蛮间或离叛，分封的诸侯经常互相争斗，不时作乱，周王朝一直面临着极为严重的安全问题。严峻的边患和无休止的征伐成为重要的社会问题，这些问题在《诗经》中就呈现为内容丰富、风格多样的战争诗。在征伐、御侮、平叛、戍守这些不同形态的战争中，王侯、将军、勇士代表了雄壮的军威，严酷的环境、久戍的士兵、闺中的思妇诉说着巨大的牺牲。雄壮与悲哀在中国的战争诗、边塞诗中绵延千古，成为中国的文化母题之一。以战止战，以善战遏止残杀，也成为中国战争哲学最重要的内容之一。

武

於皇武王[①]，无竞维烈[②]。
允文文王[③]，克开厥后[④]。
嗣武受之[⑤]，胜殷遏刘[⑥]，
耆定尔功[⑦]。

（《周颂》）

【注释】①於（wū）：赞叹声。皇：伟大。武王：周王朝第一代君主姬发。②无竞：无人能比；一说无边。烈：功业，成就。③允：实在。文：形容词，有文德。文王：周武王的父亲姬昌，文是谥号。④克开厥后：能够为他的后代开创基业。厥，他的。⑤嗣：继承。嗣武受之是武嗣受之的倒装。⑥殷：商王朝的都城，在今河南安阳，这里代指商王朝。遏：遏止。刘：残杀。⑦耆（zhǐ）：致使，达到。

【提示】此诗是歌颂武王打败殷纣建立周王朝的诗歌，是孔子所称赞的"尽美矣"的《大武》的第二章。诗歌更侧重于对武王克商意义的挖掘。"胜殷"的价值就在于"遏刘"：遏止杀戮，使天下安宁。用暴力战争的手段求得和平安宁，充满了政治哲学的意味。

出　车

　　我出我车，于彼牧矣①。自天子所，谓我来矣②。
召彼仆夫③，谓之载矣。王事多难，维其棘矣④。

　　我出我车，于彼郊矣。设此旐矣⑤，建彼旄矣⑥。
彼旟旐斯⑦，胡不旆旆⑧？忧心悄悄⑨，仆夫况瘁⑩。

　　王命南仲⑪，往城于方。出车彭彭⑫，旂旐央央⑬。
天子命我，城彼朔方。赫赫南仲⑭，狁于襄⑮。

　　昔我往矣，黍稷方华⑯。今我来思⑰，雨雪载涂⑱。
王事多难，不遑启居⑲。岂不怀归？畏此简书⑳。

　　喓喓草虫㉑，趯趯阜螽㉒。未见君子㉓，忧心忡忡。
既见君子，我心则降㉔。赫赫南仲，薄伐西戎㉕。

　　春日迟迟，卉木萋萋㉖。仓庚喈喈㉗，采蘩祁祁㉘。
执讯获丑㉙，薄言还归㉚。赫赫南仲，狁于夷㉛。

（《小雅》）

　　【注释】①牧：城郊。②谓：召唤。③仆夫：御夫，是"我"
的下属。④棘：通"急"。⑤旐（zhào）：画有龟蛇图案的旗。⑥建：
竖立。旄（máo）：旗竿上装饰牦牛尾的旗子。⑦旟（yǔ）：画有鹰
隼图案的旗帜。⑧旆（pèi）旆：旗帜飘扬的样子。⑨悄悄：心情沉
重的样子。⑩况瘁（cuì）：辛苦憔悴。⑪南仲：周文王时开拓疆土
的名将；一说周宣王时的名将。⑫彭彭：车马众多的样子。⑬旂
（qí）：绘蛟龙图案的旗帜。⑭赫赫：威仪显赫的样子。⑮襄：通
"攘"，平息，扫除。⑯方：正值。华：抽穗扬花。⑰思：语助词。

⑱雨（yù）雪：下雪。涂：通"途"。⑲遑：空闲。启居：安坐休息。⑳简书：周王传令出征的文书。㉑喓（yāo）喓：昆虫的叫声。㉒趯（tì）趯：蹦蹦跳跳的样子。阜螽（zhōng）：蚱蜢。㉓君子：指南仲等出征之人。㉔降：安宁。㉕薄：征伐，打击。西戎：西周时西北方的游牧民族。㉖萋萋：草木茂盛的样子。㉗喈（jiē）喈：鸟叫声。㉘蘩：白蒿。祁祁：众多的样子。㉙执讯：捉住审讯。获丑：俘虏。㉚薄：急。还：通"旋"，凯旋。㉛夷：扫平。

【提示】此诗是周文王时跟随南仲出征玁狁、戍守方地的中下层军士在凯旋之后所写。周文王时为了解除东征的后顾之忧，派遣南仲出征玁狁。南仲在方地筑城与玁狁形成相持，并最终取得决定性胜利。诗中热情地颂扬了南仲的赫赫战功，也表达了自己战时的恪尽职守、对家人的思念，以及凯旋之后的喜悦之情。全诗六个不同时空的画面，借助情感糅合贯通，展开一幅真实广阔的古时征战图。其中对想象中家人思念自己的虚写更是神来之笔，以虚写实，达到了以虚胜实的效果，显示了周人歌颂止战的英雄而不歌唱战争的情感态度。

东　山①

我徂东山②，慆慆不归③。我来自东，零雨其濛④。
我东曰归，我心西悲⑤。制彼裳衣，勿士行枚⑥。
蜎蜎者蠋⑦，烝在桑野⑧。敦彼独宿⑨，亦在车下。

我徂东山，慆慆不归。我来自东，零雨其濛。
果臝之实⑩，亦施于宇⑪。伊威在室⑫，蟏蛸在户⑬。
町畽鹿场⑭，熠耀宵行⑮。不可畏也，伊可怀也⑯。

我徂东山，慆慆不归。我来自东，零雨其濛。
鹳鸣于垤⑰，妇叹于室。洒扫穹窒⑱，我征聿至⑲。
有敦瓜苦⑳，烝在栗薪㉑。自我不见，于今三年。

18

我徂东山，慆慆不归。我来自东，零雨其濛。
仓庚于飞㉒，熠耀其羽。之子于归，皇驳其马㉓。
亲结其缡㉔，九十其仪㉕。其新孔嘉㉖，其旧如之何㉗？

（《国风·豳风》）

【注释】①东山：一说临沂的蒙山，一说邹城的峄山。②徂：去，往，到。③慆慆（tāo）：又作"滔滔"，义同"遥遥"，时间漫长。④零雨：下雨；一说细雨。其濛：即"濛濛"。濛，雨丝柔细的样子。⑤西悲：西归的愁思。⑥勿士：不再从事。士，通"事"。行枚：行军时衔在口中以保证不出声的竹棍。⑦蜎蜎（yuān）：幼虫蜷曲蠕动的样子。蠋（zhú）：似蚕而不食桑叶的肉虫。⑧烝（zhēng）：同"蒸"，事物众多的样子；一说长久，一说副词"乃"。⑨敦：蜷缩成团的样子。彼：指士卒。⑩果臝（luǒ）：蔓生葫芦科植物，一名栝（guā）楼，有俗名吊瓜。⑪施（yì）：蔓延。宇：房檐。⑫伊威：虫名，今北方称潮虫。室内长时间不打扫就会出现潮虫。⑬蟏蛸（xiāo shāo）：蟢子，一种长脚蜘蛛。传说看见它就预示有亲人自外归来。⑭町畽（tǐng tuǎn）：兽迹；一说屋舍旁的空地。⑮熠（yì）耀：闪闪发光的样子。宵行（háng）：萤火虫；一说夜间的磷火。⑯伊：指示代词，指荒芜了的家园。⑰鹳：水鸟名，形似鹤，传说此鸟善知晴雨。垤（dié）：小土丘。⑱穹窒：堵塞漏洞。⑲聿：语气助词，有将要的意思。⑳瓜苦：犹言瓜瓠。苦，同"瓠"，周代婚礼上剖瓠瓜成两张瓢，夫妇各执一瓢盛酒漱口。㉑栗薪：杂乱堆积的木柴，犹言蓼薪，束薪。㉒仓庚：黄莺、黄鹂，详见《七月》注。㉓皇驳：马毛淡黄的叫皇，淡红的叫驳，一说皇，通"黄"；驳，杂色。㉔亲：此指女方的母亲。结缡（lí）：将佩巾结在带子上；一说系围裙的带子。周代婚礼，女子出嫁离开娘家的最后一道程序是母亲为女儿结缡。㉕九十：虚数，言其多。㉖新：刚结婚的新妇。孔：很。嘉：善，美。㉗旧：久别重逢的，与"新"相对。

【提示】此诗的背景是周公旦之孙——第二代周公——东征夷方，一位普通战士叙述东征归家前的复杂情感。第一章是对过往艰辛危险生活的回忆；第二章就是对家乡的变化与前途的猜测；第三章是主人公遥想家中的妻子思念自己；第四章是男主人公继续沉湎于对往事的甜蜜回忆……全诗联想丰富，音调繁复，回环往复地吟诵，构成了全诗的主旋律，情节与情感不断推进。

六 月

六月栖栖①，戎车既饬②。四牡骙骙③，载是常服④。
狁孔炽⑤，我是用急⑥。王于出征，以匡王国⑦。

比物四骊⑧，闲之维则⑨。维此六月，既成我服⑩。
我服既成，于三十里⑪。王于出征，以佐天子。

四牡修广⑫，其大有颙⑬。薄伐狁⑭，以奏肤公⑮。
有严有翼⑯，共武之服⑰。共武之服，以定王国。

狁匪茹⑱，整居焦获⑲。侵镐及方⑳，至于泾阳。
织文鸟章㉑，白旆央央㉒。元戎十乘㉓，以先启行。

戎车既安，如轾如轩㉔。四牡既佶㉕，既佶且闲。
薄伐狁，至于大原㉖。文武吉甫，万邦为宪㉗。

吉甫燕喜，既多受祉㉘。来归自镐，我行永久。
饮御诸友㉙，炰鳖脍鲤㉚。侯谁在矣㉛？张仲孝友㉜。

(《小雅》)

【注释】①栖栖：来往匆忙的样子。②饬：整顿、整理好。③牡(mǔ)：雄马。骙(kuí)骙：马匹奔行时雄壮的样子。④常服：军服；一说画有日月的旗帜。⑤狁(xiǎn yǔn)：西周时北方的游牧民族。孔：很。炽：势盛。⑥是用：是以，因此。⑦匡：扶助。⑧比物：把相同的事物放到一起，这里是把毛色和体力一致的马套

20

在一起。⑨闲：通"娴"，熟练。则：法则。⑩服：指出征的装备。⑪于：往；一说通"曰"。⑫修广：高大，雄壮。⑬有颙（yóng）：即颙颙，马头高高扬起的样子。⑭薄伐：讨伐。⑮奏：建立。肤功：大功。⑯严：威严。翼：整齐。⑰共：通"恭"，严肃地对待。武之服：打仗的事。⑱匪：同"非"。茹：柔弱。⑲整居焦获：在焦获整军。焦获，泽名，在今陕西泾阳县北。⑳镐（hào）：通"鄗"。鄗、方是介于焦获与镐京之间的两个地名，是猃狁先头部队侵袭的地方；一说镐就是镐京，方通"丰"，也是周王室的核心地区。侵镐及方意思是侵袭镐京和丰。㉑织文鸟章：指绘有凤鸟图案的旗帜。㉒白（bó）旆（pèi）：帛制的旗帜上的飘带。白，通"帛"。央央：鲜明的样子。㉓元戎：大的战车。㉔轾（zhì）：车前重后轻，向前俯的样子。轩：车前轻后重，向后仰的样子。㉕佶（jí）：整齐。㉖大原：地名，在今宁夏固原一带。㉗宪：榜样。㉘祉（zhǐ）：福。㉙御：进献。㉚炰（páo）：蒸煮。脍鲤：切成细条的鲤鱼。㉛侯：维，语助词。㉜张仲：周宣王卿士。

【提示】 本诗记述的是周宣王时尹吉甫反击猃狁的诗歌。猃狁在周穆王时被击退至大原，后来实力增长不断南侵，一度逼近周王朝的核心丰镐一带。尹吉甫反击猃狁的胜利为积弱已久的周王朝带来了安定局面。全诗六章，通过对战争过程的叙写，赞美了战争主帅尹吉甫的文韬武略、丰功伟绩和英雄风范。从追忆开始，以现实作结，第一、二、三章蓄势，第四章拔至高潮，第五章舒放通畅，第六章归于宁静祥和。全诗节奏变化丰富，叙事灵动，余韵悠长。

击　　鼓

击鼓其镗①，踊跃用兵②。土国城漕③，我独南行④。
从孙子仲⑤，平陈与宋⑥。不我以归⑦，忧心有忡⑧。
爰居爰处⑨？爰丧其马⑩？于以求之⑪？于林之下⑫。
死生契阔⑬，与子成说⑭。执子之手，与子偕老⑮。
于嗟阔兮⑯，不我活兮⑰。于嗟洵兮⑱，不我信兮⑲。

（《国风·邶风》）

21

【注释】①其镗（tāng）：即"镗镗"，鼓声激昂的样子。②踊跃：犹言鼓舞，这里指征兵时的疯狂模样。③土国：在国都内服土工劳役。城漕：在漕邑修筑城墙；一说自己的伙伴都在国都服土工劳役，加固城墙，修缮护城河。④南行：到南方去打仗。⑤孙子仲：即公孙文仲，卫国将军。⑥平陈与宋：联合陈、宋等国去打击不断扩张的郑国。郑伯是周幽王的卿士，周东迁后在洛东地区建国，都城在今河南新郑，随后不断扩张，威胁到了卫、宋、陈、蔡等国。鲁隐公四年，卫国新君州吁联络陈、宋等国伐郑。陈是舜帝后裔的封地，在今河南淮阳。宋是殷商遗民保留祭祀的封地，在今河南商丘。⑦不我以归："不以我归"的倒装，不让我回家。以，在此有让、使、允许的意思；一说通"与"。⑧有忡：犹言"忡忡"，忧虑不安的样子。⑨爰："于何"的合音词，在哪里。⑩丧其马：丢失战马，意味生命危险。⑪于以：于何，在哪里。⑫林之下：山麓树林之下。春秋时以车战为主要战争形式，马走失到林下，意味着战争大败。⑬契阔：聚散，离合。契，聚合。阔，离散。⑭子：你，指其妻。成说：订立誓约。⑮偕老：一起到老。⑯于嗟：即"吁嗟"，叹词。阔：指远别。⑰不我活：不和我相聚。活，通"佸"，相会，相聚。⑱洵：遥远，久远。⑲信：守信，守约。

【提示】此诗描写主人公被迫从军南征时的复杂情感。州吁弑兄自立，意图通过伐郑获得诸侯认可。本诗主人公不拥护州吁，对公孙平仲的能力也有怀疑。所以，在出兵之前就预判了战争失败、自己战死的黯淡前景。想到与挚爱的妻子生离就是死别，悲从中来。全诗虚实相映，叙事中间以抒情，结构上的顿宕与情感上的波澜表里相合，手法独到。一说此诗是主人公被迫从军南征，战事失败，弃车走林，面临死亡威胁时，回忆前情的诗歌。诗中有无奈、怨怼、悲痛等多种情感的复杂交织，有现实与回忆交叉对比的跌宕。这两种理解，都透出了春秋无义战的残酷事实。

思考与行动

1. 《诗经》中的战争诗因为时代、背景、作者的不同而呈现出复杂的情感。

请你以"战争"为主题，重读这一组诗歌，用下面的提纲分析每一次战争，然后对比分析，把你的思考写下来。

（1）什么人发动了战争？

（2）战争的目的是什么？

（3）战争的性质是什么？

（4）谁在赞同？为什么赞同？

（5）谁在反对？为什么反对？

2. 请尝试做一个"对比鉴赏"的练习：《小雅·采薇》和《豳风·东山》两首诗在内容和情感上有何相同之处？

四、行役念家国

徭役是统治者强制人民从事的无偿劳动。战争和徭役在周代都被视为"王事"，参与战争与服徭役是周人必须履行的义务。《诗经》中有很多反映徭役生活、控诉行役之苦的诗篇。国事、王事、大夫事，与家事交织，家国情怀与个人感受在诗中往往以对立的姿态出现。行役之人与家人两地相思，情致深婉，产生了许多动人的诗篇。

鸨　羽①

肃肃鸨羽②，集于苞栩③。

王事靡盬④，不能蓺稷黍⑤。父母何怙⑥？

悠悠苍天，曷其有所⑦？

肃肃鸨翼，集于苞棘⑧。

王事靡盬，不能蓺黍稷。父母何食？

悠悠苍天，曷其有极⑨？

肃肃鸨行⑩，集于苞桑。

王事靡盬，不能蓺稻粱。父母何尝⑪？
悠悠苍天，曷其有常⑫？

（《国风·唐风》）

【注释】①鸨（bǎo）：鸟名，似雁而大，群居水草地区，性不善栖木。②肃肃：鸟翅扇动的响声。③集：栖落。苞：草木丛生的样子。栩：栎树，一名柞树。④靡盬（gǔ）：没有休止。⑤蓺（yì）：种植。稷：高粱。黍：黍子，黄米。⑥怙（hù）：依靠，凭恃。⑦曷：何。所：住所。⑧棘：酸枣树，落叶灌木，实较枣小，供药用。⑨极：终了，尽头。⑩行：行列；一说鸨腿，一说翅根，引申为鸟翅。⑪尝：食，吃。⑫常：正常的生活。

【提示】此诗控诉繁重徭役给人民带来的痛苦。诗以不宜树栖的鸨鸟集落柞树起兴，抒写农民长期在外服役，不能耕种以养活父母的悲痛之情，表达了对征役之事的厌倦和无奈。全诗三章，每章七句，行文有平稳的叙述，有不平的呼喊，平稳中见深沉，不平中见激切，两者相映，有抑扬顿挫之妙。

<h2 align="center">陟 岵①</h2>

陟彼岵兮，瞻望父兮。
父曰②："嗟！予子行役③，夙夜无已④。
上慎旃哉⑤！犹来无止⑥！"

陟彼屺兮⑦，瞻望母兮。
母曰："嗟！予季行役⑧，夙夜无寐⑨。
上慎旃哉！犹来无弃⑩！"

陟彼冈兮⑪，瞻望兄兮。
兄曰："嗟！予弟行役，夙夜必偕⑫。
上慎旃哉！犹来无死⑬！"

（《国风·魏风》）

【注释】①陟（zhì）：登上。岵（hù）：有草木的山。②父曰：这是诗人想象他父亲说的话。下文"母曰""兄曰"同。③予子：歌者想象中，其父对他的称呼。④夙夜：日夜。夙，早。⑤上：通"尚"，希望。旃（zhān）：之，作语助词。⑥犹来：还是归来。犹，可。无：不要。止：停留。⑦屺（qǐ）：无草木的山。⑧季：兄弟中排行第四或最小。⑨无寐：没时间睡觉。⑩无弃：不要把性命丢在外头；一说不要弃家不归的意思。⑪冈：山脊。⑫偕：俱，随从，在一起，不要掉队的意思。⑬无死：不要死在异乡。

【提示】这是一首征人思亲之作，抒写行役之人对父母和兄长的思念之情。诗的妙处和独创性，不在于开首的正面直写己之思亲之情，而在于接下来的从对面设想亲人念己之心。在一声声亲人念己的设想语中，包含了无尽的羁旅之情。

何草不黄

何草不黄？何日不行①？何人不将②？经营四方③。
何草不玄④？何人不矜⑤？哀我征夫，独为匪民⑥。
匪兕匪虎⑦，率彼旷野⑧。哀我征夫，朝夕不暇。
有芃者狐⑨，率彼幽草⑩。有栈之车⑪，行彼周道⑫。

（《小雅》）

【注释】①行：出行，此指行军、出征。②将：行走，出征。③经营：往来奔走。④玄：黑，草枯烂的颜色。⑤矜（guān）：通"鳏"，无妻者，征夫离家，等于无妻；一说可怜。⑥匪民：不是人。⑦匪：非；一说彼。兕：犀牛。⑧率：循，沿着。⑨有芃（péng）：即芃芃，兽毛蓬松的样子。⑩幽：深暗。⑪有栈：即栈栈，役车高高的样子；一说栈为有篷的车。⑫周道：大道。

【提示】此诗描写行役在外的征夫生活艰险辛劳，表达了对遭受非人待遇的抗议。全诗多用反问句式，诉说了征夫所过的非人生活，感情强烈，接连五个"何"字句的责问喷发而出，既是一种强烈的抗议，又是一种愤怒的揭露，特别是"哀我征夫，独为匪民"，画龙点睛，直揭主题。

伯　兮

伯兮朅兮①，邦之桀兮②。伯也执殳③，为王前驱④。
自伯之东⑤，首如飞蓬⑥。岂无膏沐⑦？谁适为容⑧？
其雨其雨⑨，杲杲出日⑩。愿言思伯⑪，甘心首疾⑫。
焉得谖草⑬？言树之背⑭。愿言思伯，使我心痗⑮。

（《国风·卫风》）

【注释】①伯：兄弟姐妹中年长者称伯，此诗中系女子对丈夫的称呼。朅（qiè）：勇武高大。②桀：同"杰"，杰出。③殳（shū）：古兵器，杖类。长丈二无刃。④王：诸侯在自己的地盘内也可以称王。⑤之东：去往东方。⑥飞蓬：风中蓬草。⑦膏沐：妇女润发的油脂。⑧谁适：即对谁、为谁的意思。适，当；一说悦，喜欢。⑨其雨：祈使句，盼望下雨的意思。⑩杲（gǎo）：明亮的样子。出日：日出。⑪言：而，语助词。⑫甘心：情愿。首疾：头痛。⑬谖（xuān）草：萱草，忘忧草，俗称黄花菜。⑭背：屋子北面。⑮痗（mèi）：忧思成病。

【提示】 这是一首写妻子思念丈夫远行出征的诗。此诗紧扣一个"思"字，思妇先由夸夫转而引起思夫，又由思夫而无心梳妆到头痛，进而由头痛到患心病，描述步步细致，感情层层加深，情节层层推展，富有强烈的艺术感染力。

君子于役①

君子于役，不知其期②，曷至哉③？
鸡栖于埘④，日之夕矣，羊牛下来⑤。
君子于役，如之何勿思⑥！

君子于役，不日不月⑦，曷其有佸⑧？
鸡栖于桀⑨，日之夕矣，羊牛下括⑩。

26

君子于役，苟无饥渴⑪！

（《国风·王风》）

【注释】①于：往。役：服劳役。②期：指服役的期限。③曷：何时。至：归家。一说"曷至哉"意谓到哪儿了呢。④埘（shí）：鸡舍，墙壁上挖洞做成。⑤下来：归圈。⑥如之何勿思：如何不思。如之，犹说"对此"。⑦不日不月：没法用日月来计算时间。⑧有佸（yòu huó）：相会，来到。⑨桀：鸡栖木；一说指用木头搭成的鸡窝。⑩括：相会，会集。⑪苟：且，或许；一说但愿。

【提示】这是一首写妻子怀念远出服役的丈夫的诗。此诗从日常生活中鸡进笼、牛羊归圈而自己的丈夫还没有回来，写妻子思念在外服役的丈夫，人情之习见，语言之真朴，怀念丈夫之深切，千百年以来感人肺腑。全诗二章，每章八句，结构上采用重章叠句的艺术形式，语言朴素简练，状景言情，真实纯朴，描绘了一个真挚动人的生活画卷。

思考与行动

1. 国家的发展与建设需要国防，也需要修建大型工程设施，"徭役"自古就是一个必须直面的问题。直到今天，戍边的将士还是我们最可爱的人；乘坐列车行驶到青藏高原上时，我们还会对伟大的铁路建设工作者致敬。但是，当我们登上长城时，在感叹前辈的伟大时，总会有人想起一个女子"孟姜女"；当我们接受大运河文化的滋养时，总会有人想起一个皇帝"杨广"……

请查阅中国的伟大工程"长城""秦直道""秦皇陵""郑国渠""都江堰""京杭大运河""成渝铁路""三峡水利枢纽""南水北调""京藏铁路"等的修建过程。

请你对古代伟大工程与徭役之悲并存的这一文化现象，再次进行深入的思考，写下你最核心的观点。

2. "从对面写起"这种艺术手法从《诗经》起源远流长。比如《魏风·陟岵》，写思念，却不从自己的角度出发，而是从所思念的人入手，写对方如何如何，来表达自己对对方的思念。在你学过的诗歌中，有哪些诗歌用到了这种"从对面写起"的艺术手法？

五、怨刺砭时弊

《毛诗序》指出："至于王道衰，礼仪废，政教失，国异政，家殊俗，而变风变雅作矣。"《汉书·礼乐志》也说："周道始缺，怨刺之诗起。"周王朝东迁以后，周室开始衰微，礼崩乐坏，政教缺失，社会动荡，人伦废绝。这种情形引起士大夫阶层严重的不满和忧虑，这就是《诗经》中怨刺诗的缘起。这些怨刺诗在传统诗论中被称作"变风""变雅"，也开启了中国诗歌针砭时弊的文学传统。

北　山

陟彼北山①，言采其杞②。
偕偕士子③，朝夕从事。
王事靡盬④，忧我父母⑤。

溥天之下⑥，莫非王土⑦；
率土之滨⑧，莫非王臣。
大夫不均⑨，我从事独贤⑩。

四牡彭彭⑪，王事傍傍⑫。
嘉我未老⑬，鲜我方将⑭。
旅力方刚⑮，经营四方⑯。

或燕燕居息⑰，或尽瘁事国⑱；
或息偃在床⑲，或不已于行⑳。

或不知叫号㉑，或惨惨劬劳㉒；
或栖迟偃仰㉓，或王事鞅掌㉔。

或湛乐饮酒^㉕，或惨惨畏咎^㉖；
或出入风议^㉗，或靡事不为^㉘。

（《小雅》）

【注释】①陟（zhì）：登，升。②言：语助词。杞：枸杞，落叶灌木，果实入药，有滋补功用。③偕偕：健壮貌。士：周王朝或诸侯国的低级官员。周时官员分卿、大夫、士三等，士的职级最低，士子是这些低级官员的通名。④靡盬（gǔ）：无休止。⑤忧我父母：为父母无人服侍而忧心。⑥溥（pǔ）：古本作"普"，大，全。⑦莫非：没有不是，都是，全是。⑧率土之滨：四海之内。古人以为中国大陆四周环海，自四面海滨之内的土地是中国领土。⑨大夫：指执政大臣。⑩贤：多，劳。⑪牡：公马。周时用四马驾车。彭彭：形容马奔走不息。⑫傍傍：急急忙忙。⑬嘉：嘉许，称赞，夸奖。⑭鲜（xiǎn）：称赞。方将：正壮。将，强壮。⑮旅力：体力。旅，通"膂"。⑯经营：规划治理，此处指操劳办事。⑰燕燕：安闲自得貌。居息：家中休息。⑱尽瘁：尽心竭力。⑲息偃：躺着休息。偃，仰卧。⑳不已：不止。行（háng）：道路。㉑叫号：呼号。㉒惨惨：又作"懆懆"，忧虑不安貌。劬（qú）劳：辛勤劳苦。㉓栖迟：休息游乐。㉔鞅掌：事多繁忙，烦劳不堪貌。㉕湛（dān）乐：过度享乐。湛，同"耽"，沉湎。㉖畏咎（jiù）：怕出差错获罪招祸。㉗风议：放言高论，空发议论不做事。㉘靡事：无事。

【提示】此诗着重通过对劳役不均的怨刺，揭露了统治阶级上层的腐朽和下层的怨愤，是怨刺诗中突出的篇章。前三章陈述士的工作繁重、朝夕勤劳、四方奔波，发出"大夫不均，我从事独贤"的怨愤。"嘉我未老"三句勾画了大夫役使下属的手腕，他又是赞扬，又是夸奖，活现了统治者驭下的嘴脸。

正月^①（节选）

正月繁霜^②，我心忧伤。民之讹言^③，亦孔之将^④。
念我独兮，忧心京京^⑤。哀我小心，癙忧以痒^⑥。

父母生我，胡俾我瘉⑦？不自我先⑧，不自我后。
好言自口，莠言自口⑨。忧心愈愈⑩，是以有侮⑪。

忧心惸惸⑫，念我无禄⑬。民之无辜，并其臣仆⑭。
哀我人斯，于何从禄⑮？瞻乌爰止⑯？于谁之屋？

瞻彼中林，侯薪侯蒸⑰。民今方殆⑱，视天梦梦。
既克有定⑲，靡人弗胜。有皇上帝⑳，伊谁云憎㉑？

谓山盖卑㉒，为冈为陵。民之讹言，宁莫之惩㉓。
召彼故老㉔，讯之占梦㉕。具曰予圣㉖，谁知乌之雌雄！

谓天盖高，不敢不局㉗；谓地盖厚，不敢不蹐㉘。
维号斯言，有伦有脊㉙。哀今之人，胡为虺蜴㉚？

瞻彼阪田㉛，有菀其特㉜。天之扤我㉝，如不我克。
彼求我则㉞，如不我得。执我仇仇㉟，亦不我力㊱。

心之忧矣，如或结之㊲。今兹之正㊳，胡然厉矣？
燎之方扬㊴，宁或灭之㊵？赫赫宗周㊶，褒姒灭之㊷！
……

(《小雅》)

【注释】①正（zhēng）月：夏历四月，周历六月。②繁：多，浓重；一说白。③讹言：谣言。④孔：很。将：大。⑤京京：忧愁深长。⑥瘉（shǔ）：幽冈。痒：病。⑦俾：使。瘉：病，指灾祸、患难。⑧自：从。⑨莠（yòu）言：坏话。⑩愈愈：形容病态。⑪侮：憋屈，苦闷。⑫惸（qióng）：忧郁不快。⑬无禄：不幸。

30

⑭臣仆：变为臣仆，遭受奴役。⑮从禄：获得好日子的意思。⑯乌：周家受命之征兆。爰：语助词，犹"之"。止：栖止。此下二句言周朝天命将坠。⑰侯：维，语助词。薪、蒸：木柴。⑱殆：疑惑。⑲定：拿定主意。⑳皇：伟大。㉑伊：发语词，犹惟、是。云：结构助词，与伊构成宾语提前句式。㉒盖：通"盍"，何。㉓惩：警戒，制止。㉔故老：元老，德高望重的老臣。㉕讯：问。㉖具：通"俱"，都。㉗局：弯曲。㉘踏（jǐ）：轻步走路。㉙伦、脊：条理，道理。㉚虺（huǐ）蜴（yì）：毒蛇与蜥蜴，古人把无毒的蜥蜴也视为毒虫。㉛阪田：山坡上的田。㉜菀：通"郁"，茂盛状。特：或以为特生之苗；一说禾苗高举。㉝扤（wù）：动摇。㉞则：语尾助词，通"哉"。㉟执：执持，指得到。仇（qiú）仇：慢怠。㊱力：用力。㊲或：有什么事物或人。结：纠结缠绕。㊳正：政。㊴燎：放火焚烧草木。扬：盛。㊵宁：岂。或：有人。㊶宗周：西周。㊷褒姒（sì）：周幽王的宠妃。褒，国名。姒，姓。

【提示】这是一位忧国忧民、愤世嫉俗的周大夫创作的怨刺周幽王的诗歌。此诗表现了末世昏君、得志小人和广大人民三种人的心态，道出了乱世人民的不幸。通篇以诗人忧伤、孤独、愤懑的情绪为主线，并不断地强化忧伤情绪，格调哀婉沉郁，情感跌宕起伏，结构首尾贯穿，一气呵成。此诗生动、细致、准确地记录了两千多年前生于乱世的正直的知识分子心灵的颤动，感动过后世无数的人，和《诗经》中的其他一些政治诗一起为中华民族知识分子忧国忧民的文学传统奠定了基础。

小 旻①

旻天疾威②，敷于下土③。谋犹回遹④，何日斯沮⑤？
谋臧不从⑥，不臧覆用⑦。我视谋犹，亦孔之邛⑧。

潝潝訿訿⑨，亦孔之哀⑩。谋之其臧，则具是违⑪。
谋之不臧，则具是依⑫。我视谋犹，伊于胡底⑬。

我龟既厌^⑭，不我告犹^⑮。谋夫孔多^⑯，是用不集^⑰。

发言盈庭^⑱，谁敢执其咎^⑲？如匪行迈谋^⑳，是用不得于道^㉑。

哀哉为犹，匪先民是程^㉒，匪大犹是经^㉓。

维迩言是听^㉔，维迩言是争^㉕。如彼筑室于道谋^㉖，是用不溃于成^㉗。

国虽靡止^㉘，或圣或否^㉙。

民虽靡膴^㉚，或哲或谋^㉛，或肃或艾^㉜。

如彼泉流，无沦胥以败^㉝。

不敢暴虎^㉞，不敢冯河^㉟。

人知其一，莫知其他^㊱。

战战兢兢，如临深渊，如履薄冰。

（《小雅》）

【注释】①旻（mín）：用龟壳经火灼斥裂的纹样占卜谷物收成。②旻天：秋天，此指苍天。疾威：暴虐。③敷：布施。下土：人间。④谋犹：同义复词，谋划，策谋。犹，通"猷"，谋划。回通（yù）：邪僻。⑤斯：犹"乃"，才。沮：停止。⑥臧：善，好。从：听从，采用。⑦覆：反，反而。⑧孔：很。邛（qióng）：毛病，错误。⑨潝（xì）潝：小人党同而相和的样子。訿（zǐ）訿：小人伐异而相毁的样子。⑩哀：可哀。⑪具：同"俱"，都。⑫依：依从。⑬伊：推。于：往，到。胡：何。底（zhǐ）：至，指至于乱。⑭龟：指占卜用的灵龟。厌：厌恶。⑮犹：通"猷"，策谋；一说通"繇"，繇词，又称爻词，卜兆的占词。⑯谋夫：出谋划策的人。⑰是用：因此。用，犹"以"。集：成功，成就。⑱发言：议论。盈庭：充满大庭。⑲咎：罪过。⑳匪：同"彼"。行迈谋：关于如何走路的谋划。㉑不得于道：不能找到正确的路。㉒匪：非。先民：古人，指古贤者。程：效法。㉓大犹：大道，常规。经：经营，遵循。㉔维：同"唯"，只有。迩言：近言，指谗佞肤浅无远见的言论。㉕争：争辩，争论。㉖筑室于道谋：造房屋却和路人商量。道，这里指道路。㉗溃：通"遂"，顺利，成功。㉘靡止：犹言没有礼法、没有法度。靡，没有。止，礼。㉙圣：圣人。否：不是。㉚靡膴（wǔ）：犹言不富足、尚贫困。㉛哲：明智之士。谋：有智谋的人。㉜艾（yì）：有治理国家才能的人。㉝无：通"勿"。沦胥：沉没。败：败亡。㉞暴（pù）虎：空手打虎。㉟冯（píng）河：徒步渡河。冯，同"淜"，无舟而渡河。㊱其他：指种种丧国亡家的祸患。

【提示】此诗旨在讽刺周朝昏庸的君主不能采纳善谋，导致国事崩坏，贤良之臣有"临渊履冰"之惧。诗中的"临渊履冰"后来转化成为中华民族人文思想的核心理念"行事审慎"。全诗六章，前三章每章八句，后三章每章七句。诗人以讽刺的口吻揭露最高统治者重用邪僻而致使"谋犹回遹"的现象，一气呵成，鲜明地表达了他愤恨朝政黑暗腐败而又忧国忧时的思想感情。

伐　檀

坎坎伐檀兮①，置之河之干兮②，河水清且涟猗③。
不稼不穑④，胡取禾三百廛兮⑤？
不狩不猎⑥，胡瞻尔庭有县貆兮⑦？
彼君子兮⑧，不素餐兮⑨！

坎坎伐辐兮⑩，置之河之侧兮，河水清且直猗⑪。
不稼不穑，胡取禾三百亿兮⑫？
不狩不猎，胡瞻尔庭有县特兮⑬？
彼君子兮，不素食兮！

坎坎伐轮兮，置之河之漘兮⑭，河水清且沦猗⑮。
不稼不穑，胡取禾三百囷兮⑯？
不狩不猎，胡瞻尔庭有县鹑兮？

彼君子兮，不素飧兮⑰！

（《国风·魏风》）

【注释】①坎坎：象声词，伐木声。②置：放置。河：黄河。干：水边。③涟：水的波纹。猗（yī）：语气词，同"兮"。④稼、穑：播种与收获。⑤胡：为什么。三百：意为很多，并非实数。廛（chán）：古代的度量单位，一廛为百亩；一说通"缠"，束。⑥狩：冬猎。猎：夜猎。此诗中皆泛指打猎。⑦县（xuán）：通"悬"，悬挂。貆（huán）：獾；一说幼小的貉。⑧君子：指有地位权势者。⑨素餐：吃饭不做事。⑩辐：车轮上的辐条。⑪直：水流的直波。⑫亿：通"繶"，代指禾束。⑬瞻：向前或向上看。特：三岁大兽。⑭漘（chún）：水边。⑮沦：小波纹。⑯囷（qūn）：捆；一说圆形的谷仓。⑰飧（sūn）：熟食，此泛指吃饭。

【提示】这是《诗经》中最为人们所熟悉的篇目之一，但是对这首诗的主旨及作者身份的看法，分歧很大。这里采用较为通行的说法。一群伐木者砍檀树造车时，联想到剥削者不种庄稼、不打猎，却占有这些劳动果实，非常愤怒，你一言我一语发出了责问的呼声。全篇三章复沓，反复咏叹，更有力地表达了伐木者的反抗情绪。叙事中饱含愤怒情感，不加任何渲染，增加了真实感与揭露力量。诗的句式灵活多变，纵横错落，或直陈，或反讽，也使感情得到了自由而充分的抒发，称得上是杂言诗最早的典范。

硕　　鼠①

硕鼠硕鼠，无食我黍②！三岁贯女③，莫我肯顾④。
逝将去女⑤，适彼乐土⑥。乐土乐土，爰得我所⑦。

硕鼠硕鼠，无食我麦！三岁贯女，莫我肯德⑧。
逝将去女，适彼乐国⑨。乐国乐国，爰得我直⑩。

硕鼠硕鼠，无食我苗！三岁贯女，莫我肯劳⑪。

逝将去女，适彼乐郊。乐郊乐郊，谁之永号⑫？

（《国风·魏风》）

【注释】①硕鼠：大老鼠；一说田鼠，这里用来比喻贪得无厌的剥削统治者。②无：毋，不要。黍：黍子，黄米。③三岁贯女（rǔ）：侍奉你多年。三岁，多年，说明时间久。三，非实数。贯，借作"宦"，侍奉，也有纵容、忍让的意思。女，同"汝"，你，指统治者。④莫我肯顾："莫肯顾我"的倒装。顾，顾惜、照顾的意思。⑤逝：通"誓"，表态度坚决的词。去：离开。⑥适：往。乐土：安居乐业的地方。⑦爰：乃，于是，在那里。所：处所，此指可以正当生活的地方。⑧德：加恩，施惠，感激。⑨国：域，即地方。⑩直：同"值"，价值，报酬；一说通"职"。⑪劳：慰劳。⑫谁：通"唯"，只有。之：语气词。永号（háo）：长叹，呼号。

【提示】此诗反映了劳动者对贪得无厌的剥削者的痛恨以及对美好生活的向往。诗人形象地把剥削者比作又肥又大的老鼠，描写他们贪婪成性、油滑狡诈，从不考虑别人的死活，以致劳动者无法在此继续生活下去，而要去寻找他们理想中的乐土。全诗三章，每章八句，纯用比体，以硕鼠喻剥削者，比喻精当贴切，寓意直白显豁，情感浓烈；一唱三叹，更有"永号"之悲慨。

思考与行动

政治是我们永远都无法脱离的生存背景。在很多时候，我们会忘记这个问题，是因为我们生存的政治环境是我们所喜欢的。有句古语："人生不如意事常十之八九。"在中国历史的进程中，有太多政治上的崩坏，给人民带来人生的悲剧。韩愈说"不平则鸣"，怨刺诗的传统也随之传递到了今天。请你重读本节所选的《诗经》文本，结合下面的经典文本思考：怨刺解决政治不平的问题了吗？我们该怎样解决政治不平的问题？

1. 屈原《离骚》（司马迁《屈原贾生列传》）。

2. 韩愈《送李愿归盘谷序》《左迁至蓝关示侄孙湘》（欧阳修、宋祁《新唐书·韩愈传》）。

3. 柳亚子《七律·感事呈毛主席》（毛泽东《七律·和柳亚子先生》）。

《论语》撷玉

邵红梅

　　《论语》是春秋时期思想家、教育家孔子的弟子及再传弟子记录孔子及其弟子言行而编成的语录文集，成书于战国前期。全书共二十篇四百九十二章，以语录体为主，叙事体为辅，较为集中地体现了孔子及儒家学派的政治主张、伦理思想、道德观念、教育原则等。

　　《论语》的思想主要有仁、礼、忠恕、中庸等。"仁"是《论语》的核心思想。

　　《论语》语言简练，活泼生动，具体形象，用意深远。有不少语句富含哲理，但又言简意赅，已成为格言和成语。

　　《论语》中的孔子，品德高尚，意志坚定，又亲切感人，充满智慧，"夫子风采，溢于格言"（《文心雕龙·征圣》）；子路率直鲁莽，颜回温雅贤良，子贡聪颖善辩，曾皙潇洒脱俗。《论语》中，一个个个性鲜明、栩栩如生的人物跃然纸上。

　　《论语》所承载的儒家思想，从汉代开始，就成为中国的主流意识形态，影响着全社会的思维结构。宋代以后，《论语》被列为"四书"之一，成为古代学校官定教科书和科举考试必读书。

　　《论语》中蕴含的哲学思想和智慧，对古今中外都有非常重要的影响。赵普说："《论语》二十篇，吾以一半佐太祖定天下。"钱穆说："《论语》自西汉以来，为中国识字人一部人人必读书。""《论语》这部书，塑造了中华民族的精神世界。"（《论语新解》）20 世纪 80 年代末，七十五位诺贝尔奖获得者齐聚法国巴黎，联袂宣言："如果人类要在 21 世纪生存下去，必须回到 2500 年前，去吸取孔子的智慧。"

阅读这本书，我们可以了解"仁""礼""义""信""孝"等传统道德伦理观念的内涵，从而深刻认识中华传统文化的独特性，也可以从孔子身上获得思想的启迪和人生的营养，助益自我人格的养成与处世能力的提升。

这里选用的《论语》中关于仁、礼、恕、信、义的有关条目，以中华书局 2016 年 1 月版《论语》（陈晓芬译注）为底本，参阅其他，择善而从。对于入选统编语文教材的《〈论语〉十二章》《子路曾皙冉有公西华侍坐》《〈论语〉十章》，不再选用。

一、仁

《论语》有五十九章一百零九次提到"仁"字，"仁"是孔门哲学思想的核心，与孔子政治思想的核心"礼"合为《论语》的基本思想。

孔子对"仁"的论述贯穿在《论语》全书中，其基本要点是"爱人"，具体体现在方方面面，诸如孝悌、谨信、爱众、亲仁、忠恕、博施济众、体谅人而不强加于人（己所不欲，勿施于人）、重视人、关心弱者、珍爱生命等等。

孔子的"仁爱"是建立在"礼"（等级制度）的基础上的，也是以"礼"为原则和指导的，所以他提倡"君君，臣臣，父父，子子"，以亲情为纽带，推己及人，从亲人、家庭到整个社会，实现"仁爱"。

但是孔子对"仁"的理解也并不片面，他也肯定管仲统一、匡正天下的"大仁"。学习并全面、正确地理解和继承孔子"仁"的思想，在今天，仍有重要的现实意义。

> 有子①曰："其为人也孝弟②，而好犯上者，鲜③矣；不好犯上，而好作乱者，未之有也。君子务本，本立而道生。孝弟也者，其为仁之本与④!"
>
> （《学而篇》）

【注释】①有子：孔子的学生，姓有，名若。在《论语》中，孔子的学生一般都称字，只有曾参和有若称"子"。②弟（tì）：同"悌"，敬爱兄长。③鲜（xiǎn）：少。④与：同"欤"字，语气词。君子行事致力于根本，确立了根本，道也就产生了。孝悌就是仁道的根本。

【提示】在孔子的学说里，"仁"是核心思想和终极的追求，其核心要义是"仁者爱人"。而要达到"仁"的境界，不仅需要内心的体验，更需要投身现实。这段话则明确指出，求"仁"应该从孝悌做起。换句话说，就是从孝悌这个根本点出发，推而广之，就能成为仁人君子。

子曰："巧言令色①，鲜②矣仁！"

（《学而篇》）

【注释】①巧言令色：即满口说着讨人喜欢的话，满脸装出讨人喜欢的脸色。巧，好。令，善。②鲜：少。

【提示】巧言令色就是利用花言巧语去迷惑、取悦他人的行径。那些"巧言令色"之人，善于察言观色，八面玲珑。但如果从动机上分析，这种行为带有一定的欺骗性，作为智者，孔子对这种行为有着深刻的认识，所以提出了"巧言令色，鲜矣仁"的观点。

子曰："弟子①入则孝，出②则弟，谨③而信，泛爱众，而亲仁，行有余力，则以学文④。"

（《学而篇》）

【注释】①弟子：有二义，一是指年幼之人，二是指学生。此处取前义。②出：与"入"相对，指外出拜师学习。③谨：寡言少语称之为谨。④文：指诗、书、礼、乐等文化知识。

【提示】作为教育家，孔子极其重视道德教育，一个孩童怎样成长为有用之才呢？孔子给出了回答，即做人先修德，再学知识，也就是从伦理教育入手，在家孝顺父母，敬重兄长；其次，学习待人接物，做到严谨守信。这些根基打好后，再进行文化知识的传授。

子曰："不仁者不可以久处约①，不可以长处乐。仁者安仁，知②者利仁。"

（《里仁篇》）

【注释】①约：穷困。②知（zhì）：同"智"。

【提示】孔子突出地强调了做人以仁为本的思想，认为没有仁德的人长久地处在贫困或安乐之中都会更加堕落，只有仁者才能安于仁，也只有智者才会行仁。有了仁的本心，就能在任何环境下做到矢志不移，保持节操。

子曰："富与贵，是人之所欲也；不以其道得之，不处也。贫与贱，是人之所恶也；不以其道得之，不去也。君子去仁，恶①乎成名？君子无终食②之间违仁，造次③必于是，颠沛④必于是。"

（《里仁篇》）

【注释】①恶（wū）：疑问代词，何，怎么。②终食：一顿饭时间。③造次：急促、仓促。④颠沛：用以形容人事困顿，社会动乱。

【提示】任何人都不会甘愿过贫穷困厄、颠沛流离的生活，都希望得到安逸富贵的生活，但孔子强调，要以正当的手段和途径去获得，否则，宁守清贫而不取。但蝇营狗苟、寡廉鲜仁之辈，比比皆是，我们要谨记：坚守信念，不违于仁。不仁不义之财不取，不仁不义之事不为。

孟武伯问："子路仁乎？"子曰："不知也。"又问。子曰："由也，千乘之国，可使治其赋①也，不知其仁也。"

"求也何如?"子曰:"求也,千室之邑,百乘之家,可使为之宰②也,不知其仁也。""赤③也何如?"子曰:"赤也,束带④立于朝,可使与宾客言也,不知其仁也。"

(《公冶长篇》)

【注释】①赋:指军政事务。②宰:古代县、邑一级的行政长官。卿大夫的家臣也叫宰。③赤:孔子的学生,公西赤,字子华。④束带:束紧腰带,指整饬衣服。

【提示】孔子对自己的三个学生进行了评价,认为他们各有专长,有的可以管理军事,有的可以管理内政,有的可以主持外交。在孔子看来,最重要的标准——仁,他的学生们都没有达到,这也反映了为仁之难。

子张问曰:"令尹子文三仕为令尹①,无喜色,三已之,无愠色。旧令尹之政,必以告新令尹,何如?"子曰:"忠矣。"曰:"仁矣乎?"曰:"未知,焉得仁?"

"崔子②弑③齐君,陈文子④有马十乘,弃而违之。至于他邦,则曰:'犹吾大夫崔子也。'违之。之一邦,则又曰:'犹吾大夫崔子也。'违之,何如?"子曰:"清矣。"曰:"仁矣乎?"曰:"未知,焉得仁?"

(《公冶长篇》)

【注释】①令尹子文三仕为令尹:縠於菟为楚令尹,为国富民强,"毁家纾难"致"有饥色,妻子冻馁",侵削封邑,交还王权,凝聚财力,声壮国威,数次罢免又为起复,为楚一代贤相。令尹,楚国官名,相当于宰相。子文,姓斗,名縠於菟(gòu wū tú),字子文。②崔子:齐国大夫崔杼(zhù)。③弑:臣子杀死君主叫"弑"。④陈文子:齐国大夫,谥文。

【提示】孟武伯问仁,夫子不知,子张也来问仁,夫子还是不知。令尹子文,三起不喜,三去不愠。夫子说子文的做法是"忠",

是忠于自我、忠于理想的表现。陈文子三辞其国，到哪里都觉得动乱，是一个标准的"不适者"，夫子说他是个清醒的人。但到底怎样的人才算是仁呢？

> 子曰："知者乐①水，仁者乐山。知者动，仁者静。知者乐，仁者寿。"

> （《雍也篇》）

【注释】①乐（yào）：喜爱。

【提示】"知者乐水，仁者乐山"是脍炙人口的名言，这是孔子对于智慧和仁德的深切体悟，是对智和仁的形象化解读。

> 宰我问曰："仁者，虽告之曰：'井有仁焉。'其从之也？"子曰："何为其然也？君子可逝①也，不可陷也；可欺也，不可罔②也。"

> （《雍也篇》）

【注释】①逝：往，去救。②罔：诬罔，愚弄。

【提示】因白天睡觉而受到孔子批评的宰我，向孔子提出了一个很尖锐的问题：一个有仁德的人，如果别人告诉他井里掉下一位仁人，他是不是会跟着跳下去呢？孔子没有正面回答。他认为君子会想方设法救助落难的人，但不会陷自己于危险境地。然后批评宰我问的问题不道德，说君子可以被人用正当的理由欺骗，但不可以被愚弄。

> 子贡曰："如有博施于民而能济众，何如？可谓仁乎？"子曰："何事①于仁，必也圣乎！尧、舜其犹病②诸！夫仁者，己欲立而立人，己欲达而达人。能近取譬③，可谓仁之方④也已。"

> （《雍也篇》）

【注释】①事：止，仅。②病：难，不易。③取譬：寻求比喻。这里的比喻是由自己出发而比方到别人，即"己欲立而立人，己欲达而达人"。④方：方法，途径。

【提示】子贡说："如果有人能够博施济众，是不是就是仁者呢？"对于这个问题，孔子给予了极高的评价，他还告诉子贡，博施济众就连尧、舜这样的先圣都很难做到，如果能有人做到博施济众的话，那就不仅仅是仁人那么简单了，简直就是圣人。

孔子告诉子贡，若想实现博施济众的理想，首先应该成为一个"仁者"，而仁者的标准是"己欲立而立人，己欲达而达人"。

曾子曰："士不可以不弘毅①，任重而道远。仁以为己
任，不亦重乎？死而后已，不亦远乎？"

（《泰伯篇》）

【注释】①弘毅：弘大刚毅。
【提示】曾子的这番话，表达了士人主动承担社会责任的那种坚定信心和决绝勇气。这样的话，孔子曾经说过，孟子也曾说过，但是他们都没有曾子表达得清晰明确。后世有无数仁人志士继承了这种精神，以天下为己任，成为中华民族奋发向上的不竭动力。

子曰："知者不惑，仁者不忧，勇者不惧。①"

（《子罕篇》）

【注释】①知者不惑……勇者不惧：智慧的人不疑惑，仁德的人不忧愁，勇敢的人不畏惧。
【提示】在儒家传统道德中，智、仁、勇是三个重要的范畴，也是仁之精神境界的不同体现，是君子的基本品质。

颜渊问仁。子曰："克己复礼①为仁。一日克己复礼，
天下归②仁焉。为仁由己，而由人乎哉？"颜渊曰："请问

其目?"子曰："非礼勿视，非礼勿听，非礼勿言，非礼勿动。"颜渊曰："回虽不敏，请事斯语矣。"

（《颜渊篇》）

【注释】 ①克己复礼：克制自己，使自己的行为归到礼的方面去，即合于礼。复礼，归于礼。②归：称许。

【提示】 "仁"是孔子思想的一个核心，要在生活中行"仁"，从眼、耳、口、鼻四方面规范自己的行为，同时注重使内心修为逐步达到庄严、诚敬的境界，只有这样才能逐渐到达孔子所说"仁"的境界。

仲弓问仁。子曰："出门如见大宾，使民如承大祭。己所不欲，勿施于人。在邦①无怨，在家②无怨。"仲弓曰："雍虽不敏，请事斯语矣。"

（《颜渊篇》）

【注释】 ①邦：诸侯统治的国家。②家：卿大夫的封地。

【提示】 孔子的这段话，核心是一个"敬"，做人做事要懂得敬重。

司马牛问仁。子曰："仁者，其言也讱①。"曰："其言也讱，斯谓之仁已乎?"子曰："为之难，言之得无讱乎?"

（《颜渊篇》）

【注释】 ①讱（rèn）：说话谨慎，不容易出口。

【提示】 孔子因材施教，因为司马牛多言而浮躁，所以孔子特别针对他这一缺点，告诉他说话要和缓谨慎，少说话多行动，强调言行一致的重要性。

子张问："士何如斯可谓之达①矣?"子曰："何哉尔所

谓达者？"子张对曰："在邦必闻，在家必闻。"子曰："是闻也，非达也。夫达也者，质直而好义，察言而观色，虑以下人②。在邦必达，在家必达。夫闻也者，色取仁而行违，居之不疑。在邦必闻，在家必闻。"

（《颜渊篇》）

【注释】 ①达：通达。②下人：下于人，处于别人之下，即对人谦逊。

【提示】 孔子认为"闻"的本质是"伪"，特指的是那些徒有虚名、沽名钓誉，甚至不惜"色取仁而行违"之辈；而"达"的本质是"诚"，是指品德高尚。孔子区分"闻人"与"达人"，告诉子张若能做到"达"，那么必定能够实现"闻"；但是如果一味追求"闻"，就是伪饰做作的小人。孔子告诫弟子：不可沽名钓誉。

樊迟问仁。子曰："爱人。"问知。子曰："知人。"樊迟未达。子曰："举直错诸枉①，能使枉者直。"樊迟退，见子夏，曰："乡②也吾见于夫子而问知，子曰：'举直错诸枉，能使枉者直'，何谓也？"子夏曰："富哉言乎！舜有天下，选于众，举皋陶③，不仁者远矣。汤有天下，选于众，举伊尹④，不仁者远矣。"

（《颜渊篇》）

【注释】 ①举直错诸枉：把正直的人摆在邪恶的人的上面，即选用贤人，罢黜坏人。错，通"措"，安置。②乡：同"向"，过去。③皋陶（gāo yáo）：舜时的贤臣。④伊尹：商汤时辅相。

【提示】 孔子提出从政者要亲贤远佞的思想。诸葛亮在《出师表》中总结汉朝兴亡的教训时说："亲贤臣，远小人，此先汉所以兴隆也；亲小人，远贤臣，此后汉所以倾颓也。"

樊迟问仁。子曰："居处恭，执事敬，与人忠。虽之夷

45

狄，不可弃也。^①"

（《子路篇》）

【注释】①居处恭……不可弃也：平时的生活起居要端庄恭敬，办事情的时候严肃认真，对待他人要忠诚。就是去边远的少数民族居住的地方，也是不能废弃这些原则的。

【提示】孔子提出了做人在生活、工作和交友等各个方面的"仁"的要求，即"恭""敬""忠"是一个人的为人之道。生活中保持恭肃之心，工作中做事诚敬，毫不苟且，与人相交忠诚以待，到哪里都行得通。

子曰："刚、毅、木、讷^①近仁。"

（《子路篇》）

【注释】①刚、毅、木、讷：刚强、坚毅、质朴、慎言。

【提示】孔子认为"仁"是人格的最高境界，不易达到，但可以从基本的刚、毅、木、讷这四种美好的品质做起。刚强就不会为欲望所动摇，坚毅就不会为困难和威势所屈服，质朴就会保持敦厚严谨的作风，言语谨慎就能避免不必要的祸害。

宪^①问耻。子曰："邦有道，谷^②；邦无道，谷，耻也。""克^③、伐^④、怨、欲不行焉，可以为仁矣?"子曰："可以为难矣，仁则吾不知也。"

（《宪问篇》）

【注释】①宪：姓原，名宪，字子思，孔子的学生。②谷：俸禄。③克：好胜。④伐：自夸。

【提示】原宪问老师什么叫作耻，孔子认为，士大夫应为国做贡献。那些在国家政治清明的时候拿俸禄，国家政治混乱的时候也照样拿俸禄而安享荣华富贵的人，是可耻的。其实，孔子的意思就是

46

告诉人们，作为一个知识分子必须始终牢记，从政应该尽到自己的政治责任，对社会有所贡献，为混口饭吃而做官是可耻的。

　　子路曰："桓公杀公子纠①，召忽死之，管仲不死。"曰："未仁乎?"子曰："桓公九合诸侯②不以兵车，管仲之力也。如③其仁，如其仁!"

（《宪问篇》）

【注释】①公子纠：齐桓公的哥哥。齐桓公曾与其争位，杀掉了他。②九合诸侯：指齐桓公多次召集诸侯会盟。③如：乃，就。

【提示】子路因为管仲没有自杀以殉公子纠而认为管仲没有仁德。对此，孔子解释说，管仲帮助齐桓公召集诸侯会盟，息兵戈而解纷争，使天下由此而安，为维护和平做出了贡献，这就是他的"仁德"。

　　子贡曰："管仲非仁者与? 桓公杀公子纠，不能死，又相之。"子曰："管仲相桓公，霸诸侯，一匡天下，民到于今受其赐。微①管仲，吾其被发左衽②矣。岂若匹夫匹妇之为谅③也，自经④于沟渎⑤而莫之知也?"

（《宪问篇》）

【注释】①微：如果没有。用于和既成事实相反的假设句的句首。②被：通"披"。衽（rèn）：衣襟。"披发左衽"是当时少数民族的打扮，这里指沦为夷狄。④谅：诚实。⑤自经：自缢。⑥渎（dú）：小沟。

【提示】孔子与子贡谈论的是"管仲不死君难"是否为仁。子贡认为，管仲不能算仁者，甚至连忠臣也算不上。但是孔子说管仲虽然没有为国君而死，但他帮助齐桓公建立霸业，让社会战乱稍安，百姓安居乐业，对历史、对国家、对人民贡献巨大。怎样让生命更有价值，才是值得我们考虑的。

子曰："当仁①，不让于师。"

（《卫灵公篇》）

【注释】①当仁：遇到可以实践仁道的机会。

【提示】这是孔子的名言，为所有行仁道、为壮举、力求上进的人鼓足了底气。在仁面前，众人平等，不必谦让于师长。

子张①问仁于孔子。孔子曰："能行五者于天下为仁矣。""请问之。"曰："恭、宽、信、敏、惠。恭则不侮，宽则得众，信则人任②焉，敏则有功，惠则足以使③人。"

（《阳货篇》）

【注释】①子张：孔子晚年弟子，小孔子四十七岁。为人勇武，善交友，重德行修养。②任：相信，信任。③使：令，此处指"领导、率领"。

【提示】孔子说："能行五事，即恭敬、宽宏、诚信、勤勉、慈惠，便可称为仁人。""恭、宽、信、敏、惠"为仁者五端。其理浅近易懂，其义深远难行。

子夏曰："博学而笃志，切问而近思①，仁在其中矣。"

（《子张篇》）

【注释】①切问而近思：恳切地提问并且常常思考眼前的事。

【提示】子夏提出博学、笃志、切问、近思四项，都是理论联系实际、言行一致的自我修养的方法。

思考与行动

1. 阅读完以上语录，请分条概括一下《论语》中的"仁"包含哪些具体内涵？孔门弟子问仁，孔子为什么没有固定答案？这会让人无所适从吗？

2. 孔子说"我欲仁，斯仁至"，"行仁"似乎一点儿也不难，可是为什么孔子不轻易以仁许人呢？

3. 联系现实谈一谈孔子的"仁"能否解决我们当下的一些困境。你又该如何践行"仁"呢？

二、礼

《论语》中共有三十九章七十六次提到"礼"字，频次仅次于"仁"。礼最初指周代的文化典章制度，后泛指中国的奴隶社会和封建社会一般的政治道德原则和规范。孔子对当时"礼崩乐坏"的局面痛心疾首，积极入世、救世，主张"正名"，企图恢复"君君、臣臣、父父、子子"的宗法等级制度。

孔子认为"为仁"的标准在于是否合乎礼。他将礼看成是安身立命之本，认为"不知礼，无以立"（《尧曰篇》），"兴于《诗》，立于礼，成于乐"（《泰伯篇》）；他将礼看成是仁的外在规定，认为人的言、听、视、动只要合乎礼就是达到了仁；他还说"礼云，礼云，玉帛云乎哉？乐云，乐云，钟鼓云乎哉"（《阳货篇》），认为玉帛、钟鼓，只是礼、乐的外形，而仁才是礼、乐的实质。

简言之，礼以仁为基础，仁靠礼来维护，仁是内在的，礼是外在的，二者紧密结合。礼是外部规范、行为准则；仁是内心自觉，成德的志愿。

同时，孔子也强调礼是为了和，不是为了同。礼是形式，是工具，追求的是一种社会秩序；和谐、仁爱是根本，构建敦厚祥和的社会是目标。

> 有子曰："礼之用，和为贵。先王之道①，斯为美，小大由之。有所不行，知和②而和，不以礼节之，亦不可行也。"
>
> （《学而篇》）

【注释】①先王之道：指的是古代圣王治国之道。②和：和谐，协调。

【提示】在有子看来，推行"礼"的目的，在于追求社会和谐。在儒家先哲看来，"和"的本质就是关系的协调，只有保证和睦的社会关系，才真正有利于社会的生存和发展。推行"礼制"的目的是营造"和"，但是，却不可以为了"和"而破坏制度。

　　有子曰："信近于义，言可复①也。恭近于礼，远耻辱也。因②不失其亲，亦可宗③也。"

（《学而篇》）

【注释】①复：实践，履行。②因：依靠，凭借。③宗：尊敬。

【提示】"信"要以义为基础，方能做到践行可复；"恭"要以周礼为标准，方能远离耻辱。不符合礼的话绝不能讲，讲了就不是"信"的态度；不符合礼的事绝不能做，做了就不是"恭"的态度。"信"和"恭"非常重要。

　　子贡曰："贫而无谄，富而无骄，何如？"子曰："可也。未若贫而乐，富而好礼者也。"子贡曰："《诗》云：'如切如磋，如琢如磨。①'其②斯之谓与？"子曰："赐也，始可与言《诗》已矣，告诸往而知来者。"

（《学而篇》）

【注释】①如切如磋，如琢如磨：出自《诗经·卫风·淇奥》篇。切、磋、琢、磨，指对骨器、玉器等器物的不同加工方式。比喻在道德学问上的不断磨砺提高。②其：表测度语气，可译为"大概"。

【提示】子贡和孔子讨论如何对待穷和富。孔子希望弟子以及所有人，都能够达到贫而乐道、富而好礼的境界。这样，个人可以得到最大限度的发展，社会上无论贫或富也都能做到各安其位，便可以保持社会的安定了。孔子还赞扬了子贡"举一反三"地灵活运用知识的能力。

　　子曰："道①之以政②，齐之以刑，民免而无耻。道之以德，齐③之以礼，有耻且格④。"

（《为政篇》）

【注释】①道：引导。②政：政令法规。③齐：整治。④格：纠正。

【提示】孔子提出，刑罚只能避免人们犯罪，并不能让他们生出犯罪可耻的心理。但是，若是用道德引导人们向善，用礼制统一人们的言行，老百姓不仅会有羞耻之心，还能恪守正道，民心归服。理想的政治形态，莫过于"礼乐刑政"的统一。

　　孟懿子①问孝。子曰："无违②。"樊迟③御，子告之曰："孟孙问孝于我，我对曰'无违'。"樊迟曰："何谓也?"子曰："生，事之以礼；死，葬之以礼，祭之以礼。"

（《为政篇》）

【注释】①孟懿子：鲁国大夫，姓仲孙，名何忌。懿，谥号。②无违：不要违背礼节。③樊迟：孔子的学生，姓樊，名须，字子迟。

【提示】孔子极其重视孝。尽孝时不应违背礼的规定，否则就不是真正的孝。他主张，属于家庭伦理范畴的孝道不能越出作为政治伦理原则的"礼"的规定。可见，孝不是随意的，必须受礼的规制，依礼而行才是孝。

　　子曰："人而不仁，如礼何①? 人而不仁，如乐何?"

（《八佾篇》）

【注释】①如礼何：怎样对待礼仪制度。

【提示】礼与乐都是制度文明，而仁则是人们内心的道德规范。孔子指出礼、乐的核心与根本是仁，没有仁德的人，根本谈不上什么礼、乐的问题。

林放①问礼之本。子曰："大哉问！礼，与其奢也，宁俭；丧，与其易②也，宁戚。"

（《八佾篇》）

【注释】①林放：鲁人。②易：治理，这里是治办丧事过重礼仪的意思。

【提示】孔子没有正面回答，但他明确说明了礼之根本的问题不在形式而在内心，不能只停留在表面仪式上，真实、真诚、真心才是礼的根本。

子夏问曰："'巧笑倩兮，美目盼兮，素以为绚兮。①'何谓也？"子曰："绘事后素。"曰："礼后乎②？"子曰："起予者商也，始可与言《诗》已矣。"

（《八佾篇》）

【注释】①巧笑倩兮……素以为绚兮：这三句诗前两句见《诗经·卫风·硕人》。倩，笑容美好。盼，眼睛黑白分明。绚，有文采。②礼后乎：意思是礼形成于仁义的基础之上。

【提示】子夏认为天生丽质的美女，不必多作装饰，只要穿上素色衣服就很美丽，其本意在于礼仪形式之华美，而孔子的回答在于礼仪之实，即内容之美。子夏举一反三，于是孔子赞扬子夏从"绘事后素"中体会到"礼后乎"，就是用绘画作比喻来说明仁和礼的关系。他认为，外表的礼节仪式同内心的真实情感应是统一的，如同绘画一样，质地不洁白，不会画出丰富多彩的图案。

52

子贡欲去^①告朔之饩羊^②。子曰：“赐也！尔爱其羊，我爱其礼。”

（《八佾篇》）

【注释】①去：去掉，废除。②告朔之饩（xì）羊：是古代一种祭礼制度。告朔，朔为每月的第一天。周天子于每年秋冬之交向诸侯颁布来年的历书，历书包括指明有无闰月、每月的朔日是哪一天，这就叫“告朔”。诸侯接受历书后，藏于祖庙。每逢初一，便杀一头羊祭于庙。羊杀而不烹叫“饩”（烹熟则叫“飨”）。

【提示】按照周礼，每个月的初一都应到祖庙参加告朔饩羊之礼。可是，当时鲁公已不亲自到祖庙之中进行“告朔”了，只是杀只羊走走形式而已。子贡认为，既然国君都不参加了，那么羊也不用杀了。子贡的这种想法却遭到了孔子的反对，在孔子看来，若是连祭祀的羊都省掉的话，告朔饩羊之礼可就完全被废除了。从中我们能够看出，孔子希望保留杀羊献礼的仪式，哪怕那只是一个形式。

子曰：“事君尽礼，人以为谄也。^①”

（《八佾篇》）

【注释】①事君尽礼，人以为谄也：按照礼节去侍奉君主，别人却认为这是在讨好君主。

【提示】这一章从侧面表明了当时的君臣关系已经遭到破坏。其时臣侍奉君多无礼，故有人做到了服侍君主尽臣子之礼，却反被人认为是在谄媚，故孔子有此感慨。

定公^①问：“君使臣，臣事君，如之何？”孔子对曰：“君使臣以礼，臣事君以忠。”

（《八佾篇》）

【注释】①定公：鲁国国君，姓姬名宋。“定”是谥号。

【提示】孔子阐释了正确处理君臣关系的基本原则，他认为君臣都应该遵循礼节，君主应当以礼待臣，臣下应当以忠事君，这样才能互相取得信任。

　　子曰："管仲①之器小哉!"或曰："管仲俭乎?"曰："管氏有三归②，官事不摄③，焉得俭?""然则管仲知礼乎?"曰："邦君树④塞门⑤，管氏亦树塞门；邦君为两君之好，有反坫⑥，管氏亦有反坫。管氏而知礼，孰不知礼?"

　　　　　　　　　　　　　　　　　　　　（《八佾篇》）

【注释】①管仲：名夷吾，齐桓公时的宰相，辅助齐桓公成为诸侯的霸主。②三归：三处豪华的公馆。③摄：兼任。④树：树立。⑤塞门：在大门口筑的一道短墙，以别内外，相当于屏风、照壁等。⑥反坫（diàn）：古代君主招待别国国君时，放置献过酒的空杯子的土台。

【提示】之所以认为管仲"器小"，孔子有两点依据，一是管仲缺乏节俭的美德，二是管仲不遵礼制。在孔子的政治思想中，礼制居于至高无上的地位，管仲不遵礼制，当然称不上君子。

　　子曰："居上不宽，为礼不敬，临丧不哀，吾何以观之哉?①"

　　　　　　　　　　　　　　　　　　　　（《八佾篇》）

【注释】①居上不宽……吾何以观之哉：居于统治地位的人，不能宽宏大量，行礼的时候不恭敬，遇丧事时不悲伤哀痛，这个样子，我怎么看得下去呢?

【提示】在很多人眼里，礼制是一套烦琐的仪式，在政治运作中没什么实用价值。孔子强调，居于上位的领导者，为政宜宽，执事宜敬，临丧宜哀，这就是礼制在治政中的具体运用。"礼"固然有其烦琐的一面，但礼之义，深矣；礼之用，大矣!

子曰："能以礼让①为国乎？何有？不能以礼让为国，如礼何②？"

（《里仁篇》）

【注释】①礼让：礼节和谦让。②如礼何：即如何实行礼制呢？

【提示】治国者必须礼让，因为礼主敬，依礼而行就会处事合宜；谦让生和，就会上下无争。能做到礼让，治国也就没有困难了。

子曰："君子博学于文，约之以礼，亦可以弗畔①矣夫②。"

（《雍也篇》）

【注释】①畔：通"叛"。②矣夫：语气词，表示较强烈的感叹。

【提示】本章谈了教育目的。孔子认为应当广泛地学习古代典籍，而且要用"礼"来约束自己。说到底，他是要培养懂得"礼"的君子。后来孟子也说过："动容周旋中礼者，盛德之至也。"

子曰："恭而无礼则劳，慎而无礼则葸①，勇而无礼则乱，直而无礼则绞②。君子笃于亲，则民兴于仁；故旧不遗，则民不偷③。"

（《泰伯篇》）

【注释】①葸（xǐ）：畏惧，胆怯。②绞：急切，偏激。③偷：淡薄，不厚道。

【提示】孔子重视适度合宜，讲究尺度，人情味和理性要完美结合。恭敬、谨慎、勇敢、直率，都是很好的德行，但这些德行的实践要符合中庸的准则。如果恭敬而不合乎礼，就会出现疲劳；谨慎而不知礼则会懦弱不前；勇敢而不讲究礼就会做事过分，扰乱社会的正常秩序；直率而无礼，便尖酸刻薄。

子曰："兴于《诗》，立于礼，成于乐。①"

（《泰伯篇》）

【注释】①兴于《诗》……成于乐：从学习《诗》开始，把礼作为立身的根基，掌握音乐使所学得以完成。

【提示】孔子提出了从事文化教育的三方面内容及作用。《诗》有着强大的感染力，可以启迪心智，陶冶性情，使人懂得人生的真义。"礼"能使人行为规范，树立人格，卓然自立于社会群体之间。"乐"则陶冶情操，使修身、治学得以完成。

子路曰："卫君①待子而为政，子将奚先?"子曰："必也正名②乎!"子路曰："有是哉，子之迂也! 奚其正?"子曰："野哉，由也! 君子于其所不知，盖阙如③也。名不正，则言不顺；言不顺，则事不成；事不成，则礼乐不兴；礼乐不兴，则刑罚不中；刑罚不中，则民无所措手足。故君子名之必可言也，言之必可行也。君子于其言，无所苟而已矣。"

（《子路篇》）

【注释】①卫君：卫出公，名辄，卫灵公之孙。其父蒯聩被卫灵公驱逐出国，卫灵公死后，蒯辄继位。蒯聩要回国争夺君位，遭到蒯辄拒绝。孔子对此提出了自己的看法。②正名：即正名分，使名实相符。③阙如：存疑不言。

【提示】"正名"是孔子"礼"的思想的组成部分。正名的具体内容是"君君、臣臣、父父、子子"，只有"名正"才可以做到"言顺"，接下来的事情就迎刃而解了。

樊迟请学稼①。子曰："吾不如老农。"请学为圃②。

曰："吾不如老圃。"樊迟出。子曰："小人哉，樊须也！上好礼，则民莫敢不敬；上好义，则民莫敢不服；上好信，则民莫敢不用情③。夫如是，则四方之民襁④负其子而至矣，焉用稼?"

（《子路篇》）

【注释】①稼：种植五谷。②圃：种菜。③情：诚实，真实。④襁（qiǎng）：背负小孩所用的宽带或布兜。

【提示】儒家认为社会有分工，种庄稼蔬菜等耕作之事是小老百姓的分内之事，而居官为政者则需要学习如何修身立德，重视礼、义、信。做好这些，百姓就会主动来归附。孔子的教育思想在于培养为政的人才，因此以"文、行、忠、信"四科为教育内容，而种田种菜等劳动生产之事不在其教育之中。

子曰："上好礼，则民易使也。"

（《宪问篇》）

【提示】上行下效，这是孔子反复向执政者讲解的为政之道。

子曰："知及之①，仁不能守之，虽得之，必失之；知及之，仁能守之，不庄以莅之，则民不敬；知及之，仁能守之，庄以莅之，动之不以礼，未善也。"

（《卫灵公篇》）

【注释】①之：指官职。以下"莅之""动之"中的"之"指百姓。

【提示】孔子提出了一个合格的执政者应具备的品质和治国理政的四条标准：首先要有治国的智慧，再追求仁德爱民，然后怀着庄严敬畏的态度去对待，最后是依照礼法而动。

孔子曰："天下有道，则礼乐征伐自天子出；天下无道，则礼乐征伐自诸侯出。自诸侯出，盖十世希^①不失矣；自大夫出，五世希不失矣；陪臣^②执国命，三世希不失矣。天下有道，则政不在大夫；天下有道，则庶人不议。"

（《季氏篇》）

【注释】 ①希：同"稀"，少。②陪臣：大夫的家臣。

【提示】 孔子分析春秋时期的政治形势。他十分赞赏"天下有道"的尧、舜、禹、汤以及西周时代，因为那时礼乐征伐出自天子。"天下无道"则在周平王东迁之后，此后王室衰微，诸侯争霸称雄，周天子已经无发号施令的力量了。鲁国自季氏专权，有家臣专政，人心和社会秩序一路衰败，社会危机四伏。"天下有道，则庶人不议"，这句话是给执政者们非常有益的警示。

陈亢^①问于伯鱼^②曰："子亦有异闻乎？"

对曰："未也。尝独立，鲤趋而过庭。曰：'学《诗》乎？'对曰：'未也。''不学《诗》，无以言。'鲤退而学《诗》。他日，又独立，鲤趋而过庭。曰：'学《礼》乎？'对曰：'未也。''不学《礼》，无以立。'鲤退而学《礼》。闻斯二者。"

陈亢退而喜曰："问一得三，闻《诗》，闻《礼》，又闻君子之远^③其子也。"

（《季氏篇》）

【注释】 ①陈亢：姓陈，名亢，字子禽。②伯鱼：姓孔，名鲤，字伯鱼，孔子的儿子。③远：不接近，不偏私。

【提示】《诗》和《礼》是孔子教育学生的必修课目，他对自己的独生子孔鲤的教育也是从此入手。这是孔子以身作则，"诗礼传家"。

子曰："礼云礼云，玉帛云乎哉？乐云乐云，钟鼓云乎哉？[1]"

（《阳货篇》）

【注释】①礼云礼云……钟鼓云乎哉：礼呀礼呀，难道仅指玉器和丝帛吗？乐呀乐呀，难道仅指钟鼓等乐器吗？

【提示】孔子针对春秋时期权贵奢侈成风，礼乐流于玉帛钟鼓等形式而失去了原有的实质内容等现象，发出了深深的慨叹。

子曰："不知命，无以为君子也。不知礼，无以立也。不知言，无以知人也。[1]"

（《尧曰篇》）

【注释】①不知命……无以知人也：不懂得天命，就没有可能成为君子。不懂得礼，就没有办法立身于社会。不知道分辨别人的言语，便不能了解别人。

【提示】这是《论语》最后一章，孔子再次向君子提出了立身处事的三点要求，即"知命""知礼""知言"，表明孔子对于塑造具有理想人格的君子有高度期待，他希望有合格的君子来齐家治国平天下。

思考与行动

1. 在学校及家庭生活中哪些和礼乐有关，请举例说明这些礼乐对你的影响。

2. 恭、慎、勇、直，这些道德为什么要用礼乐来节制？

3. 请就"子之武城，闻弦歌之声"一章，体会礼乐教化之道的重要性。

三、恕

《说文解字》："恕，仁也，从心如声。"恕就是仁，就是"如心"，己心如人心，人心如己心。朱熹的理解为："推己之谓恕。"

贾谊的理解为："以己量人之谓恕。"在阅读《论语》时会发现，恕道是有原则的，推己及人，己所不欲勿施于人；宽恕是有底线的，道德法制大是大非不宽恕。

清代学者焦循指出："己立己达谓之忠，立人达人谓之恕。"由此看来，"忠"和"恕"的区别是："忠"是自己内心中一种对人对事的真诚态度，以及由此态度去诚实地为他人谋事做事的行为，即忠于他人之事，忠于朋友之托，忠于职守，忠于国家。"恕"是以自己的仁爱之心去推度别人的心，从而正确地处理人际关系和谅解别人不周或不妥之处。

后儒也将"忠恕之道"称为"絜矩之道"。

　　子贡问曰："有一言①可以终身行之②者乎?"子曰："其恕乎，己所不欲，勿施于人。"

（《卫灵公篇》）

【注释】①一言：一个字。②行之：按照这个字的意思实行。

【提示】孔子把"忠恕之道"看成是处理人际关系的一条准则，做到了"己所不欲，勿施于人"，就可以消除别人对自己的怨恨，缓和人际关系，安定当时的社会秩序。

　　子贡曰："我不欲人之加①诸我也，吾亦欲无加诸人。"
子曰："赐也，非尔所及也。"

（《公冶长篇》）

【注释】①加：欺侮，欺凌。

【提示】"我不欲人之加诸我也，吾亦欲无加诸人"，是一种仁善生命的自由，在孔子看来，能做到这一点，就是达到仁的境界。在孔子的思想体系中，仁具有着至高无上的地位，是极难达到的境界，连孔子本人都不敢说自己达到此境。所以，当子贡说出这个思想后，孔子直言相告："这不是你能做到的。"

仲弓问仁。子曰："出门如见大宾，使民如承大祭①；己所不欲，勿施于人；在邦②无怨，在家③无怨。"仲弓曰："雍虽不敏，请事④斯语矣。"

(《颜渊篇》)

【注释】 ①出门如见大宾，使民如承大祭：这句话是说，出门办事和役使百姓，都要像迎接贵宾和进行大祭时那样恭敬严肃。②邦：诸侯统治的国家。③家：卿大夫统治的封地。④事：从事，照着去做。

【提示】 孔子谈到了"仁"的两个内容。一是要他的学生事君使民都要严肃认真，二是要宽以待人，"己所不欲，勿施于人"，即恕。

子贡曰："如有博施于民而能济众，何如？可谓仁乎？"子曰："何事①于仁！必也圣乎！尧舜②其犹病诸！夫仁者，己欲立而立人，己欲达而达人。能近取譬，可谓仁之方也已。"

(《雍也篇》)

【注释】 ①事：止，仅。②尧舜：传说中上古时代的两位天子，是孔子推崇的圣人。

【提示】 "己欲立而立人，己欲达而达人"是实行仁的重要原则，推己及人就做到了仁、恕。在前面的章节里，孔子还说"己所不欲，勿施于人"等。这些都说明了孔子关于仁、恕的基本主张。

曾子曰："以能问于不能，以多问于寡；有若无，实若虚；犯而不校①——昔者吾友尝从事②于斯矣。"

(《泰伯篇》)

【注释】 ①犯而不校（jiào）：对别人的冒犯不加计较。校，计较。②从事：做。

【提示】"问于不能""问于寡"等都表明了谦逊的学习态度。善于学习的人既要向有知识、有才能的人学习，也要向少知识、少才能的人学习。曾子还提出"有若无""实若虚"的学习态度，希望人们始终保持谦虚不自满、虚怀若谷的态度。曾子说"犯而不校"，表现出忍让的精神和宽阔的胸怀，这是值得学习的。这里曾子所说的"吾友"，当指孔门中德行、学问都很出众的颜回。

　　或曰："以德报怨，何如?"子曰："何以报德? 以直报怨①，以德报德。"

(《宪问篇》)

【注释】①以直报怨：用正直来回报怨恨。
【提示】孔子所提倡的"以直报怨"，是用公正的、直率的、光明磊落的方法，正确面对那些对自己不满或有抱怨的人。既不能冤冤相报，也不能姑息养奸。

🙠 思考与行动 🙢

1. "恕"是推己及人，是以己度他人之心。在实际生活中，你认为自己做到了吗?

2. 孔子教育子贡及其他弟子行仁的核心是"恕"，如果从《论语》中选择一个字作为你终身奉行的准则，你将选择哪个字? 请说明理由。

3. 在《论语》中，孔子强调君子也会有讨厌的人，这和君子"忠恕"的德行是否矛盾呢?

四、信

信，简单说，就是说话算话。信和说话有关，古人拆字为解，有"人言不欺"之训。

孔子重信，唯恐说了做不到，宁肯少说不说，先做后说，做完了再说。他认为"人而无信，不知其可也"（《为政篇》）；"古者言之不出，耻躬之不逮也"（《里仁篇》）；"君子欲讷于言而敏于行"（《里仁篇》）。

孔子讲信，有三点值得注意：

第一，为政不可无信。如子贡问政，孔子答以足食、足兵和民信。他说，三者去一，首先是兵，其次是食，唯信不可去。理由是，战死、饿死，不过是死，"自古皆有死，民无信不立"（《颜渊篇》）。统治者使民，必先取信于民。为臣的谏君，也要先取信于君。

第二，交友不可无信。

第三，信有大信和小信，大信是君子讲的信，是在"信近于义"的前提下说话算话。不合于义，只是小信。

> 子曰："道①千乘之国②，敬事③而信，节用而爱人，使民以时④。"
>
> （《学而篇》）

【注释】①道：通"导"，引导之意，此处译为治理。②千乘之国：乘，古代用四匹马拉的兵车。千乘之国，即代指大国。③敬事：严肃的政事态度。④使民以时：古代百姓以农业为主，这里是说役使百姓要按照农时，即不要误了耕作与收获。"时"指农时。

【提示】孔子强调执政者要以"人"为本。具体说来，从政应遵循的三大原则。第一，"敬事而信"，这是从政者应有的态度。第二，"节用而爱人"，这是从政者应该掌握的治理方法。第三，"使民以时"，这是从政者必知的基本要求。

> 子夏①曰："贤贤易色②；事父母，能竭其力；事君，能致其身③；与朋友交，言而有信。虽曰未学，吾必谓之

学矣。"

【注释】①子夏：孔子学生，姓卜，名商，字子夏，以文学著称。②贤贤易色：即尊重贤者而看轻女色。贤贤，第一个"贤"字作动词用，尊重的意思。贤贤即尊重贤者。易，有两种解释，一是改变的意思；二是轻视的意思。③致其身：这里是要尽忠的意思。致，意为"奉献""尽力"。

【提示】子夏的这几句话意在重申孔子的观点：修德必须重视实践，只有通过不断的实践，才能摸索出真正的学问，只有能在实践中做到"德""孝""忠""信"等，才能成为一个有道德的人。

子曰："君子不重①则不威，学则不固②。主忠信③。无友不如己④者。过，则勿惮改。"

（《学而篇》）

【注释】①重：庄重，自持。②学则不固：所学不牢固。与上句联系起来就可理解为：一个人不庄重就没有威严，所学也不牢固。③主忠信：以忠信为主。④不如己：指道德品性不同于己者。

【提示】孔子提出了君子应当庄重大方，才能具有人格的威严，庄重而威严才能认真学习而所学牢固。君子还要慎重交友，还要有"过则勿惮改"的对待错误和过失的正确态度。

有子曰："信近于义，言可复①也。恭近于礼，远耻辱也。因②不失其亲，亦可宗③也。"

（《学而篇》）

【注释】①复：实践，履行。②因：依靠之意。③宗：尊敬。
【提示】儒家对"信"和"恭"是十分看重的。"信"要以义为基础，方能做到践行可复；"恭"要以周礼为标准，方能远离耻辱。

不符合礼的话绝不能讲，讲了就不是"信"的态度；不符合礼的事绝不能做，做了就不是"恭"的态度。信义是社会道德共同之所尚，故古人有一诺千金之说，有重然诺而轻生死者。

子曰："人而无信，不知其可也。大车无輗①，小车无軏②，其何以行之哉?"

（《为政篇》）

【注释】①大车无輗：牛车没有輗。大车，指牛车。輗（ní），大车辕和车辕前横木相接的关键。②小车无軏：马车没有軏。小车，指马车。軏（yuè），马车辕前横木两端的木销。

【提示】孔子认为，执政者能够得到百姓的信任，比什么都重要。诚信既是一个人立身处世的根本，也是为政者取信于民的基础。

子使漆雕开①仕。对曰："吾斯之未能信。"子说②。

（《公冶长篇》）

【注释】①漆雕开：孔子学生，姓漆雕，名开，字子若。②说：同"悦"。

【提示】"学而优则仕"，学好知识，就去为官做事。孔子是鼓励学生从政做事的。他让学生漆雕开出仕，但漆雕开觉得自己尚未达到"学而优"的程度，没有充分的把握，想继续学礼，晚点儿去做官。孔子很满意他这种谦谨的态度，认为他有沉着好学的品行，知道尚须进德修业，没有急着做官，没有沾染上当时社会中流行的急功近利的作风。

宰予昼寝。子曰："朽木不可雕也，粪土之墙不可杇①也，于予与何诛②?"子曰："始吾于人也，听其言而信其行；今吾于人也，听其言而观其行。于予与③改是。"

（《公冶长篇》）

【注释】①杇（wū）：粉刷。②诛：意为责备、批评。③与：语气词。

【提示】孔子的学生宰予白天睡觉，孔子对他大加非难。此外，孔子在这里还提出判断一个人的正确方法，即听其言而观其行。

　　颜渊、季路①侍。子曰："盍各言尔志？"子路曰："愿车马，衣轻裘，与朋友共，敝之而无憾。"颜渊曰："愿无伐善②，无施劳。"子路曰："愿闻子之志。"子曰："老者安之，朋友信之，少者怀③之。"

（《公冶长篇》）

【注释】①季路：即子路。②伐善：夸耀功劳。伐，夸耀。③怀：关怀，照顾。

【提示】孔子与弟子谈志。子路性情豪爽，讲义气，热衷于与朋友分享财富。但是，拿他的志向和颜回、孔子相比，我们会发现，他的修为尚处在"舍物"层面。而颜回则已经摆脱了身外之物的束缚，进入到内在心志的修养上，到达"舍己"层次。志向最高远的是孔子。他的修养已经超越了"外物"和"自我"两个层面，达到了泛爱无私的仁道境界。

　　曾子有疾，孟敬子①问之。曾子言曰："鸟之将死，其鸣也哀；人之将死，其言也善。君子所贵乎道者三：动容貌，斯远暴慢矣；正颜色，斯近信矣；出辞气，斯远鄙倍②矣。笾豆③之事，则有司④存。"

（《泰伯篇》）

【注释】①孟敬子：鲁国大夫仲孙捷。②倍：通"背"，背理，错误。③笾（biān）豆：祭礼中使用的器皿，笾是竹制的，豆是木制的。笾豆之事，在此代表礼仪中的一切具体细节。④有司：主管祭祀的官吏。

曾子对孟敬子讲执政要修身的道理。曾子用鸟将死而鸣哀来比喻人将死而言善的道理，表明了自己的衷肠：作为君子应当重视三个方面的问题。其一，动容貌，人与人之间的交往，一般都是先见容貌，其次观颜色，再用言语交谈，故礼义之始就在于正容止。其二，正颜色，对人的态度要庄重，这就能令人以信实相待。其三，出辞气，谈吐言辞要适当而且清楚，这样就可以避免粗野和错误。

子曰："笃信好学，守死善道。危邦不入，乱邦不居。天下有道则见^①，无道则隐。邦有道，贫且贱焉，耻也；邦无道，富且贵焉，耻也。"

（《泰伯篇》）

【注释】①见：同"现"。

【提示】孔子首先强调处世要以"道"为准则。他认为只有坚守住大道，才能成就自我。有学问，有信仰，然后依据社会环境发挥自己的能力和作用。时代环境允许，就出来兼济天下；社会动荡，则保全性命，等待机会，此所谓君子不处危邦。这段话，很好地反映出了我国儒士的进退取舍之道。

子曰："狂而不直，侗而不愿^①，悾悾^②而不信，吾不知之矣。"

（《泰伯篇》）

【注释】①侗而不愿：幼稚而不朴实。侗（tóng），幼稚，无知。愿，质朴。②悾（kōng）悾：诚恳的样子。

【提示】孔子对一些虚伪的和不可理喻的品质提出了批评。"狂而不直，侗而不愿，悾悾而不信"都是两头都不占的坏品质，孔子对此十分反感和不理解。

子贡问政，子曰："足食，足兵①，民信之矣。"子贡曰："必不得已而去，于斯三者何先?"曰："去兵。"子贡曰："必不得已而去，于斯二者何先?"曰："去食。自古皆有死，民无信不立。"

（《颜渊篇》）

【注释】①兵：武器，指军备。

【提示】孔子提出了"取信于民"的观点，即从政者要获取人民的信任，这是儒家思想中很重要的一个方面。

子张问崇德①辨惑②，子曰："主忠信③，徙义④，崇德也。爱之欲其生，恶之欲其死。既欲其生又欲其死，是惑也。'诚不以富，亦祇以异。'⑤"

（《颜渊篇》）

【注释】①崇德：提高道德修养的水平。②惑：迷惑，不分是非。③主忠信：以忠厚诚实为主。④徙义：向义靠拢。徙，迁移。⑤诚不以富，亦祇以异：见《诗经·小雅·我行其野》。这两句诗引在这里，颇觉费解。有人认为是错简。

【提示】孔子在这里谈及了两个问题，一个是"崇德"，一个是"辨惑"。所谓"崇德"就是指要如何修炼自己的人格。想使自己的人格得到升华，要特别注意两方面，一是忠，一是信。"忠"是忠厚诚实，对人对事以事实为主，不加歪曲。"信"，就是对别人要讲信用。

子贡问曰："何如斯可谓之士矣?"子曰："行己有耻，使于四方，不辱君命，可谓士矣。"

曰："敢问其次。"曰："宗族称孝焉，乡党称弟焉。"

曰："敢问其次。"曰："言必信，行必果，硁硁①然小人哉! 抑亦可以为次矣。"

曰："今之从政者何如?"子曰："噫！斗筲之人②，何足算也!"

（《子路篇》）

【注释】①硁（kēng）硁：象声词，敲击石头的声音，这里引申为像石块那样坚硬。②斗筲（shāo）之人：比喻器量狭小的人。筲，竹器，容一斗二升。

【提示】在孔子看来，"行己有耻""不辱君命"方可算得上"士"。依据孔子的观点，我们可以按照要求从高到低把士划分为三个不同的层次：上士、中士和下士。无论是哪一个级别的"士"，其实它的标准都差不多：要有渊博的学识和良好的品行。

子问公叔文子①于公明贾②曰："信乎，夫子不言，不笑，不取乎?"公明贾对曰："以③告者过也。夫子时然后言，人不厌其言；乐然后笑，人不厌其笑；义然后取，人不厌其取。"子曰："其然? 岂其然乎?"

（《宪问篇》）

【注释】①公叔文子：卫国的大夫。②公明贾：卫国人，姓公明，名贾。③以：此。

【提示】本章孔子通过和公明贾讨论公叔文子的处世之道，提出了凡事都要恰到好处的观点。公叔文子能做到"时然后言""乐然后笑""义然后取"，不论说话做事，都能做到恰到好处，因而所有的人都对其"不厌"。恰到好处，其本质是一种中庸思想。所谓中庸，是对一切事物不偏不倚地对待，并加以包容、合理地利用。

子曰："君子义以为质，礼以行之，孙以出之，信以成之。君子哉!①"

（《卫灵公篇》）

【注释】君子义以为质……君子哉：君子把义作为本，依照礼来实行，用谦逊的言语来表述，用诚信的态度来完成它。这样做才是君子啊！

【提示】此章孔子提出了君子的四条行为准则：以道义作为修身的本质，并以礼制作为载体来运行，通过谦逊来表达，通过诚信来圆满地完成。

子夏曰："君子信而后劳其民；未信，则以为厉己也。信而后谏；未信，则以为谤己也。①"

（《子张篇》）

【注释】①君子信而后劳其民……则以为谤己也：君子在得到民众的信任之后才去役劳他们；没有得到信任就去役劳，民众就会认为是在虐害他们。君子得到君主的信任之后才去进谏；没有得到信任就去进谏，君主就会以为是在诽谤自己。

【提示】取信于民是孔子对为政者的基本要求，也是基本的治国之道。子夏认为，君子使民、事君，都要以信为先。

思考与行动

1. 孔子和弟子谈志，也许有人会说，辨别三人志向的高低远近有意义吗？你怎么看待这个问题？
2. "天下有道则见，无道则隐。"对这个观点，你怎么看？
3. 你可以分享一些古人守信重承诺的例子吗？

五、义

义，古人的解释是"宜"，即应该怎么做，它是道德自律，对人有一定的约束力。义和礼不同，礼是外部规定，义是内心约束。孔子讲君子小人，有义利之辨。君子以义为准，不义之物不取，不义之得不居；小人不同，唯利是图，一切以利为转移。

孔子论义，有三点值得注意。

首先，义和勇有很大关系。如孔子说，"见义不为，无勇也"（《为政篇》），勇是出于义。第二，君使臣是义，官使民也是义。孔子说，"君子之道"有四条，其中一条是"使民也义"（《公冶长篇》）。第三，孔子把改过向义叫"徙义"或"之义"。如"主忠信，徙义"（《颜渊篇》）。

有子曰："信近于义，言可复①也。恭近于礼，远耻辱也。因②不失其亲，亦可宗③也。"

（《学而篇》）

【注释】①复：实践，履行。②因：依靠，凭借。③宗：尊敬。
【提示】孔子及其弟子对"信"和"恭"是十分看重的。"信"要以义为基础，方能做到践行可复；"恭"要以周礼为标准，方能远离耻辱。

子曰："非其鬼而祭之①，谄也；见义不为，无勇也。"

（《为政篇》）

【注释】①非其鬼而祭之：祭祀不该自己祭祀的鬼神。
【提示】在孔子看来，人在行事的时候有两种错误倾向，一种是不该作为时"乱作为"，一种是"当为不为"，这两种错误倾向，都是应该避免的。为了阐述这个观点，孔子结合了具体的情况，以"祭祀非鬼"和"知义不为"为例加以说明。放着自己的祖先不祭，而去祭祀别人的祖先，这是向别人献媚，这就是该做的事不做，却去做那些不该做的事。而"见义勇为"是一种美德，也是君子的义务。如果"见义不为"，便是放弃道义和职责，成为不仁不义之人。孔子在此强调，意在告诉执政者，身在其位，应该勇于担当。

子曰："君子之于天下也，无适也，无莫也①，义②之

71

与比。"

【注释】①无适也，无莫也：指做事不固执。适（dí），专主。莫，不肯。②义：适宜，妥当。

【提示】这几句话的意思即"君子对于天下的事，没有必定要这样做，也没有必定不这样做，所做唯求合乎义"。君子处世以义为准则。有德行的人不会因为私欲而伤害本性，有智慧的人不会因为私利而损害道义。

子曰："君子喻于义，小人喻①于利。"

（《里仁篇》）

【注释】①喻：通晓，明白。孔子这句话的意思：君子懂得大义，小人只懂得小利。

【提示】本章从义利的角度来区别君子与小人。小人追求个人利益，而君子亦会追求个人利益，但会先考虑所得是否合于义，以义为原则来规范自己的行为。这种义利观在中国历史上影响深远。

子谓子产①："有君子之道四焉：其行己也恭，其事上也敬，其养民也惠，其使民也义。"

（《公冶长篇》）

【注释】①子产：姓公孙，名侨，字子产，郑国大夫。做过正卿，是郑穆公的孙子，为春秋时郑国的贤相。

【提示】孔子对子产的评价很高。在他看来，子产身居高位，上对君主恭敬有礼，下对黎民惠泽万千，是个很有君子之德的政治家，并将其美德总结为行己恭、事上敬、养民惠、使民义等四项。

子曰："德之不修，学之不讲，闻义不能徙，不善不能改，是吾忧也。①"

（《述而篇》）

【注释】①德之不修……是吾忧也：不去培养品德，不去讲习学问，听到义在那里却不能去追随，有缺点而不能改正，这些都是我所忧虑的。

【提示】面对世风日下的社会，孔子提出了"君子四忧"，即"道德不修、学问不讲、知善不从、有过不改"。如果我们反向思考，就可以说孔子对我们的个人修养提出了四条建议，一是加强道德培养，二是勤奋为学，三是择善固执、多行义举，四是有了错误及时改正。这四点建议能够促使我们不断进步，实现自我完善。

子路问成人①。子曰："若臧武仲②之知，公绰之不欲，卞庄子③之勇，冉求之艺，文之以礼乐，亦可以为成人矣。"曰："今之成人者何必然？见利思义，见危授命，久要④不忘平生之言，亦可以为成人矣。"

（《宪问篇》）

【注释】①成人：全人，即完美无缺的人。②臧武仲：鲁国大夫臧孙纥。他在齐国时，能预见齐庄公将败，不受其田邑。见《左传·襄公二十三年》）。③卞庄子：鲁国的大夫，封地在卞邑，以勇气著称。④久要：长久处于穷困之中。

【提示】此章讨论人格完善问题。在孔子看来，人能兼具臧武仲、孟公绰、卞庄子、冉求这四种人的智、廉、勇、艺的优点，再加上礼乐的修养，就接近于完人了。孔子又说，在现实中能做到重义轻利、勇于担当，而且要"久要不忘平生之言"，也就算是完人了。其"见利思义"的思想，对后世影响深远。

子曰："君子义以为质，礼以行之，孙①以出之，信以成之。君子哉！”

（《卫灵公篇》）

【注释】①孙（xùn）：通“逊”，谦逊。孔子这句话的意思：君子把义作为本，依照礼来实行，用谦逊的言语来表述，用诚信的态度来完成它。这样做才是君子啊！

【提示】孔子提出了君子的四条行为准则：以道义作为修身的本质，并以礼制作为载体来运行，通过谦逊来表达，通过诚信来圆满地完成。

孔子曰：“君子有九思：视思明，听思聪，色思温，貌思恭，言思忠，事思敬，疑思问，忿思难①，见得思义。”

（《季氏篇》）

【注释】①难（nàn）：后患。

【提示】孔子从九个方面论述如何提高个人修养的问题，被称为“君子九思”，“视思明，听思聪”就是要让我们在看和听的同时进行思考与分析；“色思温，貌思恭”是从人际交往上说的；“言思忠，事思敬”是从为人处世上说的；“疑思问，忿思难”是从解决问题的态度上说的。最后，“见得思义”说的是价值观。

子路曰：“君子尚勇乎？”子曰：“君子义以为上。君子有勇而无义为乱，小人有勇而无义为盗。①”

（《阳货篇》）

【注释】①君子义以为上……小人有勇而无义为盗：君子把义看作是最尊贵的。君子有勇无义就会作乱，小人有勇无义就会做盗贼。

【提示】君子之勇，以义为先。孔子强调义是尚勇的前提。认为没有义的约束，勇可能就会成为乱的根源。孔子生逢乱世，礼崩乐坏，社会秩序不断瓦解，这些让孔子深恶痛绝。因而对于勇，孔子更多的是担心，而不是崇尚。

      子路从而后，遇丈人，以杖荷蓧①。

      子路问曰："子见夫子乎？"

      丈人曰："四体不勤，五谷②不分，孰为夫子？"植其杖而芸③。

      子路拱而立。

      止子路宿，杀鸡为黍而食之，见其二子④焉。

      明日，子路行以告。

      子曰："隐者也。"使子路反见之。至，则行矣。

      子路曰："不仕无义。长幼之节不可废也，君臣之义如之何其废之？欲洁其身而乱大伦。君子之仕也，行其义也，道之不行已知之矣。"

（《微子篇》）

【注释】①蓧（diào）：古代在田中除草的工具。②五谷：古书中有不同的说法，最普遍的一种指稻、黍、稷、麦、菽。稻麦是主要粮食作物；黍是黄米；稷是粟，一说是高粱；菽是豆类作物。③芸：通"耘"。④见其二子：使其二子出来见客。

【提示】在孔子看来，像荷蓧丈人这样一个有学识、有德才的人，是应该出来做事的。如果不能行大道于天下，教化人民也是好的。身负经天纬地之才，终老荒野，对历史对社会无所贡献，未尝不是一种巨大的遗憾。

      子张曰："士见危致命，见得思义，祭思敬，丧思哀，其可已矣。①"

（《子张篇》）

【注释】①士见危致命……其可已矣：士人看见危险肯献出生命，看见有所得就想想是否合于义，祭祀时想到恭敬，服丧时想到悲痛，这也就可以了。

【提示】子张在此章将着眼点落在"士人"，也就是我们现在所说的读书人身上，但其所言"见危致命，见得思义，祭思敬，丧思哀"四点，并不仅仅局限于读书人，而是所有追求个人完善、有求仁之心的人都应该依照着去做的。

思考与行动

1. 你是否有过义、利交战的心理体验？结果如何？

2. 面对世风日下的社会，孔子提出了"君子四忧"，即"道德不修、学问不讲、知善不从、有过不改"。这四条对你有哪些启发呢？

3. 你认为现代的知识分子应该具有怎样的义利观？

《孟子》撷玉

胡秋君

　　孟子四十多岁时，接受齐威王邀请，离开邹地到齐国，进入当时赫赫有名的"稷下学宫"。在那里，各个学派的学者们，一同围绕着天人之际或是古今之变、礼法等话题展开辩论，孟子独树一帜的主张，引发许多争鸣，但没有说服齐威王。因为齐威王要成就"霸业"。于是孟子去往宋国。可宋国国君仅口头上赞同"仁政"之说。孟子又到鲁国，因人挑拨，这次连和国君见面的机会都未得到。又到滕国，辗转又到魏国。此时，孟子已经五十三岁。魏惠王（梁惠王）因屡次受辱于他国，急欲报复，孟子的"王道"之策远水解不了近渴。后来梁惠王儿子梁襄王嗣位，孟子觉得他不像国君。齐宣王嗣位，孟子便又回到齐国，结果还是不如意。

　　前后二十多年，孟子四处宣传、游说，希望国君推行"王道"。但当时几个大国都致力于富国强兵，热衷于使用暴力实现统一。孟子的学说没有获得施行的机会。

　　晚年回到故乡，孟子做了三件事：序《诗》《书》，述仲尼之意，作《孟子》。

　　《孟子》全书共七篇，每篇分为上下，前六篇用人名命名，分别为《梁惠王》《公孙丑》《滕文公》《离娄》《万章》《告子》。最后一篇不采用人名，叫作《尽心》。

　　孟子宣称人性本善，并且其整个思想体系奠基于此。他认为人对于善有"良知"，而且也有"良能"去实践它；假使人能"尽其心"，即可"事天"，并且"立命"；罪恶非本有，而是出自人之自陷,不能抵御外来的不良影响;要恢复本性("求放心"),必须黾勉竭力。

另外,孟子主张为仁要从家庭开始。仁爱是"有差等"的,在有序的社会礼制中,每个阶层遵守每个阶层的"礼",不能僭越。但政治当中最重要的因素是百姓,他们有反抗暴政的权利,甚至可以将"鱼肉民众、逆乎民意"的君主杀掉。

韩愈说:"故求观圣人之道者,必自孟子始。"由于儒家文化在中国封建时代长期处于主导地位,而《孟子》最为侧重政治、思想及伦理道德,其中的很多思想为后世提供了丰富的理论依据和精神资源,是中国重要的文化典籍,对整个中国文明有着深远的影响。因此,《孟子》一书在中国文化中地位极高。

下面所选五十四个小段,综合参考中华书局 2010 年 2 月版《孟子译注》(杨伯峻著),中国人民大学出版社 2010 年 10 月版《孟子解读》(梁涛著),上海古籍出版社 2021 年 11 月版《孟子通释》(李景林著)及其他,择善而从。选文按孟子主要思想大致分为三类。对于入选统编语文教材的《富贵不能淫》《生于忧患,死于安乐》《鱼我所欲也》《齐桓晋文之事》《人皆有不忍之心》,这里不再选用。

一、性善与修身

孟子认为,人的本性是善良的。孟子将善性溯源,认为是天的赋予。"仁义礼智,非由外铄我也,我固有之也""人性之善也,犹水之就下也。人无有不善,水无有不下"(《告子上》)。但如果人性是善的,并且永远都不会产生恶行,那么道德教化和修养岂不成了多余? 真实情况是人在现实中的行为是有善恶之分的,即使是同一个人,也会时而行善时而作恶,所以孟子必须就恶行之所以产生作出解释。孟子说:"乃若其情,则可以为善矣,乃所谓善也。若夫为不善,非才之罪也。"(《告子上》) 这是孟子对"性善"下的一个最明确的定义,从中我们可以看到,孟子所说的"性善论"实际上是一种"性可善论",即人人都有向善的可能。

当孟子将"性善论"框定在"性可善论"的范围之内，就能很合理地解释恶产生的缘由了。他认为人生来就都具备"四端"，因此都有向善的可能，但是这种"善端"在后天却会因环境的影响而受到种种伤害，人的善良本心一旦被磨灭，"恶"就产生了。因此要修身养德，不断提升自己的修养，涵养自己的内心。在磨砺中不断提升，才能找回"本心"，养成"浩然之气"。

如此，对于本性的修养就包含了两个方面：一方面是努力保持自己的善心。在孟子看来，这是君子与小人的重要区别，君子之所以不同，就在于他能很好地保持自己的善心。另一方面由于环境的摧残，人不可避免地会失去部分善心，这时就一定要把它找回来。所以孟子说："学问之道无他，求其放心而已矣。"（《告子上》）

性犹杞柳

告子曰："性犹杞柳也，义犹桮棬也；以人性为仁义，犹以杞柳为桮棬①。"孟子曰："子能顺杞柳之性而以为桮棬乎？将戕贼②杞柳而后以为桮棬也？如将戕贼杞柳而以为桮棬，则亦将戕贼人以为仁义与？率天下之人而祸仁义者，必子之言夫！"

（《告子上》）

【注释】①桮棬（quān）：用弯曲杞柳做成，像酒杯水杓之类。②戕贼：伤害，残害，这里解释为扭曲。

【提示】告子的意思是，人性就像"杞柳"，可以做成"桮棬（仁义）"，也可以做成别的东西（非仁义）。所以，人的本性无所谓善与不善。孟子驳斥道，杞柳可以做成桮棬，是因为它本身具有"做成桮棬"的属性。人要仁义，是因为人具有仁义的本性。

性犹湍水也

告子曰："性犹湍①水也，决诸东方则东流，决诸西方则西流。人性之无分于善不善也，犹水之无分于东西也。"

79

孟子曰："水信②无分于东西，无分于上下乎？人性之善也，犹水之就下也。人无有不善，水无有不下。今夫水，搏③而跃之，可使过颡；激④而行之，可使在山。是岂水之性哉？其势则然也。人之可使为不善，其性亦犹是也。"

（《告子上》）

【注释】①湍：《说文解字》云，"湍，疾濑也"。②信：的确，确实。③搏：拍打。④激：用戽（hù）斗抽水。

【提示】依照告子的观念，人性是一块无任何规定的"白板"，它就像水之"无分于东西"一样，是无善无恶的。善恶完全是后天或外力作用的结果。孟子亦借水来说明人性，但其解释，则与告子完全不同。按照孟子的解释，水流必然向下，人性本然向善，都有固定的规定。外力可引水上山，环境可使人为不善，可水和人的本性并未因此而改变。人的本性是善，恶是在后天的环境中失其本心的结果。

食色，性也

告子曰："食色，性也。仁，内也，非外也；义，外也，非内也。"孟子曰："何以谓仁内义外也？"

曰："彼长①而我长之②，非有长于我也；犹彼白而我白之，从其白于外也，故谓之外也。"曰："异于③白马之白也，无以异于白人之白也；不识长马之长也，无以异于长人之长与？且谓长者义乎？长之者义乎？"

曰："吾弟则爱之，秦人之弟则不爱也，是以我为悦者也，故谓之内。长楚人之长，亦长吾之长，是以长为悦者也，故谓之外也。"曰："耆④秦人之炙⑤，无以异于耆吾炙，夫物则亦有然者也，然则耆炙亦有外欤？"

（《告子上》）

【注释】①长：指年长。②长：指将其看作长者来尊敬。③异于：朱熹《孟子集注》引张氏的说法认为"'异二'两字疑衍"。
④耆：同"嗜"。⑤炙：烤肉。

【提示】告子主张仁内义外。在他看来，人的爱悦之情是私人的、主观的、内在性的。不包含"义"的普遍意义，因而性无善恶。孟子的人性论，是认为人与动物有相同的生物本性，而人的本质特征却在于其道德性。

人皆有"四心"

　　孟子曰："乃若①其情，则可以为善矣，乃所谓善也。若夫为不善，非才之罪也。恻隐之心，人皆有之；羞恶之心，人皆有之；恭敬之心，人皆有之；是非之心，人皆有之。恻隐之心，仁也；羞恶之心，义也；恭敬之心，礼也；是非之心，智也。仁义礼智，非由外铄②我也，我固有之也，弗思耳矣。故曰：'求则得之，舍则失之。'或相倍蓰③而无算者，不能尽其才者也。"

（《告子上》）

【注释】①乃若：至于，若夫。②铄：授予。③蓰（xǐ）：五倍。
【提示】人的本性是善良的，所有人都可以成为善人，人的本性就具备了仁义礼智的本质。有的人变得不善，不是元生资质的罪过，而是外界影响让他成为恶人的。

良知良能①

　　孟子曰："人之所不学而能者，其良能也；所不虑而知者，其良知也。孩提之童②，无不知爱其亲者；及其长也，无不知敬其兄也。亲亲，仁也；敬长，义也；无他，达之天下也。"

（《尽心上》）

【注释】①良知良能：不学而知，不学而能，先天具有的判断是非善恶的本能。"良者，本然之善也。"（朱熹）②孩提之童：二三岁的小孩子。

【提示】以幼童都具有亲亲之情来说明人都有良知良能。亲亲、敬长之情推至于天下，才可以实现它作为仁义原则的意义。

浩然之气

（公孙丑问曰）"敢问夫子恶乎长？"

曰："我知言①，我善养吾浩然之气。"

"敢问何谓浩然之气？"

曰："难言也。其为气也，至大至刚，以直养而无害，则塞于天地之间。其为气也，配义与道；无是，馁矣。是集义所生者，非义袭而取之也。行有不慊②於心，则馁矣。我故曰：告子未尝知义，以其外之也。必有事焉，而勿正，心勿忘，勿助长也。无若宋人然。宋人有闵③其苗之不长而揠之者，芒芒然归，谓其人曰：'今日病④矣，予助苗长矣。'其子趋而往视之，苗则槁矣。天下之不助苗长者寡矣。以为无益而舍之者，不耘⑤苗者也；助之长者，揠苗者也，——非徒无益，而又害之。"

（《公孙丑上》）

【注释】①知言：分析辨析言辞。②慊（qiè）：快，痛快。③闵：担心，忧愁。④病：疲倦，劳累。⑤耘：除草。

【提示】浩然之气就是大丈夫精神，是担当天下大任的人应该具有的精神。同时，想要真正拥有强大的浩然之气，就需要坚持合乎道义的原则和信仰，坚持始终如一的言行。孟子"养浩然之气"的方法，可以归结为三句话：一、"以直养而无害"；二、"配义与道"；三、"是集义所生者"。

舍我其谁

孟子去齐，充虞路问曰："夫子若有不豫①色然。前日虞闻诸夫子曰：'君子不怨天，不尤人。'"

曰："彼一时，此一时也。五百年必有王者兴，其间必有名世者。由周而来，七百有余年矣。以其数，则过矣；以其时②考之，则可矣。夫天未欲平治天下也；如欲平治天下，当今之世，舍我其谁也？吾何为不豫哉？"

（《公孙丑下》）

【注释】 ①豫：愉快。②时：时势。

【提示】 "每五百年必定会有圣王出现，其间也必定会有闻名于世的贤才。周以来七百多年了，上天如果想让天下太平，该出现圣君贤臣了。在当今这个时代，除了我，还有谁能担当这个重任呢？"孟子敢于担当，且有强烈的自信。

天下有达尊者三

曾子曰："晋楚之富，不可及也；彼以其富，我以吾仁；彼以其爵，我以吾义，吾何慊①乎哉？"夫岂不义而曾子言之？是或一道也。天下有达尊三：爵一，齿一，德一。朝廷莫如爵，乡党莫如齿，辅世长民莫如德。

（《公孙丑下》）

【注释】 ①慊（qiàn）：不满足，遗憾。

【提示】 天下公认尊贵的有三样：爵位、年龄、道德。在朝堂上，爵位尊贵；在乡间，年龄尊贵；而辅助君主统治百姓，道德最尊贵。

自作孽，不可活

孟子曰："……有孺子歌①曰：'沧浪之水清兮，可以濯我缨；沧浪之水浊兮，可以濯我足。'孔子曰：'小子听之！清斯濯缨②，浊斯濯足矣。自取之也。'夫人必自侮，然后人侮之；家必自毁，而后人毁之；国必自伐，而后人伐之。《太甲》曰：'天作孽，犹可违；自作孽，不可活。'

83

此之谓也。"

（《离娄上》）

【注释】①孺子歌：这是流传很广的民歌，见于《楚辞·渔父》。②濯：洗涤。缨：帽子的丝带。

【提示】祸福都由自取。清净之水，人取之以濯冠缨；污浊之水，人则取之以濯其足。由此可知，凡祸乱败亡，都是咎由自取。是人祸甚于天灾，人不可以不自警。

观其眸子

孟子曰："存乎人者，莫良于眸子。眸子不能掩其恶。胸中正，则眸子瞭①焉；胸中不正，则眸子眊②焉。听其言也，观其眸子，人焉廋③哉?"

（《离娄上》）

【注释】①瞭：明。②眊（mào）：目不明之貌。③廋（sōu）：隐匿，躲藏。

【提示】眼睛是心灵的窗口。心正，眼睛就明亮；心不正，眼睛就昏暗。观察一个人的眼睛，能了解这人的善恶。遮掩修饰是没什么用的，要修心。

寡欲养心

孟子曰："养心莫善于寡欲。其为人也寡欲，虽有不存焉者，寡矣；其为人也多欲，虽有存焉者，寡矣。"

（《尽心下》）

【提示】本章论"寡欲"为修养心性的必要。孟子认为，人虽然有本心良心，但会流失，所以需要保养；保养心最好的方法就是"寡欲"，"寡欲"不是否定欲望，而是节制欲望，不使其影响了本心良心的成长。

不知类也

孟子曰:"今有无名之指屈而不信①,非疾痛害事也,如有能信之者,则不远秦楚之路,为指之不若人也。指不若人,则知恶之;心不若人,则不知恶,此之谓不知类②也。"

(《告子上》)

【注释】①信:同"伸"。②不知类:"言不知轻重之等也。"(朱熹)类,类推,触类旁通。

【提示】人应当反思其心,重视本心的培养。孟子认为,人有"大体""小体"的区别,"大体"指心,"小体"指"耳目之官"。"大体"具有价值的优先性,故人应当首先重视心的培养。若一个人只关心手指,而不重视心,便是"不知类"。

反求诸己

孟子曰:"爱人不亲,反①其仁;治人不治,反其智②;礼人不答,反其敬。行有不得者,皆反求诸己。其身正,而天下归之。《诗》云:'永言配命,自求多福。'③"

(《离娄上》)

【注释】①反:反省。②智:智能。③"《诗》云"以下两句:出自《诗经·大雅·文王》。言,语助词。配命,配合天命。

【提示】人常常容易看到别人身上的缺点而忽略自身的不足,一旦出现问题就第一时间把责任推到别人身上。这是十分错误的做法。孟子认为"行有不得者,皆反求诸己",只有常常反省自身缺点,发现问题后多从自己身上找原因,严于律己,宽以待人,才能更好地令自己进步,获得他人信赖。

求其放心

孟子曰:"仁,人心也;义,人路也。舍其路而弗由,放^①其心而不知求，哀哉！人有鸡犬放，则知求之；有放心，而不知求。学问之道无他，求其放心而已矣。"

（《告子上》）

【注释】 ①放：放任，失去。

【提示】 孟子认为人都是有本心的，本心就是天性，是美好的。义是众多人选择的途径。但并不是所有人都会选择正路去走，于是就出现了歧路。我们之所以要学识知礼，就是为回到正路，找到本心。

穷则独善其身，达则兼善天下

孟子谓宋勾践^①曰："子好游乎？吾语子游^②：人知之，亦嚣嚣^③；人不知，亦嚣嚣。"

曰："何如斯可以嚣嚣矣？"

曰："尊德乐义，则可以嚣嚣矣。故士穷^④不失义，达不离道。穷不失义，故士得己^⑤焉；达不离道，故民不失望焉。古之人，得志，泽加于民；不得志，修身见^⑥于世。穷则独善其身，达则兼善天下。"

（《尽心上》）

【注释】 ①宋勾（gōu）践：古人名。②游：游说。③嚣嚣：自得无欲的样子。④穷：政治上不得志，与下文"达"相对。⑤得己：自得。⑥见："见，立也。"（赵岐）

【提示】 本章源于孟子问宋勾践游说时的态度，孟子把自己的经验体会分享了出来，不管别人是否知道自己，都一样自得其乐。对于如何才能做到自得其乐，孟子认为尊崇仁德，喜爱正义，就可以自得其乐了。穷、达都是身外事，只有道义是根本，穷不失义，达不离道。这与孔子所说"用之则行，舍之则藏"一样成为两千多年来中国知识分子立身处世的座右铭。

登泰山而小天下

孟子曰："孔子登东山^①而小鲁，登泰山而小天下，故观于海者难为水，游于圣人之门者难为言。观水有术，必观其澜^②。日月有明，容光^③必照焉。流水之为物也，不盈科^④不行；君子之志于道也，不成章^⑤不达。"

（《尽心上》）

【注释】①东山：即蒙山，在鲁东。②澜：大波。③容光：微小的缝隙。④科：通"窠"，坎，坑。⑤成章：古称乐曲终结为一章。此处指事物达到一定程度，具有一定规模。

【提示】首先讲境界，只有站得高，才能看得远，勉力学者当志向高远，应以学习圣人为目标。其次讲方法，为学当持之以恒、循序渐进，不能浅尝辄止，更不能半途而废。

君子三乐

孟子曰："君子有三乐，而王天下者不与存焉。父母俱存，兄弟无故，一乐也；仰不愧于天，俯不怍于人，二乐也；得天下英才而教育之，三乐也。君子有三乐，而王天下者不与存焉。"

（《尽心上》）

【提示】君子有三乐：一乐家庭平安，二乐心中无愧，三乐教育优秀学生。孟子为什么强调"王天下"不在其中呢？因为这三乐是基于君子之性，君子立己就能安，安而后乐。而"王天下"是达人之道。君子之乐，不在事功的成就，而在对道德理想的信仰，在践行信仰的过程中那种生命的充实感。

充实之谓美

（孟子）曰："可欲之谓善，有诸己之谓信，充实之谓美，充实而有光辉之谓大，大而化之之谓圣，圣而不可知之之谓神。"

（《尽心下》）

【提示】在孟子看来，个体通过不断提升自我修养，将固有的善的本性扩而充之，使其盈满全身就称为"美"，充盈且能散发光辉就称为"大"。

思考与行动

1. 人们往往忽略自己本来就有的比生命还尊贵的善性。如果能够以善为性，在生活中更好地扩充、实现自己的善性，是否能够得到社会和他人更多的尊重与认可？

2. 孟子对于"环境对人本性后天发展产生影响"的阐发引起你哪些联想？

3. 加强自身修养，做人一身正气，就会感到充实、快乐。你同意孟子的观点吗？想一想，做一做。

二、民本与仁政

孟子的政治主张即是他的民本思想。他认为人民是国家的根本，他说："民为贵，社稷次之，君为轻。"民本思想是孟子整个学术体系的核心理论基础，是治国安民之策的根本所在。其实质是维护社会稳定、政权稳定，实现长治久安。其核心是主张以人为本，与民同乐，保障民生民权。其关键是必须实施仁政，以德治国，倡导社会和谐。

孟子提出君王施行仁政，才能使人民归附。"先王有不忍人之心，斯有不忍人之政"，他认为统治者对他们的人民应该有同情仁爱之心，应该想方设法满足人民对生活的需求，提高人民的生活质量，这样才能使人民富足。要达到这样的目的，必须要保证农业的生产和发展，人民可以饥寒无忧，这才是王道的开始。所谓的王道，和霸道相对，核心思想就是"以德服人"，是一套依靠发展农业，保障人民生活和对人民教化的政治理论。

民贵君轻

孟子曰："民为贵，社稷①次之，君为轻。是故得乎丘②民而为天子，得乎天子为诸侯，得乎诸侯为大夫。诸侯危社稷，则变置。牺牲③既成，粢④盛既洁，祭祀以时，然而旱干水溢，则变置社稷。"

（《尽心下》）

【注释】①社稷：古代帝王或诸侯建国时，都要立坛祭祀"社""稷"，所以，"社稷"又作为国家的代称。社，土神。稷，谷神。②丘：（像山一样）众多。③牺牲：供祭祀用的牛、羊、猪等祭品。④粢（zī）：稷，粟米。"粢盛既洁"的意思是说，盛在祭器内的祭品已洁净了。

【提示】就政治权力之本而言，民或民心最重要，社稷次之，君是受决定者，因此最轻。不仁者虽然可以得国，却不可以长久，而得天下，更是不可能的。

鳏寡孤独

王曰："王政可得闻与？"

对曰："昔者文王之治岐也，耕者九一①，仕者世禄，关市讥而不征②，泽梁无禁，罪人不孥③。老而无妻曰鳏，老而无夫曰寡，老而无子曰独，幼而无父曰孤。此四者，天下之穷民而无告者。文王发政施仁，必先斯四者。"

（《梁惠王下》）

【注释】①九一：（对农民的税率）九分抽一。②关市讥而不征：在关卡和市场上，只稽查，不征税。讥，察。③孥：妻室儿女，这里作动词用。

【提示】人君要"与民同欲"。孟子特别注重民生富足对于行王政的基础性意义。文王的为政举措，要在于薄赋敛，轻刑罚，与民共利，使民得富足。尤其强调，为政当先安顿好鳏寡孤独等弱势群体，这也是文王爱民之心的表现。

推己及人

"老吾老①，以及人之老；幼吾幼，以及人之幼。天下可运于掌。《诗》②云：'刑③于寡妻④，至于兄弟，以御于家邦。'言举斯心加诸彼而已。故推恩足以保四海，不推恩无以保妻子。古之人所以大过人者，无他焉，善推其所为而已矣。今恩足以及禽兽，而功不至于百姓者，独何与？"

"权⑤，然后知轻重；度，然后知长短。物皆然，心为甚，王请度之！抑⑥王兴甲兵，危士臣，构怨于诸侯，然后快于心与？"

王曰："否，吾何快于是？将以求吾所大欲也。"

（《梁惠王上》）

【注释】①老吾老：尊敬我的父兄。前一个老为动词，指敬老、养老，后一个为名词，指父兄。②《诗》：此处指《诗经·大雅·思齐》。③刑：同"型"，示范。④寡妻：嫡妻。⑤权：称量。⑥抑：副词，表示语气，犹或许，或者。

【提示】"以不忍人之心，行不忍人之政。"所谓王道、仁政不过是将"不忍之心"由亲人推及他人，由他人推及天下。既然宣王对禽兽都可以有"不忍之心"，何以对百姓不能施以恩惠呢？因此，宣王没有能够称王天下，不是做不到，是不去做。

乐以天下，忧以天下

孟子曰："乐民之乐者，民亦乐其乐；忧民之忧者，民亦忧其忧。乐以天下，忧以天下，然而不王者，未之有也。"

（《梁惠王下》）

【提示】这章说"与民同乐"。以天下百姓之乐为乐、之忧为忧，其所忧所乐，非以享乐为目的。这种思想，深深扎根于中华民族的心理意识之中。北宋范仲淹"先天下之忧而忧，后天下之乐而乐"的著名诗句，显然是受到了孟子的启迪与影响。

王顾左右而言他

孟子谓齐宣王曰："王之臣有托其妻子于其友而之楚游者，比其反也，则冻馁其妻子，则如之何？"

王曰："弃之。"

曰："士师不能治士，则如之何？"

王曰："已之。"

曰："四境之内不治，则如之何？"

王顾左右而言他。

（《梁惠王下》）

【提示】孟子三问由小及大，步步紧逼，层层推进，利用类比推理的方法巧谏齐宣王。齐宣王被孟子绕到设好的"圈套"里，只好岔开话题。看来齐宣王不敢正视自己的错误。

何以识才

孟子见齐宣王曰："所谓故国①者，非谓有乔木②之谓也，有世臣③之谓也。王无亲臣矣，昔者所进④，今日不知其亡也。"

王曰："吾何以识其不才而舍之？"

曰："国君进贤，如不得已，将使卑逾尊，疏逾戚，可不慎与？左右皆曰贤，未可也；诸大夫皆曰贤，未可也；国人皆曰贤，然后察之；见贤焉，然后用之。左右皆曰不可，勿听；诸大夫皆曰不可，勿听；国人皆曰不可，然后察之；见不可焉，然后去之。左右皆曰可杀，勿听；诸大夫皆曰可杀，勿听；国人皆曰可杀，然后察之；见可杀焉，然后杀之。故曰国人杀之也。如此，然后可以为民父母。"

（《梁惠王下》）

【注释】①故国：指历史悠久的国家。②乔木：高大的树木。③世臣：世代建立功勋的大臣。④进：进用。

【提示】在用人上，孟子主张用世臣，而慎举新进；主张用贤，亲近贤臣。孟子在举新进、黜旧人上显得比较谨慎，也因为知贤用贤不易，非经过一个审慎的考察过程不可。以国人公断为评断贤愚、善恶的标准，则需要人君不偏听偏信，而秉持以民为本的公心。不是这样，就不可以"为民父母"，这也是评价国君贤与不贤的重要标准。

居仁由义

王子垫①问曰："士何事？"

孟子曰："尚志②。"

曰："何谓尚志？"

曰："仁义而已矣。杀一无罪非仁也，非其有而取之非义也。居恶在？仁是也；路恶在？义是也。居仁由③义，大人之事备矣。"

（《尽心上》）

孟子曰："自暴④者，不可与有言也；自弃者，不可与有为也。言非⑤礼义，谓之自暴也；吾身不能居仁由义，谓之自弃也。仁，人之安宅也；义，人之正路也。旷⑥安宅而弗居，舍正路而不由，哀哉！"

（《离娄上》）

【注释】①王子垫：齐国王子，名垫。②尚志："尚，高尚也。志者，心之所之也。"（朱熹注）③由：遵循。④暴：害。⑤非：非议，诋毁。⑥旷：空置。

【提示】仁义、礼义是"我固有之"的内在善忤，"求则得之，舍则失之"，行不行仁义、礼义完全取决于自己，认为自己做不到，便是十足的自暴自弃。仁，是人的"广居"；义，是人的"大道"。放着"安宅"不住，舍弃"正路"不行，同样是自暴自弃。在孟子的义理系统中，人之道德伦理的根据，源于人性所具有的"仁义礼智"。由此，人之居仁由义，是其必然的天职；人之为恶，也必须由自己来承担责任，所以说"自暴""自弃"。

子产不知为政

子产①听郑国之政，以其乘舆济人于溱洧②。孟子曰："惠而不知为政。岁十一月，徒杠③成；十二月，舆梁④成，民未病涉也。君子平其政，行辟人⑤可也，焉得人人而济之？故为政者，每人而悦之，日亦不足矣。"

（《离娄下》）

【注释】①子产：春秋时郑国贤相公孙侨的字。②溱洧（zhēn wěi）：水名。③徒杠：走人的独木桥。④舆梁：行车的桥。⑤行辟人：古代上层人物出外，前有执鞭者开道，要行人回避。辟，同"避"。

【提示】子产与其用车帮人渡河，不如修建桥梁。同理，为政与其施小恩小惠，不如抓住根本，实行仁政。

孟子见梁惠王

孟子见梁惠王①。王曰："叟②！不远千里而来，亦将有以利吾国乎？"孟子对曰："王！何必曰利？亦有仁义而已矣。王曰：'何以利吾国？'大夫曰：'何以利吾家？'士庶人曰：'何以利吾身？'上下交征③利而国危矣。万乘之国，弑④其君者，必千乘之家；千乘之国，弑其君者，必百乘⑤之家。万取千焉，千取百焉，不为不多矣。苟为后义而先利，不夺不餍。未有仁而遗其亲者也，未有义而后其君者也。王亦曰仁义而已矣，何必曰利？"

（《梁惠王上》）

【注释】 ①梁惠王：魏惠王，因都大梁，所以又叫梁惠王。②叟：老人。③交征：互相争夺。征，取。④弑：下杀上，卑杀尊，臣杀君叫弑。⑤万乘，千乘，百乘：古代用四匹马拉的一辆兵车叫一乘，诸侯国的大小以兵车的多少来衡量。至于千乘、百乘之家的"家"，则是指拥有封邑的公卿大夫，公卿封邑大，有兵车千乘；大夫封邑小，有兵车百乘。

【提示】 为政当以"仁义"而非"利"为原则。孟子在政治上主张"仁政""王道"。其实，仁政或王道的本质是以"仁"或"仁义"为为政的最高原则。在孟子时代，君主都以富国强兵相尚。孟子倡导仁政、王道，时人以孟子之说为"迂远而阔于事情"，不合时宜，是很自然的。不过孟子并非不讲"利"，也不是把义、利对峙。而是把"仁义"作为最高价值原则立起来，人的功利性层面作为整体才能真正实现。

天下定于一

孟子见梁襄王①。出，语人曰："望之不似人君，就之而不见所畏焉。卒然②问曰：'天下恶乎定？'吾对曰：'定于一。''孰能一之？'对曰：'不嗜杀人者能一之。''孰能与之③？'对曰：'天下莫不与也。王知夫苗乎？七八月之间旱，则苗槁矣。天油然作云，沛然④下雨，则苗浡然兴之矣。其如是，孰能御之？今夫天下之人牧⑤，未有不嗜杀人者也。如有不嗜杀人者，则天下之民皆引领而望之矣！诚如是也，民归之，由⑥水之就下，沛然谁能御之？'"

（《梁惠王上》）

【注释】①梁襄王：梁惠王之子，名嗣。②卒然：同"猝然"，突然。③与之：即"使之与"，使天下人归顺。与，从，跟。④沛然：盛大貌。⑤人牧：治理人民的人，指国君。⑥由：同"犹"，如同。

【提示】孟子认为只有统一才能安定天下，这可以说是当时的普遍认识；另外，孟子认为只有"不嗜杀人者"也就是仁者才能统一天下，则代表了儒家的立场。与梁襄王接触后，孟子感到他不像个有为的君王，很失望，不久就离开了魏国。

心悦诚服

孟子曰："以力①假仁者霸，霸必有大国；以德行仁者王，王不待②大。汤以七十里，文王以百里。以力服人者，非心服也，力不赡③也；以德服人者，中心悦而诚服也，如七十子之服孔子也。《诗》云：'自东自西，自南自北，无思④不服。'此之谓也。"

（《公孙丑上》）

【注释】①力：谓土地甲兵之力。②待：等待，引申为依靠。③赡：足。④思：助词，无意义。

【提示】在孟子看来，霸者并非不行仁，其行仁只是手段，其为政，靠的是强力。王者之行，是"以德服人"，以仁德和道义作为内在目的和原则，所依赖的并非强力。所谓"王不待大"，特别强调，王道所依据的是道义的力量，而非大国的强力。这与孔子的德治、德化思想是一致的。用"以德行仁"和"以力假仁"来判分"王""霸"，特别强调了王道与霸道在内在大的目的和价值原则上的根本区别。

天时，地利，人和

天时不如地利，地利不如人和。三里之城，七里之郭①，环②而攻之而不胜，夫环而攻之，必有得天时者矣，然而不胜者，是天时不如地利也。城非不高也，池③非不深也，兵革非不坚利也，米粟非不多也，委④而去之，是地利不如人和也。故曰，域⑤民不以封疆之界，固国不以山溪之险，威天下不以兵革之利。得道者多助，失道者寡助。寡助之至，亲戚畔之。多助之至，天下顺之。以天下之所顺，攻亲戚之所畔，故君子有不战，战必胜矣。

（《公孙丑下》）

【注释】①郭：外城。②环：围。③池：城壕。④委：弃。⑤域：界限。

【提示】孟子"天时不如地利，地利不如人和"中的天时、地利、人和，指得天时、得地利、得人和。但就战争而言，孟子认为"人和"最重要。由此提出"得道者多助，失道者寡助"，"道"指王政、王道。

良臣民贼

孟子曰："今之事君者皆曰：'我能为君辟土地，充府库。'今之所谓良臣，古之所谓民贼也。君不乡①道，不志于仁，而求富之，是富桀也。'我能为君约与国②，战必克。'今之所谓良臣，古之所谓民贼也。君不乡道，不志于仁，而求为之强战，是辅桀也。由今之道，无变今之俗，虽与之天下，不能一朝居也。"

（《告子下》）

【注释】①乡：通"向"，向往。②与国：盟国。
【提示】政治目的并不在为一己私利来拓土兼并，而志在仁道的实现。因此君子事君，要使君行道，立志于仁，而不以开疆拓土，聚敛财富为能。"为君辟土地，充府库"的所谓"良臣"，孟子斥责其为"民贼"。

得民心有道

　　孟子曰："桀纣①之失天下也，失其民也；失其民者，失其心也。得天下有道，得其民，斯②得天下矣；得其民有道，得其心，斯得民矣；得其心有道，所欲与之聚③之，所恶勿施，尔也④。民之归仁也，犹水之就下、兽之走圹⑤也。故为渊驱鱼者，獭⑥也；为丛驱爵⑦者，鹯⑧也；为汤武驱民者，桀与纣也。今天下之君有好仁者，则诸侯皆为之驱矣。虽欲无王，不可得矣。今之欲王者，犹七年之病求三年之艾⑨也。苟为不畜⑩，终身不得。苟不志于仁，终身忧辱，以陷于死亡。《诗》云：'其何能淑，载胥及溺。'⑪此之谓也。"

（《离娄上》）

【注释】①桀纣：指夏桀、商纣，古代的暴君。②斯：这样，如此。③聚：积蓄，累计。④尔也：如此而已。⑤圹（kuàng）：原野。⑥獭（tǎ）：水獭，吃鱼为生。⑦爵：同"雀"。⑧鹯（zhān）：吃雀的鸟。⑨三年之艾：干了三年的艾草。⑩畜：同"蓄"，积蓄。⑪"《诗》云"以下两句：出自《诗经·大雅·桑柔》。淑，善。载，则。胥，相。及，与。

【提示】得民心者得天下，失民心者失天下。民心之道无他，顺乎民意或民之好恶而已。但并非仅满足其自然欲求。人君忧民之忧，乐民之乐，乐以天下，忧以天下，他的忧乐所寄，都在仁心。

用之以礼

　　孟子曰："易①其田畴②，薄其税敛，民可使富也。食之以时，用之以礼，财不可胜用也。"

（《尽心上》）

【注释】①易：治理。②田畴：田地。

【提示】"衣食足，而后知荣辱"，礼仪出于富足。孔子和孟子
一直将使老百姓过上富足的生活作为自己的政治目标。对此孟子提
出了自己的富民政策：把地种好，减轻赋税，使民富足；教民节俭，
按时食用，使民财物用之不尽。这样百姓自然就会仁爱。人民生活
富裕，有幸福感，是治国安邦的大事。而光富还不行，社会的财富
要用以消费。但消费不是挥霍和无原则使用，必须坚持适度原则，
要立足长远，不能杀鸡取卵，竭泽而渔。

劳而不怨

孟子曰："以佚①道使民，虽劳不怨。以生②道杀民，
虽死不怨杀者。"

（《尽心上》）

【注解】①佚：安逸。②生：生存。
【提示】"佚道"力求让百姓安逸，"生道"则是设法为百姓找
到活路。以百姓的福祉为目的的行为，都会得到百姓的支持。即使
是惩罚犯人，如果让他明白法官已经想尽办法而没有免刑的可能时，
他也会比较甘心为自己的罪行付出代价。

小勇大勇

王曰："大①哉言矣！寡人有疾，寡人好勇。"

对曰："王请无好小勇。夫抚剑疾视曰：'彼恶敢当我
哉！'此匹夫之勇，敌一人者也。王请大之。

"《诗》云：'王赫斯怒，爰整其旅，以遏徂莒，以笃
周祜，以对于天下。'②此文王之勇也。文王一怒而安天下
之民。

"《书》曰：'天降下民，作之君，作之师，惟曰其助
上帝宠之。四方有罪无罪惟我在③，天下曷敢有越厥④志？'
一人衡行⑤于天下，武王耻之。此武王之勇也。而武王亦一
怒而安天下之民。今王亦一怒而安天下之民，民惟恐王之

不好勇也。"

（《梁惠王下》）

【注释】①大：善，好。②"《诗》云"所引句：我王勃然一生气，整顿军队往前去，阻止侵略莒国的敌人，增强周国的威望，因以报答各国对周国的向往。赫斯，指帝王盛怒貌。爰，语首助词，无义。徂，往、到。笃，厚。祜，福。对，酬答、答谢。③惟我在：即"惟在我"。④厥：代词。⑤衡行：横行。

【提示】齐宣王提出好勇，实际是想把逞强好勇作为对外邦交的原则。面对宣王的发问，孟子的回答很好：大王不要好匹夫之勇，而应好文王、武王之勇。用在对外邦交上，就是不要因个人的私欲恃强凌弱，而应为民众的利益诛罚不道。

仁则荣，不仁则辱

孟子曰："仁则荣，不仁则辱；今恶辱而居不仁，是犹恶湿而居下也。如恶之，莫如贵德而尊士，贤者在位，能者在职；国家闲暇①，及是时，明其政刑。虽大国，必畏之矣。……今国家闲暇，及是时，般乐怠敖②，是自求祸也。祸福无不自己求之者。《诗》云：'永言配命③，自求多福。'《太甲》④曰：'天作孽，犹可违⑤；自作孽，不可活⑥。'此之谓也。"

（《公孙丑上》）

【注释】①闲暇：指国家安定，无内忧外患。②怠敖：亦作"怠傲"，怠慢，骄傲。③永言配命："永，长也。言，犹念也。配，合也。命，天命也。"（朱熹注）④《太甲》：《尚书》中的一篇，已失传。⑤违：避开。⑥活：《尚书》原文作"逭"，逃避。

【提示】孟子强调为政当以"仁"或"仁义"为最高的原则和目的。实行仁政可以带来荣耀，不实行仁政则会带来耻辱。荣耀和耻辱都是自取的。至于仁政的内容，孟子主要谈到选用贤能，修明刑法。

1. 你认为当今社会推行的民生政策中，有哪些是对"民为贵"思想的继承？

2. 根据你对孟子思想的理解，推断后世哪些君主可能得到孟子的称许或赞扬，哪些君主可能被批判或否定，并结合其具体事迹说明理由。

3. 劝谏时，孟子高超的论辩艺术会让君王无可辩驳。梳理总结孟子的论辩艺术，试着模仿孟子，劝谏家长、老师或同学。

三、教育及其他

孟子教育思想的主要内容是"明人伦"，这种核心思想的基础就是"人性善"——人的本性是善良的，与生俱来的。人性恶是后天环境影响造成的。通过教育讲明父子、君臣、夫妇、长幼、朋友等"人伦"规范，使人们明白孝悌人伦，提高民众的仁义道德水平与智慧能力，形成良好的社会习俗，天下也就"归仁"了。孟子重视品德教育，重视环境影响，重视批判性思维。

孟子坚定地维护儒家思想，接受各种其他思想的挑战。但他不把儒家观点看成死的教条，既有原则性，又有灵活性。他的论辩总是立于不败之地。

孟子认为，为了国家的发展和强盛，应该使有才能的人得到重用，要尊重人才，形成一种任贤重能的社会风气。而贤才要有"以天下为己任"的担当和责任感，要有礼义廉耻。

庠序学校

"设为庠序学校①以教之。庠者，养也②；校者，教也；序者，射也③。夏曰校，殷曰序，周曰庠；学则三代共之，皆所以明人伦也。人伦明于上，小民亲于下。有王者起，必来取法，是为王者师也。

　　"《诗》云：'周虽旧邦，其命惟新。'文王之谓也。子力行之，亦以新子之国！"

（《滕文公上》）

【注释】①庠序学校：均为古代学校名。②庠者，养也：据学者研究，古代的学校往往也是敬老、养老的场所。③序者，射也：杨宽认为古代学校也是贵族演习射箭的场所。

【提示】孟子提出设立学校，明人伦，行教化。

陷溺其心

　　孟子曰："富①岁，子弟多懒；凶②岁，子弟多暴③，非天之降才尔④殊也，其所以陷溺其心者然也。"

（《告子上》）

【注释】①富：丰收。②凶：灾荒。③暴：凶暴。④尔：这样。

【提示】孟子认为人都有向善之心，这是人的本心。然而也不能忽视环境对人的巨大影响，在不同的环境中要坚守本心。富岁、凶岁代表社会经济状况，这会影响青少年的行为模式。孟子认为，人的天性都是至纯至善的，而后天环境的影响会造就不同的性格特点。就像俗语所说"近朱者赤，近墨者黑"，不好的环境会改变人天性的善，让人学坏。

君子不教子

　　公孙丑曰："君子之不教子，何也？"孟子曰："势①不行也。教者必以正；以正不行，继之以怒；继之以怒，则反夷②矣。'夫子教我以正，夫子未出于正也。'则是父子相夷也。父子相夷，则恶矣。古者易子而教之，父子之间

101

不责善。责善则离，离则不祥莫大焉。"

(《离娄上》)

【注释】①势：情势。②夷：伤害。

【提示】为什么"君子不教子"？孟子做了很好的回答。教自己的孩子，往往会求全责备，从而产生矛盾。解决的办法是"易子而教"。

尽信书不如无书

孟子曰："尽信《书》，则不如无《书》。吾于《武成》①，取二三策②而已矣。仁人无敌于天下，以至仁伐至不仁，而何其血之流杵也？"

(《尽心下》)

【注释】①《武成》：《尚书》的篇名，文中写武王伐纣，血流浮杵，孟子认为这不可信。②策：竹简。

【提示】孟子侧重于思考的重要性，认为对《尚书》这样的经典也要敢于质疑。

一傅众咻

（孟子谓戴不胜）"有楚大夫于此，欲其子之齐语也，则使齐人傅诸？使楚人傅诸？"

曰："使齐人傅之。"

曰："一齐人傅之，众楚人咻之，虽日挞而求其齐也，不可得矣。引而置之庄岳①之间数年，虽日挞而求其楚，亦不可得矣。"

(《滕文公下》)

【注释】①庄岳：齐国都城街里名。庄是街名，岳是里名。
【提示】语言学习最好的方法是到使用这种语言的环境中去。环境对人有很大的影响。

逢蒙学射于羿

逢蒙①学射于羿，尽羿之道，思天下惟羿为愈己，于是杀羿。孟子曰："是亦羿有罪焉。"

公明仪曰："宜若无罪焉。"曰："薄乎云尔②，恶得无罪？郑人使子濯孺子侵卫，卫使庾公之斯追之。子濯孺子曰：'今日我疾作，不可以执弓，吾死矣夫！'问其仆曰：'追我者谁也？'其仆曰：'庾公之斯也。'曰：'吾生矣。'其仆曰：'庾公之斯，卫之善射者也；夫子曰"吾生"，何谓也？'曰：'庾公之斯学射于尹公之他，尹公之他学射于我。夫尹公之他，端人也，其取友必端矣。'庾公之斯至，曰：'夫子何为不执弓？'曰：'今日我疾作，不可以执弓。'曰：'小人学射于尹公之他，尹公之他学射于夫子。我不忍以夫子之道反害夫子。虽然，今日之事，君事也，我不敢废。'抽矢，扣轮，去其金，发乘矢而后反③。"

（《离娄下》）

【注释】①逢蒙：与后文的羿、公明仪、子濯孺子、庾公之斯、尹公之他，都是人名。②薄乎云尔：罪（责任）轻微罢了。③抽矢，扣轮，去其金，发乘矢而后反：于是抽出箭，在车轮上敲打了几下，把箭头敲掉，发了四箭然后就回去了。

【提示】孟子认为羿被学生杀死，不仅学生有罪，羿作为老师在这件事上也是有责任的。常言道，交友不可不慎，教学生亦然。

无父无君

"天下之言不归杨，则归墨。杨氏①为我，是无君也；墨氏兼爱，是无父也。无父无君，是禽兽也。公明仪曰：'庖有肥肉，厩有肥马；民有饥色，野有饿莩，此率兽而食人也。'杨、墨之道不息，孔子之道不著，是邪说诬民，充塞仁义也。仁义充塞，则率兽食人，人将相食。吾为此惧，闲②先圣之道，距杨、墨，放淫辞，邪说者不得作。作于其心，害于其事；作于其事，害于其政。圣人复起，不易吾言矣。

"昔者禹抑洪水而天下平，周公兼夷狄，驱猛兽而百姓宁，孔子成《春秋》而乱臣贼子惧。"

（《滕文公下》）

【注释】①杨氏：杨朱，先秦思想家，杨朱学派代表人物。"杨子取为我，拔一毛而利天下，不为也。墨子兼爱，摩顶放踵利天下，为之。"（《尽心上》）②闲：门销，引申为捍卫义。

【提示】儒家主张有差等的爱，墨家主张无差等的爱，道家（杨朱为道家学派）主张无爱。所以孟子驳斥说，杨朱主张一切为自己，不为（忠）君，便是目无君上；墨翟主张爱要一视同仁，对父母和对他人一样，便是目无父母。

周公之过

（陈贾①）见孟子问曰："周公何人也？"

曰："古圣人也。"

曰："使管叔②监殷，管叔以殷畔也，有诸？"

曰："然。"

曰："周公知其将畔而使之与？"

曰："不知也。"

"然则圣人且有过与？"

曰："周公，弟也；管叔，兄也。周公之过，不亦宜乎？且古之君子，过则改之；今之君子，过则顺之。古之君子，其过也，如日月之食，民皆见之；及其更也，民皆仰之。今之君子，岂徒顺之，又从为之辞。"

（《公孙丑下》）

【注释】①陈贾：齐国的大夫。齐宣王执意伐燕，导致燕人反叛。陈贾用周公用错管叔的事来安慰齐王，为齐王开脱罪过。②管叔：周武王弟弟，周公三哥，他的封国挨着纣王儿子武庚的封国，目的是监督武庚。因不满周公摄政，挟持武庚发动叛乱，被周公诛杀。

【提示】周公"使管叔监殷"，如果不知道管叔会叛，是不智；知道，是不义。陈贾想用这个两难的选择来难倒孟子。孟子的回答很高明。周公是弟弟，管叔是哥哥，难道弟弟会怀疑哥哥反叛吗？所以，周公犯这样的过错是可以理解的。然而，古代的君子是"有过则改"，如今的君子却是"文过饰非"（暗讽陈贾），这是很不一样的。

嫂溺援手

淳于髡曰："男女授受不亲，礼与？"孟子曰："礼也。"曰："嫂溺，则援之以手乎？"孟子曰："嫂溺不援，是豺狼也。男女授受不亲，礼也；嫂溺，援之以手者，权也。"

（《离娄上》）

【提示】男女授受不亲，是礼。嫂子掉到水里也不能不伸手拉。既要坚持原则，又要灵活变通。

不用贤则亡

（淳于髡）曰："鲁缪公之时，公仪子①为政，子柳②、子思为臣，鲁之削也滋甚。若是乎，贤者之无益于国也！"

曰："虞不用百里奚而亡，秦缪公用之而霸。不用贤则亡，削何可得与？"

曰："昔者王豹③处于淇，而河西④善讴；绵驹处于高唐⑤，而齐右⑥善歌；华周、杞梁之妻善哭其夫⑦，而变国俗。有诸内，必形诸外。为其事而无其功者，髡未尝睹之也。是故无贤者也，有则髡必识之。”

曰："孔子为鲁司寇⑧，不用，从而祭，燔肉⑨不至，不税冕⑩而行。不知者以为为肉也，其知者以为为无礼也。乃孔子则欲以微罪⑪行，不欲为苟去。君子之所为，众人固不识也。"

（《告子下》）

【注释】 ①公仪子：即公仪休。他做鲁相时，奉法循礼地治理鲁国。②子柳：即泄柳。③王豹：卫国人，擅长歌唱。④河西：这里指卫国，因为卫国在黄河西岸。⑤绵驹：齐国人，擅长歌唱。高唐：地名，在齐国的西部，今山东禹城西南。⑥齐右：齐国西部，古时以西方为右。⑦华周、杞梁之妻善哭其夫：华周、杞梁都是齐国的臣子，后来攻打莒的时候战死，他们的妻子十分悲伤，对着城墙哭泣，将城墙都哭倒了，据说后来齐国的风俗就变得擅长哭泣。⑧司寇：主掌司法。孔子曾任鲁国的"大司寇"，位与"三卿"并列。⑨燔肉：也写作"膰肉"，即祭肉。按礼节，祭祀结束后要将祭肉分给参加祭祀的人。⑩税：同"脱"。冕：祭祀时戴的礼帽。⑪微罪：小罪。

【提示】 孟子认为，贤者对国家作用重大，治国必须要任用贤者，这是不容置疑的。但贤者的行为处事，不是一般人能了解的。所以齐国不是没有贤者，而是不识贤者。

君视臣　臣视君

孟子告齐宣王曰："君之视臣如手足，则臣视君如腹心；君之视臣如犬马，则臣视君如国人；君之视臣如土芥，则臣视君如寇仇。"

（《离娄下》）

【提示】 君臣之间，责任义务是双向相对而言的，不是单向的臣对君。

106

君子何如则仕

陈子①曰:"古之君子何如则仕?"孟子曰:"所就三,所去三。迎之致敬以有礼;言,将行其言也,则就之。礼貌②未衰,言弗行也,则去之。其次,虽未行其言也,迎之致敬以有礼,则就之。礼貌衰,则去之。其下,朝不食,夕不食,饥饿不能出门户,君闻之,曰:'吾大者不能行其道,又不能从其言也,使饥饿于我土地,吾耻之。'周③之,亦可受也,免死而已矣。"

(《告子下》)

【注释】①陈子:即陈臻,孟子的弟子。②礼貌:礼节,态度。③周:救济。

【提示】君子给国君做官,孟子提出了去就三原则:礼遇臣子,践行臣子之言,周济臣子,则"就",反之则"去"。真正的人才,绝不仅仅是为了一个饭碗去做官的。

月攘一鸡

戴盈之①曰:"什一②,去关市之征,今兹未能,请轻之,以待来年然后已,何如?"

孟子曰:"今有人日攘邻之鸡者,或告之曰:'是非君子之道。'曰:'请损之,月攘一鸡,以待来年,然后已。'如知其非义,斯速已矣,何待来年?"

(《滕文公下》)

【注释】①戴盈之:宋国大夫,掌管赋税。②什一:税率十分抽一。

【提示】知道偷鸡不对,为什么不马上改正,而要等到明年呢?施行仁政,为百姓做好事,应该加快速度,不要拖延。

齐人有一妻一妾

　　齐人有一妻一妾而处室者，其良人①出，则必餍酒肉而后反。其妻问所与饮食者，则尽富贵也。其妻告其妾曰："良人出，则必餍酒肉而后反；问其与饮食者，尽富贵也，而未尝有显者来，吾将瞷②良人之所之也。"

　　蚤③起，施④从良人之所之，遍国中无与立谈者。卒之东郭墦⑤间，之祭者，乞其余；不足，又顾而之他——此其为餍足之道也。

　　其妻归，告其妾，曰："良人者，所仰望而终身也，今若此！"与其妾讪⑥其良人，而相泣于中庭，而良人未之知也，施施⑦从外来，骄其妻妾。

　　由君子观之，则人之所以求富贵利达者，其妻妾不羞也，而不相泣者，几希矣！

（《离娄下》）

【注释】①良人：古时妻子对丈夫的称呼。②瞷（jiàn）：窥视，暗中看。③蚤：通"早"。④施（yí）：通"迤"，逶迤斜行，这里指暗中跟踪。⑤墦（fán）：坟墓。⑥讪：讥讽。⑦施施（yíyí）：喜悦自得的样子。

【提示】孟子用这个故事辛辣地讽刺了那种不顾礼义廉耻，以卑鄙的手段追求富贵利达的人。

上有好者，下必甚焉

　　孟子曰："孔子曰：'君薨，听于冢宰①，歠②粥，面深墨，即位而哭，百官有司莫敢不哀，先之也。'上有好者，下必有甚焉者矣。'君子之德，风也；小人之德，草也。草尚之风，必偃。'是在世子③。"

（《滕文公上》）

【注释】①冢宰：周官名，为六卿之首，亦称太宰。②歠（chuò）：饮，喝。③世子：太子。

【提示】上有好者，下必甚焉。在上位者作恶，上行下效。在上位者行善，风行草偃。

劳心劳力

有大人之事，有小人之事。且一人之身，而百工之所为备；如必自为而后用之，是率天下而路①也。故曰，或劳心，或劳力；劳心者治人，劳力者治于人；治于人者食人，治人者食于人，天下之通义也。

（《滕文公上》）

【注释】①路：同"露"，破败。或"羸困之路"。

【提示】许行的农家学说把各种社会问题的出现都归咎于社会分工，认为"贤者与民并耕而食，饔飧而治"（贤人要和人民一起耕种，才吃；一面自己做饭，一面治理天下）是解决社会矛盾的最佳办法。孟子反对农家学说，主张要有社会分工。脑力劳动者管理人，体力劳动者被人管理；被管理者向别人提供吃穿用度，管理者的吃穿用度仰仗于别人。

闻诛一夫

齐宣王问曰："汤放桀，武王伐纣，有诸?"

孟子对曰："于传有之。"

曰："臣弑其君，可乎?"

曰："贼仁者谓之贼，贼义者谓之残；残贼之人谓之一夫。闻诛一夫纣矣，未闻弑君也。"

（《梁惠王下》）

【提示】"汤放桀，武王伐纣"明显是"犯上作乱"。儒家既反对犯上作乱，又尊崇汤武，这就出现了自相矛盾的问题。齐宣王这一问，可以说是难为孟子，也可以说是求教对这个问题的理解。孟子的回答是，君王德配天地，桀纣毁仁害义，严重失德，不能算作君王。

春秋无义战

孟子曰："春秋无义战。彼善于此，则有之矣。征者，上伐下也，敌国不相征也。"

（《尽心下》）

【提示】儒家认为，"礼乐征伐自天子出"，这才是合乎义的，而春秋时代则是"礼崩乐坏""礼乐征伐自诸侯出"，所以没有合乎义的战争。

思考与行动

1. 从这些文段里，你都悟出了哪些道理？获得了哪些启示？分条梳理出来。

2. 仔细琢磨琢磨，孟子的思想有哪些先进性和局限性？

3. 向孟子学习如何应对一个两难的问题。试着设计或回答两难问题。

《荀子》撷玉

姜薇薇

战国时期是我国经济社会发展、政治结构变革和思想文化多元的社会转型期，荀子生活的战国末期，诸侯割据和长期战争给人民生活带来了极大的灾难，对社会发展形成了一种阻碍。人民希望统一的愿望越发迫切，统一的政治、经济条件更加成熟。在意识形态领域表现为各学派之间的学术思想由百家争鸣趋向于互相吸收、互相融合，逐渐走向总结性的阶段。

荀子顺应战国晚期大一统的历史发展潮流，代表新兴地主阶级的利益要求，受稷下学派之影响，批判诸子百家思想之所短，兼取儒、道、墨、法等诸家思想之所长，实现了思想领域的大融合。荀子的思想由此而生。

荀子名况，战国时赵人，曾游历齐、燕、秦、赵、楚诸国，后仕楚为兰陵令，晚年居家于兰陵，授徒著书，是战国时期最后一位儒学大师。

荀子的思想是极其丰富而深刻的。在自然观方面，荀子反对信仰天命鬼神，把"天"看作是一种独立运行的自然。人世间的吉凶祸福是由人自己的掌握和调控而产生的，不是由"天"来左右和预兆的。"天行有常"，自然规律是不以人的意志为转移的。"制天命而用之"，人可以利用自然规律改造自然。

在人性问题上，他提出"性恶论"，否认天赋的道德观念。即礼义等善良的品性和德行是靠后天的人为的努力得来的，而不是天生就有的。强调后天环境和教育对人的影响。

在政治思想上，他坚持儒家的礼治原则，隆礼重法、人而能群、分等级而治。同时重视人的物质需求，主张发展经济和礼治法治相结合。

在认识论上，他承认人的思维能反映现实。但有轻视感官作用的倾向。在人生观上主张积极有为与正义原则；在修养观上主张修身为本，强调"学"，提倡"思"，重视"行"；在教育观上主张"以善先人者谓之教""尊师重教""君师合一"。

荀子思想发展了古代唯物主义传统，涉及哲学、逻辑、政治、道德等许多方面的内容。他的文章擅长说理，组织严密，分析透辟，善于取譬，常用排比句增强议论的气势，语言富赡警炼，有很强的说服力和感染力。

下面所选四十个小段，以商务印书馆 2020 年 12 月版《荀子》（叶绍钧选注，王娅维校订）为底本，参阅其他，择善而从。按大致的主题分为四个部分。对于入选统编中学语文教材的《劝学》，不再选用。

一、劝学修身

"劝学"思想是荀子学术体系的重要组成部分之一。荀子主张人性恶，要通过学习使之向善。荀子之"学"，既包括知识系统的建构，也包括价值系统的培育，不过更强调后者的学习。学之义是修身成人，学习应该终生为之。

学需要积累、反复、用心、锲而不舍，以良师益友作为自己效法的对象。环境对人有潜移默化的影响，居必择乡，游必就士。

君子应该隆师亲友，好善不厌，通过修身使品德高尚。修身必须在礼的制约下完成。良好的品德修养意义重大。修身不是一件容易的事，必须不休不辍。做一个君子，淡泊名利，深谋远虑，珍惜名誉，勇于为理想献身。

神莫大于化道

故不登高山，不知天之高也；不临深溪，不知地之厚也；不闻先王之遗言①，不知学问之大也。干、越、夷、貉②之子，生而同声，长而异俗，教使之然也。《诗》曰："嗟尔君子，无恒安息。靖共尔位，好是正直。神之听之，介尔景福。"③神莫大于化道④，福莫长于无祸。

（《劝学》）

【注释】①遗言：犹古训。②干（hán）：同"邗"，古国名，春秋时被吴国所灭而成为吴邑，此指代吴国。夷：中国古代居住在东部的民族。貉（mò）：通"貊"，中国古代居住在东北部的民族。③"嗟尔君子"六句：引诗见《诗经·小雅·小明》，大意是，你这个君子啊，不要总是贪图安逸。恭谨对待你的本职，爱好正直的德行。神明听到这一切，就会赐给你洪福祥瑞。靖，安。共，通"供"。介，给予。景，大。④神莫大于化道：精神修养没有比受道德熏陶感染更大了。

【提示】阐明学习的重要性和影响。学习的内容乃先王之遗言，即古圣先贤的德行和主张。引用《诗经》名句，劝诫世人以虔诚之心对待学业，以恒久之志坚持学业。

蓬生麻中，不扶而直

南方有鸟焉，名曰蒙鸠，以羽为巢，而编之以发，系之苇苕①，风至苕折，卵破子死。巢非不完也，所系者然也。西方有木焉，名曰射干②，茎长四寸，生于高山之上，而临百仞之渊，木茎非能长也，所立者然也。蓬生麻中，不扶而直；白沙在涅，与之俱黑。③兰槐之根是为芷，其渐之滫④，君子不近，庶人不服。其质非不美也，所渐者然也⑤。故君子居必择乡，游必就士，所以防邪辟⑥而近中正⑦也。

（《劝学》）

【注释】①苕（tiáo）：芦苇的花穗。②射（yè）干：又名乌扇，一种草本植物，根入药，茎细长，多生于山崖之间，形似树木，所以荀子称它为"木"。③"蓬生麻中"四句：草长在麻地里，不用扶持也能挺立住，白沙混进了黑土里，就会变得和土一样黑。比喻生活在好的环境里，也能成为好人。蓬，蓬草。涅，黑色染料。④渐（jiān）：浸。潃（xiǔ）：泔水，已酸臭的淘米水。此引为脏水、臭水。⑤所渐者然也：被熏陶、影响的情况就是这样的。然，这样。⑥邪辟：品行不端的人。⑦中正：正直之士。

【提示】环境对于学习非常重要。强调君子要善假于物，即善于借助环境的力量。

君子结一

无冥冥①之志者，无昭昭②之明；无惛惛③之事，无赫赫之功。行衢道者不至，事两君者不容。目不能两视而明，耳不能两听而聪。螣蛇④无足而飞，鼫鼠⑤五技而穷。《诗》曰："尸鸠在桑，其子七兮。淑人君子，其仪一兮。其仪一兮，心如结兮!"⑥故君子结于一也。

（《劝学》）

【注释】①冥冥：昏暗不明的样子，形容专心致志、埋头苦干。②昭昭：明白的样子。③惛（hūn）惛：指专心致志。④螣（téng）蛇：古代传说中的一种能飞的神蛇。⑤鼫（shí）鼠：原作"梧鼠"，鼫鼠能飞但不能飞上屋面，能爬树但不能爬到树梢，能游泳但不能渡过山谷，能挖洞但不能藏身，能奔跑但不能追到人，所以说它"五技而穷"。穷，窘困。⑥"《诗》曰"六句：引诗见《诗经·曹风·鸤鸠》，大意是，布谷鸟在桑林筑巢，生育了七只小鸟。品性善良的好君子，仪容端庄始终如一。仪容端庄始终如一，内心操守坚如磐石。

【提示】学习需要坚定专一的意志、埋头苦干的实践。强调专一的重要性。

114

学之始终

学恶①乎始？恶乎终？曰：其数②则始乎诵经，终乎读礼；其义则始乎为士，终乎为圣人，真积力久③则入，学至乎没④而后止也。故学数有终，若其义则不可须臾舍也。为之，人也；舍之，禽兽也。故《书》者，政事之纪也；《诗》者，中声⑤之所止⑥也；《礼》者，法之大分⑦，类之纲纪也。故学至乎礼而止矣。夫是之谓道德之极。《礼》之敬文也，《乐》之中和也，《诗》《书》之博也，《春秋》之微也，在天地之间者毕矣。

（《劝学》）

【注释】①恶（wū）：即"乌"，疑问助词，哪，何。②数：术，即方法、途径，引申为"科目"。③真：真诚。积：积累。力：力行。久，长期。④没：即"殁"，死。⑤中声：中和乐声，指雅正醇美的乐调。⑥止：极。⑦大分：大的原则、界限。

【提示】阐述学习的序列、目的和内容。学习应从何入手、从何结束呢？按途径应该从《诗》《书》开始到《礼》结束，按意义应该从做士人入手到成为圣人结束。学习的教程虽有尽头，但学习不能有尽头。人与禽兽的区别就在于是否坚持学习。《书》记政事，《诗》结心声，《礼》是法制的总纲，《乐》讲中和之声，《春秋》微言大义。儒家"五经"博大广阔，将天地间的大学问都囊括其中了。

隆师而亲友

非我而当①者，吾师也；是②我而当者，吾友也；谄谀我者，吾贼也。故君子隆③师而亲友，以致④恶其贼。好善无厌⑤，受谏而能诫，虽欲无进，得乎哉！小人反是：致乱而恶人之非己也；致不肖而欲人之贤己也；心如虎狼，行如禽兽，而又恶人之贼己也。谄谀者亲，谏诤者疏，修正⑥

为笑，至忠为贼，虽欲无灭亡，得乎哉！

（《修身》）

【注释】①非我而当：批评我而用恰当的方式。非，非议。当，得当。②是：称誉。③隆：尊崇。④致：通"至"，极，尽。下文"致乱""致不肖"的"致"同义。⑤厌：通"餍"，满足。⑥修正：他人纠正自己错误的话。

【提示】通过君子与小人的对比，说明了君子在批评和表扬的环境中应有的理性。君子当以恰当批评自己的人为师，以恰当赞美自己的人为友，以不恰当赞美（谄谀）自己的人为害。修身贵在自知而好善无厌。

跛鳖千里

跬步而不休，跛鳖千里；累土而不辍，丘山崇成。厌①其源，开其渎②，江河可竭；一进一退，一左一右，六骥不致。彼人之才性之相县③也，岂若跛鳖之与六骥足哉？然而跛鳖致之，六骥不致，是无他故焉，或为之，或不为尔。道虽迩，不行不至；事虽小，不为不成。其为人也多暇日者，其出入不远矣。

（《修身》）

【注释】①厌：此处取堵塞之意。②渎：沟也，浊也，小渠也，此处指污浊的支流、小渠。③县：同"悬"，差距，差别。

【提示】用瘸龟和六骥的对比，说明路即使很近，不迈步也到不了；事情即使很小，不去做也成不了。要修身却有很多闲暇的人，学习不会很深入，也就不会取得非常高远的成就。

公生明，偏生暗

公生明，偏生暗，端悫①生通，诈伪生塞，诚信生神，

116

夸诞生惑。此六生者，君子慎之，而禹、桀所以分也。

（《不苟》）

【注释】①愨（què）：恭谨，诚实。

【提示】"六生"，是诚心守仁行义的修身序列口需要关注的点，是大禹这样的圣人和桀纣这样的恶人之所以走上不同道路的关键。

不怨人不怨天

鲦鮂者，浮阳之鱼也①，胠于沙②而思水，则无逮③矣。挂于患④而思谨，则无益矣。自知者不怨人，知命者不怨天；怨人者穷，怨天者无志。失之己，反之人，岂不迂乎哉！

（《荣辱》）

【注释】①鲦鮂（tiáo qiáo）者，浮阳之鱼也：鲦鮂是喜欢浮在水面上晒太阳的鱼儿。②胠于沙：搁浅在沙滩上。胠，通"阹"（qū），遮拦。③无逮：来不及。④挂于患：困在灾祸之中。挂，牵连，牵累。

【提示】有自知之明的人不怪怨别人，懂得命运的人不埋怨老天。荣辱皆自取。

贵　名

贵名不可以比周①争也，不可以夸诞②有也，不可以势重③胁也，必将诚此然后就也。争之则失，让之则至，遵道④则积，夸诞则虚。故君子务⑤修其内而让之于外；务积德于身而处之以遵道，如是，则贵名起如日月，天下应之如雷霆。

（《儒效》）

【注释】①比周：结党营私。②夸诞：言辞夸大虚妄，不合实际。③势重：权势大。④遵道：当为"遵循"（王念孙），即"逡巡"，谦虚退让。⑤务：务必，一定。

【提示】看重名声，不能靠勾结他人去争得，不能靠吹嘘得来，不能靠权力威胁得来。

学至于行

不闻不若①闻之，闻之不若见之，见之不若知之，知之不若行之。学至于行之而止矣。行之，明也；明之为圣人。圣人也者，本仁义，当是非，齐言行，不失豪②厘，无他道焉，已乎行之矣。

（《儒效》）

【注释】①不若：不如，比不上。②豪：通"毫"。
【提示】感性认识不如理性认识可靠。认识必须付诸实践，知行合一。

思考与行动

1. 从上面文段中总结一下学习修身的方法，谈谈自己从中受到了哪些启发。

2. 现代科技会带给人们许多便利，这些科技对于我们学习和修身来说是双刃剑。怎样才能趋利避害？把你的思考写成随笔。

二、君子人格

君子是儒家的理想人格。孔子、孟子和荀子对君子人格的论述不尽相同，孔子论述的基础是仁，孟子论述的基础是仁义，荀子论述的核心是礼义。荀子认为外在的道德规范重要，君子之道必须是建立在遵守外在行为准则基础上的。荀子所说的君子有广义和狭义两种，广义的君子是和小人对立的，可以涵盖各种有德性的人。侠

118

义的君子是指效法圣王之道并且接近圣王之道的士人。君子的概念都是作为人格而非阶级范畴而存在的。君子修身，要内外兼修，拥有高尚的道德品格和道德实践能力。君子人格，仁义宽容，淡泊名利，深谋远虑，珍惜名誉，勇于为理想献身。

君子荡荡

君子易知而难狎^①，易惧而难胁，畏患而不避义死，欲利而不为所非，交亲而不比^②，言辩而不辞。荡荡^③乎，其有以殊于世也。

（《不苟》）

【注释】 ①狎（xiá）：没有礼貌的亲近。②比：结党。③荡荡：心胸宽广的样子。

【提示】 君子之所以为常人难以企及，关键在于君子拥有独特而高尚的品格。

君子小人之别于能否

君子能亦好，不能亦好；小人能亦丑，不能亦丑。君子能则宽容易直以开道^①人，不能则恭敬缚^②绌^③以畏事人；小人能则倨傲僻违以骄溢人，不能则妒嫉怨诽以倾覆人。

（《不苟》）

【注释】 ①道：通"导"，引导，开导。②缚（zǔn）：通"撙"，抑制。③绌：通"黜"。

【提示】 君子无论在何种境况下都能与人宽善，小人则反之。

君子至文

君子宽而不僈^①，廉而不刿^②，辩而不争，察而不激，寡立而不胜^③，坚强而不暴，柔从而不流^④，恭敬谨慎而容^⑤，夫是之谓至文。《诗》曰："温温恭人，惟德之基。^⑥"

此之谓也。

（《不苟》）

【注释】①傻：通"慢"，懈怠。②廉而不刿：方正锐利，但不尖刻伤人。廉，锋利，有棱角。刿，以刃伤人。③寡立而不胜：卓尔不群，但不盛气凌人。寡，当为"直"字。④流：随波逐流。⑤容：宽容。⑥温温恭人，惟德之基：温柔谦恭的人们，是以道德为标准的。

【提示】君子在自己的宽容、廉正、善辩、明察、直立、顺从、恭谨当中都是有界限的，这就是不苟之意。君子要把握好度。

君子两进

君子小人之反也：君子大心则敬天而道，小心则畏义而节；知则明通而类，愚则端悫而法；见由则恭而止，见闭则敬而齐；喜则和而理，忧则静而理；通则文而明，穷则约而详。小人则不然：大心则慢而暴，小心则淫而倾；知则攫①盗而渐，愚则毒贼而乱；见由则兑②而倨，见闭则怨而险；喜则轻而翾③，忧则挫而慑；通则骄而偏，穷则弃而儑④。传曰："君子两进，小人两废。"此之谓也。

（《不苟》）

【注释】①攫：强夺。②兑：通"悦"。③翾（xuān）：通"儇"，急。④儑（xí）：通"隰"，卑下。

【提示】君子和小人相反。在相对的两种情况下，君子做出的应变表现的是道德价值；小人做出的应变表现的则是利益价值。君子都在进步，小人都在堕落。

智者行事

孔子曰："巧而好度，必节①；勇而好同②，必胜；知而好谦，必贤。"

（《仲尼》）

【注释】①巧而好度，必节：灵活而守法的人，做事一定能恰到好处。②同：合作。

【提示】聪明人如何做事。

君子之勇

有狗彘之勇者，有贾盗之勇者，有小人之勇者，有士君子之勇者：争饮食，无廉耻，不知是非，不辟①死伤，不畏众强，恈恈然唯利饮食之见②，是狗彘之勇也。为事利，争货财，无辞让，果敢而振，猛贪而戾，恈恈然唯利之见，是贾盗之勇也。轻死而暴③，是小人之勇也。义之所在，不倾于权，不顾其利，举国而与之不为改视，重死持义而不桡④，是士君子之勇也。

（《荣辱》）

【注释】①辟：同"避"。②恈（móu）恈然唯利饮食之见：眼红得只看到吃喝。恈恈然，形容非常贪婪的样子。利，当为衍文。③轻死而暴：不在乎死亡而行为暴虐。④桡：同"挠"，屈从。

【提示】勇本身是一种自然状态，猪狗、商盗、小人、君子，都有。但他们的勇目的不同，为利益还是为道义，是君子与他们的区别。君子为了道义，可以不顾一切，包括生命。

君子有三思

孔子曰："君子有三思而不可不思也：少而不学，长无能也；老而不教，死无思也；有而不施①，穷无与②也。是故君子少思长，则学；老思死，则教；有思穷，则施也。"

（《法行》）

【注释】①施：施舍。②与：帮助。

【提示】君子年少时就考虑到长大后的事，就会努力学习；老年考虑到死后的事，就会教育后人；富有的时候考虑到贫穷的时候，就会施舍。

玉比君子

　　夫玉者，君子比德焉。温润而泽，仁也；栗而理，知也；坚刚而不屈，义也；廉而不刿，行也①；折而不桡，勇也；瑕适并见，情也②；扣之，其声清扬而远闻，其止辍然③，辞也。

（《法行》）

【注释】①廉而不刿，行也：有棱角而不伤人，好比君子的品行。廉，棱角。刿，划伤。②瑕适并见，情也：美丽与瑕疵一并表露在外面，好比君子的诚实。③辍然：突然停止的样子。

【提示】用宝玉来比拟君子的德操。（参见本书《礼记》部分《君子贵玉》）

君子能与不能

　　士君子之所能不能为：君子能为可贵，而不能使人必贵己；能为可信，而不能使人必信己；能为可用，而不能使人必用己。故君子耻不修，不耻见污；耻不信，不耻不见信；耻不能，不耻不见用。是以不诱于誉，不恐于诽，率①道而行，端然正己，不为物倾侧：夫是之谓诚君子。

（《非十二子》）

【注释】①率：遵循。

【提示】真正的君子，端正自己，不被外界左右，遵循道义做事。

君子百举①而不过

恭敬，礼也；调和，乐也；谨慎，利也；斗怒，害也。故君子安礼乐利，谨慎而无斗怒，是以百举而不过也。小人反是。

（《臣道》）

【注释】①百举：办理各种事情。

【提示】恭恭敬敬，就是礼节；协调和谐，就是音乐；谨慎小心，就是利益；斗殴发怒，就是祸害。

思考与行动

1. 梳理一下，君子人格都有哪些特点。
2. 反思一下，自己具备哪些君子人格，缺乏哪些君子人格。

三、哲理睿思

荀子强调了天道的重要性，天道是先天的，是不以人的意志为转移的，所以我们要尊重和顺应天道。但这不是道家的"无为"思想。荀子认为，天有四季寒暑，地有自然资源，人有管理能力，天地人是相互配合互补的。一方面我们意识到天道规律的重要性，同时，我们也要积极发挥自我的能力。天命要听，人事也要尽。这是一种非常务实和进取的思想，是充满智慧的。

荀子关于人性的思想，用来证明加强后天修养的必要性。荀子认为人的自然本性是恶的，但是社会属性是可以变善的，人性可以通过礼义教化而改变，"化性起伪"，修养成君子。

荀子有许多思想都充满智慧。

天行有常

天行有常①，不为尧存，不为桀亡。应②之以治则吉，

123

应之以乱则凶。强本^③而节用，则天不能贫；养备而动时^④，则天不能病；修道而不贰^⑤，则天不能祸……天不为人之恶寒也辍冬，地不为人之恶辽远也辍广，君子不为小人之匈匈也辍行。天有常道矣，地有常数矣，君子有常体矣。君子道其常，而小人计其功。

（《天论》）

【注释】①天行有常：大自然运行变化有一定的常规。常，常规，一定的规律。②应：适应，对待。③本：指农业生产。④养备而动时：养生的东西充足完备，又能适应天时变化进行生产活动。⑤修道而不贰：遵循规律而又不出差错。修，当为"循"字。

【提示】大自然的运行有其自身规律，这个规律是不会因为君王的圣明或者暴虐而改变的客观规律。要按客观规律办事。

制天命而用之

大天而思之，孰与物畜而制之！^①从天而颂之，孰与制天命^②而用之！望时而待之，孰与应时而使之！因物而多之，孰与骋能而化之！思物而物之，孰与理物而勿失之也！愿于物之所以生，孰与有物之所以成！^③故错人而思天，则失万物之情^④。

（《天论》）

【注释】①大天而思之，孰与物畜而制之：与其推崇天而思慕它，怎么比得上将天当作物质而加以控制呢？物畜，作为物畜养起来。②天命：指自然规律。③望时而待之……孰与有物之所以成：这几句的大意是，与其盼望天时的调顺而静待丰收，怎么比得上配合时令的变化而使用它呢？与其听任物类的自然生长而望其增多，怎么比得上发挥人类的智能来助它繁殖呢？与其空想着天然的物资成为有用之物，怎么比得上开发物资而不让它埋没呢？与其希望了解万物是怎样产生，怎么比得上帮助万物，使它苗长呢？骋能，施展人的智能。思物而物之，思慕万物而希望得到它，前一个物字为名词，后一个为动词。有，通"佑"，辅助。④错人而思天，则失万物之情：放弃人的努力而空想自然的恩赐，不符合万物的实际情况。错，同"措"。

【提示】"制天命而用之"，人们只要掌握了自然规律就可以利用它为自身服务，而不是消极等待。

人之性恶

人之性恶，其善者伪①也。今人之性，生而有好利焉，顺是，故争夺生而辞让亡焉；生而有疾②恶焉，顺是，故残贼③生而忠信亡焉；生而有耳目之欲，有好声色焉，顺是，故淫乱生而礼义文理亡焉。然则从人之性，顺人之情，必出于争夺，合于犯分乱理④，而归于暴。故必将有师法之化，礼义之道⑤，然后出于辞让，合于文理⑥，而归于治。用此观之，然则人之性恶明矣，其善者伪也。

（《性恶》）

【注释】①伪：人为，指人的努力。②疾：同"嫉"，嫉妒。③残贼：残杀陷害。④合于犯分乱理：就会违反等级名分，扰乱礼仪制度。⑤师法之化，礼义之道：师长和法制的教化，礼义的引导。道，同"导"。⑥文理：条理，秩序。

【提示】人的本性是恶的，不能顺着这种本性，要用礼仪制度和道德规范来教化。

欲求可节

性者，天之就也；情者，性之质也；欲者，情之应也①。……故虽为守门，欲不可去，性之具也。虽为天子，欲不可尽②。欲虽不可尽，可以近尽也。欲虽不可去，求可节也。

（《正名》）

125

【注释】①性者，天之就也；情者，性之质也；欲者，情之应也：这几句大意是，人的本性是先天造就的；人的情感，是本性的实质；欲望是情感对外界事物的反应。②尽：完全满足。

【提示】人性是天赋的，追求欲望是不可免的。但对欲望的追求是可以节制的。

人不能无乐

夫乐者，乐也①，人情之所必不避免也。故人不能无乐，乐则必发于声音②，形于动静③；而人之道，声音动静，性术④之变尽是矣。故人不能不乐，乐则不能无形。

(《乐论》)

【注释】①乐者，乐也：音乐，就是快乐。②声音：指音乐、诗歌。③动静：指舞蹈。④性术：性情的表现形式。

【提示】人们快乐时，就会通过声音流露出来，就会通过行动表现出来。然而，如果这种快乐不加以引导，势必会导致混乱。但是，人们必须要有快乐，必须要有音乐，所以，古代圣贤们制定礼乐制度加以引导。

宥坐之器

孔子曰："吾闻宥坐①之器者，虚则欹②，中则正，满则覆。"孔子顾谓弟子曰："注水焉。"弟子挹水而注之，中而正，满而覆，虚而欹。孔子喟然而叹曰："吁！恶有满而不覆者哉！"子路曰："敢问持满有道乎？③"孔子曰："聪明圣知，守之以愚；功被天下，守之以让；勇力抚世，守之以怯；富有四海，守之以谦。此所谓挹而损之之道也。④"

(《宥坐》)

【注释】①宥（yòu）坐：放在座位右边。②欹（qī）：倾斜。③持满有道乎：有保持满的方法吗？④此所谓挹而损之之道也：这就是所谓不断装满又不断损耗的方法。

【提示】掌握好尺度是做人的智慧。不提倡不及，但也不能过而求之，物极必反，以适度为最好。

唯道义是从

入孝出弟，人之小行也；上顺下笃①，人之中行也；从道不从君，从义不从父，人之大行也。若夫志以礼安，言以类使②，则儒道毕矣。虽尧舜不能加毫末于是矣。

（《子道》）

【注释】①笃：忠实，忠厚。②志以礼安，言以类使：根据礼义来安排志向，根据法度来指导自己的言论。

【提示】服从真理而不服从君主，服从道义而不服从父命。在真理、道义与君令、父命相矛盾时要服从前者，唯道义是从。

两疑则惑

凡人之患，蔽于一曲而暗于大理①。治则复经②，两③疑则惑矣。天下无二道，圣人无两心。

（《解蔽》）

【注释】①蔽于一曲而暗于大理：被事物的某一个局部所蒙蔽而不明白全局性的大道理。一曲，犹一隅，局部。②经：大道。③两：指"一曲"和"大理"两个方面。

【提示】人们在认识过程中，常常会因拘于道的一个方面，而对事物缺乏整体、全面的认识。之所以会这样，是因为心灵受到了蒙蔽，不能以大道作为标准。不合大道，就是偏见，世上不存在两个大道。正如体道的圣人，只有一心，不会有二心。

无稽之言

无稽①之言，不见之行，不闻之谋，君子慎之。

（《正名》）

【注释】①稽：考察，根据。

【提示】原是荀子表达自己"名实观"的话。后人多根据字面意义告诫人们不要轻信，以警惕上当受骗。

善学善行

君子之学如蜕，幡然迁之。①故其行效，其立效，其坐效，其置颜色、出辞气效。无留善，无宿问。善学者尽其理，善行者究②其难③。

（《大略》）

【注释】①君子之学如蜕，幡然迁之：君子学习知识犹如蝉蜕皮一样，能够迅速而彻底地发生变化。②究：彻底解决。③难：困难。

【提示】学无止境。君子无处不在学习。善于学习的人能透辟地认识事物的道理；善于行动的人能把事物中的疑难探究清楚。

思考与行动

1. 从上面文段中能看出荀子与孔孟观点的哪些不同之处？

2. 荀子提出"制天命而用之"的人定胜天思想。"人定胜天"既有人推崇又遭人诟病，你是怎么看的？写一篇随笔谈谈自己的看法。

四、政治之道

荀子的政治思想主要是"隆礼"和"重法"，主张礼法兼治，王霸并用。荀子强调，在政治统治当中，关键还是人，是统治者。

君主要能量才用人，使人各安其位。荀子也很重视民的问题。在君民关系上，荀子提出了著名的君民舟水论，他是颇为重视"庶人"作用的。荀子主张使国家富强，人民富裕。

如果说孔孟的政治思想有浓厚的理想道德主义色彩，荀子则走向了现实主义。

载舟覆舟

马骇舆①，则君子不安舆；庶人骇政，则君子不安位。马骇舆，则莫若静之②；庶人骇政，则莫若惠③之。选贤良，举笃敬④，兴孝弟，收孤寡，补贫穷。如是，则庶人安政矣。庶人安政，然后君子安位。传曰："君者，舟也；庶人者，水也。水则载舟，水则覆舟。"此之谓也。

（《王制》）

【注释】①骇舆：惊车。舆，车。②静之：使之安静下来。③惠：给人恩惠。④笃敬：笃厚诚敬的人。

【提示】圣明的君王要看重老百姓的力量，懂得要想安定就要爱护百姓的道理。

人主有六患

人主有六患①：使贤者为之，则与不肖者规②之；使知者虑之，则与愚者论之；使修士行之，则与污邪之人疑之。虽欲成功，得乎哉。

（《君道》）

【注释】①六患：后面列出只有三患，故有人怀疑"六"为"大"字之误。②规：规整，纠正。后文的"论"，意思是评判；"疑"意思是怀疑，质问。

【提示】如何用人，是搞好政治的大问题。

隆一而治

君者，国之隆①也；父者，家之隆也。隆一而治，二而乱。自古及今，未有二隆争重，而能长久者。

（《致士》）

【注释】①隆：尊崇，这里指至尊、重心。
【提示】天无二日，国无二主。

不配则不祥

凡爵列、官职、赏庆、刑罚，皆报①也，以类相从②者也。一物失称③，乱之端也。夫德不称位，能不称官，赏不当功，罚不当罪，不祥莫大焉。

（《正论》）

【注释】①报：回报，报应。②以类相从：按其类别各相归属，这里指善有善报，恶有恶报。③失称：失其平。
【提示】德与位，能与职，赏罚与功罪，如果不相配，就会发生祸乱。

食之诲之

不富无以养民情，不教无以理民性。故家五亩宅，百亩田，务其业，而勿夺其时，所以富之也。立大学，设庠序，修六礼①，明七教②，所以道③之也。《诗》曰："饮之食之，教之诲之。"王事具矣。

（《大略》）

【注释】①六礼：指冠礼、婚礼、丧礼、祭礼、乡饮酒礼（乡中送荐贤者于君主时设宴送行的礼仪）、相见礼。②七教：指有关父子、兄弟、夫妇、君臣、长幼、朋友、宾客等七个方面的伦理教育。

③道：通"导"，引导。

【提示】政事就是养民教民。

博　问

天下国有俊士，世有贤人。迷者不问路，溺者不问遂①，亡人好独②。《诗》曰："我言维服，勿用为笑。先民有言，询于刍荛。③"言博问也。

（《大略》）

【注释】①遂：可以涉水而过的路。②亡人好独：亡国的君主喜欢独断专行。③我言维服，勿用为笑。先民有言，询于刍荛：我所说的是要事，不要以为开玩笑。古人曾经有句话，要向樵夫去请教。

【提示】每时每地都有贤人。君王就是要广泛地听取这些人的意见。

兵者禁暴除害

陈嚣①问孙卿子曰："先生议兵，常以仁义为本；仁者爱人，义者循理，然则又何以兵为？凡所为有兵者，为争夺也。"

孙卿子曰："非汝所知也！彼仁者爱人，爱人故恶人之害之也；义者循理②，循理故恶人之乱之也。彼兵者，所以禁暴除害也，非争夺也。"

（《议兵》）

【注释】①陈嚣：荀子的学生。②义者循理：义就是要遵循道理行事。

【提示】针对学生提出的"凡是用兵的人都是为了争夺"的质疑，荀子直接论证了用兵的目的在于禁暴除害而不是为了争夺的道理，予以反驳。

操弥约，而事弥大

千人万人之情，一人之情也；天地始者，今日是也；百王之道，后王是也。君子审后王之道而论①百王之前，若端拱②而议。推礼义之统，分是非之分，总天下之要，治海内之众，若使一人。故操弥约，而事弥大；五寸之矩，尽天下之方也。故君子不下室堂，而海内之情举积此者③，则操术然也。

（《不苟》）

【注释】①论：考查。②端拱：即"端坐、拱手"，喻轻松之状。③举积此者：全都聚集在他这里了。

【提示】人同此心，古今一理。察今则知古。君子高居室堂之上，所视听者近而所闻见者远。推究礼义纲领，分清是非界限，总揽天下要领，用来治理天下，轻而易举。守政事之本而构建有序的环境。所用的方法越简约，能办成的事业就越大，贵在得法。

仁人在上

仁人在上，则农以力尽田，贾以察①尽财，百工以巧尽械器，士大夫以上至于公侯，莫不以仁厚知能尽官职，夫是之谓至平②。

（《荣辱》）

【注释】①察：精明。②至平：大治。
【提示】仁人处在君位上，天下就会各安其职，秩序井然。

积　微

积微：月不胜日①，时不胜月，岁不胜时。凡人好教②慢小事，大事至然后兴之务之，如是，则常不胜夫敦比③于小事者矣。是何也？则小事之至也数，其县日也博④，其为

132

积也大；大事之至也希，其县日也浅，其为积也小。故善日者王，善时者霸，补漏者危，大荒者亡。故王者敬日，霸者敬时，仅存之国危而后戚之。

（《强国》）

【注释】①月不胜日：用一个月的时间来积累大事也比不上用一天的时间积累小事。②敖：通"傲"，轻慢，轻视。③敦比：治理。④县日也博：耗费的精力时间也多。县，通"悬"，悬挂。博，多。

【提示】善于每日处置小事者，可以王天下。小事不可怠慢，积少成多。积善成德，而神明自得；千里之堤，溃于蚁穴。

思考与行动

1. 从上面文段中梳理一下荀子的政治智慧。

2. 作为一个管理者，要善于每日处置小事，你赞同吗？写一篇随笔谈谈自己的看法。

《礼记》撷玉

王晶晶

　　《礼记》是中国古代一部重要的典章制度选集，是一部儒家思想的资料汇编，是研究先秦社会的重要资料。据传本书为孔子的七十二弟子及其学生们所作，西汉礼学家戴圣所编，又名《小戴记》，成书于汉代，共二十卷四十九篇。

　　此书体现了先秦儒家的哲学思想、教育思想、政治思想、美学思想等，其中教育思想主要体现在《大学》《中庸》《学记》三篇中。北宋理学家程颐、程颢、朱熹认为，《礼记》一书杂出汉儒之手，《大学》《中庸》是混入《礼记》的重要思想典籍。后来朱熹为《大学》《中庸》撰《章句》，将此两篇从《礼记》中抽出，与《论语》《孟子》合并为"四书"。

　　《礼记》记载了古代文化史知识及思想学说，对儒家文化传承、当代文化教育和德性教养，及社会主义和谐社会建设有重要影响。

　　《礼记·礼运》中，孔子与其弟子子游以答问的形式提出了著名的"大同"社会理想，并进而说明"天下为公"是大同社会的特征，推动了当代中国的使命——构建人类命运共同体。

　　《礼记·儒行》明确提出："礼之以和为贵。"这种"贵和"的价值取向体现了社会主义核心价值观。

　　本书以散文撰成，还收有大量富有哲理的格言、警句，精辟而深刻。中国当代许多大学从《礼记》中借用一些名言警句作为校训。如河南大学校训为"明德新民，止于至善"，厦门大学校训为"自强不息，止于至善"，东南大学校训为"止于至善"，复旦大学校训为"博学而笃志，切问而近思"等。

下面所选《礼记》原文三十六则，以《礼记》中最重要的《大学》《中庸》《学记》三篇为主，以中华书局 2019 年 9 月版《大学中庸译注》（王文锦）为底本，参阅其他，择善而从。入选统编语文教材的《虽有嘉肴》《大道之行也》《大学之道》，不再选用。

一、《大学》节选

《大学》是一篇论述儒家人生哲学（修齐治平思想）的古代散文。文辞简约，内涵深刻，影响深远，主要概括总结了先秦儒家道德修养理论，以及关于道德修养的基本原则和方法，对儒家政治哲学也有系统的论述，对做人、处事、治国等有深刻的启迪性。

君子必慎其独

所谓诚其意者，毋自欺也。如恶恶臭①，如好好色，此之谓自谦②。故君子必慎其独③也。小人闲居④为不善，无所不至，见君子而后厌然⑤，揜其不善，而著⑥其善。人之视己，如见其肺肝然，则何益矣！⑦此谓诚于中，形于外，故君子必慎其独也。

【注释】①恶恶臭：厌恶臭气。前一个"恶（wù）"是动词，厌恶；后一个"恶（è）"是形容词。②谦：通"慊（qiè）"，满足。③慎其独：在独处的时候，也要使自己的行为谨慎，一丝不苟。④闲居：独处。⑤厌然：掩盖、掩藏的样子。⑥著：显露。⑦人之视己，如见其肺肝然，则何益矣：别人看自己，就好像能看到肺和肝一样，遮掩有什么好处呢？肺和肝指内心深处。内心有什么，外在言行举止就一定会表现出来，根本瞒不了别人。

【提示】所谓"诚意"，就是要不自欺，要慎独。在与别人相处时是这样，在独处时也应该是这样。内心如此，表现于外更是如此。慎独是一种主观的道德修养方法，注重道德理想和动机的培养。

富润屋，德润身

曾子曰："十目所视，十手所指，其严乎！①"富润屋，德润身②，心广体胖③。故君子必诚其意。

【注释】①十目所视，十手所指，其严乎：许多人的眼睛都注视着，许多人的手都指点着，这是很严厉的呀！②富润屋，德润身：财富可以装饰房屋，品德却可以修养身心。③心广体胖：使心胸宽广而身体舒泰安康。胖（pán），安泰舒适。

【提示】客观上，个人的言行总是在大家的监督之下，不允许做坏事，做了也不可能隐瞒。主观上，注重修养，品德高尚，就会心宽体安。所以一定要使自己的意念真诚。

有诸己而后求诸人

尧、舜率天下以仁，而民从之；桀纣率天下以暴，而民从之。其所令反其所好，而民不从。是故君子有诸己①而后求诸人②，无诸己而后非诸人。所藏乎身不恕③而能喻诸人者，未之有也。

【注释】①有诸己：为自己所有，这里指自己能做到善。下文的"无诸己"是自己不做坏事的意思。"诸"，兼词，"之于"。②求诸人：要求别人也做到。③所藏乎身不恕：积藏在自身上的有不符合恕道的东西。自己善，才能教人向善；自身无恶，才能纠正别人的过失。

【提示】上行下效，身教起作用。说的是一套，做的是另一套，没有人听从。自身不能行恕道，而能晓谕他人，这种事是没有的。

絜矩之道

所恶于上，毋以使下；所恶于下，毋以事上；所恶于前，毋以先后；所恶于后，毋以从前；所恶于右，毋以交①

于左；所恶于左，毋以交于右。此之谓絜矩之道②。

【注释】①交：对待。②絜矩之道：絜矩之道就是打个比方，像画正方形一样，一个人只有通过修身诚意、正心，在心上建立了规矩才能走得正，行得端。絜是度量的意思。矩是指画直角或者方形的尺子。

【提示】己所不欲，勿施于人。以推己度人作为标尺处理人际关系，内心公平中正，做事中庸合德。

必忠信以得之

见贤而不能举①，举而不能先，命②也。见不善而不能退③，退而不能远，过也。好人之所恶，恶人之所好，是谓拂人之性④，菑必逮⑤夫身。是故君子有大道，必忠信以得之，骄泰以失之。

【注释】①举：选拔。②命：通"慢"，怠慢。③退：罢免。④拂人之性：违背伦理纲常。⑤逮：到。

【提示】君子治国安邦，要举贤退不善，好恶要以民众的利益为准。要依存忠诚守信的大道。忠诚守信，就能获得人民拥戴；骄横放纵、奢侈无度，就会失去民心。

生财有大道

生财有大道。生之者众，食之者寡，为之者疾①，用之者舒②，则财恒足矣。仁者以财发身，不仁者以身发财。未有上好仁而下不好义者也，未有好义其事不终者也，未有府库财非其财者也。

【注释】①疾：本意是迅速的意思，在这里引申为勤劳或者准时。②舒：适度。

【提示】生财大道浅显易懂，即生产的人多，消费的人少；生产的人勤奋，消费的人节省。仁与不仁的人对财态度不同。仁人有了财富则会施与他人，以此来立身立名；不仁之人则将身心投入敛财中去，以追求财富的积累。在上位的人喜欢仁德，就会爱护下级，下级也会因此对上级忠心耿耿，上下一心，上下同欲，那么所有的事情就自然能够圆满成功。既然所有的事情都能善始善终，那么也就不用担心府库里的财务了。看来，真正的财富是仁德。

周虽旧邦，其命维新

汤之盘铭①曰："苟②日新，日日新，又日新。"《康诰》曰："作新民。"《诗》曰："周虽旧邦③，其命维新。"是故君子无所不用其极。

【注释】①盘铭：所谓盘铭，就是商汤镌刻在澡盆上，便于时时提醒自己的话。盘就是当时洗澡用的一种器皿。②苟：如果。③旧邦：历史悠久的国家。

【提示】追求创新的意识，早在遥远的商朝就诞生了。周公通过制定周礼，化育了天下的民众，开发心中的美德，鼓励民众要勇于革新，让百姓都能成为更好的自己。有了这样的一颗为国为民的心，才有勤于政事的夙兴夜寐，才有心生万法的无穷智慧。所以，一颗仁爱的心才是创新的源泉。

民之父母

《诗》云："乐只①君子，民之父母。"民之所好②好之，民之所恶恶之，此之谓民之父母。

【注释】①只：语气助词。②好：喜欢。

【提示】和善快乐的君子犹如百姓的父母，这是因为他们能够做到以百姓的心为心，真的愿意爱民如子。

思考与行动

1. 如何理解"慎独"？怎样修养自己，做到"慎独"？

2. "苟日新，日日新，又日新。"如何能让自己每天都有进步，哪怕一点点也行？

二、《中庸》节选

《中庸》是中国古代论述人生修养境界的一部道德哲学专著。"中也者，天下之大本也。"（《中庸》）"庸，常也，中和可常行之道。"（程颐）中庸之道，就是待人接物要保持中正平和，因时制宜，因物制宜，因事制宜，因地制宜，在每件事上、每一个当下，都能知行合一，依良知而行，循天理而为。"中庸"是道德行为的最高标准。

天命之谓性

天命之谓性，率性之谓道，修道之谓教。①道也者，不可须臾离也；可离，非道也。是故君子戒慎乎其所不睹，恐惧乎其所不闻。莫见乎隐，莫显乎微②。故君子慎其独也。喜怒哀乐之未发，谓之中；③发而皆中节，谓之和。④中也者，天下之大本也；和也者，天下之达道⑤也。致⑥中和，天地位⑦焉，万物育焉。

【注释】①天命之谓性，率性之谓道，修道之谓教：上天赋予人的就是本性，遵循本性而行动就是道，把道德修明，并在众人中推广就是教。性，上天赋予人的本性，儒家认为人的自然本性中包含中庸、仁义、孝悌等一整套伦理观念和道德规范。率，遵循。②莫见乎隐，莫显乎微：幽暗之中，细微之事，虽无踪迹显现，但动机已成；人虽不知，而自己却很清楚，天下的事没有比这个更明显的了。③喜怒哀乐之未发，谓之中：喜怒哀乐等情感没有表现出来，这称为"中"。④发而皆中（zhòng）节，谓之和：（喜怒哀乐等情感）表现出来，都符合节度，这叫作"和"。中，适合，符合。和，调和。⑤达道：这里指普遍通行的行为准则。⑥致：达到。⑦位：

用作动词，"有其位置，安于其位"的意思。

【提示】中庸之道是人们片刻也不能离开的，但要实行中庸之道，还必须尊重天赋的本性，通过后天的学习。人们要"慎其独"，加强自觉性，真心诚意地顺着天赋的本性行事，按道的原则修养自身。

在一个人还没有表现出喜怒哀乐的情感时，心中是平静淡然的，所以叫作"中"，但喜怒哀乐是人人都有而不可避免的，它们必然要表现出来。表现出来而符合常理，有节度，这就叫作"和"。二者协调和谐，这便是"中和"（即中庸）。人人都达到"中和"的境界，大家心平气和，社会秩序井然，天下也就太平无事了。

君子中庸

仲尼曰："君子中庸，小人反中庸。君子之中庸也，君子而时中[①]；小人之中庸也，小人而无忌惮也。[②]"

子曰："中庸其至矣乎![③]民鲜能久矣![④]"

子曰："道之不行也，我知之矣：知者过之，愚者不及也。道之不明也，我知之矣：贤者过之，不肖者不及也。人莫不饮食也，鲜能知味也。"

【注释】①君子而时中：君子常常保持"中"的状态。时，时常，常常。②小人之中庸也，小人而无忌惮也：小人之所以违背中庸，是因为小人肆无忌惮，专走极端。小人之中庸也，应为"小人之反中庸也"。③中庸其至矣乎：中庸是天下的至道（最高的道德标准）呀。④民鲜能久矣：可是人们已经很少能做到了，（这种情况）已经有很长时间了。

【提示】过分与不够貌似不同，其实质却都是一样的，都不符合中庸的要求。中庸的要求是恰到好处。正因为中庸是最高的德行，最高的道德标准，所以，很少有人能够真正实行它。正因为要么太过，要么不及，所以，总是不能做得恰到好处。而无论是过还是不及，无论是智还是愚，或者说，无论是贤还是不肖，都是因为缺乏对"道"的自觉性，正如人们每天都在吃吃喝喝，但却很少有人真正品味一样，人们虽然也在按照一定的道德规范行事，但由于自觉性不高，在大多数情况下不是做得过了头就是做得不够，难以达到"中和"的恰到好处。所以，推行中庸之道至关重要的是提高自觉性。

好学力行知耻

子曰："好学近乎知①，力行近乎仁，知耻近乎勇。知斯三者，则知所以修身；知所以修身，则知所以治人；知所以治②人，则知所以治天下国家矣。"

【注释】①知：通"智"。②治：治理，管理。

【提示】智、仁、勇，被儒家认为是通行天下的美德。好学、力行、知耻是修养自己的基础，从它们入手，就可以很容易具备智、仁、勇这三种美德，将来才能实现自己的理想。

为天下国家有九经

凡为天下国家有九经①，曰：修身也，尊贤也，亲亲也，敬大臣也，体②群臣也，子庶民也，来百工也，柔③远人也，怀诸侯也。修身，则道立；尊贤，则不惑；亲亲，则诸父昆弟④不怨；敬大臣，则不眩⑤；体群臣，则士之报礼重⑥；子庶民，则百姓劝⑦；来百工，则财用足；柔远人，则四方归之；怀诸侯，则天下畏之。

【注释】①经：常规。②体：体恤，体谅。③柔：安抚，怀柔。④诸父昆弟：叔伯父以及兄弟，泛指亲人。⑤眩：眼花，这里指迷惑。⑥士之报礼重：士就会尽力报答。⑦劝：勉励，指受到勉励而勤奋努力。

【提示】治国有九条法宝，从个人修身开始，一直扩展到治国平天下之道。修身才能领悟正道，才能有正确的目标和作为，才可以为政。位高权重，就很容易被权力迷惑，最需要有人提醒指正。能提醒指正的人就是正直贤良的人。不仅老百姓，就算是帝王，也要处理好家族内部的矛盾，否则，就会内耗甚至自相残杀。对高层干部尊敬，对下层干部体谅，他们就会尽心尽力辅佐。关爱人民，才能使人民接受勉励，努力工作。发展工商业经济，国家和百姓的财用就会富足。对四方来归的贤人，采取怀柔的政策，吸引人才，富国强兵。安抚各国诸侯，天下人自然都会敬畏。

君子素其位而行

君子素其位而行，不愿乎其外。素富贵，行乎富贵；素贫贱，行乎贫贱；素夷狄①，行乎夷狄；素患难行乎患难，君子无入而不自得焉②。在上位不陵③下，在下位不援④上，正己而不求于人，则无怨。上不怨天，下不尤人。故君子居易⑤以俟⑥命，小人行险以徼幸⑦。子曰："射有似乎君子，失诸正鹄⑧，反求诸其身。"

【注释】①夷狄：偏远的地方。②君子无入而不自得焉：无论处在怎样的境遇中，君子都能怡然自得。③陵：欺凌。④援：攀援。⑤易：指《易经》的易，即变与不变。⑥俟：等待。⑦徼幸：侥幸。⑧正鹄：正和鹄都是指箭靶子。正，是画在布上的。鹄，是画在皮上的。

【提示】"素位"的本质含义是素天理而行。在上位托起他人是做出奉献的最好机会；在下位，忠于谁并能同频谁的力量，与更高层面的人同行就能放大个人价值。当我们端正自己而不求于别人，这样就不会有什么抱怨了。人生社会千变万化，但有一样东西不变，这个不变的东西就是规律。君子坦然面对生活中的种种变异，遵循规律履行使命。因此"君子乐得做君子"。反求诸己，超越小我，成就大我，心宽路就宽。

凡事豫则立

凡事豫①则立，不豫则废。言前定则不跲②，事前定则不困③，行前定则不疚④，道前定则不穷⑤。

【注释】①豫：事先准备。②跲（jiá）：绊倒，此处指词不达意。③困：陷入困境。④疚：烦恼懊悔。⑤穷：走投无路。

【提示】提前准备的重要性有四点。第一，"言前定则不跲"，意思是说话前心里有数，就不会词不达意。第二，"事前定则不困"，意思是做事情先知道方向，就不会陷入困境。第三，"行前定则不疚"，也就是行动前就知道意义，那就不会烦恼懊悔。第四，"道前定则不穷"，是说预先选定道路就不会走投无路。一个人的格局、境界足够高远，事先准备才能够真正地周全。

诚则明矣，明则诚矣

自诚明谓之性。①自明诚谓之教。②诚则明矣，明则诚矣。

【注释】①自诚明谓之性：由内心的真诚而明白天理大道，这叫作天性。②自明诚谓之教：一个人在明白了道理之后，再做到真诚，这个过程就叫作教育。

【提示】只要不欺骗自己的良知，便能够逐渐接近诚的境界。提升自己的诚不仅可以帮助我们读懂自己，更可以读懂他人乃至外部世界。人或者天生具备诚的道德，或者后天修养而具备诚的道德，虽然两者不同，但功用却相通，最终的结果都是一样的。真诚是最根本的道德原则，是达到中庸境界的基础。

博学之，审问之

博学之，审问之，慎思之，明辨之，笃行①之。有弗学，学之弗能，弗措也②；有弗问，问之弗知，弗措也；有弗思，思之弗得，弗措也；有弗辨，辨之弗明，弗措也；有弗行，行之弗笃，弗措也。人一能之，己百之③，人十能之，己千之。果能此道矣，虽愚必明，虽柔必强。

【注释】①笃行：坚持实行。②有弗学，学之弗能，弗措也：有些东西不学（也就罢了），（但只要）学了就要掌握，如果还不能学会，那就不要放弃。措，放下。③人一能之，己百之：别人一遍就行了，我（即使）做它一百遍也要做好。

【提示】学习的过程和认识的方法是：先广泛地吸收知识；再深入地探究，答疑解惑；再谨慎地思考，遴选消化；再明晰地分辨，择定结果。最后，坚定地用学习得来的知识和思想指导实践。学习要有一种不成决不罢休的精神。只要下足了功夫，就一定能成。

思考与行动

1. 仔细思考，"中庸之道"给了你哪些启迪？
2. 至诚至关重要，为什么人们难以做到呢？

三、《学记》节选

《学记》是《礼记》中的一篇专门论述教育问题的文献。作为世界历史上最早的一篇教育论著，较为系统地阐述了教育的目的、教学的原则和方法、教学制度、教师的地位和作用等，篇中强调尊师重教、教学相长、循序渐进、触类旁通、师德师风、择师之道等。对先秦时期的教育教学，从理论上进行了较为全面系统的总结。

玉不琢，不成器

玉不琢，不成器；人不学，不知道①。是故古之王者建国君②民，教学为先。《兑命》③曰："念终始④典于学⑤。"其此之谓乎！

【注释】①道：天地万物的规律和法则。②君：动词，主宰，统治。③《兑命》：《古文尚书》中的篇名，也作《说命》。④念终始：自始至终想着。⑤典于学：即学于典，意思是学习经典著作。

【提示】人们如果不学习，就不会懂得道理，就不会修炼君子的高尚品德，从而变成品行恶劣的小人，甚至是罪人。人要经受雕琢磨砺，努力学习，提升学识与品德修养，进而有所作为。

师道尊严

凡学之道：严①师为难。师严然后道尊②，道尊然后民知敬③学。是故君之所不臣于其臣者二：当其为尸④，则弗臣也；当其为师，则弗臣也。大学之礼，虽诏于天子无北面⑤，所以尊师也。

【注释】①严：尊敬。②尊：此处有敬重、推崇、高贵之意。③敬：本义为恭敬、端肃，恭在外表，敬存内心。此处作慎重地对待，尊重于所学。④尸：古时代表死者受祭祀的人。⑤北面：古时天子上朝面南而坐，臣子北面而朝。若天子到学校向老师请教，则面东，老师面西，不以臣子相待，以表示尊师重道。

【提示】尊师重道，在于一个"敬"字，"敬"的是"道"。按照礼法，两种人在天子召见的时候，可以将朝见君王的礼节免去，一种是正在代表死者受祭祀的人，所谓死者为大；一种是教师，为的就是尊师重道。

四者兴教，六者废教

大学之法：禁①于未发之谓豫②，当其可③之谓时，不凌节④而施之谓孙⑤，相观而善之谓摩⑥。此四者教之所由兴也。发然后禁，则扞格⑦而不胜⑧。时过然后学，则勤苦而难成。杂施而不孙，则坏乱而不修。独学而无友，则孤陋而寡闻。燕朋⑨逆其师，燕辟⑩废其学。此六者教之所由废也。

【注释】①禁：防范。②豫：预防。③可：适当。④凌节：超越限度。⑤孙：同"逊"，顺，循序渐进。⑥摩：切磋。⑦扞（hàn）格：抵触。⑧胜：克服。⑨燕朋：轻慢朋友。燕，亵渎。⑩燕辟：

145

亦作"燕譬"，谓轻慢老师为讲解深义而作的浅近比喻。

【提示】教育的成功秘诀是关注四个原则，即预防性原则、及时施教原则、循序渐进原则、学习观摩原则。教育失败的六个原因，前四个对应四个成功原则：没有防患于未然，错过最佳时机，不知循序渐进，不去探讨切磋取长补短。后两个是"学习观摩"的伙伴有问题，起到的是反作用。

为师善喻

君子既知教之所由兴，又知教之所由废，然后可以为人师也。故君子之教，喻①也。道②而弗牵③，强④而弗抑⑤，开⑥而弗达⑦。道而弗牵则和，强而弗抑则易，开而弗达则思。和易以思，可谓善喻矣。

【注释】①喻：启发诱导。②道：同"导"，引导。③牵：强拉。④强（qiǎng）：竭力，勉力。⑤抑：压制。⑥开：启发。⑦达：通达。

【提示】"君子之教，喻也"，提出了教育的启发诱导原则。教学要注重启发，要充分调动学生的积极性，鼓励学生积极思考，使教学过程成为师生双边共同活动的过程。这是从教必须遵循的指导性原则。

教者长善救失

学者有四失①，教者必知之。人之学也，或②失则多，或失则寡，或失则易，或失则止。此四者，心之莫同也③。知其心然后能救其失也。教也者，长④善而救其失者也。

【注释】①失：过失。②或：有的人。③心之莫同也：心理各有不同。④长：动词，发扬他们的长处。

【提示】"教也者，长善而救其失者也"，这是教育的长善救失原则，即注重学生的个别差异，帮助他们发扬优点，克服缺点。教育方法必须有一定的针对性。就人而言，针对性的根本是抓住心理状态。学生的学习出了毛病，根本原因就在心理状态。所以，真正好的老师，首先是个好的心理学家，而不是只懂得一些条条框框的空谈家。培养良好的学习习惯，不贪多嚼不烂，不要有畏难情绪裹足不前。应有计划，讲方法，持之以恒，以求高效学习。

藏息相辅

大学之教也，时教必有正业，退息必有居学①。不学操缦，不能安弦；不学博依，不能安《诗》；不学杂服，不能安礼；不兴其艺，不能乐学。②故君子之于学也，藏焉修焉，息焉游焉③。夫然，故安其学而亲其师，乐其友而信其道，是以虽离师辅而不反也。

【注释】①时教必有正业，退息必有居学：在规定的时间进行正课，休息的时候也有种种课外作业。②不学操缦……不能乐学：这几句的大意是，课外不习杂曲，课内就学不好琴瑟；课外不习歌咏，课内就学不好诗；课外不习洒扫、应对、进退等杂事，课内就学不好礼仪。总之，如果不提倡课外技艺，学生就会学不好正课。③藏焉修焉，息焉游焉：藏、修指专心学习，息、游是指休闲和休憩，此处分开，且用焉作助词，有强调之义，指无时无刻不在想着专心学习。

【提示】藏息相辅，是《学记》中的又一条教学原则，是说既有有计划的正课学习，又有课外活动和自习，有张有弛。教师在教学过程中要处理好正课学习与业余爱好之间的关系，使正课学习有主攻方向，业余爱好广泛多样，而且使业余爱好有助于正课的学习。

善教者使人继其志

善歌者使人继①其声，善教者使人继其志。其言也约而达，微②而臧③，罕譬而喻，可谓继志矣。

【注释】①继：跟着。②微：含蓄。③臧：精微。

【提示】善于唱歌的人和善于教学的人有一个共同的特点，那就是善于鼓动，能够感动人心。要想鼓动人心，不仅是善于启发，言辞简约通达，恐怕更重要的是还要有人格的魅力。人格魅力是一种境界，它是人格修养、个人志趣、精神追求、外表风度、言语谈吐等等达到相当高度后的产物。

有志于本

君子曰："大德不官①，大道不器②，大信不约③，大时④不齐。察于此四者，可以有志于本⑤矣。"

三王之祭川也，皆先河而后海，或源也，或委⑥也。此之谓务本。

【注释】①官：动词，担任官职。②器：器具，有形之物。有形即有度，有度必满盈。③约：盟约发誓。④大时：天时。⑤本：根本。⑥委：众水汇集之处。

【提示】立足治学的根本，才能在治学之道上随心所欲。只要抓住主要矛盾，其他问题就迎刃而解了。所谓"大德""大道""大信""大时"等，正是根本、主要矛盾，才上升到"大"的境界的，才可以无所阻碍，所向披靡。

思考与行动

1. 这些关于教育的观点，哪些今天还依然闪耀着真理的光芒？
2. 你对哪个观点印象最深？写一篇随笔，谈谈你的理解和感悟。

四、其 他

《礼记》中《大学》《中庸》《学记》三篇重要文献，流传广泛的经典句段很多，其他篇章也有许多这样的经典句段。这些句段记载了有关人生哲学、政治思想以及美学思想等内容，高扬仁爱、正义、爱国、反对不义之政等进步思想，影响深远。

礼尚往来

太上①贵德②，其次务③施报④。礼尚往来。往而不来，非礼也；来而不往，亦非礼也。人有礼则安，无礼则危。故曰：礼者不可不学也。夫礼者，自卑而尊人。虽负贩⑤者，必有尊也，而况富贵乎？富贵而知好礼，则不骄不淫；贫贱而知好礼，则志不慑⑥。

（《曲礼上》）

【注释】①太上：最上最高的人。②贵：看重。德：道德，这里指精神层面上的道德修养。③务：致力于。④施报：给予与报答，指行为。⑤负贩：挑着担子贩卖。⑥慑：胆怯，困惑。

【提示】礼尚往来，要懂得感恩和回报。礼使社会安定，不能不学。礼，就是要谦卑自己，尊重他人。富而好礼则谨慎，贫而好礼则安定。

临之不苟

《曲礼》曰：毋不敬，俨若思，安定辞，安民哉。①敖②不可长，欲不可从③，志不可满，乐不可极。贤者狎④而敬之，畏而爱之。爱而知其恶，憎而知其善。积而能散，安安而能迁。⑤临财毋苟⑥得，临难毋苟免。很⑦毋求胜，分毋求多。疑事毋质，直而勿有。⑧

（《曲礼上》）

【注释】①毋不敬……安民哉：待人必须恭敬严谨，神态庄重，若有所思，说话语气和气，表达谨慎，这样就可以让民众生活美满了。俨，通"严"，庄重。安定，指和气、美满。安，使……美满。②敖：通"傲"，傲气。③从：同"纵"，放任。④狎：亲近。⑤积而能散，安安而能迁：在积聚财富的同时能向他人布施，既能安于

149

习惯了的生活又能适应环境改变之后的生活。⑥苟：随便。⑦很：通"狠"，争论，争执。⑧疑事毋质，直而勿有：有疑问的事情谨慎判断，正确时也不要骄傲自满。质，询问，责问。

【提示】心有主宰，不随意，不苟且。人的心灵有了归宿，就有了安身立命之处。

君子隐而显

子言之："归乎！君子隐而显，不矜①而庄，不厉而威，不言而信。"子曰："君子不失足于人，不失色②于人，不失口于人，是故君子貌足畏也，色足惮③也，言足信④也。"

（《表记》）

【注释】①矜：矜持。②色：神色。③惮：畏惧。④信：使……信服。

【提示】注重自己的仪容仪表，言行举止都应当庄重、得当。这样，君子就能保持自己的威仪，得到他人的信任。

文武之道

子贡观于蜡①。孔子曰："赐也乐乎?"对曰："一国之人皆若②狂，赐未知其乐也!"子曰："百日之蜡，一日之泽③，非尔所知也。张而不弛，文武弗能也；弛而不张，文武弗为也。一张一弛，文武之道也。"

（《杂记下》）

【注释】①蜡：祭祀之礼，指蜡祭。②若：好像。③泽：恩泽。
【提示】人们紧张辛劳一年，好不容易到了蜡祭这天才可以松弛狂欢。让民众一味紧张而没有一天轻松，即使文王、武王也不能把天下治理得好；该放松就放松，该紧绷就紧绷，这才是文王和武王治理天下的办法。

君子贵玉

　　子贡问于孔子曰："敢问君子贵①玉而贱珉②者何也？为玉之寡而珉之多与？"孔子曰："非为珉之多故贱之也，玉之寡故贵之也。夫昔者君子比德于玉焉：温润而泽，仁也；缜密以栗，知也；廉而不刿，义也；垂之如队，礼也；叩之其声清越以长，其终诎然，乐也；瑕不掩瑜，瑜不掩瑕，忠也；孚尹旁达，信也；气如白虹，天也；精神见于山川，地也；圭璋特达，德也；天下莫不贵者，道也。③《诗》云：'言念君子，温其如玉。'故君子贵之也。"

（《聘义》）

　　【注释】①贵：以……为贵。②珉：像玉的石头。③温润而泽……道也：大意是：玉的温厚而又润泽，就好比仁；细密而又坚实，就好比智；有棱角而不伤人，就好比义；玉佩垂而下坠，就好比礼；轻轻一敲，玉声清脆悠扬，响到最后，又戛然而止，就好比动听的音乐；既不因其优点而掩盖其缺点，也不因其缺点而掩盖其优点，就好比人的忠诚；光彩晶莹，表里如一，就好比人的言而有信；宝玉所在，其上有气如白虹，就好比与天息息相通；产玉之所，山川草木津润丰美，又好比与地息息相通。圭璋作为朝聘时的礼物可以单独使用，不像其他礼物还需要加上别的什么东西才能算数，这是玉的美德在起作用；普天之下没有一个人不看重玉的美德，这就好像普天之下没有一个人不看重道那样。缜，纫致。栗，坚实。知，通"智"。廉，棱角。刿，割伤。队，通"坠"。诎（qū），止。孚尹，指玉的晶莹光彩。旁达，发散到四方。特达，直接送达。（古代聘享之礼，有珪、璋、璧、琮。璧、琮加上束帛才可送达；珪、璋不用束帛，故称特达。）

　　【提示】古人用玉来比拟象征人的美德，因而君子特别看重玉。这段话比较全面地解说了中国古代关于玉的象征意义。

情动于中，故形于声

凡音者，生①人心者也。情动于中，故形于声，声成文②谓之音。是故治世③之音安以乐，其政和；乱世之音怨以怒，其政乖④；亡国之音哀以思，其民困。声音之道，与政通矣。

（《乐记》）

【注释】①生：产生。②文：条理。③治世：太平盛世。④乖：违背。

【提示】音乐的确可以表现世事人心的变化。感情在心中激荡，表现出来就是声。

乐统同，礼辨异

乐也者，情之不可变者也；礼也者，理之不可易者也。乐统同，礼辨异。礼乐之说管①乎人情矣。

（《乐记》）

【注释】①管：包含。

【提示】乐所表达的是不可改变的感情；礼所表达的是不可变异的道理。乐的功用在于统一和同人心，礼的功用在于区别尊卑贵贱。礼和乐的学说，包含了人情。

圣人知人情

故圣人耐①以天下为一家，以中国为一人者，非意②之也，必知其情，辟③于其义，明于其利，达④于其患，然后能为之。何谓人情？喜、怒、哀、惧、爱、恶、欲，七者弗学而能。何谓人义？父慈、子孝、兄良、弟弟⑤、夫义、妇听、长惠、幼顺、君仁、臣忠，十者谓之人义。讲信修⑥睦，谓之人利；争夺相杀，谓之人患。故圣人之所以治人七情，修十义，讲信修睦，尚辞让，去争夺，舍礼何以治之？饮食男女，人之大欲存焉；死亡贫苦，人之大恶存焉。故欲恶者，心之大端⑦也。人藏其心，不可测度也。美恶皆在其心，不见其色也，欲一以穷⑧之，舍礼何以哉？

（《礼运》）

【注释】①耐：能。②意：通"臆"，随意猜测。③辟：明白。④达：通晓，彻底懂得。⑤弟：通"悌"，敬爱、顺从兄长。⑥修：提倡。⑦大端：最基本的表现征兆，主要内容。⑧穷：彻底追究，深入探求。

【提示】圣人之所以能够化育天下，是因为他了解人的七情六欲，清楚人伦礼义，明白什么是人的最大欲望，什么是人的最大忧患。疏导人的七情六欲，维护社会的伦理纲常，搞清楚人的大欲大患，非"礼"莫属。

苛政猛于虎

孔子过①泰山侧，有妇人哭于墓者而哀，夫子式②而听之。使子路问之，曰："子之哭也，壹③似重有忧者。"而④曰："然。昔者吾舅⑤死于虎，吾夫又死焉，今吾子又死焉。"夫子曰："何为不去也？"曰："无苛政⑥。"夫子曰："小子⑦识⑧之：苛政猛于虎也。"

（《檀弓下》）

【注释】①过：路过。②式：同"轼"，车前的扶手横木，这里用作动词，扶轼。③壹：真是，实在。④而：表示承接关系，相当于"则""就"。⑤舅：公公。古代以舅姑称呼公婆。⑥苛政：沉重的征税。⑦小子：指古时长辈对晚辈或老师对学生的称呼。⑧识：同"志"，记住。

【提示】君主只有体谅百姓，厚德载物，才能安邦定国。

孝 有 三

　　曾子曰："孝有三：大孝^①尊亲，其次弗辱，其下^②能养。"公明仪问于曾子曰："夫子可以为孝乎?"曾子曰："是何言与^③！是何言与！君子之所为孝者：先意承志，谕^④父母于道。参，直^⑤养者也，安能为孝乎?"

(《祭义》)

　　【注释】 ①大孝：最孝敬的。②其下：最次的一等。③是何言与：这是什么话啊！④谕：告诉。⑤直：只不过。

　　【提示】 曾子所谓孝有三等，最低是赡养父母，中间是不给父母抹黑，最高是给父母争光。古人讲究光宗耀祖，因为那是大孝。孝是中华文化中的美德。孝要建立在"敬"的基础上。"敬"就是使父母得到人格的尊重和精神的慰藉。"敬"是孝道的精神本质，"尊亲"是孝道的最高境界。

恶言不出于口

　　壹出言而不敢忘父母，是故恶言^①不出于口，忿言^②不反^③于身。不辱其身，不羞^④其亲，可谓孝矣。

(《祭义》)

　　【注释】 ①恶言：伤害他人的话。②忿言：别人的辱骂。③反：通"返"，返回。④羞：让……感到羞耻。

　　【提示】 说话谨慎，就是孝。

量入为出

　　冢宰制国用^①，必于岁之杪^②，五谷皆入，然后制国用。用地小大，视年之丰耗，以三十年之通制国用^③，量入以为出。祭用数之仂^④。丧^⑤，三年不祭，唯祭天地社稷为越绋^⑥而行事。丧用三年之仂。丧祭，用不足曰暴，有余曰浩。祭，丰年不奢，凶年不俭。国无九年之蓄曰不足，无六年之蓄曰急，无三年之蓄曰国非其国也。三年耕，必有一年之食⑦；九年耕，必有三年之食。以三十年之通，虽有凶旱水溢，民无菜色⑧，然后天子食，日举以乐。

（《王制》）

【注释】①冢宰制国用：冢宰制定国家的财政开支计划。冢宰，全国最高行政长官。②杪（miǎo）：本义为树枝末梢，引申为年末。③以三十年之通制国用：以三十年的收入按年岁丰凶通融考量，取其平均数值以制定国用，均衡安排，更加妥善合理。④仂（lè）：十分之一。⑤丧：国君为父母服丧。⑥绋（fú）：古代出殡时拉棺材用的大绳，这里代指丧事。祭祀天地社稷不受丧事限制，所以称为"越绋"。⑦食：指积蓄的余粮。⑧菜色：只吃菜的饥饿的面色。

【提示】制订国家财政开支计划，本着量入为出的原则，参考三十年国家收入的平均数来确定支出。祭祀和（国君）办丧事财政支出较多，要有详细规划。国家要准备好九年的财物储备，耕种三年要有够吃一年的余粮。如此，可确保天下无虞。

思考与行动

1. 中华文化博大精深，玉文化历史悠久。查一查资料，梳理一下中国玉文化。

2. 上面哪一段给你的印象最深？写一篇随笔谈谈你的感悟。

155

《老子》撷玉

贾一震

　　《老子》又名《道德经》，是道家第一经典。据《史记》记载：周室衰微，守藏室之史李耳，欲出函谷关隐居，守关令尹强留老子著书。这就是"道德之意五千余言"的由来。

　　世人称李耳为"老子"，"老""子"二字都是尊称，有年高德劭、闻名遐迩之意。"守藏室之史"这一职务大致相当于国家图书馆、档案馆的馆长兼天文台台长。这一职务意味着他熟知历史，学究天人。鲁国的孔子到了周王室的都城要找他"问礼"，当时王侯卿士自然也会向他请教。这大概就是《老子》像是箴言集的缘由了。

　　老子留下的"道德之意五千余言"在汉朝时被分成了八十一章，最迟到汉成帝的时候，有了《道德经》这个名字。"道"和"德"是书中最重要的概念。"道"出现了七十多次，"德"出现四十多次。"道"有天道、人道之分。"德"就是"得"，是悟道之得、依道之得。合道就是有德，不合道就是无德。道的体悟是困难的，道的言说也是困难的，于是有了"可道""常道""上德""下德"的不同，有了"士""王""圣"的区别。

　　《老子》的学理路径以三国时王弼《老子指略》中的说法最为精准："论太始之原以明自然之性，演幽冥之极以定惑罔之迷。"翻译一下就是：通过对世界总根源的探寻来认知世界的本原属性，通过对纷繁万象总根据的探寻来拨除认知的迷惑。

　　王弼还将《老子》的思想概括为"崇本息末"。解释一下就是：推崇大道的根本来平息世间的各种乱象。为无为以辅万物之自然，

无施恩之心，无刑罚之意；弃巧诈之术而察未兆之机，忘功名之利
而为于未有。

《老子》八十一章形似箴言集，蕴含着能够照亮曲折人生的智
慧，有"道经""德经"之说，相邻章节也有幽隐的理据关联。为
了更好地结合社会生活体悟学习老子的思想，本书以"体道悟德"
"养生修身""治国用兵"为主题选编三组三十九句活在中国人灵魂
中的箴言，依句录文，依文作注，依理排序，详注简讲。原文以中华
书局 2011 年版《老子道德经注》（王弼注，楼宇烈校释）为底本，修
订必有说明。入选统编语文教材的《〈老子〉四章》，这里不再选用。

在学习时，要注意从方向和目标、规则和境界、边界和底线三
个角度，与自己的社会生活经验相结合，体会老子的思想，获得人
生的智慧。

一、体道悟德

"道"是中国古代哲学的最高范畴。儒道墨法等家"各道其
道"，老子的"道"是万物的总根源，"道生一，一生二，二生三，
三生万物"；也是万物的总根据，"孔德之容，惟道是从""人法地，
地法天，天法道，道法自然"。"德"是老子哲学中仅次于"道"的
重要范畴，是道的外在体现，是物的内在属性，是规律、范式、善
行、美德等的综合体。对于人来说，体道悟德，要依《老子》的学
理，从现象到本质，全面辩证地思考，认识道的特性和原则，并自
觉依道而行，追求玄德。

玄之又玄，众妙之门

道可道，非常道；名可名，非常名。①无名天地之始，
有名万物之母。②故常无欲，以观其妙；常有欲，以观其
徼。③此两者同出而异名，同谓之玄。④玄之又玄，众妙
之门。⑤

（一章）

157

【注释】①道可道，非常道；名可名，非常名：可以说出来的道，便不是永恒之"道"；可以用文字表达的名，便不是永恒之"名"。②无名天地之始，有名万物之母：这一句有两种句读。在"名"后断，意为"无名，是无法追溯认知的天地起源初始时的宇宙状态；有名，是人们能够认识表述的万物萌生之后的宇宙状态"。在"名"前断，意为"无，用来描述天地未成形的状态；有，用来描述万物成形后的状态"。③故常无欲，以观其妙；常有欲，以观其徼：所以无私无欲之人能够观察领悟道的奥妙，有欲有为之人能够认识万物的终极。这一句还可以断作"故常无，欲以观其妙；常有，欲以观其徼"，意为"所以要从无中去探寻道的奥妙，要从有中去探寻道的边界"。④此两者同出而异名，同谓之玄："此两者"历来众说纷纭，莫衷一是。近指则为"其妙""其徼"，远指则有"有""无"、"有欲""无欲"、"有名""无名"、"道""名"、"常道""常名"等。⑤玄之又玄，众妙之门：幽深到极点，就是宇宙天地万物变化的途径。

【提示】"玄之又玄，众妙之门"，是世界的无限，也是"道"的无限。老子从人类认识和讲述能力的有限性和局限性出发，更能让我们确信世界无限、大道无极。爱因斯坦曾说："用我们有限的手段来尝试并深入探究自然奥秘之后，你会发现，在一切可辨识的互相联系的事物背后，仍然有某种微妙的、难以触摸的、无法解释的东西。"但是，探究万物的终极、天地的本源，探究那玄之又玄的众妙之门，却是我们应该承担的使命追求。

道生一，一生二，二生三，三生万物

道生一，一生二，二生三，三生万物。①万物负阴而抱阳，冲气以为和。②人之所恶，唯孤、寡、不谷③，而王公以为称。故物或损之而益，或益之而损④。人之所教，我亦教之。强梁者不得其死，吾将以为教父。⑤

（四十二章）

【注释】 ①道生一……三生万物：这是道作为万物总根源的具体描述。虚空的道意一任自然演生混然实有的道体，又演生为交感和谐的阴阳二气，最终演生出天地万物。②万物负阴而抱阳，冲气以为和：世间万物都内蕴阴阳二气，虚空的阴阳二气交感达成和谐。冲，虚空。③孤、寡、不谷：失父兄叫孤，失德叫寡，失财物叫不谷。④物或损之而益，或益之而损：世间的万物，有的你减损它反而让它得到增益，有的你增益它反而让它受到减损。⑤强梁者不得其死，吾将以为教父：像架桥之木一样一味刚强的人不得善终，我把这句话当作教诲他人的起点。强梁，坚硬枯槁的架桥之木。父，与"甫"相通，是古代男子或伐木或种植的象形，基于父系男权的理念，引申为起始、起源。

【提示】 "道生一，一生二，二生三，三生万物"是老子的宇宙生成论。这一说法举世无双。其中阴阳交感以成和谐的生之道，是中国古代文化中核心的生生之道。谦退柔弱而成侯王，一味强梁不得其死，是其中的重要内容。

道法自然

有物混成，先天地生。寂兮寥兮，独立而不改，周行而不殆，可以为天地母。①吾不知其名，字之曰道，强为之名曰大。大曰逝，逝曰远，远曰反。②故道大，天大，地大，王亦大③。域中有四大，而王居其一焉。人法地，地法天，天法道，道法自然。④

（二十五章）

【注释】 ①寂兮寥兮……可以为天地母：对天地万物总根源的道进行描述。寂，没有声音。寥，没有边界。改，弓与攴的会意，手拿工具扎束弓弦，引申为约束、更改。周行，循环运行。不殆，永不衰竭。②大曰逝，逝曰远，远曰反：道太大了，想要看清全貌就需要看到它的边际，走了极远的路也没有到达它的边际，只好返回。于是，老子就用"大""逝""远""反"来描述道。逝，辵与折的

159

形声兼会意，往返行走，充分体现了为了观察和描述道的努力。③王亦大：王是巨斧的象形，代指部落中最强大的人。④人法地……道法自然：人效法大地载物养民而成就其大，地效法苍天生养万物而成就其大，天效法道的无声无际、循环不息而成就其大，道任其自然而彰显其大。自然，可解为本来的样子，或者自然而然，但是不能解为"自然界"的"大自然"。

【提示】"道法自然"是老子所认识的道的运行规律，与浑然天成、先天地生、无声无界等存在性特征一样，都是老子对"道"这一世界万物总根源的发现。这是人类认识世界、解释世界的一次飞跃。人们对它在人类文明史上的价值和意义的认识还远远不够。

孔德之容，惟道是从

孔德之容，惟道是从。^①道之为物，惟恍惟惚。惚兮恍兮，其中有象；恍兮惚兮，其中有物。窈兮冥兮，其中有精；其精甚真，其中有信。^②自今及古，其名不去，以阅众甫^③。吾何以知众甫之状哉？以此。

（二十一章）

【注释】①孔德之容，惟道是从：大德的样态，随着道而变化。②道之为物……其中有信：这一段是对"道"存在状态的描述。恍恍惚惚的，似无实有，说实又虚。它隐隐约约，深远幽昧，可是其中一定有世界的精华存在；这存在的确实的证据就是"德"。③以阅众甫：依据"道"和"德"来认识万物的本源。甫，起始，起源。

【提示】"孔德之容，惟道是从"讲述的是道与德的关系。德的样态随道变化，也彰显着道的存在。道虽然不外显，却是万物的本源，万物得道而显示为德。最形象的语言表达最抽象的认识。道象恍惚，却精信长存，显化为万物之德，让人可以认识其规律范式。同时，这也是探究道的路径：从万物所显现的形象特征逆推其恍惚存在的本源之道。

反者道之动

反者道之动①；弱者道之用②。天下万物生于有，有生于无。③

（四十章）

【注释】①反者道之动：反转而动、返本归根，是道的运行方式。"反"在老子哲学中，被赋予了"相反对立"和"返本复初"两个意义。②弱者道之用：柔弱谦下，是道的具体运用。老子哲学中有非常突出的"贵柔"思想。③天下万物生于有，有生于无：天下万物都是从混一道体这一实有生出，而混一道体这一实有却又是从冲虚博大、先天帝而存的虚无道意中生出来的。

【提示】"反者道之动"揭示了事物的矛盾和对立转化。"有生于无"揭示了道创生万物，辅万物之自然的过程。万物感受不到外力的作用，就是道用柔弱的方式产生功用。极简的文字讲述了极重要的问题：道是宇宙的总根源，也是宇宙的总根据。

天地不仁，以万物为刍狗

天地不仁，以万物为刍狗①；圣人不仁，以百姓为刍狗。天地之间，其犹橐龠②乎？虚而不屈，动而愈出。③多言数穷，不如守中。④

（五章）

【注释】①天地不仁，以万物为刍狗：天地无所谓仁慈偏爱，任凭万物自然生长消亡。刍（chú）狗，用草扎成的狗。祭祀前郑重制作，祭祀后，烧掉或扔掉。②橐龠（tuó yuè）：古代冶炼时为炉火鼓风用的，主体是皮口袋的助燃工具，后来发展成风箱。③虚而不屈，动而愈出：它空虚而不枯竭，越拉动，生出的风就越多。"不屈"与第四章"用之或不盈"、第六章"用之不勤"、第四十五章"其用不穷"中的"不盈""不勤""不穷"都是"无穷"之意。④多言数

161

穷，不如守中：追求多说多做，往往会使自己陷入困境，不如保持风箱中空一般的虚静状态。言，句中语气词。"中""冲"义通，风箱中间正是冲虚之状。

【提示】"天地不仁，以万物为刍狗"与《吕氏春秋·去私》篇中"天无私覆也，地无私载也，日月无私烛也，四时无私行也。行其德而万物得遂长焉"含义相同。不能把"不仁"理解为绝对化的不仁慈。否则，第二十七章的"救人""救物"、第六十七章"三宝"中最重要的"慈"就无法解释了。本章的第二个层次以风箱鼓风为喻，讲述的是天地圣人虚静无为促进万物自然发展的道理，也证明了天地有"生畜之德"而无"偏爱"。

执古之道，以御今之有

视之不见，名曰夷①；听之不闻，名曰希②；搏之不得，名曰微③。此三者不可致诘，故混而为一。④其上不皦，其下不昧。绳绳兮不可名，复归于无物。是谓无状之状，无物之象，是谓惚恍。⑤迎之不见其首，随之不见其后。⑥执古之道，以御今之有。⑦能知古始⑧，是谓道纪⑨。

（十四章）

【注释】①夷：像蹲踞的人，人蹲在草丛中不易被看见。②希：像稀疏的麻布，由视觉的稀疏转称听觉的听不见。③微：是手拿棒子敲东西的会意，引申为"微小"。④此三者不可致诘，故混而为一：看不见、听不到、摸不着这三种状态使得"道"的形象无法描述，也无法进一步追究，所以只能含含糊糊地说它是混沌一体的。⑤其上不皦……是谓惚恍：从高处看，不显明亮；从低处看，不显昏暗。"道"是渺茫不可名状的，而且到最后又还归于空无。只能说它是没有确定形状、没有具体物象的东西。绳绳（mǐn），渺茫、不清楚的样子。⑥迎之不见其首，随之不见其后：正面迎着它看，看不到它的头，后面跟着它看，看不到它的尾。⑦执古之道，以御今之有：用从自古以来的历史中总结出来的道，来驾驭现有的事物。

⑧古始：自古以来的历史经验。⑨纪：纲纪，原则。

【提示】"执古之道，以御今之有"，就是总结历史、归纳原理并且用来指导当下的实践，在实践中再检验、改进。这是道的原则，也是探求道、应用道的原则。因为道超越感官时空，视觉、听觉、触觉都对它无效，无可分析却支配着有形的世界。所以，只能"执古之道，以御今之有"。

天网恢恢，疏而不失

勇于敢则杀，勇于不敢则活。此两者，或利或害。天之所恶，孰知其故？①是以圣人犹难之②。天之道，不争而善胜，不言而善应，不召而自来，繟然而善谋。③天网恢恢，疏而不失。④

(七十三章)

【注释】①勇于敢则杀……孰知其故：勇于果敢行动会带来杀伤，勇于犹豫谨慎，并承受不果敢的坏名声会保障存活。这两种勇气，有时会带来利益，有时会带来伤害。而且利害背后呈现的天道好恶，还没有人能说清。②圣人犹难之：圣人在面临抉择时也无比慎重，从难思考，再用最符合大道的方式采取行动。③天之道……繟（chǎn）然而善谋：依据天道做事，不争斗却善于取得胜利，不说话却善于正确回应，不召唤却众生自来，行动舒缓却善于谋划。繟然，宽松、舒缓的样子。④天网恢恢，疏而不失：天道织就的网广大无边，世人感觉它稀疏，可是它却不会有一点儿错失。

【提示】"天网恢恢，疏而不失"这个成语今天多用来告诫做坏事一定会受到惩罚。但在《道德经》中，却是在描述天道的存在状态，描述修道高手的处世境界。在面临抉择时，有为难之感，有重视之心，这才有上体天道之智，下应无知噩呶之勇，这才有"不敢为"的谨慎雌柔之行，从而实现"胜""应"之"谋"，万物"自来""疏而不失"的大道之境。再结合第六十七章"慈故能勇"，我们对谨慎雌柔的勇气会体会得更深。

163

道隐无名，善贷且成

上士闻道，勤而行之；中士闻道，若存若亡；下士闻道，大笑之。不笑不足以为道。^①故建言^②有之：明道若昧；进道若退；夷道若纇。上德若谷；广德若不足；建德若偷。质真若渝；大白若辱；大方无隅；大器晚成；大音希声；大象无形；道隐无名。^③夫唯道，善贷且成^④。

（四十一章）

【注释】①上士闻道……不笑不足以为道：听闻大道之后，水准最高的士会勤勉地践行，水准一般的士时而践行时而荒废，水准不足的士会大声讥讽、嘲笑。甚至于说，如果水准不高的士没有讥讽嘲笑，那他听到的就算不上大道。②建言：古谚语。③明道若昧……道隐无名：本段文字据陈鼓应《老子注译及评介》将"大白若辱"从王弼本"上德若谷"后，移至"质真若渝"后，从而形成三句一组，共四组，分讲道、德、质、象需要辩证理解的现象。第一组讲道，明明是通向光明、不断进步的平坦大道，外在的表现好像坎坷难行、让人后退、一直在黑暗中摸索。第二组讲德，明明是建立功德、泽被四方、高尚清洁，外在的表现却像山谷一样谦虚，像含垢受辱一样谦卑，像越界偷窃一样警惧人知。第三组讲质，明明是质朴坚贞、洁白无瑕、方方正正，外在的表现却像是随物随时不断改变、污浊肮脏、没有棱角。第四组讲象。明明是最大的器物，却好像不知要晚到何时才能制作完成；明明是最大的乐音，却好像怎么也听不清它的声音曲调；明明是最大的物体，却好像永远也看不全它的外形。最后一句是总结。大道总是隐匿、不可言说。纇（lèi），崎岖不平，坎坷曲折。④善贷且成：善于施与辅助万物，并且不断取得成功。贷，施与，给予。

【提示】"道隐无名，善贷且成"讲的是大道隐匿不可言说却功用无穷，大道修养高明的士也是这样。人们不一定能够理解他，甚至有时还会嘲笑他，但是他却总是能够帮助人们取得成功、幸福。

蕴含着反面特征的正道、以反彰正以反求正的智慧，并不是人人都能理解，但是却总是能够辅助人们走向成功。所以，对于我们普通人来讲，不要急于否定、排斥自己不理解的，不要轻易怀疑、讥讽自己做不到的。先包容，然后不断地学习、比较，以求提升自己体道悟德的水准。坚决不做"下士"，争取成为"上士"。

致虚守静，观复知常

致虚极，守静笃。①万物并作，吾以观复。②夫物芸芸，各复归其根③。归根曰静，静曰复命。复命曰常，知常曰明。不知常，妄作凶。④知常容，容乃公，公乃全，全乃天，天乃道，道乃久，没身不殆。⑤

（十六章）

【注释】①致虚极，守静笃：追求心灵虚静达到极致，并且坚定守住这种极致虚静的状态。②万物并作，吾以观复：世间万物同时生长变化，我用极度虚静的心灵看它们回复虚静。老子认为实有从虚无中来，动从静中来，万物最终都将归于虚静的本源。③各复归其根："归根"与"复"相应，都是回到本源。④归根曰静……妄作凶：这是一串或相同或一致的概念。归根、复命相同，都是回归本源；静、常相同，是万物的总根源和总根据的道；知常道才叫高明；不知常道，必然轻妄行动带来凶祸。⑤知常容……没身不殆：知道常道才能有包容之心，有包容之心才能大公无私，大公无私才能成为天下王，成为天下王才能上与天通，上与天通才能与道和合，与道和合才能终身免于危殆。

【提示】"致虚极，守静笃""观复""知常"，这就是探求道、实践道的功夫。用虚静之心观照纷芸万物生长、发展最终归于虚静的过程，总结出奥妙的大道规律——这是入门。有包容之心，秉持公正，成为天下王，与天通，与道合，不妄作，免凶灾——这是进阶。没身不殆——这是修道有成。

165

为学日益，为道日损

为学日益，为道日损。①损之又损，以至于无为。②无为而无不为。③取天下常以无事，及其有事，不足以取天下。④

(四十八章)

【注释】①为学日益，为道日损：追求学问需要每天增长新知，追求大道需要每天减损私欲、去除偏见。②损之又损，以至于无为：一天天地减损私欲、去除偏见，最终就能够实现无为。③无为而无不为：无为是没有出于私欲和偏见的妄为，又有顺应万物的本性、辅助万物自然发展的无不为。④取天下常以无事，及其有事，不足以取天下：历来赢取了天下、人心的，总是顺应时势、不生事妄为的人。一旦有了赢取天下、人心的欲望，有了因时造势、因人因物而生事妄为的情况，就不足以赢取天下、人心了。

【提示】"为学日益，为道日损"讲明了学习经验性的知识与探索体悟大道的不同方法。正如当代学生学知识与学做人的关系一样，《道德经》中的"为学"与"为道"也并不是割裂对立的，而是相辅相成的。这也正是第一章所讲的"常无欲，以观其妙；常有欲，以观其徼""两者同出而异名"。要探索这个世界，二者不可偏废。至境就是经验性知识极大丰富并且没有私欲和妄为，去除了一切欲望的干扰，实现了静观玄览，认识大道，践行大道，从而辅万物之自然，不因时造势，不因人因物而生事成事，从而赢取天下、人心。

处厚居实，不德而上德

上德不德，是以有德；下德不失德，是以无德。上德无为而无以为；下德无为而有以为。①上仁为之而无以为，上义为之而有以为，上礼为之而莫之应，则攘臂而扔之。②故失道而后德，失德而后仁，失仁而后义，失义而后礼③。夫礼者，忠信之薄而乱之首。前识者，道之华，而愚之始。是以大丈夫处其厚，不居其薄；处其实，不居其华。④故去

166

彼取此。

（三十八章）

【注释】①上德不德……下德无为而有以为：这组句子区分了有德之人的两个等级，标准有两个：一是是否存在主观的意图和偏见，二是是否存在主观的自我肯定。有就是下等，没有才是上等。②上仁为之而无以为……则攘臂而扔之：这组句子区分了以"仁""义""礼"为行事原则而且做得非常好的人。以"仁"为行事原则，还有可能没有主观的意图和偏见，以"义"为行事原则，就总会有主观的意图或偏见了，以"礼"为行事原则的人，不仅有主观的意图偏见，甚至在得不到预期回应时，还会运用暴力。扔，是手与乃的会意，意为用手挤压乳房排出乳汁，引申为批评指责、惩罚摧残。③失道而后德……失义而后礼：这组句子说明了体道悟德的不同境界。求道而得道是最高的；错失了混一之道而追求有形有象的德，这就次一等了；错失了德而追求内心的仁爱，错失了仁爱而追求大众公认的正义，错失了正义而追求与身份相配的仪礼，那就是一等一等次下去了。④夫礼者……不居其华：与当时社会畸形重视仪礼的现象针锋相对，老子强调仪礼是忠信不足的产物、祸乱产生的根源，是大道衍生的虚华、愚昧产生的根源。并提出大丈夫应该尽可能追求淳厚质朴之道，而不能让灵魂居住在虚华的仪礼中。前识，所谓先掌握道的人，代指仪礼规范要求等。

【提示】"大丈夫处其厚，不居其薄；处其实，不居其华"是老子通过对社会现象辩证、发展地分析，给社会乱象中的人们指明的道路。周公制礼以治天下，随着诸侯、大夫的势大多欲，礼就变成了诸侯争霸时冠冕堂皇的借口，也成为愚者束缚众人言行的机械教条。所以，老子才主张"处厚居实"，尽可能地追求无物之象的大道，顺其自然，不自矜有德而得上德。

尊道而贵德

道生之，德畜之，物形之，势成之。①是以万物莫不尊

167

道而贵德②。道之尊，德之贵，夫莫之命而常自然。③故道生之，德畜之：长之、育之、亭之、毒之、养之、覆之④。生而不有，为而不恃，长而不宰，是谓玄德。⑤

（五十一章）

【注释】①道生之……势成之：道生成万物，德养育万物，万物得道而呈现各种形态，天地万物形成的环境使万物最终成为当下的样子。畜，与"蓄"通，意为养育。②万物莫不尊道而贵德：天地万物没有不尊崇道而且看重德的。③道之尊，德之贵，夫莫之命而常自然：道之所以被尊崇，德之所以被看重，就是因为他们在没有谁命令的情况下，从本性出发做了生成万物的事。④亭之、毒之、养之、覆之：王弼说"亭谓品其形，毒谓成其质"，意思是使之外形稳定，内质充实。覆，覆盖，引申为保护、维护。⑤生而不有……是谓玄德：使万物生长却不据为己有，使万物兴盛而不自恃有功，使万物生长繁衍而不主宰处置，这就是奥妙深远的"玄德"。

【提示】"尊道而贵德"是中华民族文脉的核心理念之一。道和德的美好与微妙深远就体现在它一任自然而生养万物，又辅万物之自然，覆养其成长繁育……最重要的是，它还不居功。"玄德"就是最高妙的美德。

【思考与行动】

1. 读完本节文字，你对"道"和"德"有怎样的认识？请简要地写一下。

2. 你将如何在学习生活中进一步体道悟德？也请你把大致的想法写下来，也可以再进一步，给自己拟订一个进阶计划。

二、养生修身

在一般的认识里，养生是道家的，讲究清心寡欲；修身是儒家的，强调慎独自律。其实，《老子》既讲养生又讲修身，二者紧密联系在一起。《老子》讲养生和修身，强调道、德体悟的理论基础，而且特别重视含德之物、得道之人的示范性作用。讲养生追求"无死地"又反对"生生之厚"，有朴素的生命教育思想。讲修身追求"修道于身""善为士""辅万物之自然而不敢为"，饱含辩证成事的处世方略。这些都是中国古代文化中的思想瑰宝，学习时要注意结合生活实践切实地思考。

希言自然

希言自然。^①故飘风不终朝，骤雨不终日^②。孰为此者？天地。天地尚不能久，而况于人乎？^③故从事于道者，道者同于道，德者同于德，失者同于失。同于道者，道亦乐得之；同于德者，德亦乐得之；同于失者，失亦乐得之。^④信不足，焉有不信焉。^⑤

（二十三章）

【注释】①希言自然：少说话、少做事才合乎道本来的样子。希，少。言，语气词。自然，道本来的样子。②飘风不终朝，骤雨不终日：狂风刮不了一个早晨，暴雨下不了一整天。③孰为此者……而况于人乎：是谁掌管刮风下雨？是天地。天地尚且不能长久不变，更何况人呢？④故从事于道者……失亦乐得之：追求道、依据道行事的人，言行有符合道的，也有不合道的。符合道的，有道之士也乐于称赞他；符合德的，含德之人也乐于称赞他；不符合道与德的，无道无德之人也乐于称赞他。⑤信不足，焉有不信焉：道、德修养不够的地方，自然就会有不合道与德的现象。第一个"焉"字是代词"那里"。本句亦可在第一个"焉"后断，将其解释为句尾语气词。两种句读对于句意理解没有实质的影响。

【提示】"希言自然"是非常重要的论断。但是，少说少做也不能保证所说所做都符合道。这段话警醒我们说话做事一定要谨慎，没有调查研究就没有发言权。

知者不言，言者不知

知者不言，言者不知。①塞其兑，闭其门；挫其锐，解其纷，和其光，同其尘，是谓玄同。②故不可得而亲，不可得而疏；不可得而利，不可得而害；不可得而贵，不可得而贱。故为天下贵。

（五十六章）

【注释】①知者不言，言者不知：明悟大道的人不会说自己明悟大道，说自己明悟大道的人可能对大道还一无所知。②塞其兑……是谓玄同：堵塞关闭欲望的门户，消解隐去自己的锋锐、缤纷、光芒、形迹，道是这样隐于万物之象，有道之人也是这样隐于众人之中。玄同，就是与玄妙的道相同。

【提示】"知者不言，言者不知"现在写作"智者不言，言者不智"。一般理解为有智慧的人不多说话，多说话的人没有智慧。回到《老子》原典，我们会认识到这句话的本意：有道之士不自夸，自夸就会失道失德。要体悟大道奥妙，执道而行，闭塞欲望门户，挫锐解纷，和光同尘，以达"玄同"之境，世俗众人、禽兽毒虫都无法给他利益，也无法给他伤害。

上善若水

上善若水。①水善利万物而不争，处众人之所恶，故几于道。②居善地，心善渊，与善仁，言善信，政善治，事善能，动善时。③夫唯不争，故无尤。④

（八章）

【注释】①上善若水：最高水准的有道之士就好像水一样。②水善利万物……几于道：本句是从水中悟出的水德，即水所得之道。善于滋养万物而不争名位，总是停留在众人都不喜欢的地方。③居善地……动善时：这组句子描述了最高水准的有道之士体悟出的水

170

德。前六善两两成组，第七善总结。第一组讲日常修养，善于雌柔谦下、包容涵养。第二组讲人际交往，善于表达亲爱、真实诚信。第三组讲处事能力，把工作做得有条不紊，突发事件也能完美应对。最后总结一切言行，善于根据具体时机情势选择合适的行动。④夫唯不争，故无尤：强调最高水准的有道之士不遭怨恨的根本——雌柔、谦下、不争。

【提示】"上善若水"是《老子》中最重要的一个比喻。水德是"善利万物而不争"。"利万物"就是在特定的时局中做出正确的行为，使万物受益，这是水的高明处。而"不争"则是水的超越处。佛家的"因果"会让好人期待好报，得不到就容易产生心理落差；而道家的"不争"却总是让人警醒期待名利福报的危害，结果反倒和顺无尤。当代社会，国家、城市、企业、团队、人与人之间竞争几乎无处不在，比以往任何一个时代都更需要水德的高明能力，但当代社会依然人心惟微，也同样需要水德的超越境界。

古之善为士者

古之善为士者，微妙玄通，深不可识。夫唯不可识，故强为之容：豫焉若冬涉川，犹兮若畏四邻，俨兮其若容，涣兮若冰之将释，敦兮其若朴，旷兮其若谷，混兮其若浊。孰能浊以静之徐清？孰能安以久动之徐生？保此道者不欲盈。夫唯不盈，故能蔽不新成。

（十五章）

【注释】陈鼓应《老子注译及评介》对本章正文考据修订较多，理据也比较充分。录之如下：

古之善为道者，微妙玄通，深不可识。夫唯不可识，故强为之容：豫兮若冬涉川，犹兮若畏四邻，俨兮其若客，涣兮其若凌释，敦兮其若朴，旷兮其若谷，混兮其若浊，澹兮其若海，飂兮若无止。孰能浊以静之徐清？孰能安以久动之徐生？保此道者不欲盈。夫唯不盈，故能蔽而新成。（编者对标点进行了规范化修订）

首句文字有异，但表意区别不大；中间的描述大多是顺畅与否的问题，"容"与"客"有表意区别，但不影响有道之士的整体形象。而结尾句"不""而"区别极大，而且"蔽"的理解也有不同说法。王弼说："蔽，覆盖也。"与此相应，"不"应该是"否"，是"下士闻道，大笑之"的"笑"。这样，结尾句的逻辑大概是：善为道者的言行遮蔽了他的思想，一般人无法理解甚至会否定讥笑他，但是，他总是在这种状态中不断取得成功。陈鼓应的修订背后有充实的文字学、版本学的证据，将"蔽而新成"译作"去故更新"同样也符合道演生万物的基本规律。

两种版本合起来，有道之士的具体形象大概是这样的：他小心谨慎的样子好像冬天涉足于河川；他犹疑警惧的神情好像害怕惊动四邻；他恭敬严肃，好像身为宾客；他和蔼可亲，好像冰块缓缓消融；他纯朴厚道，好像未经雕琢的木石；他心胸宽阔，好像空旷的山谷；他浑厚宽容，好像包容着泥沙的浑浊大河；他沉静恬淡，好像深沉的大海；他飘逸潇洒，好像总处在没有限止的自由之境。他能让浑浊的大河安静下来，慢慢澄清；他能让寂静的世界慢慢活动起来，充满生机。他不追求满盈。他总能不断地去故更新、取得成功，不论世人是否理解、关注。

【提示】"古之善为士者"是我们的榜样，虽然这个榜样不易认识，但是"不欲盈"的思想原则和形态各异的外在表现都具有示范意义。他们自然超然，却又谨慎自谦；似乎很专注、心无旁骛，却又好像心无所系、洞悉天下；一直防溢拒盈，却又不断取得成功。

天长地久

天长地久。①天地所以能长且久者，以其不自生②，故能长生。是以圣人后其身而身先，外其身而身存③。非以其无私邪？故能成其私。

（七章）

【注释】①天长地久：天地亘古长存。②不自生：不为自己而生。③圣人后其身而身先，外其身而身存：圣人最后考虑自己的名利，反而赢得了爱戴；把自己的生死置之度外，反而得到了保全。

【提示】"天长地久"在当今语境中更多用来比喻美好的爱情像天地一样长久。在《老子》中，天地因"不自生"而得到长久的生命，圣人法天地而"无私"，也得到了生命的保全和人民的爱戴。利人与利己有一个朴素的辩证。恋爱中的男女也应法天地之"不自生"，法圣人之"无私"，依法尽"互相扶助"的义务，成就天长地久的美好爱情与婚姻。

知足不辱，知止不殆

名与身孰亲？身与货孰多？得与亡孰病？①甚爱必大费，多藏必厚亡。②故知足不辱，知止不殆，可以长久③。

（四十四章）

【注释】①名与身孰亲……得与亡孰病：名誉和身体哪个更可亲？身体与财富哪个更重要？得到名利而失去健康或生命，失去名利而得到健康和生命，哪个弊病更大？名，名誉。身，身体，包括生命和健康。亲，可亲。货，财富。多，重要。②甚爱必大费，多藏必厚亡：过度喜爱一定会付出巨大代价，过度收藏一定会招致重大损失。③知足不辱，知止不殆，可以长久：懂得知足，才不会受辱；知道行止的界限，才不会招致危险，才能够实现名利与生命的长久延续。

【提示】"知足不辱，知止不殆"是基于"甚爱必大费，多藏必厚亡"这一客观规律提出的行为准则。天下人轻身而徇名利或重养生而苟活的现象太多了。"适可而止"非常重要，但是在求夺争攘的圈子里，得失存亡就在倏忽之间，"适可"的拿捏很是不易。所以，辅万物之自然的事，该做一定要做；名利面前，还是早抽手更好一些。

圣人为腹不为目

五色令人目盲，五音令人耳聋，五味令人口爽①；驰骋畋猎②，令人心发狂；难得之货，令人行妨③。是以圣人为腹不为目④，故去彼取此。

（十二章）

【注释】①五色，青、黄、赤、白、黑，这里指过分追求视觉享受。五音，宫、商、角、徵、羽，这里指过分追求听觉享受。五味，酸、苦、甘、辛、咸，这里指过分追求味觉享受。目盲、耳聋、口爽，是过分追求感官享受的后果。爽，差错。②驰骋畋猎：这里指过分放纵骑马打猎。驰骋，纵马狂奔。畋（tián）猎，围猎动物。③行妨：德行败坏。④圣人为腹不为目：圣人但求安饱而不追逐声色之娱，戒除奢侈浮华，追求质朴宁静。

【提示】"为腹不为目"是圣人看清了物欲生活的弊害而采取的行为。只有摒弃过度的物质生活，持守内心的安足，才能在质朴恬淡的生活中葆有心灵的淳厚，远离追逐物欲导致的心灵空虚。

夫唯不争，故天下莫能与之争

曲则全，枉则直，洼则盈，敝则新，少则多，多则惑。①是以圣人抱一为天下式②。不自见，故明；不自是，故彰；不自伐，故有功；不自矜，故长。③夫唯不争，故天下莫能与之争。古之所谓"曲则全"者，岂虚言哉！诚全而归之。

（二十二章）

【注释】①曲则全……多则惑：委曲可以达成保全，屈枉之情终将转向正直伸张，低洼可以转为盈满，破旧可能引起旧去新来，少而不足可能变为多而充裕，多而充裕可能令人困惑、迷惘。这是一组正反互转的辩证发展。②圣人抱一为天下式：圣人执守大道行事，成为天下人的范式。一，代指"无物之象的道"，即第十四章混夷、希、微为一的"无状之状，无物之象"。式，标准，榜样，范式。③不自见……故长：不主动表现，所以见其高明；不自以为是，所

174

以见其威望；不自我夸耀，所以见其功劳；不骄傲自得，所以见其贤长。这是圣人以反求正的范式。见，同现，表现。伐，夸耀。矜，骄傲，得意。

【提示】"夫唯不争，故天下莫能与之争"是"正反互转"的最高级呈现。"曲""枉""洼""敝""少"这些反面情况可以向"全""直""盈""新""得"这些正面情况转化，而正面情况"多"也可以向"惑"这样的反面情况转化。圣人的"明""彰""有功""长"则是这一哲理所化人生智慧的完美体现。《潜伏》《风筝》等谍战片中塑造的余则成、郑耀先等艺术形象感人至深，也是因为他们行事的"曲"与"枉"背后有一个"全"与"直"的理想和信念。

知其雄，守其雌

知其雄，守其雌，为天下谿。为天下谿，常德不离，复归于婴儿。①知其白，守其黑，为天下式。为天下式，常德不忒，复归于无极。②知其荣，守其辱，为天下谷。为天下谷，常德乃足，复归于朴。③朴散则为器，圣人用之则为官长。④故大制不割⑤。

（二十八章）

【注释】①知其雄……复归于婴儿：自知有雄强的实力，谨守雌柔的态度，就像是山涧流水，葆有恒常之德不再离散，回归与道相合的婴儿状态。谿，通"溪"，山涧中的流水。婴儿，"专气致柔"的最高境界，人的本源。②知其白……复归于无极：自知有光明的智慧，谨守自承暗昧的态度，成为天下的范式，葆有恒常之德不再错失，回归到与道相合的无极状态。忒（tè），过失，差错。无极，没有边际，没有始终，与"象帝之先"等相类。③知其荣……复归于朴：自知有荣耀之功业，随时准备接受批评指责，做天下的沟壑虚谷，葆有恒常之德，回归与道相合的质朴状态。朴，即第三十二章、第三十七章的"朴"，代指"道"。④朴散则为器，圣人用之则为官长；道散入万物，就成为具体的器物。圣人依道行事，就成为百官之长。道家的圣人是体道行道的圣人，与儒家内圣外王的圣人不同。本句中的"之"代的是道，而不是代指人才的"器"。⑤大制不割：依道制御天下而不宰割天下。

【提示】"知其雄，守其雌"的"知守观"在中国文化中影响深远。曾子讲"以能问于不能"，鲁迅也讲"未有天才之前"，要做好"泥土"，小说《将夜》中有个神秘的世外之地叫"知守观"。圣人依大道制御天下、为人处世都需要"知守"这样的态度与方法。"雄""白""荣"是圣人雄强、明智、有功的实然特征，"雌""黑""辱"是圣人雌柔、自承暗昧、谦卑的处事态度。

贵其师，爱其资

善行无辙迹，善言无瑕谪，善数不用筹策，善闭无关楗而不可开，善结无绳约而不可解①。是以圣人常善救人，故无弃人；常善救物，故无弃物②。是谓袭明③。故善人者，不善人之师；不善人者，善人之资④。不贵其师，不爱其资，虽智大迷，是谓要妙⑤。

（二十七章）

【注释】①善行无辙迹……善结无绳约而不可解：日常五善，都是借助物性，不施不造，这才达到过不留痕、言无瑕疵、数术通神、闭合不可开、约束不可解的境界。辙迹，车辙和痕迹，这里合称指痕迹。谪，语言的瑕疵。数，古六艺之一。《周礼·地官司徒·保氏》载有"九数"之说，东汉郑玄引郑众语做了具体解释："九数：方田、粟米、差分、少广、商功、均输、方程、赢不足、旁要；今有重差、夕桀、勾股也。"《九章算术》就是以九数为基础的科学经典。筹策，古代辅助计算用的竹码子。关楗，关闭门户的器具。②圣人常善救人……故无弃物：圣人总是善于救助他人，所以没有他放弃的人；总是善于挽救万物，所有没有他放弃的东西。③袭明：遵循常道。第十六章有"知常曰明"。④善人者……善人之资：善人

176

可以作为恶人们的老师，不善人可以作为善人的借鉴。善人，修道水平高的人。不善人，修道水平不高的人。资，物资，条件，资源。做人如果不尊重修道水平高的老师，不珍惜促进自己进步的条件资源，即便是智力出众，也是大迷糊。⑤要妙：修道、为人、处世最重要最微妙的道理。

【提示】"贵其师，爱其资"是人提升修道水平最重要最奥妙的方法。善行者、善言者、善数者、善闭者、善结者、善救人善救物的圣人之所以境界高妙，就是因为他们用了这样的方法。孔子讲的"三人行必有我师""益者三友，损者三友""见贤思齐焉，见不贤而内自省"，曾国藩讲的"居有恶邻，坐有损友，借以检点自慎，亦是进德之资"都是一样的道理。

出生入死

出生入死。①生之徒，十有三；死之徒，十有三；人之生，动之于死地，亦十有三。②夫何故？以其生生之厚③。盖闻善摄生者，陆行不遇兕虎，入军不被甲兵；兕无所投其角，虎无所用其爪，兵无所容其刃④。夫何故？以其无死地。

（五十章）

【注释】①出生入死：人都有从出生到死亡的过程。②生之徒……亦十有三：自然长寿的占十分之三，自然夭折的占十分之三，本来活得好好的却因为妄动妄为而死亡的，也占十分之三。③生生之厚：追求养生长寿太过分了。④善摄生者……兵无所容其刃：真正善于保养生命的那十分之一的人应该是这样的：即便走在猛虎犀牛这些猛兽出没的地方，这些猛兽也无法在他们身上找到可能攻击的地方；即便上了战场，敌人的武器在他身上也找不到可以攻击的地方。兕（sì），类似犀牛的猛兽。

【提示】"出生入死"这个成语现在往往用来形容冒着生命危险从事某一事业工作。从《老子》原典中人从生到死这一客观过程到伟大的献身精神，这一语义演变是有道理的。因为出生入死的英雄总是将自己的生死置之度外，在危险万分的境地中，从容应对所面对的一切，入死地而得生，死地的一切危险都成为他英雄事迹的陪衬。当然，被战火吞噬的，我们称他们为"烈士"，他们在战火中获得永生，"英魂"长存。

依道摄生无死地体现的是"后其身而身先，外其身而身存"的辩证生命观，不同于庄子"缘督以为经""技经肯綮之未尝"的"养生"，也不同于孟子"知命者不立乎岩墙之下"的"智"；远超后世道家回避矛盾式的出世，也远超后世庸儒远离危险还自诩明智的清高。

天道无亲，常与善人

和大怨，必有余怨，安可以为善①？是以圣人执左契，而不责于人②。有德司契，无德司彻。③天道无亲，常与善人。④

（七十九章）

【注释】①善：妥善。②圣人执左契，而不责于人：圣人即便手执债权契约，也不会向债务人追索。左契，周朝借贷时刻木竹为契，剖分左右，借贷双方各执一半作为凭据，左契由债权人执有。③有德司契，无德司彻：修道有德的人像公证员一样拿着借据却不追索，没有大道修养的人像税务官一样严格追索。司，掌握，从事。彻，周朝税法的总称，这里引申为彻底追索。④天道无亲，常与善人：天道没有偏爱亲近的情感，但是却总是站在处事妥善的人这边。

【提示】"天道无亲，常与善人"在今天往往用来劝人向善。回到原典会发现老子有更深的思考。怎样才能更好地处理人与人的关系？借近来"情感银行"的说法，把人际关系抽象为借贷，处理得好，关系越走越近，处理得不好，怨恨滋生。圣人的做法既超脱又有原则，可为万世法。"不责于人"是超越利害，免生怨隙；"执左契"是直面事实，不"和稀泥"。

圣人之道，为而不争

信言不美，美言不信。善者不辩，辩者不善。知者不博，博者不知。①圣人不积，既以为人己愈有，既以与人己愈多。天之道，利而不害；圣人之道，为而不争。②

（八十一章）

【注释】①信言不美……博者不知：真话未必动听，动听的话未必真实。善良的人未必善辩，善辩的人未必善良。明道的人未必博学，博学的人未必明道。三组辩证中，"不"字解作"未必"更好一些。②天之道……为而不争：天道就是辅助万物自然生长而不伤其本性，圣人之道就是施与救助而不争功利。

【提示】"圣人之道，为而不争"是老子留书讲道的结束语，是最后的告诫。不论听到这句话的人是否感觉到它的信、美、善、辩、博、智，它就在这里。老子笔下的圣人是体道悟德水准最高的人，是我们学习的榜样。到底该怎样"辅万物之自然"，怎样"为人""与人"，那就需要结合我们的生活实际认真体悟《老子》中的智慧了。真希望同学们能够效法天地圣人，体道行道。做人真诚守信，为人良善，善于救助他人又不求私利、名誉；讲道传道，用自然质朴的语言，把博大奥妙的大道讲给人听。

思考与行动

1. 读完本节，你对《老子》养生修身的哪个道理印象最为深刻？把它写下来。

2. 认真想一想你身边的人中，你印象最深刻的道理对哪个人最有意义？找一个合适的时机，把道理讲给他听。

三、治国用兵

《汉书·艺文志》认为《老子》讲的是"君人南面之术"，中国历史上的许多军事家都认为《孙子兵法》的核心思想出自《老子》，

179

并且将《老子》当作"旷世兵法"。这两种说法虽然都有偏颇，却也道出了《老子》对于治国用兵的重要指导意义。"无为而无不为""为无为则无不治""以正治国，以奇用兵""兵者，不祥之器也，不得已而用之""国之利器不可以示人"等等，都为中华民族的存续和发展做出了不可磨灭的贡献。

道常无为而无不为

道常无为而无不为。①侯王若能守之，万物将自化②。化而欲作，吾将镇之以无名之朴。③无名之朴，夫亦将无欲。④不欲以静，天下将自定。⑤

（三十七章）

【注释】①道常无为而无不为：道总是顺特性不妄为，但是该为的又无所不为。②万物将自化：万民将自然归化。万物，与第三十二章"万物将自宾"中的"万物"一样，都指万民。化，归附，归化。③化而欲作，吾将镇之以无名之朴：万民归化之后如果还有贪欲生出，就用不可言说的质朴之道让他们镇定。镇，使动用法，使万民镇定、平静。朴，质朴的道。第三十二章"道常无名，朴"可证。④无名之朴，夫亦将无欲：他们接受不可言说的质朴之道，自然就不会再有贪欲了。⑤不欲以静，天下将自定：他们没有了贪欲就会安静下来，天下将自然稳定。

【提示】"无为而无不为"是道的基本特征，也是侯王治国的基本特征。万民自化，这是古代治国的最高政治理想。《论语》中"远人不服，则修文德以来之。既来之，则安之"，也是这一理想、理念的表述。侯王持守大道最重要的"无为而无不为"，就是满足人民的生存发展的基本欲求，同时合理地抑制人民过度的欲望追求，让人民在取得成功的时候，还能够说"我自然"（第十七章）。

为 无 为

为无为，事无事，味无味。①大小多少，报怨以德。②图难于其易，为大于其细③。天下难事必作于易，天下大事必作于细④。是以圣人终不为大，故能成其大⑤。夫轻诺必寡信，多易必多难⑥。是以圣人犹难之，故终无难矣⑦。

（六十三章）

【注释】①为无为，事无事，味无味：以无为的态度去作为，以不滋事的方式去做事，以恬淡的心态去处世。②大小多少，报怨以德：把微小的稀少的当作巨大的繁多的去对待，用道的外显方式——德——回报怨恨。"报怨以德"一语经孔子一问"何以报德"转变了意义，成为现在的成语"以德报怨"，表示对人宽容、不记仇，反倒用恩惠恩德去感化他。③图难于其易，为大于其细：从容易的地方入手去谋划困难的事情，从细微的地方入手去干大事。④天下难事必作于易，天下大事必作于细：天下的难事一定从容易的地方开始，天下的大事一定从微细的地方发端。作，开始，发端。⑤圣人终不为大，故能成其大：有道的圣人始终不做所谓的大事，所以能够成就他的大事。⑥轻诺必寡信，多易必多难：轻易许诺的，必然少信用，经常轻视容易的事情，一定经常遇到困难。⑦圣人犹难之，故终无难矣：圣人对事总是重视它，把它看得困难，然后从它的根源处入手，所以总能顺利解决问题，始终不会真正遇到困难。

【提示】"为无为"是圣人顺道而为，从容易的小事做起，自然成就难事大事的成功经验，其理论基础是天下的大事难事都发端于细小容易的地方这一普遍现象，是理想的为人处世的原则和方法。要充分看到事物存在与发展的辩证关系，要调整心态，用合理的态度和方式，选择合适的时机和入手处，有条不紊地完成每一件事。

为无为，则无不治

不尚贤，使民不争；不贵难得之货，使民不为盗；不见可欲，使民心不乱。是以圣人之治，虚其心，实其腹，弱其志，强其骨。常使民无知无欲，使夫智者不敢为也。

为无为，则无不治。

（三章）

【注释】本章历来多解，本书不作集注，只说明一个关键问题：
"为无为"的行为主体、客体的具体分析问题。

理解本章，必须理解"不尚贤""不争""不贵难得之货""不
为盗""不见可欲""心不乱""无知无欲""不敢为"这一系列行
为的主体，需要理解"虚""实""弱""强"这一系列使动词的客
体。这两个问题紧密关联、互相影响。再深究一下，最关键的是
"使民""使夫智者"两个短语的理解问题，再确切一点，是"使"
字的理解问题。

如果将"使"字理解为行为动词"驱使"，那么"不尚贤"等
一系列行为的主体就都是"圣人"。与此相应，第二个问题中一系列
使动词的客体也是圣人自己。那么"为无为"的内容就是：在带领
百姓做事的过程中，圣人不标榜自己的贤明，不与民争名；不看重
稀有难得的东西，不与百姓争利；消减自己的欲望，内心虚极静笃
不纷乱，能够听取百姓的意见，尤其能够尊重智者的意见，不敢根
据自己的意图想法执意妄为；强健自己的体魄，能够在一般百姓面
前身先士卒做表率。

如果将"使"字理解为使令动词"让"，那么"不尚贤""不贵
难得之货""不见可欲"等行为的主体是圣人，"不争""不为盗"
"心不乱""无知无欲""不敢为"等行为的主体是"民"和"智
者"。与此相应，第二个问题中一系列使动词的客体就应该是"民"
"智者"。那么"为无为"的内容就是：圣人任用贤明，但不过度标
榜他们的贤明，让人民不起争心；圣人不看重稀有难得的东西，不
让这些东西成为引起人们贪欲的东西，让人民的心思不被扰乱，不
起盗心。用质朴之道引导百姓，让百姓心灵开阔、生活安饱、欲望
消减、体魄强健。从而让人民处于质朴生活中，没有伪诈的心智，
没有争盗的欲望，让自以为聪明的人也不敢违背社会的普遍价值观，
妄为造事。

【提示】 "为无为,则无不治"发展到后来就是"无为而治"。但是,"为无为"到底是怎样的,却有不同的理解。除注释中所讲的两种理解之外,还有影响很广的误解。有权谋家诬本章为"愚民政策"的思想根源,需要同学们结合本书所选前后各章综合思考,结合《老子》全书,结合历史社会生活的实际,深入地综合地辩证地思考。

愚　　民

古之善为道者,非以明民,将以愚之。①民之难治,以其智多。②故以智治国,国之贼;不以智治国,国之福③。知此两者亦稽式。④常知稽式,是谓玄德。⑤玄德深矣,远矣,与物反矣,然后乃至大顺。⑥

（六十五章）

【注释】 ①古之善为道者,非以明民,将以愚之:古时善于以道治国的人,不是想办法让人民都成为得道的明白人,而是尽可能让人民变得自然质朴。"明"字在《老子》中出现十三次,往往与"知常""自知""不自见"等连用,意为得道明道。愚,诚挚,质朴。第二十章"我愚人之心也哉"中的"愚"字与此相同。愚字是手、面具、心的会意。祭祀活动中手执面具者或为尸,或为傩,代表的是逝去的先人或者神灵,所以必须诚心敬重。②民之难治,以其智多:百姓难以治理,就是因为自以为有智慧的人太多。除本章外,"智"字在《老子》中共出现五次,全都有标榜智慧之意,有贬义色彩。(相对于"自知者明","知人者智"也有认为自己有智慧的贬义;在表达具有褒义的智慧或智者时,《老子》会用"知""知者",意为"知'道'""知'道'者"。)③以智治国,国之贼;不以智治国,国之福:如果当政者用自以为的智慧来治理国家,只会给国家带来灾祸;不用自以为的智慧来治国,才是国家的福缘。④知此两者亦稽式:认识了这两种治国路线的不同结果,就知道治国的正确方略了。稽式,法式,法则。⑤常知稽式,是谓玄德:坚持正确的方略不动摇，这就叫作玄德。⑥玄德深矣……然后乃至大顺：玄德将产生深远的影响，会引导百姓返璞归真，然后达到天下大治大顺。

【提示】"愚民"是后世扣给老子的最大的"黑锅"。宋儒二程、朱熹多以此攻击老子权诈心毒，皆是出于断章取义。又因为他们的社会影响太大，老子的不白之冤才多年无法解除。老子只是旗帜鲜明地反对自作聪明及其可能产生的精明巧诈，只是坚定不移地主张人们应该质朴淳厚。"将以愚之"是对竞相伪饰的时俗的矫正。二程、朱熹批评的统治者权谋诡诈、攻心斗智，老子同样是彻底摒弃、坚定斗争的，他说"以智治国，国之贼"。老子心中最优秀的统治者是心有"三宝"，"以百姓之心为心"，能够用"无名之朴"引导多欲的百姓回归淳朴的"侯王"。

圣人无常心，以百姓心为心

圣人无常心，以百姓心为心。①善者，吾善之；不善者，吾亦善之；德善。信者，吾信之；不信者，吾亦信之；德信。②圣人在天下歙歙，为天下浑其心。③百姓皆注其耳目，圣人皆孩之。④

（四十九章）

【注释】①圣人无常心，以百姓心为心：圣人没有自己固定不变的意愿，他总是把百姓的意愿当作自己的意愿。②善者……德信：善良的人，我善待他；不善良的人，我也善待他。这是大道所示之德的善行。诚信的人，我诚信以待；不诚信的人，我也诚信以待。这是大道所示之德的诚信。③圣人在天下歙歙，为天下浑其心：圣人在天下生存往来，总是一派和顺的样子，辅助天下百姓，让他们的内心都归于混沌纯朴。歙（xī），收敛。歙歙，和顺的样子。④百姓皆注其耳目，圣人皆孩之："百姓皆注其耳目"一句，王弼本正文中无注文中有，河上本、傅奕本、帛书本等善本正文中皆有。本句有多解，核心问题是"注""孩"的客体理解问题。与本章全文比较和谐的说法有二：一是百姓全都把耳目汇聚到圣人那里，圣人在他们面前像个婴儿，经常向他们请教。二是百姓全都把耳目汇聚到自己的生存发展上，圣人像父母帮助孩子一样帮助百姓实现愿望。

【提示】"圣人无常心，以百姓心为心"与第六十九章"吾不敢为主，而为客"的思想是一致的。要辅万民，就必须先知万民。"以百姓心为心"，才能识善者之善，信者之信，不善者之不善，不信者之不信，才能做到不弃人，用质朴大道辅百姓之自然，诚心善待一切善者、不善者、信者、不信者，才能让他们去欲归朴，实现无为无不为的大道之治。

我有三宝

天下皆谓我道大，似不肖。夫唯大，故似不肖。若肖，久矣其细也夫![1]我有三宝，持而保之。一曰慈，二曰俭，三曰不敢为天下先。[2]慈故能勇；俭故能广；不敢为天下先，故能成器长。[3]今舍慈且勇；舍俭且广；舍后且先；死矣！夫慈，以战则胜，以守则固。天将救之，以慈卫之[4]。

（六十七章）

【注释】①天下皆谓我道大……久矣其细也夫：道大而不可形容，可以形容就微不足道了。本章结构与第十四章、第十五章相似。"三宝"与"道纪""强为之容"一样，都是对善为道者的经验性描述。②我有三宝……三曰不敢为天下先：我所执守的道中有三条宝贵经验。第一个叫慈爱，第二个叫节俭积蓄，第三个叫不敢做天下的领头人。③慈故能勇……故能成器长：心中有慈爱，所慈爱的要受到伤害时，就会变得勇武；重视节俭积蓄，精气财物才会丰足，才能在必要时慷慨大方；雌柔谦下不敢做天下的领头人，才能得到万民推崇，成为天下的首领。④天将救之，以慈卫之：上天要救助谁，就赐给他慈爱的美德来保卫他。

【提示】"慈""俭""不敢为天下先"是道家三宝，又叫道家三德。慈爱近于柔弱，却能涵养勇武，这是大爱生大勇，近似于孔子所讲的"仁者必有勇";"清澈的爱，只为中国"，这是当代英勇的戍边战士陈祥榕。俭啬近于节制，却能涵养慷慨，这是大无生大有，近似于孔子所讲述的"节用而爱人"；一片菜叶抹碗底，这是新中国的好总理周恩来。不敢为天下先近于谦下，却能涵养威望，这是大卑生大名，近似于孔子赞美的泰伯奔吴；"我只是一个在战场没有被打死的普通士兵。"说这句话的人是新中国军队的缔造者朱德元帅。

治人事天，莫若啬

治人事天，莫若啬。①夫唯啬，是谓早服②。早服谓之重积德，重积德则无不克③，无不克则莫知其极④，莫知其极，可以有国。有国⑤之母⑥，可以长久。是谓深根固柢，长生久视⑦之道。

（五十九章）

【注释】①治人事天，莫若啬：管理百姓，侍奉上天，没有比收敛保存更重要的了。啬，是"穑"的本字，本义为收获存放新收获的粮食，引申为收敛保存。②早服："早服道"的省略，早日服膺于道。与下文"重积德"照应。③克：战胜。④极：极限。⑤有国：保国之意。⑥母：根本，原则（根本之道）。⑦长生久视：长久地维持、存在，意为国祚延绵长久。

【提示】"治人事天，莫若啬"是长治久安的治国之道。"啬"是基本原则纲领，"深根固柢，长生久视"是目标也是效果。后世道家将"啬"用到了小到个人养生、大到国家治理、玄到长生求仙的方方面面，都重视蓄养精神、固生根基、积蓄能量。

天之道，损有余而补不足

天之道，其犹张弓欤！①高者抑之，下者举之；有余者损之，不足者补之。②天之道，损有余而补不足。③人之道则不然，损不足以奉有余。孰能有余以奉天下？唯有道者。④
是以圣人为而不恃，功成而不处，其不欲见贤⑤。

（七十七章）

【注释】①天之道，其犹张弓欤：天道运行，大概就像张弓射箭一样啊！②高者抑之……不足者补之：箭头高了，便压低它；箭头低了，就把它调高些；弦过紧了，就用力小些；弦过松了，就加大力量。③天之道，损有余而补不足：天道运行的规律就是减损有余的来弥补不足的。④孰能有余以奉天下？唯有道者：谁能够把有余的奉献给天下呢？只有有道的人才做得到。⑤圣人为而不恃……其不欲见贤：有道的圣人有功却不自恃有功、不居功自许，这是因为他不愿显露贤德。见，与"现"通，显现，显露。

【提示】"天之道，损有余而补不足"是后世"均田免赋"的思想基础，但是在阶级社会中，"损不足以奉有余"的"人之道"才是常态。侯王等既得利益者很难把自己的利益分润给百姓，一般民众只能把解决社会不公的期望寄托给有道的圣人。老子当年的理想主义是值得珍视的。它具有超越时代的魅力，与马克思的共产主义理想遥相呼应。

其政闷闷，其民淳淳

其政闷闷，其民淳淳；其政察察，其民缺缺。①祸兮福之所倚，福兮祸之所伏。②孰知其极③？其无正也。正复为奇，善复为妖④。人之迷，其日固久。是以圣人方而不割，廉而不刿，直而不肆，光而不耀⑤。

（五十八章）

【注释】①其政闷闷，其民淳淳；其政察察，其民缺缺：政令简单宽松，人民就淳朴忠诚；政令详细清晰，人民却狡黠抱怨。闷闷，简单，宽松。察察，详细，清晰。缺缺，狡黠，抱怨，不满足。②祸兮福之所倚，福兮祸之所伏：灾祸里边往往存有福报的源头，

187

幸福里边往往潜藏着灾祸的根由。③极：准则。④正复为奇，善复为妖：正转变为邪，善转变为恶。奇（jī），非法的。⑤方而不割……光而不耀：正直方正而不生硬伤人，直率而不放肆，明亮而不刺眼。方、廉意义相同，方正，正直。割、刿意义相同，割伤，划伤。

【提示】"其政闷闷，其民淳淳；其政察察，其民缺缺"是后世宽刑省法的理论基础。正反互转的必然与阴阳二气的交感相和，表现为莫知其极、莫知其正的福祸相依。怎么才能不伤人？辅万物之自然而不敢为。

战胜以丧礼处之

夫佳兵者，不祥之器。物或恶之，故有道者不处。①君子居则贵左，用兵则贵右②。兵者不祥之器，非君子之器，不得已而用之，恬淡为上③。胜而不美④，而美之者，是乐杀人。夫乐杀人者，则不可得志于天下矣。吉事尚左，凶事尚右。偏将军居左，上将军居右，言以丧礼处之。杀人之众，以悲哀泣之，战胜以丧礼处之。⑤

（三十一章）

【注释】①物或恶之，故有道者不处：再好的兵器都有人厌恶它，所以有道的人不会随身携带。②居则贵左，用兵则贵右：平时以左方为尊贵，用兵时以右方为尊贵。③不得已而用之，恬淡为上：即便在万不得已的情况下使用它，也不追求取得多大的胜利，只以达成战略需求为目标。恬淡，淡泊功名。④胜而不美：即便取得了胜利也不会沾沾自喜。美，得意，夸耀。⑤杀人之众，以悲哀泣之，战胜以丧礼处之：战争中杀人众多，用哀痛悲伤的心情为他们哭泣悼念。战争取得了胜利，用丧礼来纪念战争中的牺牲。

【提示】"战胜以丧礼处之"体现了老子慎战的战争观，也是古今中外许多伟大统帅的普遍做法。老子慎战，但绝不是反战。他支持自卫反击的正义战争，反对建功立业的扩张战争。君子守道卫国，不得已用兵，取得了战争的胜利，达成了战略目标，绝不能得意夸耀，而是要用丧礼悲悼战争中牺牲的人，甚至也包括死掉的敌人。

抗兵相若，哀者胜矣

用兵有言："吾不敢为主，而为客；不敢进寸，而退尺①。"是谓行无行，攘无臂，扔无敌，执无兵②。祸莫大于轻敌，轻敌几丧吾宝。③故抗兵相若，哀者胜矣④。

（六十九章）

【注释】①吾不敢为主，而为客；不敢进寸，而退尺：我不敢主观臆断战场的情势，只能做随战场情势奔走的访客；我不敢大意妄进分寸，只能随时准备顺势后退一尺。②行无行……执无兵：虽有行阵，却没有固定的行阵；虽有举臂进攻，却没有固定的时间去进攻；虽有敌人要作战，却没有固定的敌人要作战；虽有兵器可用，却又没有固定的兵器要用。③祸莫大于轻敌，轻敌几丧吾宝：战争中最大的祸患是轻视敌情，轻视敌情几乎可以让我丧失所宝贵的一切。④抗兵相若，哀者胜矣：旗鼓相当的两军对垒，因慈爱而被迫防卫的哀兵一定获胜。

【提示】"抗兵相若，哀者胜矣"这句话后来发展为"哀兵必胜"，忽视了"抗兵相若"的条件，进一步强化了"哀"的主观特点，结果经常会事与愿违。老子对军事战争从本质上是否定的，但是当"不得已而用之"时，还要"善有果"（第三十章）、"善胜敌"（第六十八章）。本章讲的就是胜敌的思想基础：有慈爱涵养出的被迫作战的哀兵，有因敌情而合理选择的时空、对手、方法、方式，而且还完全去除了一切的主观情绪和想当然。

国之利器不可以示人

将欲歙之，必故张之；将欲弱之，必故强之；将欲废之，必故兴之；将欲取之，必故与之①。是谓微明②。柔弱

189

胜刚强。鱼不可脱于渊，国之利器不可以示人。③

（三十六章）

【注释】①将欲歙之……必故与之：如果想要某物收缩，一定先让它扩张一下；如果要让某物衰弱，一定先让它强大一下；如果想要废弃某物，一定先让它兴盛一段；如果想要夺取什么，一定先给予一些。歙（xī），收缩。②微明：幽微的道境。第十四章有"博之不得，名曰微"，第十五章有"微妙玄通"，第六十四章有"其微易散"，第二十七章有"袭明"，第十六章有"知常曰明"，第五十二章有"见小曰明"。③鱼不可脱于渊，国之利器不可以示人：鱼不能离开水，利国的方略宝物也不能轻易拿给人看。

【提示】"国之利器不可以示人"是战争中最重要的保密要求。只有敌人不知道的利器才是真正的利器。斗争之道更是幽微不明，更需要执守大道，牢记"反者，道之动"，用好以反求正。本章所讲的斗争之道，如果用以行阴私之事，那就是阴谋；如果用以行公义之事，那就是智慧。

受国之垢，是为社稷主

天下莫柔弱于水，而攻坚强者莫之能胜，以其无以易之。①弱之胜强，柔之胜刚，天下莫不知，莫能行。是以圣人云："受国之垢，是谓社稷主；受国不祥，是为天下王②。"正言若反。

（七十八章）

【注释】①天下莫柔弱于水……以其无以易之：天下没有比水更柔弱的，可是在攻坚克强的东西里却没有什么能胜过它，这是因为它的特异本质没有什么能够改变。②受国之垢……是为天下王：承受国家的屈辱，这就是社稷的主人；承受国家的灾殃，这就是天下的君王。

【提示】"受国之垢，是谓社稷主；受国不祥，是为天下王。"

190

这听起来像是反话，但却是真正的正道。因为承受的是屈辱，也是雪耻的责任；承受的是灾殃，也是重建的担当。这一章再次以水为喻，讲述柔弱胜刚强的道理。如果要柔弱谦下到属于国家层面的屈辱灾殃，就只有能够忍辱负重的人才能承受了。他们在承受这些屈辱灾殃的同时，也承担起雪耻重建的使命。水的慈柔演化而生的是担当的勇气。这样的人，不论他们能否成功重建国家的和平安宁、国际声誉，他们都是国家社稷的主人。

思考与行动

1. 在社会发展过程中，不论是社会平稳运行时，还是社会变革动荡的过程中，富人益富、穷人益穷的现象都非常普遍，你能够根据自己的知识、阅历为这种社会找到病根、开出药方吗？请结合你所了解的中外时事，谈一谈高税收、高福利、转移支付、精准扶贫等政策中哪一个更好一些？

2. 中国是一个多灾多难的国家，请梳理出十位中国历史上最能承受国家的屈辱灾殃，最能承担雪耻重建使命的伟大人物，并为每一个人写一段"社稷主"的颁奖辞。

《庄子》撷玉

黄耀新

　　《庄子》是庄周及其后学所著的道家经典。庄子及其后学所生活的战国中后期，比老子时代更加糟糕——天下大乱，尔虞我诈，战乱频仍，生灵涂炭。

　　庄子是继老子之后道家的代表人物。"道"是道家的核心概念，是道家思想体系的最高范畴，是道家学说的逻辑起点。"道"是宇宙万物的本源，是超越时空的无限本体。道无所不包，无所不在，表现在一切事物之中。道又是自然无为的，在本质上是虚无的。

　　"道"是天道。天和人是对立的两个概念，天代表自然，"人为"的一切都是与自然相背离的（"人""为"二字合起来即"伪"）。"天道无为"。人要顺从天道，"天人合一"，摒弃"人为"，摒弃人性中那些"伪"的杂质，返璞归真，顺应自然。

　　庄子思想最简单的概括是：道本虚无，万物齐一，清静无为，顺其自然。

　　鲁迅先生说，《庄子》"其文则汪洋辟阖，仪态万方，晚周诸子之作，莫能先也"。《庄子》代表了先秦散文的最高成就。想象奇特，变化多端，异彩纷呈，具有浓厚的浪漫主义色彩，对后世文学影响极大。

　　下面所选多为寓言。《庄子》寓言，既有丰富深刻的哲理，又有瑰奇浪漫的奇思妙想。学习这些寓言，可以让我们更好地了解中华优秀传统文化，可以让我们更好地理解现实的人生社会，可以滋养我们的心灵，可以启迪我们的智慧，也可以提升我们的审美能力。

《庄子》寓言中丰富的寓意，不都属于庄子本意。比如我们熟悉的《庖丁解牛》，庄子的本意是讲养生之道——避开矛盾，顺乎自然。做顺应自然之理的事，那就达到了养生的目的。可从中不难悟出其他寓意，诸如识事之道——反复实践，掌握规律；成才之道——志向高远，功夫扎实，方法得当，态度谨慎……

《北冥有鱼》《庄子与惠子游于濠梁之上》《庖丁解牛》《五石之瓠》四则《庄子》寓言入选统编语文教材，不再选用。这里所选的四十则小段，以中华书局 2014 年 7 月版《庄子浅注》（曹础基著）为底本，参阅其他，择善而从。按庄子的本意做了大致的分类。《庄子》文章义理玄虚，故注释稍详，有些句子略加串解。寓言中庄子的本意较难理解，故提示稍多。对庄子思想，这里"述而不作"，只扼要介绍"是什么"。

一、万物齐一

从"道"的观点看，事物都是相通而浑一的。世间万物本没有差别，所有的差别都是人们站在主观立场上而得出的相对结论。要正确地认识事物，就要齐同物论，就必须破除有我之见，而与万物混为一体，"天地与我并生，万物与我为一"。

天人之间、物我之间、是非之间、贵贱之间以至生死之间，只存在着无条件的同一，即绝对的"齐"。"齐物论"一是齐物，所有的生命是平等的；一是齐论，所有的议论也是平等的。

万物大小、是非具有无限相对性，人生贵贱、荣辱具有极端无常性。所以人应该息伪还真，顺应自然，不为追求名位、富贵等而伤害天然本性。

世人被物质限制，为物欲驱遣，成了物质的奴隶。如果人能与物一起融于大道，实现"物化"，物成了我，我成了物，消除人与物的对立，这样就可以达到不被物役的自由逍遥的境界了。

心如死灰

南郭子綦隐机而坐^①，仰天而嘘^②，荅焉似丧其耦^③。

颜成子游④立侍乎前，曰："何居乎⑤？形固可使如槁木，而心固可使如死灰乎？⑥今之隐机者，非昔之隐机者也。⑦"子綦曰："偃，不亦善乎而问之也⑧！今者吾丧我，汝知之乎？⑨"

（《齐物论》）

【注释】①南郭子綦隐机而坐：南郭子綦靠着几案而坐。南郭子綦（qí），楚昭王庶弟，住在南郭，故称。隐，凭靠。机，通"几"。②仰天而嘘：仰首缓缓地吐着气。③荅焉似丧其耦：好像是忘掉了他的躯体一样。荅（tà）焉，形体死寂的样子，故下文问"形固可使如槁木"。丧其耦，丧失了与道相对立的东西，如功、名、己等，故下文问"心固可使如死灰乎"。耦，通"偶"。④颜成子游：子綦弟子，姓颜成，名偃，字子游。⑤何居乎：怎么啦？居，语气助词；一说缘由。⑥形固可使如槁木，而心固可使如死灰乎：形体固然可以使它像干枯的树木毫无生机，心灵可以使它像死灰那样不起一念吗？⑦今之隐机者，非昔之隐机者也：您今天凭几而坐的情形，就不同于往日了。⑧不亦善乎而问之也：倒装句，意谓你问的不是很好吗？而，你。⑨今者吾丧我，汝知之乎：今天我忘掉了自己，你知道吗？

【提示】子綦先生"形如槁木，心如死灰"，是教学生求证齐物。"今者吾丧我"，"丧我"，即"忘我""无我"。"我"与万物融为一体，万物与"我"归为一处，天下万物都是一样的，就都齐平了，就都不重要了，就摆脱物理世界的束缚，彻底解脱了。

物论的是非产生于人心的不同。庄子认为要齐同物论就必须人人去掉私心成见，即做到所谓的"吾丧我"，所谓的"心如死灰"。

朝三暮四

劳神明为一而不知其同也①，谓之"朝三"。何谓"朝三"？狙公赋芧②，曰："朝三而暮四。"众狙皆怒。曰："然则朝四而暮三。"众狙皆悦。名实未亏而喜怒为用③，亦因是也。

（《齐物论》）

【注释】①劳神明为一而不知其同也：耗费心思方才能认识事物浑然为一，而不知事物本身就具有同一的性状和特点。神明，心思智巧。②狙公赋芧（xù）：养猴的人分发橡子。③名实未亏而喜怒为用：名义和实际都没有亏损，喜与怒却各为所用而有了变化。

【提示】得"道"即任其本身的自然规律，顺着自然的路径行走却又浑然不知，物与我各得其所、自行发展。未得大道追求名和实的人，总是耗费心神试图区分事物的不同性质，这样的人最后不免像猴子们一样，被"朝三暮四"和"暮四朝三"所蒙骗。

罔两问景

罔两问景①曰："曩子行②，今子止；曩子坐，今子起。何其无特操与？③"景曰："吾有待而然者④邪？吾所待又有待而然者邪？⑤吾待蛇蚹蜩翼邪？⑥恶识所以然？恶识所以不然？⑦"

（《齐物论》）

【注释】①罔两问景：影子的影子责问影子。罔两，影子的影子。景，通"影"。②曩子行：刚才你走动。曩（nǎng），从前。子，你。③何其无特操与：怎么这样没有独立的操守啊。无特操，指影子随物而动，缺乏独立性。与，通"欤"。④有待而然者：有所依凭才这样的。⑤吾所待又有待而然者邪：我所依赖的东西又有所依赖才这样的吧。吾所待又有待，指影子所依赖的物又有所依赖。⑥吾待蛇蚹蜩翼邪：我依赖形体而动，犹如蛇依赖腹鳞爬行、蝉凭借翅膀而飞吧。蛇蚹（fù），蛇鳞。蜩（tiáo）翼，蝉的翅膀。⑦恶识所以然？恶识所以不然：我怎么知道所以这样的原因呢？又怎么知道所以不这样的原因呢？恶（wū），怎么。

【提示】事物的彼此，认识上的是非，都是相对的。从根本上来说，一切都是道的"物化"现象，不过是虚幻的影子，不过是一种幻觉，是没有定准的。因而应该放弃一切对立、一切争论，做到无知无觉，无见无识，回复到虚无的道那里，就一切都统一了，一切都可以作罢了。

庄周梦蝶

昔者庄周梦为胡蝶，栩栩然胡蝶也。自喻适志与！①不知周也。俄然觉，则蘧蘧然②周也。不知周之梦为胡蝶与？胡蝶之梦为周与？周与胡蝶则必有分矣。此之谓物化③。

（《齐物论》）

【注释】①自喻适志与：感到多么愉快和惬意啊！与，通"欤"。②蘧蘧（qú）然：原为惊喜的样子，此为惊疑动容的样子。③物化：化为物，指道时而化为庄周，时而化为胡蝶。大道能产生一切，变化一切。它变成人的形体就叫"成形"，变成人的精神就叫"成心"，变成各种言论就叫"化声"，变成各种物象就叫"物化"。

【提示】庄子肯定天下万物和人们认识的相对性。从"道"的观点来看，世间一切矛盾对立的双方，诸如物我、彼此、是否、生死、大小等等，都是没有差别的。梦与觉并无不同，都是道的"物化"现象。庄周梦蝶成了庄子诗化哲学的代表。庄子认为人们如果能打破生死、物我的界限，则无往而不快乐。

望洋兴叹

秋水时①至，百川灌河②。泾流之大，两涘渚崖③之间，不辩④牛马。于是焉，河伯⑤欣然自喜，以天下之美为尽在己⑥。顺流而东行，至于北海。东面而视，不见水端。于是焉河伯始旋其面目⑦，望洋向若⑧而叹曰："野语有之曰：'闻道百，以为莫己若'者，我之谓也。且夫我尝闻少仲尼之闻，而轻伯夷之义⑨者，始吾弗信，今我睹子之难穷也，

196

吾非至于子之门，则殆矣，吾长见笑于大方之家⑩。"

（《秋水》）

【注释】①时：按季节。②灌河：注入黄河。灌，注入。河，黄河。③两涘渚崖：两岸和水中洲岛。涘（sì），河岸。渚崖，水洲岸边。④辩：通"辨"。⑤河伯：黄河之神。⑥以天下之美为尽在已：以为天下的美景全集中在自己这里。⑦旋其面目：改变了自得的面容。旋，转变。⑧望洋：远视的样子。若：海神。⑨少仲尼之闻，而轻伯夷之义：认为孔子的学识少，认为伯夷的义行轻。伯夷，商代诸侯孤竹君的长子，历来被看作义士的典型。少、轻，意动用云。⑩大方之家：指得大道的人。

【提示】这则寓言论证万物大小的相对性。黄河水流宽阔得连对岸是牛是马都分辨不清，可谓大；比起看不到水的尽头的北海，又哪里算大呀？

坎井之蛙

子独不闻夫坎井①之蛙乎？谓东海之鳖曰："吾乐与！出跳梁乎井干之上，入休乎缺甃之崖②；赴水则接腋持颐，蹶泥则没足灭跗③；还虷、蟹与科斗，莫吾能若也④。且夫擅一壑之水，而跨跱坎井之乐⑤，此亦至矣。夫子奚不时来入观乎？"东海之鳖左足未入，而右膝已絷⑥矣。于是逡巡⑦而却，告之海曰："夫千里之远，不足以举其大；千仞之高，不足以极其深。禹之时，十年九潦⑧，而水弗为加益；汤之时，八年七旱，而崖不为加损。夫不为顷久推移，不以多少进退者⑨，此亦东海之大乐也。"于是坎井之蛙闻之，适适然惊，规规然自失也⑩。

（《秋水》）

【注释】①坎井：浅井。②出跳梁乎井干之上，入休乎缺甃之崖：出来可以在井栏上腾跳，回去可以在破砖的井壁休息。跳梁，腾跃跳动。井干，井栏。甃（zhòu），井壁。③赴水则接腋持颐，蹶泥则没足灭跗：跳到水里，水便托住我的两腋和面颊；踩进泥中，烂泥便盖过脚背。灭跗（fū），盖没脚背。④还虷、蟹与科斗，莫吾能若也：回看水中的蚗蛤、小蟹和蝌蚪，没有谁能比得上我快乐。还，回顾。虷（hán），蚗蛤之类。⑤擅一壑之水，而跨跱坎井之乐：独占一坑水，而盘踞浅井的这份快乐。跨跱（zhì），盘踞。⑥絷（zhí）：卡住，绊住。⑦逡巡：小心退却的样子。⑧潦：雨后积水，引申为洪灾。⑨夫不为顷久推移，不以多少进退者：海水不因时间长短而变化，不因为降雨的多少而涨落。⑩适适然惊，规规然自失也：大惊失色，茫然不知如何是好。适适（tì）然，惊惧的样子。规规然，局促的样子。自失，指自己感到不如人。

【提示】这则寓言同样是论证万物大小的无限相对性。坎井之蛙独占一坑水，自由跳跃，鄙视蚗蛤、蝌蚪，快乐到极点。可这一坑水比起鳖所描述的东海，又实在小得可怜。

坐　忘

颜回曰："回益①矣。"仲尼曰："何谓也?"曰："回忘仁义矣。"曰："可矣，犹未也②。"

他日复见，曰："回益矣。"曰："何谓也?"曰："回忘礼乐矣。"曰："可矣，犹未也。"

他日复见，曰："回益矣!"曰："何谓也?"曰："回坐忘③矣。"仲尼蹴然④曰："何谓坐忘?"颜回曰："堕肢体，黜聪明⑤，离形去知⑥，同于大通⑦，此谓坐忘。"仲尼曰："同则无好⑧也，化则无常⑨也，而果其贤乎⑩! 丘也请从而后也。"

（《大宗师》）

【注释】①益：多，进步。②可矣，犹未也：好哇，不过还不够。③坐忘：静坐而心亡，即物我两忘。前面《心如死灰》中"隐机而坐，仰天而嘘，荅焉似丧其耦"，就是坐忘的形象表现。④蹴然：神态突然变化的样子。⑤堕肢体，黜聪明：把肢体看作不存在，把聪明才智抛弃掉。堕，通"隳"，废。⑥离形去知：离折肢体，除去心智。知，通"智"。⑦大通：大道。⑧好：偏好。⑨无常：不执滞于常理。⑩而果其贤乎：你果真成了贤人啊！

【提示】抛弃仁义礼乐，达到坐忘的境界：坐在这里，没有我，没有身体，没有时间，没有空间，没有天地，没有思想，没有妄念，没有杂念，弃绝各种感知器官，超脱形体的约束，抛弃知识的藩篱。什么都放下，连放下也放下。超脱于自身之外且能融于天地之间，同大道合而为一。自然地，仁义礼乐都随缘而去。物我两忘、虚静无为，进入道的虚寂的精神境界。

不射之射

列御寇为伯昏无人射①，引之盈贯，措杯水其肘上②，发之，适矢复沓，方矢复寓③。当是时，犹象人④也。伯昏无人曰："是射之射，非不射之射也。⑤尝与汝登高山，履危石，临百仞之渊，若能射乎？"

于是无人遂登高山，履危石，临百仞之渊，背逡巡，足二分垂在外，揖御寇而进之⑥。御寇伏地，汗流至踵。伯昏无人曰："夫至人⑦者，上窥青天，下潜黄泉，挥斥八极⑧，神气不变。今汝怵然有恂目之志⑨，尔于中也殆矣夫⑩！"

（《田子方》）

【注释】①为伯昏无人射：为伯昏无人表演射箭的本领。伯昏无人，虚构人物。②引之盈贯，措杯水其肘上：把弓拉满，射箭时左肘上能放一杯水。贯，通"弯"。盈贯，即弓已弯尽。③适矢复沓，方矢复寓：箭还未至靶子紧接着又搭上了一支箭，第二支箭刚射出第三支又搭上了弓弦。适，刚。矢，作动词，发箭。复沓，重新搭箭。④象人：木偶人。⑤是射之射，非不射之射也：这只是有心射箭的射法，还不是无心射箭的射法。⑥背逡巡……揖御寇而进之：

背转身来慢慢往悬崖边退步，直到脚跟悬空，这才拱手恭请列御寇跟上来射箭。⑦至人：修道极高，达到无我境界的人。⑧上窥青天……挥斥八极：观察青天，探测地下，精神自由奔放达于宇宙八方。挥斥，放纵奔驰。八极，八方。⑨怵然有恂目之志：胆战心惊有了眼花恐惧的念头。恂目，眨眼，神色不定的样子。⑩尔于中也殆矣夫：你想射中就很困难了！

【提示】 庄子认为齐物我，一死生，因而无所利害、无所畏惧，达到摒除一切杂念（包括生死）的无心的空明境界（至人的境界），实现精神的绝对自由。"不射之射"，即是无心之射，不靠技巧。先须无心，才能化解外在的环境险恶，以道御技。得道之后，技巧何足论哉！列御寇射箭本领再高，还是在技巧层次；而伯昏无人已经进入了道的层次。

思考与行动

1. 仔细思考这些寓言故事，除了领会庄子思想，我们还能悟出哪些道理？

2. 当你心神不安或纠结不定的时候，试试"坐忘"。

二、绝仁去智

人的本性是天然的，也是自然的，用不着刻意，也不能刻意。真正的生活是自然而然的，不需要智巧谋划、争辩是非、讲求仁义，不需要宣传、教化、劝导，不在乎成败、尊卑、名利，这些都是人性中的"伪"，所以要摒弃它。要忘掉成心、机心、分别心，安时处顺、真实自然地活着。儒家所提倡的仁义智慧之类，是破坏人的天性的，是祸乱之源。

德知凶器

且若亦知夫德之所荡而知之所为出乎哉？①德荡乎名，知出乎争。②名也者，相轧也；知也者，争之器也。③二者凶

200

器，非所以尽行也④。

（《人间世》）

【注释】①且若亦知夫德之所荡而知之所为出乎哉：况且你知道道德丧失和智慧产生的原因吗？荡，丧失。知，智慧。所为出，产生的原因。②德荡乎名，知出乎争：道德败坏是因为追求名誉，智慧产生于争夺。③名也者，相轧也；知也者，争之器也：名，只能成为人们互相倾轧的原因；智，只能成为人们互相争斗的工具。④非所以尽行也：智慧和名誉是不能使自己的品行纯正高尚的。

【提示】道德的丧失是因为好名，为了名，人们互相倾轧；而智慧，则成了人们互相倾轧争斗的工具。所以，要绝圣（德）去智，弃除名利之心。

抱瓮灌畦

子贡南游于楚，反于晋，过汉阴，见一丈人方将为圃畦①，凿隧②而入井，抱瓮而出灌③，搰搰然④用力甚多而见功寡⑤。子贡曰："有械于此，一日浸百畦⑥，用力甚寡而见功多，夫子不欲乎？"为圃者卬⑦而视之曰："奈何？"曰："凿木为机，后重前轻，挈水若抽⑧，数如泆汤，其名为槔⑨。"为圃者忿然作色而笑曰："吾闻之吾师，有机械者必有机⑩事，有机事者必有机心。机心存于胸中则纯白不备⑪。纯白不备则神生不定⑫，神生不定者，道之所不载也。吾非不知，羞而不为也。"子贡瞒⑬然惭，俯而不对。

（《天地》）

【注释】①一丈人方将为圃畦：一个老人正在菜园中劳动。②凿隧：挖掘入井的路。③出灌：出来灌溉菜地。④搰（kū）搰：用力的样子。⑤见功寡：功效甚少。⑥一日浸百畦：每天可以浇灌上百个菜畦。⑦卬：同"仰"。⑧挈水若抽：形容桔槔取水时的样子，像人从井中把水提到田里似的。⑨数如泆汤，其名为槔：快速犹如沸

201

腾的水向外溢出一样，它的名字就叫作桔槔。数，快。泆（yì）汤，通"逸荡"，水自然流动的样子。槔，即桔槔（jié gāo），利用杠杆原理制作的汲水工具。⑩机：与"机心"之"机"，都有投机取巧的意思。⑪纯白不备：不具备纯洁清白的品质。⑫神生不定：精神不专一安定。生，性。神生，神情，性情。不定，由于机心杂念作怪，故不安定。⑬瞒：惭愧的样子。

【提示】丈人抱瓮从井中运水浇灌菜地，拒绝使用省力增效的提水机械，是顺其自然，抛弃智巧。因为有了机械之类的东西必定会出现功利机巧之类的心思。有了功利机巧的心思就会受到世俗沾染而无法保持纯洁空明的心境，精神就不会专一安定，大道就不会充实心田。

得道者能使自然之性保持完好，自然之性保持完好能使形体健全，形体健全能使精神旺盛，精神旺盛才是圣人之道。

相濡以沫

泉涸，鱼相与处于陆①，相呴②以湿，相濡以沫，不如相忘于江湖。与其誉③尧而非④桀也，不如两忘而化其道⑤。

（《大宗师》）

【注释】①相与处于陆：一起被困在陆地上。②呴（xū）：张口出气。③誉：称颂。④非：谴责。⑤不如两忘而化其道：两忘，把两者都忘掉。化其道，同化于大道。意即无所谓誉，无所谓非。

【提示】鱼儿失去水相互帮助，虽然仁爱，但终究只能苟延残喘。这样的仁爱远不如鱼儿在江湖里互不理睬互不关心地自由生活。人与人之间的仁爱，比起天道的作用来，简直微不足道。人的所作所为，应该顺从自然，和同天道。死生有命，万物皆然，这是人所不能干预的。圣人任由天道支配，把生死、毁誉看破。既乐于生，也乐于死；无所谓毁，也无所谓誉。

浑沌之死

南海之帝为儵①，北海之帝为忽，中央之帝为浑沌。儵与忽时相与遇于浑沌之地，浑沌待之甚善。儵与忽谋报浑沌之德，曰：人皆有七窍，以视听食息^②，此独无有，尝试凿之。日凿一窍，七日而浑沌死。

（《应帝王》）

【注释】①儵（shū）：与下文的"忽""浑沌"，都是虚构的帝王。"儵""忽"，取急速之意。"浑沌"，比喻大道浑全未亏。②息：呼吸。

【提示】儵和忽为报答浑沌的恩德，为浑沌凿了七窍。正是这仁义之举，害死了浑沌。帝王治世，仁义之类的有为应该抛弃，顺其自然才符合大道。

统治天下不是靠仁爱才智，而是虚心若镜，无为而治。儵和忽凿死了浑沌，正是"有为"的恶果。

鲁侯养鸟

昔者海鸟止于鲁郊。鲁侯御而觞之于庙，奏《九韶》以为乐，具太牢以为膳。^①鸟乃眩视忧悲，不敢食一脔^②，不敢饮一杯，三日而死。此以己养养鸟，非以鸟养养鸟也。

（《至乐》）

【注释】①鲁侯御而觞之于庙……具太牢以为膳：鲁国国君把它（认为是神鸟）迎进宗庙里并向它献酒，演奏《九韶》使它高兴，安排牛羊猪三牲齐备的筵席给它吃。御（yù），迎接。觞，酒杯，这里作动词用，以酒招待。②鸟乃眩视忧悲，不敢食一脔：海鸟却头晕目眩，忧愁悲伤，不敢吃一块肉。脔，切成小块的肉。

【提示】所谓仁者爱人，动机固然是好的，但结果却可能很差。鲁侯的好心，对海鸟来说完全是一种残酷的折磨。生活中确实存在许多这样的现象，爱其实是害。企图按照自己的主观意图去支配外在的人和事，即所谓"有为"，是多么荒谬。时代不同、环境不同、种类不同，则好恶、本能亦不同。故不能以任何所谓好心勉强或强

203

加于人，应无为而顺其自然。

圣智助盗

将为胠箧探囊发匮之盗而为守备①，则必摄缄縢，固扃鐍②，此世俗之所谓知也。然而巨盗至，则负匮揭箧担囊而趋，唯恐缄縢扃鐍之不固③也。然则乡之所谓知者，不乃为大盗积者也④？

故尝试论之：世俗之所谓知者，有不为大盗积者乎？所谓圣者，有不为大盗守者乎？何以知其然邪？昔者齐国⑤邻邑相望，鸡狗之音相闻，罔罟之所布，耒耨之所刺⑥，方二千余里。阖四竟之内，所以立宗庙社稷，治邑屋州闾乡曲者，曷尝不法圣人哉⑦？然而田成子一旦杀齐君而盗其国。所盗者岂独其国邪？并与其圣知之法而盗之，故田成子有乎盗贼之名，而身处尧舜之安⑧。小国不敢非，大国不敢诛，十二世有齐国⑨，则是不乃窃齐国并与其圣知之法以守其盗贼之身乎⑩？

(《胠箧》)

【注释】 ①为胠箧探囊发匮之盗而为守备：为了对付撬箱子、掏口袋、开柜子的盗贼而做防备。胠（qū），打开。箧（qiè），小箱子。匮，通"柜"。②摄缄縢，固扃鐍：用绳索捆紧，用关纽锁头加固。摄，绑紧。缄、縢，都是绑东西的绳子。固，作动词用，使之坚固。扃鐍（jiōng jué），关纽锁钥之类。③负匮揭箧担囊而趋，唯恐缄縢扃鐍之不固：背起柜子、举起箱子、挑起口袋迅速逃走，唯恐绳结锁钥不够牢固。④乡之所谓知者，不乃为大盗积者也：先前所谓的聪明，不就是在给大盗做准备吗？乡，通"向"。知，通"智"。不乃，不正是。⑤齐国：姜姓诸侯国。公元前481年，齐国大夫田常（即下文的"田成子"）杀齐简公，立简公弟为平公，自此田氏专权。至田常曾孙田和，逐齐君而自立为诸侯，国号仍为齐。⑥罔罟之所布，耒耨之所刺：鱼网所撒布的水面，犁锄所耕作的土地。罟罛（gǔ），都是网。耨（nòu），锄草的农具。刺，插。⑦阖四竟之内……曷尝不法圣人哉：整个国境之内，所有用来设立宗庙社稷的地方，所有用来治理各级行政机构的地方，何尝不是在效法圣人呢？竟，通"境"。曷，何。法，效法。⑧身处尧舜之安：身居君位像尧舜治国时那样安稳。⑨小国不敢非……十二世有齐国：小国不敢非议他，大国不敢讨伐他，（田氏）做了十二代齐君。⑩则是不乃窃齐国并与其圣知之法以守其盗贼之身乎：这岂不正是窃取了齐国，连同那圣智的法规制度也窃取了，从而守卫他的盗贼之身吗？

【提示】以日常防盗之事起兴譬喻，推论出圣智"有不为大盗积者乎""有不为大盗守者乎"的问题。以田成子利用圣智之法窃取齐国的故事，宣扬绝圣弃智的思想和无为而治的政治主张。田氏篡齐的故事一针见血地指出了"窃钩者诛，窃国者为诸侯"的社会现实，揭露了圣智的虚伪。

盗亦有道

跖之徒问于跖曰："盗亦有道①乎？"跖曰："何适②而无有道邪？夫妄意室中之藏，圣也③；入先，勇也；出后，义也；知可否，知也④；分均，仁也。五者不备而能成大盗者，天下未之有也。"

（《胠箧》）

【注释】①道：规矩和准则。②何适：到什么地方。③妄意室中之藏，圣也：凭空推测屋里储藏着什么财物，这就是圣明。④知可否，知也：能知道可否采取行动，这就是智慧。

【提示】庄子认为，"圣人不死，大盗不止"，圣人提倡仁义礼智是有利于大盗而危害天下的，"圣人之道"才是造成天下混乱的原因。如果人人都遵循"道"而生，顺其自然，摒弃仁义礼智，那么天下必然会是一片井然有序的状态，哪里还会有什么大盗？又哪里需要什么圣人来教化世人呢？

屠 龙 术

　　朱泙漫学屠龙于支离益，单①千金之家，三年技成而无所用其巧。

　　　　　　　　　　　　　　　　　　　　　（《列御寇》）

【注释】 ①单：通"殚"，尽。

【提示】 庄子通过这则寓言故事教导人们不要追求人为，好高骛远，不安于自然，不处心于虚无宁静的境界。人生在世要"忘我"，不要炫耀于外，不要追求智巧。否则都是"屠龙之术"，毫无用处。

思考与行动

　　1. 从这些寓言中能够了解庄子思想，还能悟出一些什么道理？

　　2. 怎样把自己悟出的东西与自己的实践联系起来，学以致用？

　　3. 反思一下，自己有没有鲁侯养鸟一类的愚蠢行为？有没有追求屠龙术一类的无用功？

三、淡泊名利

　　庄子认为生命的价值在于自由，他的人生哲学，以自由自在为理想境界。为了达到这一境界，必须与物无待，即摆脱与周围事物的依赖、对立关系，摆脱外物的束缚与羁绊。而做到无待，就要无己，无功，无名，逍遥无恃，绝对自由。

　　庄子崇尚自自然然、无拘无束的生活，他认为一切名利都是对人自然本性的束缚，追名逐利就会使人失去自由，失去本真的生命。庄子宁可贫穷而自由地活着，也不要富贵却丧失自由的生活。

　　庄子主张顺其自然，清静无为。他反对一切追逐功名利禄的有为行为，把追逐名利看成是天下道德败坏之源。

圣人无名

　　故夫知效一官，行比一乡，德合一君，而征一国者①，

206

其自视也，亦若此②矣。而宋荣子③犹然笑之。且举世誉之
而不加劝，举世非之而不加沮④，定乎内外之分，辩乎荣辱
之境，斯已矣⑤。彼其于世，未数数然也。⑥虽然，犹有未
树也⑦。夫列子御风而行，泠然善也⑧，旬有五日而后反。
彼于致福⑨者，未数数然也。此虽免乎行，犹有所待者
也。⑩若夫乘天地之正，而御六气之辩，以游无穷者，彼且
恶乎待哉⑪？故曰：至人无己，神人无功，圣人无名⑫。

（《逍遥游》）

【注释】①知效一官……而征一国者：才智能胜任一官之职，善
行可以联合一乡的人，德行可以使一位君主满意，能力能够使一国
的人信任。知，通"智"。效，胜任。比，亲近。而，通"耐"，
能。征，取信。②此：指上文斥鷃"翱翔于蓬蒿之间"就自以为
"飞之至"这件事。③宋荣子：战国中期的思想家。④举世誉之而不
加劝，举世非之而不加沮：世上所有的人都称赞他，他并不因此就
特别奋勉，世上所有的人都诽谤他，他也并不因此就感到沮丧。誉，
赞美。劝，勉励，奋发。非，非难，指责。沮，沮丧。⑤定乎内外
之分……斯已矣：不把世俗的称赞与非议看作是光荣与耻辱，心中
自有区分光荣与耻辱的标准，宋荣子的智德仅此而已。定，确定。
内外，主观客观。辩，通"辨"。境，界限。斯，这样。已，而已。
⑥彼其于世，未数（shuò）数然也：他对待人世间的一切，都没有
拼命去追求。彼其，两个代词叠用。数数然，拼命追求的样子。⑦
犹有未树也：宋荣子还是有未树立的，即修养还不够。⑧列子御风
而行，泠（líng）然善也：列子乘风而行，轻快自如。列子，名御
寇，战国时思想家，传说能御风而行。御，驾驭。泠然，轻快的样
子。善，美妙。⑨致福：追求福。⑩此虽免乎行，犹有所待者也：
这样虽然免了步行，（可是非有风则不能行）还是有所凭借的。⑪乘
天地之正……彼且恶乎待哉：顺应天地万物的本性，驾驭着六气的
变化，遨游于无穷的境地，他还要凭借什么呢？乘，顺。正，自然
本性。六气，指阴、阳、风、雨、晦、明。辩，通"变"。无穷，无

限的时空，即绝对自由的境界。⑫至人无己……圣人无名：至人、神人、圣人，三者意义相近，指修养最高的人。无己，无我，即物我不分。无功，无所为，故无功利。无名，不立名。

【提示】那些"知""行""德""而"者是世上的佼佼者，自以为了不起，但他们依赖于世俗的荣辱（没有自由）。宋荣子不受世俗的荣辱左右，但他还有未达到的境界。列子不仅不受世俗的荣辱左右，且不依赖于车马，可以御风而行，但他仍要凭借风，仍是有所待，不能逍遥游。最高境界是无所待，是绝对自由，即逍遥游。这样的人就是至人、神人、圣人。"至人无己"是庄子体悟的最高人格境界；"神人无功"是庄子无治主义政治观的表达；"圣人无名"是庄子扬弃功名、去除外物束缚的人生追求。

常人之所以达不到逍遥游，是因为有包袱——有所依赖、有所追求，把自己看得很重，尤其把功名利禄看得很重。要实现绝对自由，就必须做到"无己""无功""无名"。

许由辞让

尧让天下于许由①，曰："日月出矣，而爝火不息；其于光也，不亦难乎!②时雨降矣，而犹浸灌；其于泽也，不亦劳乎!③夫子立而天下治，而我犹尸之④，吾自视缺然⑤。请致天下⑥。"许由曰："子治天下，天下既已治也；而我犹代子，吾将为名乎？名者，实之宾也⑦；吾将为宾乎？鹪鹩巢于深林，不过一枝；偃鼠饮河，不过满腹⑧归休乎君，予无所用天下为!⑨庖人虽不治庖，尸祝不越樽俎而代之矣。⑩"

（《逍遥游》）

【注释】①许由：传说中的隐士。②日月出矣……不亦难乎：太阳月亮出来了，而小火把还不熄灭，它的亮度，要和日月相比不是太难了吗！爝（jué）火，火炬。③时雨降矣……不亦劳乎：及时雨降下了，还要用人力灌溉，这对于滋润禾苗，不是徒劳吗！浸灌，灌溉。④夫子立而天下治，而我犹尸之：你如果成了君王天下就可太平，而我还占着这个位子。夫子，许由。尸，占据位置，不做事情。⑤吾自视缺然：我自己感到惭愧极了。缺然，指不够资格做君主的样子。⑥请致天下：请让我把天下交给你。致，送。⑦名者，实之宾也：名是实的附属品。宾，从属、派生的东西。⑧鹪鹩巢于深林……不过满腹：鹪鹩在深林中筑巢，只要一根树枝就行了；偃鼠饮河水，只要肚子喝饱就行了。鹪鹩（jiāo liáo），一种小马。⑨归休乎君，予无所用天下为：回去吧，君主，天下对我一点儿用处也没有。为，语气助词。⑩庖人虽不治庖，尸祝不越樽俎而代之矣：尸祝不会超越自己祭神的职责而代理庖人治庖。这是许由自比。尸祝，祭祀中执祭版对神主祷祝的人。樽，酒器。俎（zǔ），祭祀时盛牛羊的礼器。

【提示】 许由不愿接受尧所让的天子之位，是因为如"鹪鹩巢于深林，不过一枝；偃鼠饮河，不过满腹"。许由感到自满自足，不想去追求过多的功名。不求功名，则不受功名之累，可以自由自在。"庖人虽不治庖，尸祝不越樽俎而代之矣。"后人把那些与此态度相反，越权包办的做法，叫作"越俎代庖"。

曳尾涂中

庄子钓于濮水。楚王使大夫二人往先①焉，曰："愿以境内累矣！②"庄子持竿不顾③，曰："吾闻楚有神龟，死已三千岁矣。王巾笥④而藏之庙堂之上。此龟者，宁其死为留骨而贵乎，宁其生而曳尾涂中乎⑤？"二大夫曰："宁生而曳尾涂中。"庄子曰："往矣⑥！吾将曳尾于涂中。"

（《秋水》）

【注释】 ①先：先去传达楚王的意思。②愿以境内累矣：想将国事麻烦您啊！③不顾：不回头，不理睬。④巾笥（sì）：用巾包起来，装进竹箱。⑤宁其死为留骨而贵乎，宁其生而曳尾涂中乎：（神龟是）宁愿死后留下骨壳以显示其贵重呢，还是愿意活着拖着尾巴在烂泥里爬行呢？⑥往矣：（你们）走吧。

惠子相梁

惠子相梁①，庄子往见之。或谓惠子曰："庄子来，欲代子相。"于是惠子恐，搜于国中三日三夜。庄子往见之，曰："南方有鸟，其名为鹓鶵②，子知之乎？夫鹓鶵发于南海而飞于北海，非梧桐不止，非练实③不食，非醴泉④不饮。于是鸱得腐鼠，鹓鶵过之，仰而视之曰：'吓！'⑤今子欲以子之梁国而吓我邪？"

（《秋水》）

【注释】①相梁：做梁国的相。②鹓鶵（yuān chú）：传说中像凤凰一类的鸟，习性高洁。③练实：即竹子所结的子实，因色白如绢，故称。④醴泉：甜美的泉水。醴，甜酒。⑤于是鸱得腐鼠……仰而视之曰："吓！"：这时猫头鹰拾到（一只）腐臭的老鼠，鹓鶵从它面前飞过，（猫头鹰）仰头看着鹓鶵，发出'吓！'的怒斥声。于，在。是，这。吓，拟声词，表示一种惊怒的语气。

【提示】庄子虽然才华横溢，但他主张清静无为，修身养性，坚决不被名缰利锁束缚。他蔑视权势，崇尚一种无拘无束、实实在在的自由生活。惠子醉心于功名，无端猜忌，以为庄子来会威胁到自己的相位。庄子则把相位这样高的名利也视为"腐鼠"，极其鄙视。

吮痈舐痔

宋人有曹商者，为宋王使秦。其往也，得车数乘①。王说②之，益车百乘。反于宋，见庄子，曰："夫处穷闾厄③巷，困窘织屦④，槁项黄馘⑤者，商之所短也；一悟⑥万乘之主而从车百乘者，商之所长也。"庄子曰："秦王有病召医。破痈溃痤⑦者得车一乘，舐痔⑧者得车五乘，所治愈下⑨，得车愈多。子岂治其痔邪？何得车之多也？子行矣!⑩"

（《列御寇》）

【注释】①得车数乘：得到宋王赠与的数辆车子。②王说：秦王喜爱。说，通"悦"。③厄（è）：窄，小。④织屦：编草鞋。⑤槁项黄馘：脖颈干瘪，面色黄瘦。馘（guó），脸。⑥悟：使（秦王）醒悟。⑦破痈溃痤：将疮疖中的脓血吸出来。痈、痤，都是疮疖之类。⑧舐痔：舔痔疮。⑨下：卑下。⑩子行矣：你走吧。

【提示】曹商靠逢迎献媚获利，不以为耻，反以为荣。吹嘘已是不该；他还要借此去刺痛别人，更是不该；刺痛别人，又愚蠢地选错了对象，招致了庄子狠狠地讥讽挖苦。自取其辱，贻笑天下。

庄子把得宠而富贵跟最肮脏的勾当进行类比，反映了对当权者及名利之徒的蔑视，对功名利禄的鄙夷不屑。

螳螂捕蝉

庄周游于雕陵①之樊②，睹一异鹊自南方来者。翼广③七尺，目大运寸④，感周之颡，而集于栗林⑤。庄周曰："此何鸟哉！翼殷不逝，目大不睹⑥。"蹇裳躩⑦步，执弹而留之⑧。睹一蝉方得美荫而忘其身。螳螂执翳而搏之⑨，见得而忘其形。异鹊从而利之，见利而忘其真⑩。庄周怵然曰："噫！物固相累，二类相召也⑪。"捐弹而反走，虞人逐而谇之⑫。

（《山木》）

【注释】①雕陵：栗园名。②樊：通"藩"，藩篱，指范围之内。③广：广、运，都是长度，东西为广，南北为运。④运寸：直径一寸。⑤感周之颡，而集于栗林：碰着庄子的额头而落在栗林里。感，触。颡（sǎng），额头。集，止，落。⑥翼殷不逝，目大不睹：翅膀大却不能远飞，眼睛大却不敏锐。殷，大。逝，飞走。不睹，

211

看不见，对碰着庄子的额头而言。⑦褰裳躩：提起衣裳快步上前。褰，通"搴"，提起（衣裳）。躩（jué），快步。⑧留之：等待弹杀时机。⑨螳螂执翳而搏之：一只螳螂躲在树叶后将要趁机捕杀蝉。翳，遮蔽。⑩异鹊从而利之，见利而忘其真：那只怪鹊从而又以螳螂可吃为利，看见了私利而忘记了自身的真性。真，本性。翼大可飞而不飞，眼大应见而不见，故说"忘其真"。⑪物固相累，二类相召也：万物原本就是这样相互牵累的，它们总是以利相召引。⑫捐弹而反走，虞人逐而谇之：扔掉弹弓转身就跑，守栗园的人（以为庄子是偷栗子的）在后面追赶责骂。虞人，管理栗园的人。谇（suì），责骂。

【提示】人常被眼前的利欲所诱惑而迷失心志，失去自我，失去本真天性。蝉得美荫，螳螂捕蝉而"忘其身（形）"，鹊捕螳螂而"忘真"，都处于危险之中。庄周出于贪欲而捕鹊，自然也是有违天理、丧失自我的行为，必然会成为别人觊觎算计的对象而陷入危险！赶紧逃离贪欲回归自然本性，才是生于乱世的避祸之道。

恶贵美贱

阳子之宋，宿于逆旅。逆旅人①有妾二人，其一人美，其一人恶②。恶者贵而美者贱。③阳子问其故，逆旅小子④对曰："其美者自美，吾不知其美也；⑤其恶者自恶⑥，吾不知其恶也。"阳子曰："弟子记之：行贤而去自贤之行，安往而不爱哉⑦！"

（《山木》）

【注释】①逆旅人：旅店主人。②恶：长得丑陋。③恶者贵而美者贱：长得丑陋的妾受到主人宠爱而长得漂亮的妾却受到轻视。贵、贱，意动用法。④逆旅小子：年轻的店主。⑤其美者自美，吾不知其美也：那个漂亮的自以为漂亮，我却不觉得她漂亮。⑥自恶：自感丑陋。⑦行贤而去自贤之行，安往而不爱哉：品行高尚而又能去掉自以为高尚之心的人，到哪里不会受到敬重呢！

【提示】庄子认为，生逢乱世，祸患多端，人们要淡泊名利，虚己顺物，心怀忍让，才能避开祸患。这则寓言包含了深刻的人生哲理和对社会问题的深刻认识。内在的品德远比外在的容貌重要。自以为是，自我显耀，必然被人所贱；谦卑淡泊才能被人敬爱。

蜗角之争

戴晋人①曰："有所谓蜗者，君知之乎？"曰："然。"有国于蜗之左角者，曰触氏②；有国于蜗之右角者，曰蛮氏。时相与争地而战，伏尸数万，逐北旬有五日而后反③。"君曰："噫！其虚言④与？"曰："臣请为君实⑤之。君以意在四方上下有穷乎？⑥"君曰："无穷。"曰："知游心于无穷，而反在通达之国，若存若亡乎？⑦"君曰："然。"曰："通达之中有魏，于魏中有梁，于梁中有王，王与蛮氏有辩⑧乎？"君曰："无辩。"客出而君惝然若有亡也。⑨

（《则阳》）

【注释】①戴晋人：姓戴字晋人，是得道的人。②有国于蜗之左角者，曰触氏：在蜗牛左角上有个国家，名叫触国。③逐北旬有五日而后反：追赶败军要经过十五天才能回来。④虚言：谎言。⑤实：证实。⑥君以意在四方上下有穷乎：您认为四方和上下有穷尽吗？⑦知游心于无穷……若存若亡乎：您知道精神遨游于无限广大的区域，而转过来再看四海九洲，就好像渺小得不存在似的。无穷，天下。通达之国，人马舟车所能到达的地方。若存若亡，如在有无之间，说明通达之国和天下比起来渺小得微不足道。⑧辩：通"辨"，区别。⑨客出而君惝然若有亡也：意谓惠王听了戴晋人的话后，恍然大悟，失去了竞争之心。客，戴晋人。惝（tǎng）然，若有所失的样子。亡，失。

【提示】道家主张无为而治。从道的观点看来，人类渺小得可

213

怜，像诸侯国之间战争这样的人间大事，如果放在无限的宇宙之中，则是极端渺小的，既不值得去做，也不值得去说。人类为了所谓的名利进行无休止的争斗，不是非常渺小和毫无意义甚至可笑的吗？

◁ 思考与行动 ▷

1. 从这些寓言故事中，你能联想起古今中外哪些事？哪些人？列举出来。

2. 你还能悟出哪些道理？哪些道理能帮助自己认识世界和人生？

3. 庄子不受局限的想象力，令人叹为观止。发挥想象，试着写一则寓言，把自己坚信的道理表达出来。

四、全生避害

庄子认为，生命是自然所赋予的，人不能对它怎么样，唯一能做的就是使自己"形全精复，与天为一"，排除一切杂念，以求内心纯净，达到"神全"的境界。清静无为，顺应自然。

庄子认为，人最宝贵的是生命，生命的价值在于自由。在乱世中要保持独立的人格，自由的生命，就要"无为""顺世"，在社会中谨慎前行，远离伤害，保全生命，全生避害。

楚狂接舆

孔子适楚，楚狂接舆①游其门曰："凤兮凤兮，何如德之衰也。②来世不可待，往世不可追也。天下有道，圣人成③焉；天下无道，圣人生④焉。方今之时，仅免刑焉！福轻乎羽，莫之知载；祸重乎地，莫之知避。⑤已乎⑥，已乎！临人以德⑦。殆乎，殆乎！画地而趋⑧。迷阳迷阳，无伤吾行！⑨吾行郤曲，无伤吾足。⑩"

（《人间世》）

【注释】①楚狂接舆：楚国的隐士，相传姓陆名通，字接舆。

214

②凤兮凤兮，何如德之衰也：凤鸟凤鸟，你怎么怀有大德却来到这衰败的国家！以凤鸟讽喻孔子。③成：指成就他们的事业。④生："全其生也"，苟全生存。⑤福轻乎羽……莫之知避：幸福比羽毛还轻，且谁也不知道怎样才能享受到；祸患比大地还重，且谁也不知道怎么才能避免。⑥已乎：算了吧。⑦临人以德：在人前宣扬你的德行。临人，待人，这里指教人。⑧画地而趋：自己画定一个圈子自个儿在里边跑。意谓自己束缚自己。这些都是指孔子说的。⑨迷阳迷阳，无伤吾行：世路艰难险阻，如满地荆棘，故要特别提起精神，注意脚不要给刺伤。迷阳，指多刺的草。⑩吾行郤（xì）曲，无伤吾足：句意与前两句相同。郤曲，一种带刺的小树。

【提示】庄子认为，孔子那种周游列国推行一套道德标准来挽救世道人心的行为，是很危险的。人在入世的情况下，如何保全自己不受伤害？如何安顿自己的心灵？庄子主张以无用为用，虚己顺物。既然无法避世、遁世，那么就要"无为""顺世"，在社会中谨慎前行，远离伤害，保全生命。

尾生抱柱

尾生①与女子期②于梁③下，女子不来，水至不去，抱梁柱而死。

（《盗跖》）

【注释】①尾生：人名。②期：约会。③梁，桥梁。
【提示】尾生为了好名声而死。重视名节轻生赴死，不顾念身体和寿命，是不通常理的。天道无为。名节是人为，是有为，是违背天道自然的。凡是不能使自己内心愉快而颐养寿命的人，都是不懂得大道的人。

佝偻承蜩

仲尼适楚，出于林中，见病偻者承蜩①，犹掇②之也。
仲尼曰："子巧乎，有道邪？"曰："我有道也。五六月累丸③二而不坠，则失者锱铢④；累三而不坠，则失者十一；累五而不坠，犹掇之也。吾处身也，若厥株拘⑤；吾执臂也，若槁木之枝⑥。虽天地之大，万物之多，而唯蜩翼之知⑦。吾不反不侧，不以万物易蜩之翼⑧，何为而不得！"孔子顾谓弟子曰："用志不分，乃凝于神，其痀偻丈人之谓乎⑨！"

（《达生》）

【注释】①痀偻（gōu lóu）者承蜩（tiáo）：驼背老人用竿子粘蝉。②掇：拾取。③累丸：在竿头累迭起弹丸。④锱铢：古重量单位，二十四铢一两，六铢一锱。此处喻极微少的数量。⑤吾处身也，若厥株拘：我立定身子，像树桩一样静止不动。厥，通"橛"。拘，止。⑥吾执臂也，若槁木之枝：我举竿的手臂，就像枯木的树枝。⑦唯蜩翼之知：宾语前置，唯知蜩翼。知，感知。⑧吾不反不侧，不以万物易蜩之翼：我从不思前想后，左顾右盼，绝不因纷繁的万物而改变对蝉翼的注意。⑨其痀偻丈人之谓乎：恐怕说的就是这位驼背老人吧！

【提示】养生之道，重在养神、养心。驼背老人心无杂念，弃世凝神，天人合一，方能养性全生。排除外界的一切干扰，精神集中，做事就容易取得成功。寓言中的"用志不分"与庄子所说的"无心"，是矛盾的统一。对他物无心，才能在承蜩上用志不分。

栎社不材

匠石之齐，至于曲辕，见栎社树。①其大蔽数千牛，絜之百围②，其高临山③十仞而后有枝，其可以为舟者旁十数④。观者如市，匠伯⑤不顾，遂行不辍。弟子厌观⑥之，走及匠石，曰："自吾执斧斤以随夫子，未尝见材如此其美也。先生不肯视，行不辍，何邪？"曰："已矣，勿言之矣！散木⑦也。以为舟则沉，以为棺椁则速腐，以为器则速毁，以为门户则液樠⑧，以为柱则蠹⑨，是不材之木也。无所可用，故能若是之寿⑩。"

（《人间世》）

【注释】①匠石之齐……见栎社树：木匠石前往齐国，到了曲辕，看到一棵为灶神的栎树。匠石，名叫石的木匠。之，到。曲辕，地名。栎（lì），树名。社，土地神；栎社树，把栎树拜为社神。②絜之百围：用绳子量，足有一百多围。絜（xié），用绳子量周长。围，周长一尺；一说直径一尺。另一种解释：絜，张开两臂度量树身；围，两臂合抱为一围。③临山：高出山顶。④为舟者旁十数：其中可以造船的旁枝就有十来枝。为舟，造船。旁，且，一说旁枝。十数，数以十计。⑤匠伯：即匠石。伯，指工匠之长。⑥厌观：饱看，看了个够。⑦散木：没有用的木材。⑧液樠（mán）：脂液流出如樠树，说明木心不坚实。樠，树名，其心似松，有脂液流出。⑨蠹（dù）：蛀木虫。此作动词，虫蛀。⑩若是之寿：像这样的长寿。

【提示】树之价值本来在于作材用，人亦然。然而，在乱世，有才者为时所用，处于风口浪尖上，无法保全自己。栎树无所可用，以不材无用之身逃避斧斤之害，才能这么长寿。后文栎树托梦给匠石说："追求无所可用，才保全了自己，这正是大用。"徒弟问："栎树是在追求无用，为什么还要做社树呢?"匠石答："栎树也不过是寄托于社，使那些不了解它的人讥讽辱骂它。如果它不做社树（神物），也就难保没有砍伐之害。况且它用以保全自己的方法与众不同，你不能用常理来度量它。"

材与不材

庄子行于山中，见大木，枝叶盛茂。伐木者止其旁而不取也。问其故，曰："无所可用。"庄子曰："此木以不材得终其天年①。"

夫子出于山，舍于故人之家。故人喜，命竖子杀雁②而烹之。竖子请曰："其一能鸣，其一不能鸣，请奚杀③?"主人曰："杀不能鸣者。"

明日，弟子问于庄子曰："昨日山中之木，以不材得终其天年，今主人之雁，以不材死。先生将何处?"庄子笑曰："周将处乎材与不材之间。"

(《山木》)

【注释】①以不材得终其天年：因为不够良木的材质，得以享尽天赋的寿命。不材，不成材。天年，按自然发展应有的寿命。②竖子杀雁：童仆杀鹅。竖子，童仆。雁，野鹅。③奚杀：杀哪一只。

【提示】全身保生，既不在有用一边，也不在无用一边，既在有用一边，也在无用一边。关键是顺时而动，以免于有用之害，也免于无用之害，随机应变，在材与不材之间做出恰当的选择。作者在后文说，这只是最接近于道的，难免带来拖累。只有因顺自然游于至虚之境才是最理想的。

这里所表达的是庄子对在当时社会中远祸全身之难的愤懑和感慨。庄子追求的是一种更高的境界：与自然之道化合而逍遥于物外。处心积虑地周旋于"材与不材之间"不是谁都能做到的，这样更加容易受到外物的拘束和劳累。所以要清静无为，顺应自然。

林回弃璧

子独不闻假人之亡与①？林回②弃千金之璧，负赤子而趋③。或曰："为其布与？赤子之布寡矣。为其累与？赤子之累多矣。弃千金之璧，负赤子而趋，何也?④"林回曰："彼以利合，此以天属也。⑤"夫以利合者，迫穷祸患害相弃也；以天属者，迫穷祸患害相收也。⑥夫相收之与相弃亦远矣。且君子之交淡若水，小人之交甘若醴⑦。君子淡以亲⑧，小人甘以绝⑨，彼无故以合者，则无故以离⑩。

(《山木》)

【注释】①假人之亡：假国人逃亡。②林回：假国逃亡者之一。③负赤子而趋：背着小孩逃走。④为其布与……何也：是为了钱财吗？小孩的价值远不如璧玉。是为了减轻拖累吗？小孩要比璧玉累赘多了。放弃千金玉璧，却背小孩逃走，这是为了什么呢？布，钱币。⑤彼以利合，此以天属也：他们与玉璧不过是利的结合，我和小孩却是天性相连。彼，指那些不舍得璧玉而不顾孩子的人。以利合，根据利害来相互结合。此，林回与赤子。属，相连。⑥夫以利合者……迫穷祸患害相收也：以利结合的，在穷困危难逼近时就会互相遗弃；由天性相连的，在穷困危难逼近时就会从天性出发互相关照。⑦甘若醴：比喻一种利害相关的甜蜜亲热的感情。⑧君子淡以亲：不讲利害，故显得淡；天性相连，故显得亲。⑨小人甘以绝：一切计较利害，故有利则甘，无利则绝交。⑩彼无故以合者，则无故以离：那些无缘无故（靠利）结合起来的，也会无缘无故地离散。故，天性相连的缘故。

【提示】璧，利的象征；赤子，人的天性的象征。利是可以衡量的，所以根据利益多寡建立起来的关系，也会因为利益的多寡而离散。而人的天性是无法用数字来衡量的，所以在人的天性基础上建立起来的关系才是可靠的。人与人之间不能以利害相交，而应该从人的天性出发，顺其自然。

吴王射狙

吴王浮于江，登乎狙之山，众狙见之，恂①然弃而走，逃于深蓁②。有一狙焉，委蛇攫抓，见巧乎王③。王射之，敏给搏捷矢④。王命相者趋⑤射之，狙执死。王顾谓其友颜不疑曰："之狙也，伐其巧、恃其便以敖予⑥，以至此殛也⑦。戒之哉！嗟乎！无以汝色骄人⑧哉！"颜不疑归而师董梧，以锄其色⑨，去乐辞显⑩，三年而国人称之。

（《徐无鬼》）

【注释】①恂：惊惶。②蓁：草木茂盛的样子。③委蛇攫抓，见巧乎王：抓住树枝跳来跳去，在吴王面前表现自己灵巧。委蛇，转来转去。见，通"现"。④敏给搏捷矢：敏捷地接过飞速射来的利箭。敏给，迅速。捷，通"接"。搏捷，接住。⑤王命相者趋：吴王命随行出猎的人赶紧追赶。相，助，相者，指协助吴王出猎的人。趋，通"促"，急。⑥伐其巧、恃其便以敖予：卖弄自己的灵巧、依仗自己的敏捷在我面前炫耀。伐，夸。便，灵便，敏捷。敖，通"傲"。⑦以至此殛也：以致这样死去！殛，死。⑧无以汝色骄人：不要用傲气对待他人。⑨锄其色：铲除自己的傲气。⑩去乐辞显：抛弃淫乐，辞别尊显。

【提示】庄子劝导人们要纯任自然，保持真性。人世间到处尔虞我诈，险不可预测，好像每天游历在厄运的箭靶中心，而众人却仿佛那只伐巧恃便、骄傲的猕猴，过于自信，入于险恶之境还唯恐不及，不知应当"藏身深眇"以远离灾患。

随侯之珠

今且有人于此，以随侯之珠①，弹千仞之雀，世必笑之。是何也？则其所用者重而所要者轻也。

(《让王》)

【注释】①随侯之珠：也称为"随侯珠""随珠"，与"和氏璧"并称为"春秋二宝""随和"或"随珠和璧"（又作"随珠荆玉"）。《搜神记》："随侯行，见大蛇伤，救而治之。其后蛇含珠以报之，径盈寸，纯白，而夜光可烛堂，故历世称随珠焉。"

【提示】庄子以随侯之珠比喻人的生命，用雀鸟比喻功名利禄。如果世俗的君子，用危害身体，甚至舍弃生命的办法追求名利，就如同用随侯之珠去弹雀鸟一样，既不值得，也是非常可悲的。真正的道是用来修身的。圣人一定要看清楚用什么东西去达到什么目的。如果舍弃生命去追求名禄，就如同"以随侯之珠，弹千仞之雀"，是使用的东西太贵重而得到的东西太轻微的可笑的行为。

思考与行动

1. 这些寓言故事给了你哪些启示？有很多问题值得深思。比如，怎么看尾生？"处乎材与不材之间"是否为儒家的"中庸之道"？

2. 猴子和吴王都是什么心态？反省一下自己，有没有过类似的心态？带来了什么后果？

3. 反思一下，现实生活中，我们有没有"以随侯之珠，弹千仞之雀"的愚蠢的行为？

五、其 他

庄子主张顺其自然，生老病死是生命的自然状态，不必大惊小怪。死亡是生命的自然过程、自然归宿，何必恐惧！庄子追求生命自由，而生命的自由在于超然物外、超越生死。庄子主张万物齐一，生死齐同。生死本就没有什么区别，所以看淡生死。

庄子主张天道无为，个体生命要效法自然，崇尚无为，统治者也要无为而治。

庄子认为，心志纯一排除杂念的"心斋"，是追求道的境界达到虚寂的手段。

惠子与庄子虽然主张不同，经常论辩，但惠子是庄子难得的知音，惠子去世，庄子很是怀念。

髑髅之乐

庄子之楚，见空髑髅①，髐然有形②。撽以马捶③，因而问之，曰："夫子贪生失理而为此乎④？将⑤子有亡国之事、斧钺之诛而为此乎？将子有不善之行，愧遗父母妻子之丑⑥而为此乎？将子有冻馁之患而为此乎？将子之春秋故及此乎？"于是语卒，援髑髅，枕而卧。

夜半，髑髅见⑦梦曰："向子之谈者似辩士，视子所言，皆生人之累也，死则无此矣。子欲闻死之说乎？"庄子曰："然。"髑髅曰："死，无君于上，无臣于下，亦无四时之事，从然以天地为春秋⑧，虽南面王乐⑨，不能过也。"庄子不信，曰："吾使司命复生子形，为子骨肉肌肤，反子

221

父母、妻子、闾里、知识，子欲之乎？⑩"髑髅深矉蹙额⑪曰："吾安能弃南面王乐而复为人间之劳乎！"

（《至乐》）

【注释】①髑髅（dú lóu）：死人头骨。②髐然有形：空枯而有活人头颅的形状。髐（xiāo）然，骨头干枯的样子。③撽以马捶：用马鞭敲击（髑髅）。撽（qiào），敲击。④贪生失理而为此乎：过分追求人生欲望丧失天理而招致身亡的呢？⑤将：抑。⑥愧遗父母妻子之丑：羞愧给父母妻子丢了脸，意即做了坏事。⑦见：通"现"，显。⑧从然以天地为春秋：自由自在地与天地一样长寿。从然，放纵自得的样子。从，通"纵"。春秋，年纪。⑨虽南面王乐：即使南面为王的快乐。⑩吾使司命复生子形……子欲之乎：我让主管生命的神来恢复你的形体，为你重新长出骨肉肌肤，返回到你的父母、妻儿、宗族邻里和朋友故交中去，你愿意吗？知识，知道熟识（的人）。⑪深矉蹙额：皱眉蹙额，愁苦的样子。矉，通"颦"。

【提示】庄子把死生看成是自自然然的事，无所谓忧乐。这段文字却是忧生乐死。死了比活着快乐，因为死了可以摆脱人生的忧患劳苦。面对人世间黑暗的现实，作者几乎无法保持他固有的自然空明的心境了。与其不自由、不自然地生，还不如自由地、自然地死。

鼓盆而歌

庄子妻死，惠子吊之，庄子则方箕踞①鼓盆而歌。惠子曰："与人居②，长子、老③、身死，不哭亦足矣，又鼓盆而歌，不亦甚乎！"庄子曰："不然。是其始死也，我独何能无慨！然察其始而本无生；非徒无生也，而本无形；非徒无形也，而本无气。杂乎芒芴之间④，变而有气，气变而有形，形变而有生。今又变而之死，是相与为春秋冬夏四时行也⑤。人且偃然寝于巨室⑥，而我噭噭⑦然随而哭之，自以为不通乎命⑧，故止也。"

（《至乐》）

【注释】①方箕踞：正岔开两腿像个簸箕似的坐在地上。方，正在。箕踞，古人席地而坐，坐时两腿伸直岔开，像个簸箕。这是一种不拘礼节的坐法。②与人居：你的妻子和你一起生活。人，指庄子妻。居，生活。③长子、老：生儿育女，白头偕老，一起变老。④杂乎芒芴之间：混杂在恍惚之间。芒芴（hū），恍恍惚惚的样子。⑤是相与为春秋冬夏四时行也：这种变化，就像春夏秋冬四季那样运行不止一样，是自然而然地进行的。是，此，指其妻的生死变化。⑥偃然寝于巨室：静静地安息在天地之间。偃，通"晏"，安。巨室，指天地。⑦嗷嗷（jiào）：拟声词，悲哭声。⑧不通乎命：不懂得天命（道）。

【提示】面对妻子的死亡，庄子鼓盆而歌，不是不悲伤，而是对生死有着超然的理解，从"齐物"哲学的角度讲，死生本就没有什么区别，为什么要为死而难过呢？生是从大自然中来，死是回到大自然中去，生死都是自自然然的事，就好像春夏秋冬四季运行一样，死了就是安静地睡在天地的大房间里了，回家了，为什么要难过呢？

庄子将死

庄子将死，弟子欲厚葬之。庄子曰："吾以天地为棺椁，以日月为连璧，星辰为珠玑，万物为赍送①。吾葬具岂不备邪？何以加此！"弟子曰："吾恐乌鸢之食夫子也。"庄子曰："在上为乌鸢食，在下为蝼蚁食，夺彼与此，何其偏也②。"

（《列御寇》）

【注释】①以日月为连璧……万物为赍（jī）送：以太阳和月亮为连璧，把星星当作珍珠，把万物当作陪葬品。连璧，连城之璧。珠玑，玉，圆为珠，不圆为玑。这里的连璧、珠玑指殉葬品。赍，送，此指送葬品。②夺彼与此，何其偏也：夺过乌鸦、老鹰的吃食再交给蚂蚁，怎么如此偏心！

【提示】儒家主张厚葬，墨家主张薄葬，庄子主张不葬。庄子主

223

张"齐物我""一死生",死生本就没有什么区别,死了就是返归自然,没有必要为死而难过,更没有必要厚葬,在死后瞎折腾!微笑面对生死,淡然达观。

不仅要把人生看破,还要把死后看破,把一切人事看破,那才是修道的实在功夫。

涸辙之鲋

庄周家贫,故往贷粟于监河侯①。监河侯曰:"诺。我将得邑金②,将贷子三百金,可乎?"庄周忿然作色曰:"周昨来,有中道而呼者,周顾视车辙,中有鲋鱼③焉。周问之曰:'鲋鱼来,子何为者邪?'对曰:'我,东海之波臣④也。君岂有斗升之水而活⑤我哉?'周曰:'诺,我且南游吴越之王,激西江之水而迎子,可乎?鲋鱼忿然作色曰:'吾失我常与,我无所处。⑥吾得斗升之水然活耳,君乃言此,曾不如早索我于枯鱼之肆⑦。'"

(《外物》)

【注释】①监河侯:官名。②邑金:封地的租税。③鲋鱼:鲫鱼。④波臣:水族中的臣民,此为鲋鱼自称。⑤活:使动用法,使(我)活。⑥吾失我常与,我无所处:我失去了常相共处的水,就没有存身之处了。⑦曾不如早索我于枯鱼之肆:还不如早一点儿到干鱼市场来找我。曾,竟。索,求。枯鱼,鱼干。肆,市场。

【提示】人们常用这则寓言来说明大话和空话是不能解决实际问题的;帮人要诚心诚意,不能开空头支票;求助于人是困难的。也讽刺那些不从实际出发的人。庄子的本意则是,凡事不可强求,要任其自然。或曰:统治者的大话诺言是虚伪的。救济天下苍生,不在于宣扬宏远的治世方略,描绘未来动人的理想蓝图,而贵在实干,贵在能解决燃眉之急,化解眼前的危机。

轮扁斫轮

桓公读书于堂上,轮扁斫轮①于堂下,释椎凿而上,问桓公曰："敢问，公之所读者何言邪?"公曰："圣人之言也。"曰："圣人在乎?"公曰："已死矣。"曰："然则君之所读者，古人之糟魄②已夫!"桓公曰："寡人读书，轮人安得议乎! 有说③则可，无说则死!"

轮扁曰："臣也以臣之事观之。斫轮，徐则甘而不固④，疾则苦而不入⑤，不徐不疾，得之于手而应于心，口不能言，有数存乎其间⑥。臣不能以喻臣之子，臣之子亦不能受之于臣，是以行年七十而老斫轮。古之人与其不可传也死矣⑦，然则君之所读者，古人之糟魄已夫!"

（《天道》）

【注释】①轮扁斫轮：一位名叫扁的工匠正在砍着木头做车轮。轮扁，制造车轮的人。轮，职业。扁，名字。斫，砍削。②糟魄：指古人遗言。魄，通"粕"。③有说：可以解释清楚。说，说法，道理。④徐则甘而不固：轮上的榫头做得宽了则松滑而不牢固。徐，宽缓。甘，松滑。⑤疾则苦而不入：榫头做得紧了就必然涩滞而安装不进去。疾，急，紧。苦，滞涩。⑥有数存乎其间：分寸大小心中有数。⑦古之人与其不可传也死矣：古人和他们所不能言传的东西都（一起）死去了。

【提示】书本所载的都是古人的糟粕，古人的精华不可言传。道在虚无之间，凡形色名声，书中言语都不足以表达。

这里借"斫轮"讲体道。道不能言，也就不能以言传。轮扁这种"斫轮"之道，即使在其父子之间也无法传授，以至于七十高龄还得自己"斫轮"。古人之道，用语言文字就更"不可传"了。所以桓公所读之书为"古人之糟粕"。真知是无法言传的，读书这种"有为"是徒劳。天道无为，统治者要无为。

畏影恶迹

人有畏影恶迹而去之走者①，举足愈数②而迹愈多，走愈疾而影不离身，自以为尚迟。疾走不休，绝力而死。不

225

知处阴以休影，处静以息迹③，愚亦甚矣！

（《渔父》）

【注释】①人有畏影恶迹而去之走者：有个害怕自己的身影、厌恶自己的足迹，想要避开它（影子和足迹）而快跑的人。②数（shuò）：快。③不知处阴以休影，处静以息迹：不懂得停留在阴暗处影子自然会消失，处于静止状态就不会有足迹。

【提示】寓言说明道家"自然无为"的观点。畏影恶迹者快跑（有为），却事与愿违；如果他停下来，什么都不做（无为），反而更能接近他自己的目标。人要效法自然，崇尚真诚，无为而为。

心　斋

回曰："敢问心斋①。"仲尼曰："若一志②，无听之以耳而听之以心，无听之以心而听之以气③。听止于耳，心止于符。④气也者，虚而待物者也。⑤唯道集虚。虚者，心斋也。⑥"

（《人间世》）

【注释】①心斋：内心斋戒，即洗出心中欲念。②若一志：你心无杂念。若，你。一志，使心志纯一，排除杂念。③无听之以耳而听之以心，无听之以心而听之以气：不要用耳去听，而要用心灵去体会；不要用心灵去体会，而要用气去感应。气，气息。④听止于耳，心止于符：外界的声音对耳朵毫无触动，心停止与外界事物接触。符，接合。⑤气也者，虚而待物者也：气是虚的，虚就能接纳万物。⑥唯道集虚。虚者，心斋也：唯有道才能集结在空虚之中。这个虚境就叫作心斋。

【提示】"心斋"即心灵斋戒。通过"心斋"，摒除杂念，使心境虚静纯一，以达到冲虚无碍的精神境界。"心斋"是达到虚寂的道境的手段。

心志纯一，排除杂念，不是用耳朵去听，而是用心灵甚至气。

用心灵甚至气怎么去听呢？这就要对外界听而不闻，感官和心灵停止活动，心守虚寂。气其实不能听也不能与外界接合，无声无虑，所以是虚的。虚就能接纳万物。但唯有道才能集结在空虚之中，因为道本身也是虚的。如果有物进入其中就不成为空虚了。达到这个虚的手段就是心斋，虚才可能得道。

运斤成风

庄子送葬，过惠子之墓，顾谓从者曰："郢人垩慢其鼻端若蝇翼①，使匠石斫②之。匠石运斤成风③，听④而斫之，尽垩⑤而鼻不伤，郢人立不失容。宋元君闻之，召匠石曰：'尝试为寡人为之。'匠石曰：'臣则尝能斫之。虽然，臣之质死久矣⑥！'自夫子之死也，吾无以为质矣，吾无与言之矣！⑦"

（《徐无鬼》）

【注释】①郢人垩慢其鼻端若蝇翼：郢人在鼻尖涂上像苍蝇翅膀一样薄的白粉。垩（è），白色土。②斫（zhuó）：削。③运斤成风：挥动斧头，风声呼呼，比喻手法纯熟，技术高超。运，挥动。斤，斧头。④听：（郢人）听任。⑤尽垩：把石灰全削净。尽，使动用法。⑥臣之质死久矣：我的对手早死了。那是双方的事，现在没有可配合的人了。⑦自夫子之死也……吾无与言之矣：这三句是庄子对惠子的坟墓说的。说明惠子死后，庄子辩论没有对手了。

【提示】惠子是庄子论辩的对手，也是庄子的朋友，是庄子难得的知音。惠子去世，就没有了可以与庄子匹敌的论辩对手了。这则寓言表现了庄子对失去朋友的惆怅，表达了对惠子的怀念。

思考与行动

1. 体会这些寓言的寓意，感悟庄子的思想。

2. 庄子对待生命的态度，能给我们带来哪些启发？你同意庄子的生死观吗？

3. 心静，是人生最妙的心境。恬静自安，神闲气静，心静自然凉，静以修身，宁静致远，静能生慧……试着做做"心斋"，排除杂念，让心静下来。

《墨子》撷玉

黄耀新

　　《墨子》一书，是墨子弟子根据墨子生平事迹的史料，收集其语录编辑而成。墨子是中国古代思想家、教育家、科学家、军事家。他生活在春秋战国之交的一个社会大变革时期，天下大乱，百家争鸣。墨子创立了以兼爱为核心的墨家学说，提出了"兼爱""非攻""尚贤""尚同""天志""明鬼""非命""非乐""节葬""节用"等观点，且提出了中国最早的宇宙概念、数学论述、物理观念等，在机械制造领域也负有盛名，这些都是极具开创性的科学成就。墨家在先秦时期影响很大，与儒家并称"显学"。

　　墨子是一位平民思想家。他不但强烈地反对儒家的贵族政治，也不赞成法家的官僚政治，他主张人民的政治。在中国历史上，墨家是唯一站在平民立场上替劳苦大众说话的一派学说。

　　秦汉以来，儒家成为了中华文化的主流正统，法家主宰着专制朝廷的庙堂政治，道家占据民间成为隐士精神家园，而墨家命运迥异，恰如一颗流星划过中华文明的历史长河，在短暂的辉煌之后归于沉寂，成了"默"家。

　　直到晚清和近代，章太炎、梁启超等人注意到墨家学说主张发展科学技术，有利于富国强兵，便大力著书立说，倡导墨学复兴。一时间，校理墨子、阐扬墨学成为社会热潮。除了科学技术，墨子思想还体现出深广的和平主义与人道主义，体现出对弱者的人文关怀等许多具有现代性的思想火花。墨子学说受到了前所未有的推崇。梁启超说他自己是"极为崇拜墨子的人"，"论到人格，墨子真算千古的大实行家，不惟在中国无人能比，求诸全世界也是少见"。

下面所选的《墨子》原文二十七则，以中华书局 2011 年 10 月版《墨子》（方勇译注）为底本，参阅其他，择善而从。统编语文教材课文《兼爱》（"圣人以治天下为事也……故子墨子曰不可以不劝爱人者，此也"），这里不再选用。

一、兼　爱

墨子针对儒家"爱有差等"的观点，提出"兼相爱，交相利"的观点。兼爱是指同时爱不同的人或事物，要人们爱别人就像爱自己，对待别人就像对待自己，没有任何区别地相亲相爱，即"兼相爱"。墨子认为只有这样，才能避免损害别人来为自己谋取利益的事情，也只有这样，才能使所有人都得到平等的利益，即"交相利"。墨子希望通过提倡兼爱解决社会矛盾。

使天下兼相爱

若使天下兼相爱①，爱人若爱其身，犹有不孝者乎？视父兄与君若其身，恶施不孝②？犹有不慈者乎？视弟子与臣若其身，恶施不慈？故不孝不慈亡有。犹有盗贼乎？故视人之室若其室，谁窃？视人身若其身，谁贼③？故盗贼亡有。

（《兼爱上》）

【注释】①兼相爱：谓全部相亲相爱。②恶施不孝：怎么会做出不孝的事情呢？③谁贼：谁还抢劫。

【提示】假使天下人都能对别人就像对待自己一样的爱，就不会不孝不慈，就会不偷不盗。

兼爱之利

天下之人皆不相爱，强必执①弱，富必侮贫，贵必敖②

贱，诈^③必欺愚。凡天下祸篡^④怨恨，其所以起者，以不相爱生也。是以仁者非之。

既以非之^⑤，何以易之？子墨子言曰："以兼相爱、交相利之法易之。"然则兼相爱、交相利之法将奈何哉？子墨子言：视人之国若视其国，视人之家若视其家，视人之身若视其身。是故诸侯相爱则不野战，家主相爱则不相篡，人与人相爱则不相贼，君臣相爱则惠忠，父子相爱则慈孝，兄弟相爱则和调。天下之人皆相爱，强不执弱，众不劫^⑥寡，富不侮贫，贵不敖贱，诈不欺愚。凡天下祸篡怨恨可使毋起者，以相爱生也，是以仁者誉之^⑦。

（《兼爱中》）

【注释】①执：执掌，控制。②敖：通"傲"。③诈：聪明人。④篡：篡夺。⑤既以非之：既然认为这是不对的。以，通"已"。⑥劫：胁迫，威逼。⑦之：指"兼相爱、交相利"之法。

【提示】天下的人都不相爱，就会产生诸多问题。解决这些问题，就用全都相爱、交互得利的方法。

投桃报李

夫爱人者，人亦从而爱之；利人者，人亦从而利之；恶人者，人亦从而恶之；害人者，人亦从而害之。

（《兼爱中》）

先王之所书，《大雅》之所道，曰："无言而不雠，无德而不报。^①投我以桃，报之以李。"即此言爱人者必见^②爱也，而恶人者必见恶也。

（《兼爱下》）

【注释】①无言而不雠，无德而不报：没有什么话不应答，没有什么恩德不报答。②见：被。

231

楚王好细腰

昔者楚灵王好士细要①，故灵王之臣，皆以一饭为节②，胁息③然后带④，扶墙然后起，比期年⑤，朝⑥有黧⑦黑之色。是其故何也？君说之，故臣能之也。

（《兼爱中》）

【注释】①细要：即"细腰"。②为节：作为节制的方法。③胁息：屏气。④带：束腰带。⑤比期年：等到一年。⑥朝：朝臣。⑦黧：人饥瘦时发黑的面色。

【提示】兼爱并非难于实行，只要君主能够喜欢和实行兼爱，就可以做到。

爱人非为誉也

爱人非为誉也，其类在逆旅①。爱人之亲若爱其亲，其类在官苟②。兼爱相若，一爱相若。③一爱相若，其类在死也。④

（《大取》）

【注释】①其类在逆旅：这正像旅店一样，是方便他人。②官苟：公敬。官：公而无私。苟，敬。③兼爱相若，一爱相若：兼爱，和爱自己一样。④一爱相若，其类在死也：一旦世人都做到了兼爱如一，就会像蛇受到攻击时首尾相救一样，彼此互相救助。也，当作"它"，古"蛇"字。

【提示】人人都兼爱，是爱别人，也是救自己。

兼爱顺天得赏

顺天意者，兼相爱，交相利，必得赏；反天意者，别相恶，交相贼，必得罚。然则是谁顺天意而得赏者？谁反天意而得罚者？子墨子言曰："昔三代圣王禹汤文武，此顺天意而得赏也；昔三代之暴王桀纣幽厉①，此反天意而得罚者也。"

（《天志上》）

【注释】①幽厉：西周末期的周幽王、周厉王。

【提示】墨子承认鬼神的存在。他认为，"天"是有意志、有感觉的具有神秘力量的神，是世间万物的最高主宰，对人世间的一切进行监督和赏罚。

义正者何若

曰：顺天之意者，兼也；反天之意者，别也。兼之为道也，义正；别之为道也，力正。①曰：义正者何若？曰：大不攻小也，强不侮弱也，众不贼寡也，诈②不欺愚也，贵不傲贱也，富不骄贫也，壮不夺老也。是以天下之庶国③，莫以水火毒药兵刃以相害也。若事上利天，中利鬼，下利人，三利而无所不利，是谓天德。④故凡从事此者，圣知也，仁义也，忠惠也，慈孝也，是故聚敛天下之善名而加之。是其故何也？则顺天之意也。

（《天志下》）

【注释】①兼之为道也……力正：实行兼的主张，就是以义来治理政务；实行别的主张，就是以暴力来治理政务。正，通"政"。②诈：据上下文疑当为"知"。③庶国：指众多的国家。④若事上利天……是谓天德：这种事上利于天，中利于鬼，下利于人。三者有利，就无所不利，这就是有功德于天。

【提示】墨子解说"义正"，提出了著名的"七不准则"。这种兼爱之道是顺从天意的（天是可以主宰人伦社会的秩序、赏善罚恶的）。下文关于"力正者何若"的回答，与"义正者"截然相反。

天欲人相爱相利

今天下无大小国，皆天之邑也；人无幼长贵贱，皆天之臣①也。此以莫不犓②羊、豢犬猪，絜为酒醴粢盛③，以敬事天，此不为兼而有之、兼而食之邪④？天苟兼而有食之，夫奚说以不欲人之相爱相利也⑤？故曰：爱人利人者，天必福之；恶人贼人者，天必祸之。曰：杀不辜者，得不祥焉。夫奚说人为其相杀而天与祸乎？⑥是以知天欲人相爱相利，而不欲人相恶相贼也。

（《法仪》）

【注释】①臣：臣民，大臣和百姓。②犓（chú）：用草料喂牲口。③絜为酒醴粢盛：干干净净地置备好酒食器皿。絜，通"洁"。醴，甜酒。粢，稻饼。盛，指装了祭品的器皿。④此不为兼而有之、兼而食之邪：这不就是表明上天拥有所有的人、给所有的人以食物吗？⑤夫奚说以不欲人之相爱相利也：那么怎么能说上天不希望人们相爱相利呢？⑥夫奚说人为其相杀而天与祸乎：怎么解释人们之间相互残杀，上天就降祸给他们呢？

【提示】无论谁都是上天的臣民。上天希望人们相互友爱、相互帮助，不希望人们相互憎恨、相互残害。

墨子与巫马子

巫马子①谓墨子曰："子兼爱天下，未云利也；我不爱天下，未云贼②也。功皆未至，子何独自是而非我哉？"墨子曰："今有燎③于此，一人奉④水将灌之，一人掺⑤火将益之。功皆未至，子何贵于二人？"巫马子曰："我是彼奉水者之意，而非夫掺火者之意。"墨子曰："吾亦是吾意，而非子之意也。"

……

巫马子谓子墨子曰："我与子异，我不能兼爱。我爱邹

234

人于⑥越人，爱鲁人于邹人，爱我乡人于鲁人，爱我家人于乡人，爱我亲⑦于我家人，爱我身于吾亲，以为近我也。击我则疾，击彼则不疾于我，我何故疾者之不拂，而不疾者之拂⑧？故有我有杀彼以我，无杀我以利。⑨"子墨子曰："子之义将匿邪，意将以告人乎？"巫马子曰："我何故匿我义？吾将以告人。"子墨子曰："然则一人说子，一人欲杀子以利己；十人说子，十人欲杀子以利己；天下说子，天下欲杀子以利己。一人不说子，一人欲杀子，以子为施不祥言者也；十人不说子，十人欲杀子，以子为施不祥言者也；天下不说子，天下欲杀子，以子为施不祥言者也。说子亦欲杀子，不说子亦欲杀子，是所谓经者口也，杀常之身者也⑩。"子墨子曰："子之言恶利也⑪？若无所利而不言，是荡口⑫也。"

（《耕柱》）

【注释】①巫马子：疑为孔子弟子巫马期。②贼：伤害。③燎：放火。④奉：同"捧"。⑤掺（shǎn）：持，握。⑥于：逾，超过。⑦亲：父母双亲。⑧我何故疾者之不拂，而不疾者之拂：我为什么不除去自己的疼痛，反而去解除与己无关的别人的疼痛。拂，除云。⑨故有我有杀彼以我，无杀我以利：此两句疑为"有杀彼以利我，无杀我以利彼"。⑩是所谓经者口也，杀常之身者也：这就是口出不祥之言，常常招致杀身之祸。⑪恶利也：有什么益处呢。⑫荡口：信口胡言。

【提示】巫马子称自己爱有差等，损人利己。墨子以此推论下去，得出了对巫马子人人得而诛之的结论。虽然一件事情还没达到它的预期效果，但它动机的利益指向还是十分明确的，以此是可以判断是非的。

〘思考与行动〙

1. 弄清楚兼爱与仁爱的区别和联系，你觉得哪一个更有道理？

2. 墨子推行兼爱，借助天神的力量，强调君主的带动作用。对此你怎么看，写一篇随笔。

二、哲　理

《墨子》"恐人怀其文，忘其直，以文害用也"，"故其言多不辩"。墨子有意地不讲究文采，追求"言之无文，明辨是非"，尽量回避"美言不信"的纵横家的俗套。墨子的语言艺术已经超越了表面的词采华丽。墨子在"明辨是非"方面，做得很充分，其言充满哲理睿思。许多文段，理趣盎然，读来"于我心有戚戚焉"。

太盛难守

今有五锥，此其铦①，铦者必先挫②；有五刀，此其错③，错者必先靡④。是以甘井近竭，招木⑤近伐，灵龟近灼，神蛇近暴⑥。是故比干之殪，其抗也；孟贲之杀，其勇也；西施之沉，其美也；吴起之裂，其事也⑦。故彼人者，寡不死其所长⑧。故曰：太盛难守也。

（《亲士》）

【注释】①铦（xiān）：锋利。②挫：折断。③错：磨。④靡：通"磨"，消磨。⑤招木：木之美者。⑥灵龟近灼，神蛇近暴：灵验的龟最先被烧灼用以占卜，神奇的蛇最先遭曝晒用以求雨。神蛇，传说会兴云作雨，古人曝晒它以求雨。⑦比干之殪……其事也：比干的被杀，是因为他品行耿直；孟贲的被杀，是因为他太勇敢；西施被沉江，是因为她太美；吴起被车裂，是因为他的功业。比干，商纣叔父，因屡次进谏而被剖心。孟贲，战国时卫国的勇士，后被秦武王所杀。吴起，战国时军事家，被车裂。⑧寡不死其所长：很少不是因为他们的过人之处而死。

【提示】"太盛难守"，物极必反。墨子的本义是说任用贤人就要宽容地对待他们，不能让"出头的椽子先烂"。

良弓难张

故虽有贤君，不爱无功之臣；虽有慈父，不爱无益之子。是故不胜其任而处其位，非此位之人也；不胜其爵而处其禄，非此禄之主①也。良弓难张，然可以及高入深；良马难乘，然可以任重致远；良才难令，然可以致君见②尊。

（《亲士》）

【注释】①非此禄之主：不配享受这种俸禄的人。②见：被。

【提示】成事才能得到相应的爱，才应该得到相应的位置和俸禄。有才的人虽有脾气，但能做成大事。

口言之身必行之

告子谓子墨子曰："我治国为政①。"子墨子曰："政者，口言之，身必行之。今子口言之，而身不行，是子之身乱也。子不能治子之身，恶能治国政？子姑亡子之身乱之矣！②"

（《公孟》）

【注释】①我治国为政："我"后当有"能"字。②子姑亡子之身乱之矣：你姑且先防备你自身的矛盾吧！亡，当作"防"。身乱，自身混乱，自相矛盾。

【提示】统治者必须言行一致。为政要身体力行，不能治身，即不能治国。

务于治本

君子战虽有陈①，而勇为本焉；丧虽有礼，而哀为本焉；士虽有学，而行②为本焉。是故置本不安者，无务丰末③；近者不亲，无务来远；亲戚不附，无务外交；事无终始，无务多业；举物而暗④，无务博闻。

（《修身》）

【注释】①陈：同"阵"，指作战时的队列。②行：德行。③置本不安者，无务丰末：根基不牢固的，就不要期望枝繁叶茂。④举物而暗：对一件事物弄不明白它的道理。暗，不明事理。

【提示】做事要弄清根本。抓住根本，才能把事情办好。

染不可不慎

子墨子言见染丝者而叹，曰："染于苍则苍，染于黄则黄。所入者①变，其色亦变。五入必②，而已则为五色矣。故染不可不慎也！"

（《所染》）

【注释】①所入者：指染物的染水。②必：毕，全部。

【提示】"染于苍则苍，染于黄则黄"，所以"染不可不慎"。慎重地选择周围亲信的人，才能给自己好的影响。

合其志功而观

鲁君谓子墨子曰："我有二子，一人者好学，一人者好分人财，孰以为太子而可?"子墨子曰："未可知也。或所为赏与为是也。①钓者之恭，非为鱼赐也；饵鼠以虫，非爱之也。②吾愿主君之合其志功③而观焉。"

（《鲁问》）

【注释】①或所为赏与为是也：也许是为着赏赐和名誉而这样做的。与，当为"誉"。②钓者之恭……非爱之也：钓鱼人躬着身子，并不是对鱼表示恭敬；用虫子作为捕鼠的诱饵，并不是喜爱老鼠。③志功：志向和功劳。

【提示】一子好学，一子好分享财物，谁做继承人？鲁君征求墨子意见。墨子要鲁君透过现象看本质，将二子的动机和表现结合起来进行观察判断。

施人薄而望人厚

鲁祝①以一豚祭，而求百福于鬼神。子墨子闻之曰："是不可。今施人薄而望人厚，则人唯恐其有赐于己也。今以一豚祭，而求百福于鬼神，唯恐其以牛羊祀②也。古者圣王事鬼神，祭而已矣。今以豚祭而求百福，则其富不如其贫也③。"

（《鲁问》）

【注释】①祝：祭祀时主持祝告的人。②唯恐其以牛羊祀：（鬼神）就只怕你用牛羊祭祀了。③则其富不如其贫也：那么祭品丰富还不如贫乏呢。

【提示】施给别人的少，却希望从别人那儿得到的多。

万事莫贵于义

子墨子曰："万事莫贵于义。今谓人曰：'予子冠履，而断子之手足，子为之乎？'必不为，何故？则冠履不若手足之贵也。又曰：'予子天下而杀子之身，子为之乎？'必不为，何故？则天下不若身之贵也。争一言①以相杀，是贵义于其身也。故曰：万事莫贵于义也。"

（《贵义》）

【注释】①一言：一句话，即关系到正义与非正义的一句话。
【提示】义比生命还可贵。为了捍卫义可以去战斗，去牺牲。

快马加鞭

子墨子怒耕柱子①。耕柱子曰："我毋俞于人乎？②"墨子曰："我将上太行，驾骥与羊，子将谁驱③？"耕柱子曰："将驱骥也。"子墨子曰："何故驱骥也？"耕柱子曰："骥足以责④。"子墨子曰："我亦以子为足以责。"

（《耕柱》）

【注释】①怒耕柱子：责备耕柱子。耕柱，墨子学生。②我毋俞于人乎：我难道不比别人强一点儿吗？俞，当作"愈"，胜。③驱：鞭策。④责：担当责任。

【提示】鞭打好马跑得快。对于有才能的人，批评、挫折可使他最大限度地发挥潜能。被批评的人可能是更被器重的人。

〖思考与行动〗

1. 根据上面文段，想想该如何认识和任用人才。
2. 从上面文段中，你得到哪些成长和做人的启示？写一篇随笔。

三、其　他

兼爱便必须非攻，非攻即反对攻战。非攻是墨子军事思想的集中体现，同时也包含着丰富的政治、哲学、科学、文化、伦理思想。《公输》曾是教材的传统篇目，具体地表现了墨子兼爱非攻的思想，墨子的正义感、侠义精神和雄辩的才华以及高超的防御技术，被体现得淋漓尽致。

养成君子人格、尚同、节葬等等都是墨子的重要思想。墨子不仅是著名的思想家，也是中国早期最重要的科学家，他是第一个进行光学实验并对几何光学进行系统研究的学者。2016年，我国研制的首颗空间量子科学实验卫星，被命名为"墨子号"。

攻战不吉

昔者晋有六将军，而智伯莫为强①焉。计其土地之博，人徒之众，欲以抗诸侯，以为英名②。攻战之速，故差论其爪牙之士③，皆列其舟车之众，以攻中行氏而有之。以其谋为既已足矣，又攻兹范氏而大败之，并三家以为一家，而不止，又围赵襄子于晋阳。及若此，则韩、魏亦相从而谋曰："古者有语：'唇亡则齿寒。'赵氏朝亡，我夕从之；赵氏夕亡，我朝从之。《诗》曰：'鱼水不务，陆将何及乎!④'”是以三主之君，一心勠力，辟门除道⑤，奉甲兴士，韩、魏自外，赵氏自内，击智伯，大败之。

是故子墨子言曰：“古者有语曰：‘君子不镜于水而镜于人⑥。镜于水，见面之容；镜于人，则知吉与凶。’今以攻战为利，则盖尝鉴之于智伯之事乎⑦？此其为不吉而凶，既可得而知矣。”

（《非攻中》）

【注释】①智伯莫为强：没有人比智伯强大。为，犹“与”。②以为英名：以（抵抗诸侯）成就英名。为，成。③差论其爪牙之士：挑选手下勇猛的士兵。差论，挑选。王念孙：“差、论，皆择也。”④鱼水不务，陆将何及乎：鱼在水中不快快游走，被人抓到岸上后，还来得及吗？⑤辟门除道：各自打开自己的城门，开通相互之间的通道。⑥不镜于水而镜于人：不用水做镜子而用人做镜子。⑦则盖尝鉴之于智伯之事乎：那么何不尝试借鉴一下智伯失败的事呢？盖，通“盍”。

【提示】灭了中行氏和范氏之后，强大的智伯又率韩魏两家去围攻赵氏，赵韩魏三家里应外合，共击智伯。智伯大败。墨子用这个例子来说明攻战不是吉利而是凶险的事。

公 输

公输盘①为楚造云梯之械，成，将以攻宋。子墨子闻之，起于齐，行十日十夜而至于郢②，见公输盘。

公输盘曰：“夫子何命焉为？③”子墨子曰：“北方有侮臣者，愿借子杀之。”公输盘不说。子墨子曰：“请献十金。”公输盘曰：“吾义固不杀人。”子墨子起，再拜曰：“请说之。④吾从北方闻子为梯，将以攻宋。宋何罪之有？荆国有余于地，而不足于民，杀所不足，而争所有余，不可谓智。宋无罪而攻之，不可谓仁。知而不争，不可谓忠。争而不得，不可谓强。义不杀少而杀众，不可谓知类。”公输盘服。子墨子曰："然，胡不已乎？"公输盘曰："不可，吾既已言之王矣。"子墨子曰："胡不见⑤我于王？"公输盘曰："诺。"

子墨子见王，曰："今有人于此，舍其文轩，邻有敝舆⑥，而欲窃之；舍其锦绣，邻有短褐，而欲窃之；舍其粱肉，邻有糠糟，而欲窃之。此为何若人？"王曰："必为有窃疾矣。"子墨子曰："荆之地，方五千里，宋之地，方五百里，此犹文轩之与敝舆也；荆有云梦，犀兕麋鹿满之，江汉之鱼鳖鼋鼍⑦为天下富，宋所为无雉兔狐狸者也，此犹粱肉之与糠糟也；荆有长松文梓楩楠豫章⑧，宋无长木，此犹锦绣之与短褐也。臣以三事⑨之攻宋也，为与此同类。臣见大王必伤义而不得。"王曰："善哉！虽然，公输盘为我为云梯，必取宋。"

于是见公输盘，子墨子解带为城，以牒为械⑩，公输盘九设攻城之机变，子墨子九距之，公输盘之攻械尽，子墨子之守圉⑪有余。公输盘诎⑫，而曰："吾知所以距子矣，吾不言。"子墨子亦曰："吾知子之所以距我，吾不言。"楚王问其故，子墨子曰："公输子之意，不过欲杀臣。杀臣，宋莫能守，可攻也。然臣之弟子禽滑厘等三百人，已持臣守圉之器，在宋城上而待楚寇矣。虽杀臣，不能绝也。"楚王曰："善哉！吾请无攻宋矣。"

子墨子归，过宋，天雨，庇其闾中，守闾者不内也⑬。故曰："治于神者，众人不知其功；争于明者，众人知之。⑭"

【注释】①公输盘：鲁盘（"盘"或作"般""班"），战国初鲁国巧匠，公输为其号。②郢：楚国都城。③夫子何命焉为：此句犹"夫子何为命焉"。为，以。④请说之：请允许我说一些话。⑤见：引荐。⑥文轩：有花纹彩绘装饰的华丽车子。敝舆：破烂的车子。⑦鼋鼍（yuán tuó）：巨鳖和猪婆龙（扬子鳄）。⑧文梓：梓树。楩（pián）：黄楩木。楠：楠木。豫章：樟树。⑨三事：当作"王吏"，谓楚王之臣下，即公输盘。⑩以牒为械：用小木片做守城器械。⑪守圉（yǔ）：防守抵御。⑫诎（qū）：屈。⑬庇其闾中，守闾者不内也：想到一个大门下去避雨，守门人却不让他进去。庇，蔽。闾，里门。内，通"纳"。⑭治于神者……众人知之：那些把灾祸在酝酿阶段就解除的人，众人不知道他的功劳。而在明处争辩不休的人，众人却知道他。神，事变正在酝酿的隐微阶段。

【提示】墨子站在正义一边，制止了楚攻宋这场战争的发生。他以不可辩驳的逻辑力量折服了公输盘和楚王，又以高超的防守技术和谋划促使楚王放弃攻宋计划。墨子的道义和智慧，令人赞叹不已。

击邻家子

鲁阳文君曰："先生何止我攻郑也？我攻郑，顺于天之志。郑人三世杀其君，天加诛焉，使三年不全①，我将助天诛也。"子墨子曰："郑人三世杀其君而天加诛焉，使三年不全。天诛足矣，今又举兵，将以攻郑，曰：'吾攻郑也，顺于天之志。'譬有人于此，其子强梁不材②，故其父笞之。其邻家之父，举木而击之，曰：'吾击之也，顺于其父之志。'则岂不悖哉③？"

（《鲁问》）

【注释】①三年不全：连续三年遭受饥荒。②强梁不材：强暴蛮横，不成器。③则岂不悖哉：难道不是违背常理，很荒谬的吗？

【提示】楚国的鲁阳文君侵略郑国，却打着顺应天意、帮助上天的旗号，墨子用"击邻家子"这则寓言，戳穿了他的谎言。他国有乱，自有天诛，用不着邻国兴兵动武。

志不强者智不达

志不强者智不达，言不信者行不果。据财不能以分人者，不足与友；守道不笃、遍物不博、辩是非不察①者，不足与游。本不固者末必几②，雄而不修者其后必惰③，原浊者流不清，行不信者名必耗。名不徒生，而誉不自长，功成名遂，名誉不可虚假，反之身者也④。务言而缓行，虽辩必不听；多力而伐功，虽劳必不图。⑤慧者心辩⑥而不繁说，多力而不伐功，此以名誉扬天下。言无务为多而务为智，无务为文而务为察⑦。故彼智无察，在身而情，反其路者也⑧。善无主于心者不留，行莫辩于身者不立。⑨名不可简而成也，誉不可巧而立也，君子以身戴行者也⑩。思利寻焉，忘名忽焉⑪，可以为士于天下者，未尝有也。

（《修身》）

【注释】 ①遍物不博、辩是非不察：辨别事物不能从大处着眼，辨别是非不清楚。遍、辩，都通"辨"，辨识。察，明察。②几：危。③雄而不修者其后必惰：霸道而不自我修养的人最终必然会失败。雄，勇。惰，疑当作"堕"。④反之身者也：要向自身去寻求。⑤务言而缓行……虽劳必不图：只会说好听的话而行动迟缓，即使能言善辩也没人会听从；出力很多却夸耀自己的功劳，即使劳苦也不可取。⑥心辩：心中明白。⑦无务为文而务为察：不求文采华丽，但求明察是非。⑧彼智无察……反其路者也：如果既没有智慧又不能明察，而自己又懒惰，那么就要背离正道了。情，当为"惰"。⑨善无主于心者不留，行莫辩于身者不立：善良的品性如果不在心里起主导作用，就不能长久保持；善良的行为如果不是从自身加以辨识，就不能树立。⑩君子以身戴行者也：君子是身体力行地表现自己品德的人。戴，载。⑪思利寻焉，忘名忽焉：图谋利益之心长久地存在，而保持名节之心却很快忘却。

【提示】 意志不坚强的人，他的智慧就得不到充分的发挥。有坚强的意志、坚定的信念作为精神支柱，就容易明辨是非。说话不讲信用的人，他的行为也不会有结果。言语诚实是一个人诚信的基础，而诚信是一个人的立身之本。

墨子认为，语言应该简洁明了，充满智慧，不看重文采，只求明察是非、准确地表达思想。如果没有智慧，不能明察是非、准确地表达思想，就不能取得良好的效果。由于语言的表达决定于人的思想品行，所以，言行必须相一致才能受到尊重，取得成功。

君子自难

吾闻之曰："非无安居也，我无安心也；非无足财也，我无足心也①。"是故君子自难而易彼②，众人自易而难彼。君子进不败其志，内究其情，虽杂庸民，终无怨心，彼有自信者也。③是故为其所难者，必得其所欲焉；未闻为其所欲④，而免其所恶者也。

（《亲士》）

【注释】①非无安居也……我无足心也：不是没有安适的居处，而是我的心不能安定；不是没有丰足的财物，而是我的心不能知足。②君子自难而易彼：君子总是自己做困难的事情，而让别人做容易的事情。③君子进不败其志……彼有自信者也：君子仕途顺利时不改变他的志向，不得志时心情也一样；即使杂处于庸众之中，也始终没有怨尤之心，他们是自信的人。④所欲：疑为"所易"，与上文"所难"相对。

【提示】君子主动做那些困难的事，一定能得到自己想要的东西。做难事必有所得。

以尚同为政

（先王曰）"夫唯能使人之耳目助己视听，使人之吻助己言谈，使人之心助己思虑，使人之股肱助己动作。"助之视听者众，则其所闻见者远矣；助之言谈者众，则其德音之所抚循者博矣①；助之思虑者众，则其谈谋度速得矣②；助之动作者众，即其举事速成矣。故古者圣人之所以济事成功，垂名于后世者，无他故异物③焉，曰：唯能以尚同为政者也。

（《尚同中》）

①则其德音之所抚循者博矣：那么他有恩德的语言所抚慰的人就多了。德音，指天子的诏令。抚循，抚慰，安慰。②则其谈谋度速得矣：那么他所做谋略和决定的速度就很快了。谋，谋划。度，衡量。③无他故异物：没有其他什么特殊原因。异物，指其他事因。

【提示】 墨子认为，人们在是非善恶的评判上要统一于他的上级，最终统一于君王。思想完全统一了，上下一体，做什么都会成功。这就是尚（上）同的原则。古代的圣君，正是能够审查任用和上面统一的人做官，使得上下情意相通，能够把事情办成，名垂后世。

节　葬

故衣食者，人之生利也，然且犹尚有节①；葬埋者，人之死利也，夫何独无节于此乎？子墨子制为葬埋之法，曰：棺三寸，足以朽骨；衣三领，足以朽肉。掘地之深，下无菹漏，气无发泄于上，垄足以期其所，则止矣②。哭往哭来，反从事乎衣食之财，佴乎祭祀③，以致孝于亲。故曰子墨子之法，不失死生之利者，此也。

（《节葬下》）

【注释】 ①故衣食者……然且犹尚有节：衣食是人活着时利益之所在，然而犹且崇尚节制。②棺三寸……则止矣：棺材厚三寸，能够用到尸骨腐烂就可以了，衣服三件，能够用到肉体腐烂就可以了；挖掘墓地的深度，下面不要渗水，上面不要让腐尸气味散发出来；坟堆的高度能够表示出那是埋葬死者所在，就可以停止了。菹（jū），湿。③反从事乎衣食之财，佴乎祭祀：回来以后就从事于谋求衣食财用的工作，用来资助祭祀的费用。佴（èr），帮助。

【提示】 墨子提倡节俭，反对厚葬。

公输为鹊

公输子削竹木以为鹊，成而飞之，三日不下。公输子自以为至巧。子墨子谓公输子曰："子之为鹊也，不如匠之为车辖①。须臾刘三寸之木②，而任五十石之重。故所为功，利于人谓之巧，不利于人谓之拙。"

(《鲁问》)

【注释】①辖：安在车轴末端的插销，用以挡住车轮，使不脱落。②刘三寸之木：削成一块三寸大小的木头（插销）。刘，砍削。

【提示】公输班发明的木鸢，堪称人类最早的飞行器，是一件了不起的壮举。受时代的局限，墨子不以为然，认为"不利于人"，是奇技淫巧，无可称道。

小孔成像

景到，在午有端，与景长，说在端。①

(《经下》)

景，光之与人，煦若射。下者之人也高，高者之人也下。足蔽下光，故成景于上；首蔽上光，故成景于下。在远近有端，与于光，故景库内也。②

(《经说下》)

【注释】①景到……说在端：景，同"影"；到，通"倒"；"午"指两束光线正中交叉；"端"有"终极""端点"的意思。"在午有端"指光线的交叉点，即针孔。"与"指针孔的位置与投影大小的关系。"与景长，说在端"的意思是，关于影象的大小，在于小孔相对物、像的位置。物体的投影之所以会出现倒像，是因为光线为直线传播，在针孔的地方，不同方向射来的光束互相交叉而形成倒影。②景……故景库内也："光之与人，煦若射"是比喻。"煦"即照射，照射在人身上的光线，就像射箭一样。"下者之人也高，高者之人也下"是说照射在人上部的光线，则成像于下部；而照射在人下部的光线，则成像于上部。于是，直立的人通过针孔戍

247

像，投影便成为倒立的。"远近有端，与于光"，指物体反射的光与影像的大小同针孔距离的关系。物距越远，像越小；物距越近，像越大。"库"指暗盒内部。"故景库内也"意思是，影倒立于屏内。

【提示】这是小孔成像的原理。《墨经》在两千多年前的描述，与照相学所讲的是完全吻合的。

思考与行动

1. "非攻"与"兼爱"是什么关系？"非攻"是不是"非战"？

2. 墨子成功地阻止了楚王攻打宋国的计划，这件事给了你什么启示？写一篇随笔。

《左传》撷玉

张艳茹

春秋战国时代是中国历史上一个剧烈的政治与社会大变革时代，涌现出一批文学游说之士。他们著书立说，招收门徒，组成学派，彼此间展开激烈的争论，形成了"百家争鸣"的文化繁荣局面，为《左传》的成书创造了有利条件。

《左传》在中国史学上占有极其重要的地位。它是中国史学史上第一部完整的叙事史名著，相传为鲁国史官左丘明所著，大约成书于战国中前期。全书以《春秋》为纲，按照鲁国君主的次序，记载了春秋时期二百四十多年的历史。它博考旧史，广采佚文，集记言记事于一身，集中写出许多形形色色的历史人物。作者不但详细写出这些人物的活动，而且揭示其在历史进程中的作用，赋予人物鲜明的历史意义。同时，对历史事件进行生动叙述，全方位地为读者展现了春秋时期那段历史以及社会生活的方方面面。从王纲解纽、诸侯峰起、大夫专权到宫闱斗争、夫妻密谈、坐贾行商，应有尽有。

《左传》对中国史学的发展有着重要的影响。它首次以历史叙事的方式，全方位地叙述春秋时期黄河、长江中下游地区几十个诸侯国二百多年间的历史，具有史料学、编纂学、历史文学和历史理论等丰富的史学内涵，从而促进了中国古典史学的正式诞生。《史记》关于春秋历史的记载，大抵多据《左传》原文。《左传》善于描写人物形象、个性和事迹的特色，为司马迁继承并发扬光大。

《左传》也是文学的权威，其文学价值得到无数后人的衷心赞赏。《左传》是以人物、情节与细节来解释历史的。很多重要历史事件，都是由一串完整的情节贯穿的。此外，"以文叙事"也是《左传》叙事特色之一，表现为"能饰彼词句，成其文雅"。《左传》中富有艺术魅力的文雅词句，可谓俯拾皆是，如"大义灭亲""一鼓作气""唇亡齿寒""辅车相依""表里山河""鞭长莫及""筚路蓝缕""马首是瞻""楚才晋用"等等。《左传》中的许多人物的辞令言论，语言生动优美而且充满智慧，如石碏谏宠州吁、臧僖伯谏鲁隐公观鱼、展喜犒齐师、曹刿论战、宫之奇谏假道、楚蒍启强论辱晋、子产论政宽猛等等。这些精彩绝伦的辞令和对答，成了几千年传诵不衰的名篇。《左传》善于描写人物，刻画了许多生动逼真、性格鲜明的人物形象，如老成圆滑的郑庄公、雄才大略的晋文公、刚烈严峻的赵盾、机智果敢的子产、刚毅节烈的伍子胥等。《左传》往往运用多种手法刻画人物形象，如用言行、心理、细节等直接表现人物性格，用烘托、侧面描写反映人物面貌，用对比突出不同的人物性格等，使人物的形象栩栩如生，跃然纸上。

《左传》是承载着传统文化中众多价值观的经典之作。许多先进思想和价值观，在书中都有体现，如"崇德尚礼""民惟邦本"都是较为先进的治国思想，而"民生在勤""苟利社稷，死生以之""过而能改，善莫大焉""多行不义必自毙"等等，又无不体现传统文化中影响深远的价值观。

所选五十个小段，打破时间顺序，按照不同内容分为五个部分，每部分内又以时间为序，以重要人物、重要事件为选编总纲，必要时会有删减及整合，试图保持人物及事件的相对完整性。同时兼顾文学性，以展现《左传》文学性强的特点。对于入选统编中学语文教材的《曹刿论战》《烛之武退秦师》，这里不再选用。选文及注释以中华书局《春秋左传注》（杨伯峻编著，2018年6月第一版）为底本，参考中华书局《左传》（2016版）、《古文观止》、古诗文网等。

一、为君治国之道

孔子在两千五百多年前就形成了比较完善的领导观体系，后世称之为"帝王之学"。《左传》传承了这一思想，认为居上位者最为重要的一点，就是必须注重自身的道德修养。政治归根到底是人的行为，居上位者是政治行为的核心，他们自身的道德修养如何，对于政治修明、社会治乱、国家或部门的兴衰成败有着至关重要的现实意义。居上位者是下属和民众学习的榜样，能起到以身作则的表率作用。有德有仁的君主，治国必会以民为本。人民是国家存在的基础，是关系到现实国家兴衰成败的关键性因素。有德有仁的君主也一定会重视选人用人，懂得人才在治国兴邦中起着十分重要的作用，人才的得失关系到国家的兴衰成败，从而亲贤臣，远小人。

郑庄公黄泉认母

（郑庄公）遂置姜氏①于城颍，而誓之曰："不及黄泉，无相见也！"既而悔之。颍考叔为颍谷封人②，闻之，有献于公。公赐之食。食舍肉。公问之。对曰："小人有母，皆尝小人之食矣，未尝君之羹，请以遗之。"公曰："尔有母遗，繄③，我独无！"颍考叔曰："敢问何谓也？"公语之故，且告之悔。对曰："君何患焉？若阙地及泉，隧而相见，其谁曰不然？"公从之。公入而赋："大隧之中，其乐也融融！"姜出而赋："大隧之外，其乐也泄泄④！"遂为母子如初。

君子曰："颍考叔，纯孝也。爱其母，施及庄公。《诗》曰：'孝子不匮⑤，永锡尔类。'其是之谓乎！"

（隐公元年）

【注释】①姜氏：庄公之父郑武公娶于申，叫武姜。生庄公及共叔段。庄公是难产，惊吓了姜氏，因此遭到厌恶。姜氏喜爱共叔段，想要立他为太子，后共叔段兵败出逃。②封人：管理边界的官吏。③繄（yī）：发声词，无义，可译为"咳"等语气词。④泄泄：舒畅快乐的样子。⑤匮：缺乏。

【提示】郑庄公是春秋初期郑国的第三位国君，也是春秋初期政治上最为活跃的国君之一，被称为"春秋小霸"。他在位期间先是解决邦内共叔段叛乱事件，对外又击败过周、虢、卫、蔡、陈联军及宋、陈、蔡、卫、鲁等国联军，可谓战绩显赫。但庄公的形象复杂难论，见仁见智，有人讥之阴狠，有人赞其怀仁。本选段"君子曰"部分颖考叔将纯孝之道施及庄公，可以窥见《左传》对庄公的"孝"还是给予认可的，"孝"作为"仁"的基础在书中是被宣扬的。

鲁隐公矢鱼于棠

春①，公将如棠观鱼者②。臧僖伯③谏曰："凡物不足以讲大事④，其材不足以备器用⑤，则君不举焉。君，将纳民于轨、物者也⑥。故讲事以度⑦轨量，谓之'轨'；取材以章物采，谓之'物'。不轨不物，谓之乱政。乱政亟⑧行，所以败也。故春蒐⑨、夏苗、秋狝、冬狩，皆于农隙以讲事也。三年而治兵⑩，入而振旅，归而饮至⑪，以数军实⑫。昭文章⑬，明贵贱，辨等列，顺少长，习威仪也。鸟兽之肉不登于俎⑭，皮革、齿牙、骨角、毛羽不登于器，则公不射，古之制也。若夫山林川泽之实，器用之资，皂隶⑮之事，官司之守，非君所及也。"

公曰："吾将略地焉。"遂往，陈鱼而观之。僖伯称疾不从。

书曰"公矢⑯鱼于棠"，非礼也，且言远地也。

（隐公五年）

【注释】①春：指鲁隐公五年（公元前718年）春季。②公将如棠观鱼者：公，指鲁隐公，公元前722年至公元前712年在位。棠，也写作唐，鲁国邑名，在今山东鱼台县东。鱼，通"渔"，动词，捕鱼。③臧僖伯：鲁孝公之子，名驱（kōu），字子臧，封于臧（今郯城县），伯为排行，僖是谥号。④讲大事：讲习祭祀和军事活动等。讲，讲习，训练。大事，指祭祀和军事活动等。⑤器用：指祭祀所用的器具与军事物资。⑥轨、物：法度和准则。⑦度（duó）：

252

衡量。⑧亟：多次，屡次。⑨春蒐（sōu）：指春天打猎。蒐，搜寻，谓搜寻不产卵、未怀孕的禽兽。⑩治兵：指练兵、比武等军事演习活动。⑪饮至：古代的一种礼仪活动。凡盟会、外交和重大军事行动结束以后，都要告于宗庙，并举行宴会予以庆贺。⑫军实：指军用车辆、器物和战斗中的俘获等。⑬昭文章：彰显服饰、旌旗等的颜色花纹。昭，表明。文章，服饰、旌旗等的颜色花纹。⑭不登于俎：不放入祭祀用的礼器里。登，装入，陈列。俎（zǔ），古代举行祭祀活动时用以盛牛、羊等祭品的礼器。⑮皂（zào）隶：本指奴隶，这里指做各种杂务的仆役。⑯矢：通"施"，实施，陈设。这一句的意思是"隐公在棠陈列渔具"。

【提示】《左传》认为，国君的一举一动都要符合礼法，作为臣下和民众的表率。鲁隐公为了个人享乐，不听大臣的忠告，做出违礼之事，终于在历史上留下了"矢鱼于棠"的污点。

郑伯使祭足劳王

王（周桓王）夺郑伯政，郑伯不朝。

秋，王以诸侯伐郑，郑伯御之。王为中军；虢公林父将右军，蔡人、卫人属焉；周公黑肩将左军，陈人属焉。郑子元请为左拒以当蔡人、卫人，为右拒以当陈人，曰："陈乱，民莫有斗心，若先犯之，必奔。王卒顾之，必乱。蔡、卫不枝①，固将先奔。既而萃于王卒，可以集事。"从之。曼伯为右拒，祭仲足②为左拒，原繁、高渠弥以中军奉公，为鱼丽③之阵，先偏后伍，伍承弥缝。战于繻葛④，命二拒曰："旝⑤动而鼓。"蔡、卫、陈皆奔，王卒乱。郑师合以攻之，王卒大败。祝聃射王中肩，王亦能军。祝聃请从之。公曰："君子不欲多上人，况敢陵天子乎！苟自救也，社稷无陨，多矣。"

夜，郑伯使祭足劳王，且问左右。

（桓公五年）

253

【注释】①枝：支撑。②祭（zhài）仲足：字仲，名足，春秋时期郑国著名政治家、谋略家。③鱼丽：一种阵型。④繻葛：地名，今河南省长葛市北。⑤旝（kuài）：古代作战时指挥用的旗子。

【提示】当时诸侯势力不断膨胀，周王朝逐渐衰微，庄公确实也做了些损害周王朝利益的事情，然而，本段他认为君臣有别，作为臣子不能凌驾天子之上，并没有再追击周天子之意，而是维护了周天子的威严，在当夜派遣祭足去慰问周桓王，显示出庄公为臣的"厚道"、知礼。

齐桓公伐楚盟屈完

四年春①，齐侯以诸侯之师②侵蔡，蔡溃，遂伐楚……师进，次③于陉。夏，楚子④使屈完如师。师退，次于召陵。齐侯陈诸侯之师，与屈完乘而观之。齐侯曰："岂不穀⑤是为？先君之好是继。与不穀同好如何？"对曰："君惠徼⑥福于敝邑之社稷，辱收寡君，寡君之愿也。"齐侯曰："以此众战，谁能御之？以此攻城，何城不克？"对曰："君若以德绥⑦诸侯，谁敢不服？君若以力，楚国方城以为城，汉水以为池，虽众，无所用之。"屈完及诸侯盟。

（僖公四年）

【注释】①四年春：指鲁僖公四年春。②诸侯之师：指参与侵蔡的鲁、宋、陈、卫、郑、许、曹等诸侯国的军队。③次：驻扎。④楚子：指楚成王。⑤不穀：今人简化为"不谷"，是先秦诸侯之长的谦称，本为周天子所用，后来周室衰落，诸侯霸主也僭用了，齐桓公就是一例，楚国僭越称王后也常用此称呼。⑥徼（jiǎo）：求。⑦绥：安抚。

【提示】齐楚两国的一场外交斗争。屈完沉稳冷静，不卑不亢，齐桓公骄横霸道，软硬兼施，却也不失身份。"德绥诸侯"是《左传》的理念。

254

齐桓公下拜受胙

夏，会于葵丘①，寻②盟，且修好，礼也。

王使宰孔赐齐侯胙③，曰："天子有事于文武④，使孔赐伯舅⑤胙。"齐侯将下拜。孔曰："且有后命。天子使孔曰：'以伯舅耋⑥老，加劳⑦，赐一级，无下拜。'"对曰："天威不违⑧颜咫尺，小白余敢⑨贪天子之命无下拜！恐陨越⑩于下，以遗天子羞。敢不下拜！"下，拜，登，受⑪。

（僖公九年）

【注释】①夏：僖公九年夏。葵丘：今河南兰考县境内。②寻：重申旧事。前一年，齐桓公曾在曹国会集诸侯，所以这次集会称"寻盟"。③胙：祭祀用的肉。周王赐给异姓诸侯祭肉，是一种优礼。④文武：周文王和周武王。事：指祭祀。⑤伯舅：天子称异姓诸侯叫伯舅。因周王室与异姓诸侯通婚。⑥耋：年七十为耋。⑦加劳：加上有功劳于王室。周襄王因得齐桓公的支持，才能继承王位。⑧违：离开。此句意为"天子的威严，离我不过咫尺"。⑨余敢：岂敢。⑩陨越：坠落。⑪下，拜，登，受：臣子领受天子赏赐时的四种动作。下阶，再拜稽首，然后登堂受赐。

【提示】齐桓公在会晤诸侯时接受周襄王赏赐祭肉。依据周朝的规矩，"胙"是不应赐给异姓诸侯的，并且诸侯受赐必须"下拜"。周襄王却破例赐给齐侯"胙"并传令免去"下拜"之礼。齐桓公为春秋五霸之首，这时已任诸侯盟主数十年，功高年迈，傲视群雄，称霸中原。但他在接受周天子赏赐时却表现出受宠若惊、诚惶诚恐的情态，谦恭有礼。这其中固然有表演的成分，但当时崇德尚礼的观念还是可见一斑。

秦穆公泛舟之役

冬，晋荐饥①，使乞籴②于秦。秦伯谓子桑："与诸乎？"对曰："重施③而报，君将何求？重施而不报，其民必携④，携而讨⑤焉，无众必败。"谓百里："与诸乎？"对曰："天灾流行，国家代有。救灾恤邻，道也。行道有福。"邳郑之子豹在秦，请伐晋。秦伯曰："其君是恶，其民何罪？"秦于是乎输粟于晋，自雍及绛，相继。命之曰"泛舟之役"。

（僖公十三年）

【注释】①荐饥：连续发生灾荒。②籴：买粮。③重施：再一次施以恩惠。重，再次。④携：叛离。⑤讨：讨伐。

【提示】晋惠公夷吾许诺割让河西五城得到秦穆公的支持，夺取君位，随后赖账。晋国接连几年灾荒，又想向秦国买粮。秦穆公召集群臣商议，子桑、百里奚都认为天灾是无法避免的，帮助邻国也是理所当然的，主张卖粮，邳豹却认为是攻打晋国的天赐良机。穆公考虑再三，不忍心因为晋国的国君有负于秦而让百姓受灾，于是才有了泛舟之役。第二年，秦国也发生了饥荒，晋惠公却不卖粮与秦，穆公被激怒，于是在鲁僖公十五年（公元前645年），下令攻打晋国。

楚成王飨重耳

（重耳）及楚，楚子飨①之，曰："公子若反晋国，则何以报不穀②？"对曰："子女玉帛则君有之，羽毛齿革则君地生焉。其波及晋国者，君之余也，其何以报君？"曰："虽然，何以报我？"对曰："若以君之灵③，得反晋国，晋、楚治兵④，遇于中原，其辟君三舍⑤。若不获命⑥，其左执鞭弭⑦，右属櫜鞬⑧，以与君周旋⑨。"

（僖公二十三年）

【注释】①飨：招待。②不穀：国君自称。③以君之灵：意为"托您的福"。④治兵：交战。⑤舍：一舍是三十里。⑥获命：得到认可。⑦鞭弭：鞭子和弓。⑧属：带着。櫜鞬：盛弓箭的袋子。⑨

周旋：应付，此指交战。

【提示】这是《左传》中重耳第一次真正意义上独自站在外交舞台上的情节，他有胆有识，不卑不亢，既维护了国家的尊严，也表明了自己的志向，已无流亡公子寄人篱下之态，体现了政治家的风度。

晋文公文教以霸

晋侯始入①而教其民，二年，欲用之。子犯曰："民未知义，未安其居。"于是乎出定②襄王，入务③利民，民怀生矣，将用之。子犯曰："民未知信，未宣④其用。"于是乎伐原以示之信。民易资者不求丰焉，明征其辞。公曰："可矣乎？"子犯曰："民未知礼，未生其共。"于是乎大蒐⑤以示之礼，作执秩⑥以正其官，民听不惑而后用之。出谷戍，释宋围，一战而霸，文以教也。

（僖公二十七年）

【注释】①入：回国。②定：使安定。③务：致力于。④宣：明白。⑤蒐（sōu）：此指阅兵演练。⑥执秩：官职，主管官员职责。

【提示】文教以霸是晋文公为实现霸业的战略思想总结。晋文公采取了一系列措施，如"出定襄王，入务利民""尊周""伐原示信""治军以礼"等，在人们心目中树立起"义""信""礼"的崇高形象。

秦穆公济河焚舟

秦伯伐晋，济河焚舟，取王官及郊。晋人不出。遂自茅津济①，封殽尸②而还。遂霸西戎，用孟明也。君子是以知秦穆公之为君也，举人之周③也，与④人之壹也；孟明之臣也，其不解⑤也，能惧思⑥也；子桑之忠也，其知人也，能举善也。《诗》曰，"于以采蘩，于沼于沚，于以用之，公侯之事"⑦，秦穆有焉。"夙夜匪解，以事一人"，孟明有焉。"诒厥孙谋，以燕翼子"⑧，子桑有焉。

（文公三年）

【注释】①济：渡河。②封殽尸：在殽地为死亡的将士筑一个大坟墓。③周：周全。④与：此意为任用。⑤解：懈怠。⑥惧思：因为畏惧而思考。⑦引诗意为"在哪里去采蘩子？在池塘里、在小洲上。在哪里使用它？在公侯的祭祀典礼上"，赞美秦穆公，表明秦穆公能勤于政事，恪守本职，任人以贤。⑧引诗意为"把谋略留给子孙，以安定和辅佐他们"。

【提示】秦晋殽之战，穆公用孟明战败。两年后孟明兴兵复仇，又大败。一年后，秦穆公仍任孟明为将，率师出蒲津关，渡过黄河，孟明下令将船全部焚毁，示必死的决心，以鼓舞士气，攻破晋王官城，取得初步胜利。这是穆公善于用人的缘故。

楚庄王问鼎

楚子伐陆浑之戎，遂至于雒，观兵于周疆①。定王使王孙满劳②楚子。楚子问鼎之大小轻重焉。对曰："在德不在鼎。昔夏之方有德也，远方图物，贡金九牧，铸鼎象物，百物而为之备，使民知神、奸。③故民入川泽山林，不逢不若。螭魅罔两，莫能逢之，用能协于上下，以承天休④。桀有昏德，鼎迁于商，载祀六百。商纣暴虐，鼎迁于周。德之休⑤明，虽小，重也。其奸回昏乱，虽大，轻也。天祚明德，有所底⑥止。成王定鼎于郏鄏，卜世三十，卜年七百，天所命也。周德虽衰，天命未改，鼎之轻重，未可问也。"

（宣公三年）

【注释】①观兵于周疆：此句意为"在周朝的直辖地域陈兵示威"。②劳：慰劳。③昔夏之方有德也……使民知神、奸：此句意为"从前夏朝正是有德的时候，把远方的东西画成图像，让九州的长官进贡铜器，铸造九鼎并且把图像铸在鼎上，所有物像都具备在上面了，让百姓知道神物和怪物"。④休：福泽。⑤休：美好。⑥厎（zhǐ）：定，至。

【提示】 九鼎在中国政治传统中具有鲜明的"纪念碑性"，拥有九鼎象征王权统治具有合法性。楚庄王在位期间，楚国势力迅速扩张，面对地位日益下降的周天子，心态不免发生变化，开始对天子权威进行试探性的挑战，"问鼎"即可见其夺取天下的野心。王孙满"鼎之轻重在德"的言论，一是告诉楚庄王周天命未改，二是提示他作为国君不可做失德之事。

思考与行动

1. 你认为英明的统治者的治国之道应该是怎样的？

2. 以上选段中涉及许多位诸侯君主，选一位你最感兴趣的进行评论。

二、辅世为臣之本

《左传》众多人物中最焕发光彩的当属从政的辅臣贤相，鲁叔孙豹回答范宣子何为"不朽"的问题时，指出"太上有立德，其次有立功，其次有立言。虽久不废，此之谓不朽"。也就是具有崇高的道德品行，做出过不平凡的事业，建立过丰功伟绩，为后人留下丰富的至理名言就可以称为"不朽"。这就为"不朽"之臣定立了一个标准。具体而言，为臣者在其位，就要谋其政，恪尽职守；还要奉公守法，清正廉明；如遇无道昏君，吏治腐败，要讲究策略和方法，必要时不怕冒颜犯上，据理力争，甚至以死相谏，力挽狂澜，救民于水火。

石碏大义灭亲

四年春，卫州吁弑桓公而立……

州吁未能和其民，厚①问定君②于石子③。石子曰："王觐④为可。"曰："何以得觐?"曰："陈桓公方有宠于王，陈、卫方睦，若朝陈使请，必可得也。"厚从州吁如陈。石碏使告于陈曰："卫国褊小，老夫耄矣，无能为也。此二人者，实弑寡君，敢即图之。"陈人执之而请莅⑤于卫。九月，卫人使右宰丑莅杀州吁于濮，石碏使其宰獳羊肩莅杀石厚于陈。

君子曰："石碏，纯臣也，恶州吁而厚与焉。'大义灭亲'，其是之谓乎！"

卫人逆公子晋于邢。冬十二月，宣公即位。书曰"卫人立晋"，众也。

（隐公四年）

【注释】①厚：石厚，石碏之子。②定君：安定君位。③石子：对石碏的敬称。④觐：诸侯朝见天子。⑤莅：来到。

【提示】俗话说"虎毒不食子"，这是普遍人性。然而，人也可以超越动物本能。要做到这一点，要有很高的道德修养和很强的理性力量。石碏为维护国家的利益不惜杀死亲生儿子，显示了"义"在他心中的巨大分量。

鬻拳兵谏

初，鬻拳①强谏楚子②，楚子弗从，临之以兵，惧而从之。鬻拳曰："吾惧君以兵，罪莫大焉。"遂自刖③也。楚人以为大阍④，谓之大伯，使其后⑤掌之。君子曰："鬻拳可谓爱君矣，谏以自纳于刑，刑犹不忘纳君于善。"

（庄公十八年）

【注释】①鬻拳：楚国政治人物，春秋时楚官，以忠义赤诚、敢于犯言直谏留名青史。②楚子：此指楚文王。③刖：一种砍掉脚的刑罚。④阍：卫戍楚都城门的官职。⑤后：后人。

【提示】鬻拳兵谏文王，迫使君王放弃决定。他的行为具有两重性：一方面，以臣逼君，严重违背传统政治观念中君臣关系的规范，实属大逆不道；另一方面，鬻拳对君王的劝谏内容又完全是出于对国家利益的维护，不包含任何私人目的，表现了一位忠臣在特殊情况下为国忘我、大义凛然的勇敢刚直，又符合忠臣的行为标准。鬻拳的兵谏是一种内容上的忠勇与形式上的忤逆的结合，因此也为后人的评价带来了一定的困难。

狐突教子不贰

九月，晋惠公卒。怀公命无从亡人①。期②，期而不至，无赦。狐突之子毛及偃从重耳在秦，弗召。冬，怀公执③狐突，曰："子来则免。"对曰："子之能仕，父教之忠，古之制也。策名委质，贰乃辟也。④今臣之子名在重耳，有年数矣。若又召之，教之贰也。父教子贰，何以事君？刑之不滥，君之明也，臣之愿也。淫⑤刑以逞，谁则无罪？臣闻命矣。"乃杀之。

（僖公二十三年）

【注释】①亡人：逃亡的人。②期：约定（返回的）期限。③执：抓住。④策名委质，贰乃辟也：此句意为"名字写在简策上，给主子送了进见的礼物，如果三心二意就是罪过"。⑤淫：滥用。

【提示】狐突是春秋时期晋国大夫，生前在晋国功绩卓著，死后得到推崇和纪念。他最为人称道的是"教子不二"的事迹。面对死亡威胁宁死"教子不二"，这一点符合古代"忠君"的传统道德，狐突因此得到了后代朝廷的推崇。

介之推不言禄

晋侯赏从亡者①，介之推不言②禄，禄亦弗及。推曰："献公之子九人，唯君在矣。惠、怀无亲，外内弃之。天未绝晋，必将有主。主晋祀者，非君而谁？天实置③之，而二三子以为己力，不亦诬④乎？窃人之财，犹谓之盗，况贪天之功以为己力乎？下义其罪，上赏其奸，上下相蒙，难与

261

处矣!"其母曰:"盍亦求之?以死,谁怼⑤?"对曰:"尤而效之,罪又甚焉,且出怨言,不食其食。"其母曰:"亦使知之,若何?"对曰:"言,身之文⑥也,身将隐,焉用文之?是求显也。"其母曰:"能如是乎?与女⑦偕隐。"遂隐而死。晋侯求之,不获。以绵上为之田,曰:"以志吾过,且旌⑧善人。"

（僖公二十四年）

【注释】①从亡者:跟随逃亡的人。②言:提及。③置:安排。④诬:欺骗。⑤怼:怨恨。⑥文:修饰,纹饰。⑦女:同"汝"。⑧旌:表彰。

【提示】介之推能在公子重耳出奔流亡时一路随行,在最困难的时候甚至毅然割下自己大腿上的肉,煮熟了给重耳吃。然而重耳荣登君主宝座后,他却坚决拒绝封赏,表示决不能贪天之功,"隐而死",可谓忠直耿介之臣。后世据此发展出来很多传说,"寒食节""足下"等出处亦在此。

信臣解扬

(晋景公)使解扬如宋,使无①降楚,曰:"晋师悉起,将至矣。"郑人囚而献诸楚。楚子厚赂之,使反其言②,不许,三而许之。登诸楼车,使呼宋人而告之。遂致其君命③。楚子将杀之,使与之言曰:"尔既许不穀而反之,何故?非我无信,女则弃之,速即④尔刑。"对曰:"臣闻之,君能制命为义,臣能承命为信,信载义而行之为利。谋不失利,以卫社稷,民之主也。义无二信,信无二命。君之赂臣,不知命也。受命以出,有死无陨⑤,又可赂乎?臣之许君,以成命也。死而成命,臣之禄也。寡君有信臣,下臣获考死,又何求?"楚子舍之以归。

（宣公十五年）

①无：同"毋"，不要。②反其言：把意思反过来说。③致其君命：意为传达晋君的命令。④即：接受。⑤陨：废弃（命令）。

【提示】 解扬受命于晋君出使宋国，半路被楚庄王所获。楚庄王欲借其口摧垮宋人守城的意志。楚王欲以"厚赂之"达到"交换"的目的，解扬将计就计，利用楚人的粗疏，直传君命。充分表现了解扬的大智，也是大勇。面对楚王的愤怒，他雄辩滔滔，焕发出"信"的大节与大义。

楚归晋知罃

晋人归公子穀臣①与连尹襄老②之尸于楚以求知罃③。王曰："子归，何以报我？"对曰："臣不任受怨，君亦不任受德，无怨无德，不知所报。"王曰："虽然，必告不穀。"对曰："以君之灵，累臣得归骨于晋，寡君之以为戮，死且不朽。若从君之惠而免之，以赐君之外臣首④；首其请于寡君，而以戮于宗⑤，亦死且不朽。若不获命，而使嗣宗职，次及于事，而帅偏师以修封疆。虽遇执事，其弗敢违，其竭力致死，无有二心，以尽臣礼，所以报也。"王曰："晋未可与争。"重为之礼而归之。

（成公三年）

【注释】 ①穀臣：楚庄王的儿子。②连尹：官名。襄老：人名。③知罃（yīng）：荀首之子。④外臣：春秋战国列国大夫、士对别国君主的自称。首：指荀首。⑤宗：宗庙。

【提示】 楚晋两国互相交换俘虏。楚归晋知罃前，楚共王对其句句逼问（这里仅选最后一问），知罃都巧妙回答，表现了他忠君爱国、不卑不亢的臣子节概。

祁奚举善

祁奚①请老，晋侯问嗣②焉。称③解狐，其仇也，将立之而卒。又问焉，对曰："午④也可。"于是羊舌职⑤死矣，晋侯曰："孰可以代之？"对曰："赤⑥也可。"于是使祁午为中军尉，羊舌赤佐之。君子谓："祁奚于是能举善矣。称其仇，不为谄；立其子，不为比⑦；举其偏⑧，不为党⑨。《商书》曰'无偏无党，王道荡荡'，其祁奚之谓矣！解狐得举，祁午得位，伯华得官，建一官而三物成，能举善也夫！唯善，故能举其类。《诗》云：'惟其有之，是以似之。'祁奚有焉。"

（襄公三年）

【注释】①祁奚：姬姓，祁氏，名奚，字黄羊，春秋时晋国人，因食邑于祁，遂为祁氏。②嗣：接替。③称：称道，称扬。④午：祁午，祁奚之子。⑤羊舌职：晋国的大臣当时任中军佐，姓羊舌，名职。⑥赤：羊舌赤，字伯华，羊舌职的儿子。⑦比：偏袒，偏爱。⑧偏：指副职，下属。⑨党：勾结。

【提示】祁奚举善是千古美谈，为人所称颂。"外举不避仇，内举不避亲"，公而无私赢得了朝野内外的赞誉，他的言行也随之成为衡量是非曲直的标准。祁奚坦坦荡荡、不偏不党，可谓臣子榜样。

晏子不死君难

晏子立于崔氏①之门外，其人曰："死乎？"曰："独吾君也乎哉，吾死也？"曰："行乎？"曰："吾罪也乎哉，吾亡也？"曰："归乎？"曰："君死安归？君民者，岂以陵②民？社稷是主；臣君者，岂为其口实③？社稷是养。故君为社稷死，则死之；为社稷亡，则亡之。若为己死而为己亡，非其私昵，谁敢任之？且人有君④而弑之，吾焉得死之⑤？而焉得亡之？将庸何⑥归？"门启而入，枕尸股而哭，兴，三踊⑦而出。人谓崔子："必杀之！"崔子曰："民之望也！舍之得民。"

（襄公二十五年）

【注释】①崔氏：崔武子，即崔杼，齐国卿。齐国大夫棠公死，崔杼娶其夫人棠姜为妻，庄公与她私通，崔杼便杀死了庄公。②陵：凌驾。③口实：口中食物，即俸禄。④人：指崔杼。有君：指受到国君宠信。⑤死之：为他而死。⑥庸何：怎么。⑦踊：跳，这里指因哀痛而跺脚。

【提示】齐庄公为了偷女人而被杀，死得下贱。晏子既不为他而死，也不因他而逃亡，在他看来，无论国君和臣子，都应为国家负责。如果国君失职，臣子就不必为他尽忠。这在当时是很有进步意义的。

晋司马侯论三不殆

（晋平）公曰："晋有三不殆①，其何敌之有？国险而多马，齐、楚多难。有是三者，何乡②而不济？"（司马侯）对曰："恃险与马，而虞③邻国之难，是三殆也。四岳、三涂、阳城、大室、荆山、中南，九州之险也，是不一姓。冀之北土，马之所生，无兴国焉。恃险与马，不可以为固也，从古以然。是以先王务修德音以亨神人，不闻其务险与马也。邻国之难，不可虞也。或多难以固其国，启其疆土；或无难以丧其国，失其守宇。若何虞难。齐有仲孙之难而获桓公，至今赖④之。晋有里、丕之难而获文公，是以为盟主。卫、邢无难，敌亦丧之。故人之难，不可虞也。恃此三者，而不修政德，亡于不暇，又何能济？"

（昭公四年）

【注释】①殆：危险。②乡：同"向"，到。③虞：同"娱"，高兴。④赖：仰赖。

【提示】一个国家想要巩固不能仅仅依靠地势的险要和物质的丰饶，更不能将希望寄托于敌国的祸乱。司马侯的论说纠正了晋平公的错误想法，认为国君应该努力修德明行来使国家强大，强调国君明德修行的重要意义。

265

子产论政宽猛

郑子产①有疾。谓子大叔②曰："我死，子必为政。唯有德者能以宽服民，其次莫如猛。夫火烈，民望而畏之，故鲜死焉。水懦弱，民狎而玩之，则多死焉，故宽难。"疾数月而卒。大叔为政，不忍猛而宽。郑国多盗，取人于萑苻③之泽。大叔悔之，曰："吾早从夫子，不及此。"兴徒兵④以攻萑苻之盗，尽杀之，盗少⑤止。仲尼曰："善哉！政宽则民慢，慢则纠之以猛。猛则民残，残则施之以宽。宽以济猛。猛以济宽，政是以和。"

（昭公二十年）

【注释】①子产：春秋时著名政治家，名侨，字子产，郑简公时为执政大夫。②子大（tài）叔：指游吉。郑简公、郑定公时为卿，定公八年继子产执政。③萑（huán）苻（fú）：芦苇丛生的水泽，代指强盗出没的地方。④徒兵：步兵。⑤少：稍微。

【提示】子产授政、大叔用宽以及孔子的评价，阐明了为政应当宽猛相济的观点。这种观点既是郑子产执政二十多年内政外交的经验总结，也是先秦儒家对历史政治统治经验的高度概括和提炼，孔子也称赞其为仁政。后来，它便成为中国历代统治者治理国家的根本手段。

⌒思考与行动⌒

1. 这些历史名臣身上有哪些优秀品质？请罗列出来。
2. 简论重臣忠臣在历史发展过程中的重要作用。

三、进谏外交之术

我国古代臣子有进谏之责，君主治国也有广开言路的需要。唐玄宗说："进见于君则思尽忠节，君有过失，则思补益。"谏者既要

266

尽忠节，匡正国君的过失，又要想方设法使君王采纳自己的谏言，这样谏言才会发挥作用，因此，进谏方式就显得尤为重要了。《左传》的进谏方式主要有直言诤谏、婉言曲谏、逆言激谏等等，无不体现出《左传》人物的智慧和作者炉火纯青的语言艺术。

春秋时期国际风云变幻，外交官们往往以国力为后盾，根据形势变化采取不同策略，运用外交辞令应对诸侯。外交辞令作为《左传》记言的重要组成部分，在制衡两国关系的过程中发挥着举足轻重的作用。外交战场上，政治家们或遵礼或循史，或引《诗》或修辞，于典雅庄重得体的舌辩之间，完成一次次国家使命。

石碏谏宠州吁

（卫庄公）公子州吁，嬖人①之子也。有宠而好兵，公弗禁。庄姜②恶之。

石碏③谏曰："臣闻爱子，教之以义方，弗纳于邪。骄奢淫佚，所自邪也。四者之来，宠禄过也。将立州吁，乃定之矣；若犹未也，阶之为祸。夫宠而不骄，骄而能降，降而不憾，憾而能眕④者，鲜矣。且夫贱妨贵，少陵长，远间亲，新间旧，小加大，淫破义，所谓六逆也。君义，臣行，父慈，子孝，兄爱，弟敬，所谓六顺也。去顺效逆，所以速祸也。君人者，将祸是务去，而速之，无乃不可乎？"弗听。其子厚与州吁游，禁之，不可。桓公立，乃老⑤。

（隐公三年）

【注释】①嬖（bì）人：出身低贱而受宠的人，这里指卫庄公的宠妾。②庄姜：卫庄公的夫人，"庄"是她丈夫的谥号，"姜"则是她娘家的姓，故称庄姜。③石碏（què）：卫国大夫。④眕（zhěn）：自安自重，忍耐而不轻举妄动。⑤老：告老致仕。

【提示】石碏劝谏卫庄公爱子应"教之以义方，弗纳于邪"。如何爱子，对一个国君来说，绝不单单是他个人的问题，这将关系到

267

国家的安危、社会的治乱。石碏的谏言开门见山，环环相扣，入情入理，深入地分析了由"宠"导致灭亡的必然性，只是被劝者太顽固不化。石碏的教子方法，直到今天仍有借鉴意义和实践意义。

宫之奇谏假道

晋侯复①假道于虞以伐虢。宫之奇谏曰："虢，虞之表②也。虢亡，虞必从之。晋不可启，寇不可玩，一之谓甚，其可再乎？谚所谓'辅车相依，唇亡齿寒'者，其虞、虢之谓也。"公曰："晋，吾宗也。岂害我哉？"对曰："大伯、虞仲，大王之昭③也。大伯不从，是以不嗣④。虢仲、虢叔，王季之穆也，为文王卿士，勋在王室，藏于盟府。将虢是灭，何爱于虞？且虞能亲于桓、庄乎？其爱之也，桓、庄之族何罪？而以为戮，不唯逼⑤乎？亲以宠逼，犹尚害之，况以国乎？"

（僖公五年）

【注释】①复：又。僖公二年晋曾向虞借道伐虢，今又借道，故用"复"。②表：外表，这里指屏障、藩篱。③昭：宗庙里左边的位次。宗庙里右边的位次叫穆。④嗣：继承王位。⑤逼：威胁。

【提示】宫之奇对当时的政治形式及外交关系都有深刻的了解，表现出一位政治家的深谋远虑。可惜昏庸的虞公固执己见，不接受忠告，最后使虞国灭亡，虞公本人也成为阶下囚。

展喜犒齐师

齐孝公伐我①北鄙。公②使展喜犒师，使受命于展禽③。齐侯未入竟④，展喜从之，曰："寡君闻君亲举玉趾，将辱于敝邑⑤，使下臣犒执事⑥。"齐侯曰："鲁人恐乎？"对曰："小人恐矣，君子则否。"齐侯曰："室如县⑦罄，野无青草，何恃而不恐？"对曰："恃先王之命。昔周公、大公股肱周室，夹辅成王。成王劳之而赐之盟曰：'世世子孙，无相害也。'载⑧在盟府，大师⑨职之。桓公是以纠合诸侯而谋其不协，弥缝其阙而匡救其灾，昭旧职也。及君即位，诸侯之望曰：'其率⑩桓之功。'我敝邑用不敢保聚，曰：'岂其嗣世九年而弃命废职，其若先君何？君必不然。'恃此以不恐。"齐侯乃还。

（僖公二十六年）

【注释】 ①我：指鲁国。②公：指鲁僖公。③展禽：姓展，名获，字禽，谥号惠。因食邑于柳下，又称柳下惠。展喜是他弟弟。④竟：同"境"，这里指鲁国国境。⑤辱于敝邑：谦辞，意思是您到我国来，是使您蒙受耻辱的事情。⑥执事：古代指君王左右办事的人。这里是对齐孝公的敬称。⑦县：通"悬"。⑧载：载言，指盟约。⑨大师：应为太史，掌管国家典籍的官员。大，通"太"。⑩率：遵循。

【提示】 这是强大的齐国和弱小的鲁国之间的一次外交交锋。面对齐军隐隐的进犯之气，鲁国展喜措辞礼数周到，柔中带刚，绵里含针，辛辣有力，具有丰富的潜台词。他巧妙利用两国先君的关系和盟誓，以及齐孝公的虚荣心，慷慨陈词，理直气壮，使得对方无言以对，只得撤军。

弦高犒秦师

（秦师）及滑①，郑商人弦高将市②于周，遇之。以乘韦③先牛十二犒师，曰："寡君闻吾子将步师出于敝邑，敢犒从者。不腆敝邑，为从者之淹④，居则具一日之积，行则备一夕之卫。"且使遽告于郑。郑穆公使视客馆，则束载、厉兵、秣马矣。使皇武子辞焉，曰："吾子⑤淹久于敝邑，唯是脯资饩牵⑥竭矣。为吾子之将行也，郑之有原圃，犹秦之有具囿也。吾子取其麋鹿以闲⑦敝邑，若何？"杞子奔齐，逢孙、扬孙奔宋。孟明曰："郑有备矣，不可冀也。攻之不克，围之不继，吾其还也。"灭滑而还。

（僖公三十三年）

【注释】①滑：小国名。②市：做买卖。③乘韦：四张熟牛皮。④淹：久留。⑤吾子：对对方的敬称。⑥饩牵：指猪牛羊等牲畜，泛指粮、肉等食品。⑦闲：使空闲。

【提示】僖公三十二年，秦穆公不顾蹇叔等大臣反对，出兵袭郑。走到滑国的时候遇到郑商人弦高。弦高假扮郑国使者，与秦军展开了外交周旋。他一方面从容不迫，礼节周全，却又于礼貌应对之中暗示秦军，郑国早有防备；另一方面速使人给郑国报信，内外联合，瓦解了秦军的军事行动，保全了郑国。

申叔时谏楚王复封陈

冬，楚子为陈夏氏乱故，伐陈。杀夏徵舒，轘①诸栗门，因县②陈。申叔时使于齐，反，复命而退。王使让③之曰："夏徵舒为不道，弑其君，寡人以诸侯讨而戮之，诸侯县公皆庆寡人，女独不庆寡人，何故？"对曰："犹可辞④乎？"王曰："可哉！"曰："夏徵舒弑其君，其罪大矣，讨而戮之，君之义也。抑人亦有言曰：'牵牛以蹊人之田，而夺之牛。'牵牛以蹊者，信⑤有罪矣；而夺之牛，罚已重矣。诸侯之从也，曰讨有罪也。今县陈，贪其富也。以讨召诸侯，而以贪归之，无乃不可乎？"王曰："善哉！吾未之闻也。反⑥之可乎？"对曰："可哉！吾侪小人所谓取诸其怀而与之也。"乃复封陈，乡⑦取一人焉以归，谓之夏州。

（宣公十一年）

【注释】①轘：古代酷刑，用车来分裂人体。②县：设置为县。③让：责备。④辞：陈词申述。⑤信：确实。⑥反：归还。⑦乡：每个乡。

【提示】申叔时的进谏，先肯定楚王的行为，然后又借他人之口讲故事，表明自己对于这一行为的看法，最后才将话题转移到楚王伐陈而"县陈"一事，将楚王"县陈"与"夺牛"的行为形成比较，批评楚王以讨罪之名召诸侯伐陈，而行贪陈财富之实的不当行

270

为。这种先扬后抑的方法获得楚王的悦纳，于是复立陈国。

子产告范宣子轻币

范宣子①为政，诸侯之币②重，郑人病③之。二月，郑伯④如晋。子产寓⑤书于子西以告宣子，曰："子为晋国，四邻诸侯，不闻令德，而闻重币，侨⑥也惑之。侨闻君子长国家者，非无贿⑦之患，而无令名之难。夫诸侯之贿聚于公室，则诸侯贰。若吾子赖⑧之，则晋国贰。诸侯贰，则晋国坏。晋国贰，则子之家坏。何没没⑨也！将焉用贿？夫令名，德之舆也。德，国家之基也。有基无坏，无亦是务乎！有德则乐，乐则能久。"

(襄公二十四年)

【注释】①范宣子：春秋时晋国大臣。②币：帛，古代通常用作礼物。这里指诸侯向盟主晋国进献的贡品。③病：这里作动词月，忧虑。④郑伯：此指郑简公。⑤寓：寄，传书。⑥侨：子产，即公孙侨。⑦贿：财物。⑧赖：取得，这里指私自占有。⑨没没：沉溺，贪恋的样子。

【提示】子产机智地采用寄书说理的方式，利用晋国想极力保住盟主地位和希望得到美好名声的心理，阐明应该轻币的道理，从而使晋国不得不减轻了对诸侯的剥削。文章采用对比手法，使树立美德和聚敛钱财的两种治国方法所产生的后果更加鲜明突出。语言精练，用危语、赞语交替说明重币、轻币的利害关系，具有很强的说服力。

子产论尹何为邑

子皮①欲使尹何为②邑。子产曰："少，未知可否。"子皮曰："愿③，吾爱之，不吾叛也。使夫往而学焉，夫亦愈知治矣。"子产曰："不可。人之爱人，求利之也。今吾子爱人则以政。犹未能操刀而使割也，其伤实多。子之爱人，

271

伤之而已，其谁敢求爱于子？子于郑国，栋也。栋折榱[4]崩，侨将厌[5]焉，敢不尽言？子有美锦，不使人学制焉。大官大邑，身之所庇也，而使学者制焉。其为美锦，不亦多乎？[6]侨闻学而后入政，未闻以政学者也。若果行此，必有所害。譬如田猎，射御贯[7]，则能获禽；若未尝登车射御，则败绩厌覆是惧，何暇思获？”

（襄公三十一年）

【注释】①子皮：郑国大夫，名罕虎，公孙舍的儿子。②为：治理。③愿：谨慎老实。④榱（cuī）：屋椽。⑤厌（yā）：通“压”。下文“厌覆”的“厌”同。⑥其为美锦，不亦多乎：此句意为“它比起美锦来价值不就更多吗？”这是说官邑重于美锦。⑦贯：同“惯”，习惯。

【提示】子产对身为上级的子皮劝告，先是委婉地反对，看到子皮仍坚持己见，则斩钉截铁地进行反对，然后细致晓畅而动情地分析了子皮思想的错误性，以自己的高瞻远瞩和诚恳态度感动了子皮，让子皮心服口服地接受了他的劝告，并加强了对他的信任和重视，显示了贤能之士的智慧和才能。

楚薳启疆论辱晋

晋韩宣子如楚送女，叔向为介[1]。大叔谓叔向曰：“楚王汏侈[2]已甚，子其戒[3]之。”及楚，楚子朝[4]其大夫曰：“晋，吾仇敌也。苟得志焉，无恤其他。今其来者，上卿、上大夫也。若吾以韩起为阍[5]，以羊舌肸为司宫[6]，足以辱晋，吾亦得志矣，可乎？”大夫莫对。薳[7]启疆曰：“可。苟有其备，何故不可？耻匹夫不可以无备，况耻国乎？是以圣王务行[8]礼，不求耻人。国家之败，失之道也，则祸乱兴。自鄢[9]以来，晋不失备，而加之以礼，重之以睦，是以楚弗能报而求亲焉。既获姻亲，又欲耻之，以召寇仇，备之若何？谁其重此[10]？若有其人，耻之可也。若其未有，君亦图⑪之。"

【注释】①介：副官。②汰侈：骄纵。③戒：警惕。④朝：召见。⑤阍：看门人。⑥司宫：内宫官员。⑦蔿（wěi）：姓氏。⑧行：推行。⑨鄢：指鄢地战役。⑩谁其重此：此句意为"谁来承担责任"。⑪图：仔细考虑。

【提示】楚灵王时期，不断加强对中原地区的影响力，到灵王后期确立了强大的军事优势。然而晋国实力依然较强，面对骄横的楚灵王，蔿启疆以反语谏之。先说"可"，然后再反问有无做好防备，"耻匹夫"尚需做好准备，何况是国家呢？点明失道国家就会败亡，不能破坏与晋国来之不易的和平关系，否则无人能负责任。楚灵王最后听从了蔿启疆的建议，晋楚之间的博弈再一次以和平告终。

屠蒯佐酒

晋荀盈如齐逆女①，还，六月，卒于戏阳。殡于绛，未葬。晋侯饮酒，乐②。膳宰屠蒯趋入，请佐公使尊③。许之。而遂酌以饮④工，曰："女为君耳，将司聪也。辰在子卯，谓之疾日⑤。君彻宴乐，学人舍业，为疾故也。君之卿佐，是谓股肱。股肱或亏⑥，何痛如之？女弗闻而乐，是不聪也。"又饮外嬖嬖叔曰："女为君目，将司明也。服以旌礼，礼以行事，事有其物，物有其容。今君之容，非其物也，而女不见，是不明也。"亦自饮也，曰："味以行气，气以实志，志以定言，言以出令。臣实司味，二御失官，而君弗命⑦，臣之罪也。"公说⑧，彻酒。

【注释】①晋荀盈如齐逆女：此句意为"晋国的荀盈到齐国去接齐女"。②乐：奏乐。③佐公使尊：帮助晋君斟酒。④饮：使（乐工）饮。⑤疾日：忌日。疾：恶，不吉。⑥亏：亏损。⑦命：降罪。

⑧说：同"悦"。

【提示】晋国大臣荀盈死在出差的半道上，尚未下葬，而晋平公却照常饮酒奏乐。屠蒯的进谏并未正面数落国君，而以敬酒为名，先质问乐师，又质问一旁的宠臣，最后怪罪自己的失职。这番由远及近、由不相关到相关的语言诱导术，终于使晋平公意识到错误，下令撤去酒宴。屠蒯适可而止、恰到好处、忠言悦耳的说话艺术成为臣子婉谏的标杆。

伍子胥谏伐越

吴将伐齐，越子率其众以朝焉，王及列士，皆有馈赂。吴人皆喜，唯子胥惧，曰："是豢①吴也夫！"谏曰："越在我，心腹之疾也。壤地同而有欲于我。夫其柔服，求济②其欲也，不如早从事③焉。得志于齐，犹获石田也，无所用之。越不为沼，吴其泯④矣。使医除疾，而曰'必遗类⑤焉'者，未之有也。《盘庚》之诰曰：'其有颠越不共⑥，则劓殄⑦无遗育，无俾易种⑧于兹邑。'是商所以兴也。今君易⑨之，将以求大，不亦难乎？"弗听。

（哀公十一年）

【注释】①豢：豢养。②济：达到。③从事：处置，处理，这里指攻打。④泯：消灭。⑤类：种。"除疾遗类"意思是只治表面的病，却留下病根。⑥颠越不共：意为不奉上命。⑦劓殄：商朝的死刑，这里指全部灭绝。⑧易种：生息，繁衍。⑨易：改变。

【提示】伍子胥谏伐越是直言进谏的典型。他正确认识到吴越之间是敌对而不可共存的关系，在举国放松警惕的情况下，只有伍子胥保持清醒，向夫差直言进谏，先言明越在我犹心腹之疾，再通过对比、引用说明伐越与伐齐的不同结果，见识深远，逻辑严密，言辞恳切。可惜夫差一意孤行。

◖思考与行动◗

1. 品读以上文段，分析其语言艺术，选择其一写一段文学评论。

274

2. 谏言被采纳或外交言论取胜的原因有哪些?

四、战术兵法之谋

《左传》对一些极复杂的战役叙述，提纲挈领、委曲简洁并极尽战术之能事。《左传》关于战争的叙述并不注重对过程的渲染，而是着眼于战前的谋略和战后的总结。吴应箕、李元春就曾称《左传》为"兵法之祖"。《孙子》曰："凡战者，以正合，以奇胜。故善出奇者，无穷如天地，不竭如江河。"无论是正兵之法还是奇兵之术，《左传》中都蕴含有丰富而灵活多变的兵法之谋。

北戎侵郑

北戎侵郑，郑伯御之。患戎师，曰："彼徒①我车，惧其侵轶②我也。"公子突曰："使勇而无刚者尝③寇，而速去之。君为三覆④以待之。戎轻而不整，贪而无亲，胜不相让，败不相救。先者见获必务进，进而遇覆必速奔，后者不救，则无继矣。乃可以逞⑤。"从之。戎人之前遇覆者奔。祝聃逐之。衷⑥戎师，前后击之，尽殪⑦。戎师大奔。十一月甲寅，郑人大败戎师。

（隐公九年）

【注释】①徒：步行。②轶：突袭。③尝：试探。④覆：伏击。⑤逞：达到目的。⑥衷：包围。⑦殪：歼灭。

【提示】北戎侵郑，公子突为扰敌之计，以破除敌人斗志，即派遣勇敢而不刚毅的战士去引诱敌人，然后设下三层伏兵做埋伏来扰乱敌人。这是一种了解对手基础上的用兵之法。公子突知道戎人以利聚、亦以利散的特点，一旦出现败兆就会各自溃散，互不相助，最终凭此获得战争的胜利。

楚人伐随

楚子伐随，军①于汉、淮之间。季梁请下②之，弗许而后战，所以怒我而怠寇③也。少师谓随侯曰："必速战。不然，将失楚师。"随侯御之，望楚师。季梁曰："楚人上④左，君必左，无与王遇⑤。且攻其右，右无良焉，必败。偏败，众乃携⑥矣。"少师曰："不当⑦王，非敌也。"弗从。战于速杞，随师败绩。

（桓公八年）

【注释】①军：驻军。②下：投降。③怒我而怠寇：此句意为"激怒我军而使敌军懈怠"。④上：以……为尊。⑤遇：正面遭遇。⑥携：离散。⑦当：面对。

【提示】楚国攻打随国，季梁认为应该抓住最佳的时机作战，能取得事半功倍的效果。他向随侯建议：先假意对楚人表示屈服，等敌军拒绝以后再作战，这样就可以凭借着本国将士被激发的斗志来作战，又能够利用这段时间来消耗掉敌人的精力，从而抓住作战的最佳时机。季梁深知抓住作战时机的重要性，敌弱我强才是制胜的最佳时间，奈何随侯偏信左师致于败绩。

蒲骚之战

郧人军于蒲骚，将与随、绞、州、蓼伐楚师。莫敖①患之。斗廉②曰："郧人军其郊，必不诫③，且日虞④四邑之至也。君次于郊郢以御四邑。我以锐师宵加于郧，郧有虞心而恃其城，莫有斗志。若败郧师，四邑必离。"莫敖曰："盍请济⑤师于王？"对曰："师克在和，不在众。商，周之不敌，君之所闻也。成军以出，又何济焉？"莫敖曰："卜之？"对曰："卜以决疑，不疑何卜？"遂败郧师于蒲骚，卒盟而还。

（桓公十一年）

【注释】：①莫敖：楚官名，此指屈瑕。②斗廉：楚国大夫。③诫：警戒。④虞：企望，期待。⑤济：救。

276

秦晋韩之战

（晋侯）三败及韩①。晋侯谓庆郑曰："寇深②矣，若之何？"对曰："君实深之，可若何？"公曰："不孙③。"卜右④，庆郑吉，弗使。步扬⑤御戎，家仆徒⑥为右，乘小驷⑦，郑入也。庆郑曰："古者大事⑧，必乘其产，生其水土而知其人心，安其教训而服习⑨其道，唯所纳之，无不如志⑩。今乘异产以从戎事，及惧而变，将与人易⑪。乱气狡愤，阴血周作，张脉偾兴⑫，外强中干。进退不可，周旋不能，君必悔之。"弗听。

（僖公十五年）

【注释】①及韩：指晋君退到韩原。②深：深入。③孙：同"逊"，出言无礼。④卜右：占卜担任车右的人。⑤步扬：晋国公族大夫。⑥家仆徒：晋大夫。⑦小驷：马的名称，比较矮小。⑧大事：指战争。⑨服习：熟悉，习惯。⑩志：意愿。⑪易：相反。⑫偾兴：紧张凸起。

【提示】秦晋韩原之战，秦军深入晋境，庆郑认为晋惠公咎由自取，惠公责备庆郑出言无礼。占卜，庆郑得吉卦，然惠公用郑国人步扬。庆郑劝告晋惠公应用晋国本土的马匹驾车，惠公仍然不听，坚持用产自郑国的马匹"小驷"，导致被俘。这说明战争无小事，战场之上不得意气用事，细节决定成败。

先轸救宋

子玉①使宛春告于晋师曰："请复卫侯而封②曹，臣亦释宋之围。"子犯曰："子玉无礼哉！君取一，臣取二，不可失③矣。"先轸曰："子与④之。定⑤人之谓礼，楚一言而定三国，我一言而亡之，我则无礼，何以战乎？不许楚言，是弃宋也，救而弃之，谓诸侯何⑥？楚有三施，我有三怨，怨仇已多，将何以战？不如私许复曹、卫以携⑦之，执宛春以怒⑧楚，既战而后图之。"公说⑨，乃拘宛春于卫，且私许复曹、卫。曹、卫告绝⑩于楚。

（僖公二十八年）

【注释】①子玉：楚国大夫。②封：这里指退还土地。③不可失：指攻打他的战机不可失。④与：赞同，同意。⑤定：使安定。⑥谓诸侯何：此句意为"该对诸侯说什么呢？"⑦携：离散，离间。⑧怒：激怒。⑨说：同"悦"。⑩绝：断绝邦交。

【提示】子玉的谋略是：若晋答应他的请求，则楚可树恩于三国；若不答应他的请求，则三国将怨晋而助楚，这实在是一举三得的计谋！晋国的先轸也深知其意，就提出了一个更高明的对策：私下里答应恢复曹国和卫国来离间他们，逮了宛春来激怒楚国。子玉果然中计。

晋襄公败秦师

晋原轸曰："秦违蹇叔而以贪勤①民，天奉②我也。奉不可失，敌不可纵。纵敌患生，违天不祥。必伐秦师。"栾枝曰："未报秦施③而伐其师，其为死君乎④？"先轸曰："秦不哀吾丧而伐吾同姓⑤，秦则无礼，何施之为？吾闻之，一日纵敌，数世之患也。谋及子孙，可谓死君乎！"遂发命，遽兴姜戎⑥。子墨衰绖⑦，梁弘御戎，莱驹为右⑧。夏四月辛巳⑨，败秦师于殽，获百里孟明视、西乞术、白乙丙以归。遂墨⑩以葬文公。晋于是始墨。

（僖公三十三年）

【注释】 ①勤：使劳苦。②奉：送给。③施：恩惠。④其为死君乎：此句意为"这岂不是忘记了先君文公吗？"⑤同姓：指郑及滑，郑和滑都是姬姓国。⑥姜戎：姜戎本是秦晋之间的一个部族，与晋国关系较好。⑦子墨衰绖：子，指晋文公之子晋襄公，此时文公未葬，故称"子"。衰，麻衣。绖，麻制的腰带。均为白色，行军时穿白色不吉利，故用墨染黑。⑧梁弘、莱驹：均为晋大夫。⑨辛巳：十三日。⑩墨：黑色，此指穿着黑色孝服。

【提示】 晋在得知秦袭郑未成而还的情况下，讨论是否应该利用这一机会截击秦军。先轸以秦国劳民伤财、傲慢无礼为由，驳斥了以栾枝为代表的反对意见，主张"必伐秦师"，该出手时就出手，不能贻误战机，纵敌养患。

楚灭庸

自庐以往①，振廪②同食。次③于句澨。使庐戢黎④侵庸，及庸方城。庸人逐之，囚子扬窗。三宿而逸⑤，曰："庸师众，群蛮聚焉，不如复大师⑥，且起王卒，合而后进。"师叔曰："不可。姑⑦又与之遇以骄之。彼骄我怒，而后可克，先君蚡冒所以服陉隰也。"又与之遇，七遇皆北，唯裨、鯈、鱼人实逐之。庸人曰："楚不足与战矣。"遂不设备⑧。

(文公十六年)

【注释】 ①以往：以后。②振廪：打开粮仓。③次：驻扎。④庐戢黎：楚国大夫。⑤逸：逃跑。⑥大师：大军。⑦姑：姑且。⑧备：防备。

【提示】 楚国攻打庸国，楚国师叔从子扬窗那里了解到敌军的情况后，并未采纳子扬窗会合大军一举进攻的主张，仍然以原先的军队与敌军作战，麻痹敌人使他们骄傲，等到敌军士气渐骄又放下戒备之心，楚军士气高涨时，抓住时机大举率军进攻庸国军队，最后灭掉庸。

晋疑阵退齐师

  齐侯登巫山以望晋师。晋人使司马斥①山泽之险，虽所不至，必斾②而疏陈③之。使乘车者左实右伪，以斾先，舆曳④柴而从之。齐侯见之，畏其众也，乃脱⑤归。

（襄公十八年）

  【注释】：①斥：侦查。②斾：旗帜的总称。③陈：同"阵"，这里指设置疑阵。④曳：拖拽着。⑤脱：脱身。

  【提示】：齐、晋两军作战，会于平阴。晋国司马营造假象迷惑齐君，晋侦察阵地时，在地势险要、部队难以到达的地方也要插上旗帜，伪装成稀疏的阵地。为了显示兵士之多，战车左边站着真战士，右边用假人伪装。齐灵公登巫山眺望晋军时，所见到的就是晋国刻意营造出来的假象，吓得齐灵公连夜逃走。晋军不战而屈人之兵，主要得力于用假象迷惑住敌人，使敌人心生畏惧。

叔弓率师围费

  十三年春，叔弓①围费，弗克，败焉。平子②怒，令见费人执之以为囚俘。冶区夫曰："非也。若见费人，寒者衣之，饥者食之。为之令③主，而共其乏困。费来如归，南氏亡矣。民将叛之，谁与居邑？若悼之以威，惧之以怒，民疾④而叛，为之⑤聚也。若诸侯皆然⑥，费人无归，不亲南氏，将焉入矣？"平子从之。费人叛南氏。

（昭公十三年）

  【注释】①叔弓：鲁国大夫。②平子：季平子，鲁国正卿。③令：好的。④疾：嫉恨。⑤之：代指南氏。⑥然：这样。

  【提示】得民心者得天下，作战时看准时机收复敌方民心，受到敌军群众爱戴，便能不战而屈人之兵。"为之令主"，冶区夫此言可谓千古招叛之法，找准时机收获民心，使叛军民心溃散，必然不攻

280

自破，这是兵法，也是"仁"心。

越败吴于槜李

吴伐越。越子勾践御之，陈于槜李。勾践患吴之整^①也，使死士再^②禽^③焉，不动。使罪人三行^④，属^⑤剑于颈，而辞曰："二君有治，臣奸旗鼓，不敏^⑥于君之行前，不敢逃刑，敢归死。"遂自刭也。师属之目，越子因^⑦而伐之，大败之。

（定公十四年）

【注释】 ①整：队形严整。②再：两次。③禽：同"擒"，擒拿。④三行：三排。⑤属：架。⑥不敏：不才。⑦因：趁机。

【提示】 吴国攻打越国，越王勾践率兵抵御。吴军军法严整，越国连续发起两次冲击吴军都不为所动。越王勾践为了转移吴军注意力，想出一条绝妙计策，两军对垒时，勾践让罪犯排成三行于阵前自杀，吴军将士全部都被越国的这一神来之笔吸引了注意力，越军乘此机会大举进攻，击败吴军。

思考与行动

1. 战争是残酷血腥的，但《左传》作者也强调战争伦理，从以上选段中，你能读出哪些相关内容？

2. 战场瞬息万变，抓住战机需要主帅具有哪些能力？请依据以上选段列举一下。

五、乱世巾帼之风

对于古代女性的认识，人们思想意识大都停留在"男尊女卑"的层面，认为女性只需相夫教子，于大事乏见识，少能力，对女性的认识存在偏见与误读，"红颜祸水""女子无才便是德"等词语就是明证，骊姬、文姜之流也确实留下千古骂名。那么古时的女性到底是怎样的？《左传》描写的有名女性就有一百六十多人，当属史书中所记载女性最多的典籍，这为我们今人分析春秋时期女性的风貌以及当时人们的女性观提供了丰富的材料。让我们通过这些记载去解读那个时期部分女性的形象。

硕人庄姜

卫庄公娶于齐东宫①得臣之妹，曰庄姜，美而无子，卫人所为赋《硕人》也。又娶于陈，曰厉妫，生孝伯，早死。其娣②戴妫生桓公，庄姜以为己子。公子州吁，嬖人③之子也，有宠而好兵④。公弗禁，庄姜恶⑤之。

（隐公三年）

【注释】①东宫：太子。②娣：妹妹。③嬖人：宠妾。④兵：武力。⑤恶：厌恶。

【提示】卫庄姜貌美心慈，自己没有孩子，但她能从国家社稷的利益出发，视忠厚善良的桓公为己出。她生性厌恶争斗，因此讨厌盛气凌人、娇宠乱国的州吁，与庄公相比，她更清醒、公正，不愧卫人对其"硕人"的赞美。她是温柔仁厚、善良慈爱的女性代表。

邓曼解"济师"

十三年春，楚屈瑕伐罗，斗伯比送之。还，谓其御曰："莫敖①必败。举趾②高，心不固矣。"遂见楚子曰："必济③师。"楚子辞焉。入告夫人邓曼。邓曼曰："大夫其非众之谓④，其谓君抚小民以信，训诸司以德，而威莫敖以刑也。莫敖狃⑤于蒲骚之役，将自用⑥也，必小⑦罗。君若不镇抚，其不设备乎。夫固谓君训众而好镇抚之，召诸司而劝⑧之以令德，见莫敖而告诸天之不假易⑨也。不然，夫岂不知楚师之尽行也？"楚子使赖⑩人追之，不及。

（桓公十三年）

282

【注释】①莫敖：屈瑕此时的官职。②举趾：抬脚。③济：增援。④大夫其非众之谓：此句意为"大夫斗伯比的意思不在人数的多少"。⑤狃：习惯，满足。⑥自用：自以为是。⑦小：轻视。⑧劝：勉励。⑨假易：宽纵，宽容。⑩赖：国家名。

【提示】邓曼可谓能详推天道、尽晓事理。她并未亲临军前，却能预知莫敖因已习惯了蒲骚之战的胜利，将会刚愎自用而轻视敌军导致失败；邓曼由斗伯比"济师"二字而知其本意非为增兵，而是请楚王训诫、整饬、督察以使莫敖进行设防不可轻敌，可知邓曼拥有通过对人物行为、语言把握而灵敏地捕捉政治信息的才能。她作为女子，对朝廷大臣的认知了解能力，对国家大事的敏锐，比起楚武王更胜出一筹。

雍姬泄密救父

祭仲①专，郑伯②患之，使其婿雍纠杀之。将享③诸郊，雍姬知之，谓其母曰："父与夫孰亲？"其母曰："人尽夫也，父一而已。胡④可比也？"遂告祭仲曰："雍氏舍⑤其室而将享子于郊，吾惑⑥之，以告。"祭仲杀雍纠，尸⑦诸周氏之汪⑧。公载⑨以出，曰："谋及妇人，宜其死也。"

(桓公十五年)

【注释】①祭仲：郑国卿大夫，权臣。②郑伯：此指郑厉公。③享：宴请。④胡：怎么。⑤舍：放弃。⑥惑：怀疑。⑦尸：陈尸。⑧汪：池塘。⑨载：用车装着（雍纠的尸体）。

【提示】春秋时期的很多女性所扮演的角色，一方面是父亲的女儿，她们的婚姻常常是被父方拿来巩固政治地位的；另一方面是作为夫方的妻妾，也经营着自己的家庭生活。在激烈的政治斗争中，父亲更亲还是丈夫更亲？作为从属地位的女性往往面临种种艰难的抉择，雍姬便是典型一例。

文夫人斥子元

楚令尹子元欲蛊①文夫人，为②馆于其宫侧而振《万》③

焉。夫人闻之，泣曰："先君以是④舞也，习戎备也。今令尹不寻诸仇雠，而于未亡人之侧，不亦异⑤乎！"御人⑥以告子元。子元曰："妇人不忘袭仇，我反忘之！"

（庄公二十八年）

【注释】 ①蛊：蛊惑，引诱。②为：建造。③《万》：古代一种舞蹈名称。④是：这个。⑤异：奇怪。⑥御人：侍者。

【提示】 文夫人本为春秋初期陈国公主，后嫁与息侯，亦称息夫人、息妫，因面若桃花，人又称"桃花夫人"。曾受到姐夫蔡侯的非礼，楚文王也觊觎她的美貌，文王灭掉息国后掠其为文夫人。历史上因她而起三次战争，因此她也被称为"红颜祸水"。然而错不在息妫，她作为一名女性，品性贞洁，只因天生美貌被好色的男子争夺，其内心承受了深重的苦痛与无奈。

<h3 align="center">秦穆姬请释晋君</h3>

穆姬①闻晋侯将至，以②大子罃、弘与女简璧登台而履③薪焉。使以④免服衰绖⑤逆⑥，且告曰："上天降灾，使我两君匪以玉帛相见，而以兴戎⑦。若晋君朝以入，则婢子夕以死；夕以入，则朝以死。唯君裁⑧之。"乃舍诸灵台。

（僖公十五年）

【注释】 ①穆姬：晋献公的女儿。②以：动词，带领。③履：脚踩。④以：动词，穿着。⑤免（wèn）、衰绖（cuī dié）：都是丧服。⑥逆：迎。⑦戎：此指战争。⑧裁：裁夺，考虑。

【提示】 秦晋韩原之战晋军大败，夷吾被秦军俘虏。穆姬得知这一情况后以死相逼，迫使穆公最终释放晋惠公夷吾。虽然晋惠公曾背信弃义不听姐姐的忠告，但穆姬不计前嫌，在危难之际舍身以保父国之利益，实在令人起敬。

<h3 align="center">姜氏醉遣重耳</h3>

（重耳）及齐，齐桓公妻①之，有马二十乘②，公子安③

284

之。从者以为不可。将行，谋于桑下。蚕妾在其上，以告姜氏。姜氏杀之，而谓公子曰："子有四方之志，其闻之者，吾杀之矣。"公子曰："无之。"姜曰："行也。怀④与安，实败名。"公子不可，姜与子犯⑤谋，醉⑥而遣之。

（僖公二十三年）

【注释】①妻：给他娶妻。②乘：四匹为一乘。③安：贪图安逸。④怀：留恋。⑤子犯：晋国大臣。⑥醉：灌醉。

【提示】姜氏目光长远，心怀开阔，不以一己之私而蒙蔽双眼，具有智慧和远见卓识，善于从长远的角度看待问题，重耳能够完成他的霸业与姜氏的当机立断是有很大关系的。

僖负羁之妻谏厚遇重耳

（重耳）及曹，曹共公闻其骈①胁，欲观其裸。浴，薄②而观之。僖负羁③之妻曰："吾观晋公子之从者，皆足以相④国。若以相，夫子必反其国。反其国，必得志于诸侯。得志于诸侯而诛无礼，曹其首⑤也。子盍蚤自贰⑥焉。"乃馈盘飧，置璧焉。公子受飧反⑦璧。

（僖公二十三年）

【注释】①骈：并联。②薄：帘子，这里指隔着帘子。③僖负羁：曹国大夫。④相：辅助。⑤首：第一个。⑥贰：与人不同。⑦反：同"返"，退回。

【提示】僖负羁之妻对时局有比较准确的判断，对待逃亡的重耳保持了应有的礼仪，谏言丈夫早日表明自己的不同立场。这种准确的政治预测显出其巾帼不让须眉的风范，而曹共公则差之远矣。她的聪慧保全了僖负羁家族。

赵姬让位叔隗

狄人归季隗①于晋而请②其二子。文公妻③赵衰，生原同、屏括、楼婴。赵姬请逆④盾与其母，子余⑤辞。姬曰：
"得宠而忘旧，何以使⑥人？必逆之！"固请，许之，来，
以盾为才，固请于公以为嫡子，而使其三子下⑦之，以叔隗
为内子⑧而己下之。

（僖公二十四年）

【注释】①季隗：当初公子重耳逃亡到狄国，娶季隗，生伯鯈、
叔刘；以叔隗妻赵衰，生赵盾。②请：请求（留下）。③妻：此指嫁
女儿。④逆：迎接。⑤子余：赵衰的字。⑥使：使用，统率。⑦下：
居于下位。⑧内子：正妻。

【提示】赵姬行为大度，与《左传》中骊姬之流相比，其行为
深明大义，为了家族内部的公平、和谐、稳定而放弃自己的夫人之
位以及儿子嫡子之位。她把家族的整体利益、晋国的国家利益排在
第一位，而非骊姬之类为谋求自我利益不择手段。

定姜谏宥宗卿

十四年春，卫侯如晋，晋侯强①见孙林父焉，定公不
可。夏，卫侯既归，晋侯使郤犫送孙林父而见之。卫侯欲
辞，定姜曰："不可。是先君宗卿之嗣②也，大国又以为③
请，不许，将亡④。虽恶之，不犹愈⑤于亡乎？君其忍之！
安民而宥⑥宗卿，不亦可乎？"卫侯见而复⑦之。

（成公十四年）

【注释】①强：强硬请求。②嗣：子嗣，后代。③以为：以此作
为。④亡：亡国。⑤愈：胜过。⑥宥：宽赦。⑦复：恢复（职位）。

【提示】卫定公作为一国之君，因为一己之偏私而对有关国之社
稷的孙林父拒而不见。定姜从国之安稳角度出发分析利害关系劝谏
卫定公接见重臣。相比卫定公心胸之狭窄，眼界之偏狭，定姜深谋
远虑颇具有政治眼光的形象跃然于纸上。

泉丘女奔僖子

　　泉丘人有女，梦以其帷幕①孟氏之庙，遂奔②僖子，其僚③从之。盟于清丘之社④，曰："有子，无⑤相弃也！"僖子使助蓬氏之簿⑥。反自禖祥⑦，宿于蓬氏，生懿子及南宫敬叔于泉丘人。其僚无子，使字⑧敬叔。

（昭公十一年）

　　【注释】①幕：遮盖。②奔：古代女子没有通过正当礼节而私去与男子结合。③僚：同伴。④社：土地庙。⑤无：同"毋"，不要。⑥簿：侍妾。⑦禖祥：地名。⑧字：抚养。

　　【提示】泉丘人之女，仅凭一梦就相信姻缘命数，私奔至孟僖子处。其行为很大部分是从自我意识出发，把封建礼法的约束抛到了九霄云外。这种浪漫情怀的做法尽管在其时显得特立独行，但其独立自主的意识彰显了作为个体勇敢追求自我的精神。

〔思考与行动〕

　　1. 你对古代女子的固有印象是怎样的？以上哪位女子颠覆或印证了你的看法？请谈一谈。

　　2. 以上选段中的女子你最欣赏谁？为什么？

《史记》撷玉

邓　强

　　司马迁出身史学世家，其父司马谈是汉朝太史令，有志于整理史料撰写史书却因病亡而不能实现。于是司马迁继承了父亲的职务，并决定实现其遗愿。他成年以后，足迹遍布天下，搜集了许多史学素材，有相当多的史料是第一手的访谈，今天我们能在《史记》中许多地方读到有小说一般的传奇色彩就是这个原因。

　　天汉二年（公元前 99 年），李陵率军攻打匈奴，失败投降。汉武帝震怒，司马迁因说李陵是假降，下狱并被处以宫刑。为了完成《史记》的创作，司马迁忍辱负重，到征和二年（公元前 91 年），他完成了整部书的撰写工作。关于创作本书的心路历程，我们可以参看司马迁写给好友的信——《报任安书》。

　　《史记》是一部通史，记载了从黄帝到汉武帝时期的历史，因为汉朝以前的历史资料偏少，所以这部通史的记载以秦汉历史为主，越是到汉代，记载越是详细。

　　司马迁在历史运行中更看重人的价值，他便开创性地为人物立传，采用了纪传体的方式撰写史书，这种方式极有利于塑造血肉丰满的人物形象。于是这种体裁为历代官修史书所沿袭。

　　司马迁生活于汉朝盛世，正值汉武帝对内进行思想统一、对外进行宣扬国威之时。然而盛世之下，又隐藏有各种危机，如边疆动荡、外戚专权、党争严重、酷吏当道等。司马迁遇到了如何撰写当代历史的难题。他不光受到自己情感、眼界、遭遇等方面的影响，同时也受到了当时政权的干预，撰写时便无法做到完全公正。例如在现存的《孝景本纪》《孝武本纪》中，我们能明显看到被当权者删改的痕迹。

《史记》因为以上的问题，还被人指责为"谤书"。为了解决这一问题，从司马迁以后的历代官修史书便基本执行由下一朝代史官撰写上一朝代历史的传统。如东汉的班固撰写西汉的史书《汉书》。

《史记》的语言为散体，生动自然，这个不是时代文风特色，其后的《汉书》所用语言就带有时代风气，偏于骈体，用字也比较古奥艰涩。也因为这一点，《史记》一书很长一段时间受重视程度不如《汉书》，其被重视基本是在唐代古文运动提倡写散体文章之后，明清之际归有光、桐城派作家也是大力推崇。对于今人而言，有许多古代的史料，我们只能在《史记》中看到了。无论是史学方面，还是文学方面，《史记》都有着无比珍贵的价值。

所选八十个小段，以岳麓书社 2001 年 9 月版《史记》为底本，参阅其他，择善而从。统编语文教材课文《周亚夫军细柳》《陈涉世家》《鸿门宴》《屈原列传》，这里不再选用。从这些选段中，大致能看出司马迁的价值观及其笔法，会让我们更好地理解鲁迅那句经典的评价"史家之绝唱，无韵之离骚"。

一、道　义

说到底，司马迁是个受儒家思想影响极深的史学家，他富有激情的带有浪漫主义色彩的文笔与讲求道义的历代仁人义士彼此契合，拥有了震撼人心的力量。

季札赠剑

季札之初使，北过徐君。徐君好季札剑，口弗敢言。季札心知之，为使上国①，未献。还至徐，徐君已死，于是乃解其宝剑，系之徐君冢树而去②。从者曰："徐君已死，尚谁予乎③？"季子曰："不然。始吾心已许之，岂以死倍④

吾心哉！"

（《吴太伯世家》）

【注释】 ①上国：春秋时称中原各诸侯国为上国，与吴、楚等国相对而言。②去：离开。③尚谁予乎：还给谁呢？此句为宾语前置句。④倍：通"背"，违背。

【提示】 讲求契约精神的人喜欢白纸黑字将一切都讲清楚，然后根据契约将承诺一一兑现。季札将契约精神提升到了一个新的境界。季札对人的许诺并未表达出来，但不因此就减损了其价值，也不因为对方的去世导致许诺失效。

子路赴死

仲由①将入，遇子羔②将出，曰："门已闭矣。"子路曰："吾姑至③矣。"子羔曰："不及，莫践其难④。"子路曰："食焉⑤不辟⑥其难。"子羔遂出。子路入，及门，公孙敢⑦阖⑧门，曰："毋入为也⑨！"子路曰："是公孙也？求利而逃其难。由不然，利其禄，必救其患。"

（《卫康叔世家》）

【注释】 ①仲由：字子路，孔子弟子。②子羔：即高柴，孔子弟子，卫国大夫。③姑至：权且到（这里看一下）。④莫践其难：不要陷入这场动乱。⑤食焉：拿人家（指孔悝）的俸禄。⑥辟：通"避"，避让。⑦公孙敢：卫国大夫。⑧阖：关上。⑨毋入为也：不要再进来。

【提示】 同是孔子弟子，子路和子羔做了绝不相同的人生选择。在子路看来，人世间有比生命更有价值的东西。一份职业，绝非只是一场出卖劳动力的交易。

晋攻饥秦

晋旱，来请①粟。丕豹说穆公勿与②，因其饥而伐之。

穆公问公孙支,支曰:"饥穰③,更事④耳,不可不与。"问百里傒,傒曰:"夷吾⑤得罪于君,其百姓何罪?"于是用⑥百里傒、公孙支言,卒与之粟。以船漕车转,自雍⑦相望至绛⑧。

十四年,秦饥,请粟于晋。晋君谋之群臣。虢射曰:"因其饥伐之,可有大功。"晋君从之。十五年,兴兵将攻秦。

(《秦本纪》)

【注释】①请:请借。②与:给予。③饥穰(ráng):饥年与丰年。④更事:更迭之事。⑤夷吾:晋国国君。⑥用:采用,采纳。⑦雍:秦国都。⑧绛:晋国都。

【提示】晋国此举可谓是"斗米恩,担米仇"这句谚语的践行者。

赵氏孤儿

贾①不请②而擅与诸将攻赵氏于下宫,杀赵朔、赵同、赵括、赵婴齐,皆灭其族。

赵朔妻成公姊,有遗腹,走公宫匿。赵朔客曰公孙杵臼,杵臼谓朔友人程婴曰:"胡不死?"程婴曰:"朔之妇有遗腹,若幸而男③,吾奉④之;即女也,吾徐⑤死耳。"居无何,而朔妇免身⑥,生男。屠岸贾闻之,索于宫中。夫人置儿绔⑦中,祝曰:"赵宗灭乎,若号⑧;即不灭,若无声。"及索,儿竟无声。

已脱,程婴谓公孙杵臼曰:"今一索不得,后必且复索之,奈何?"公孙杵臼曰:"立孤与死孰难?"程婴曰:"死易,立孤难耳。"公孙杵臼曰:"赵氏先君遇子厚,子强⑨为其难者,吾为其易者,请先死。"

(《赵世家》)

【注释】 ①贾：即屠岸贾，晋国大夫。②不请：不请示于晋国国君。③男：生下男孩子。④奉：奉养。⑤徐：慢慢。⑥免身：分娩。免，通"娩"。⑦绔（kù）：裤子。⑧若号：你大哭。⑨强：勉强。

【提示】 生与死哪个更容易一点儿？公孙杵臼和程婴告诉我们一个有点儿费思量的答案。程婴背负了背信弃义的小人骂名，艰难地将赵氏孤儿抚养长大成人，兑现了自己对公孙杵臼的承诺，在可以安然享福的前提下，自己毅然自杀来回报公孙杵臼，其信义令人震撼。

陵母伏剑

项羽取陵母①置军中，陵使至，则东乡坐陵母②，欲以招陵。陵母既私送使者，泣曰："为老妾语陵，谨事③汉王。汉王，长者④也，无以老妾故，持二心。妾以死送使者。"遂伏剑⑤而死。项王怒，烹陵母。陵卒从汉王定天下。

（《陈丞相世家》）

【注释】 ①陵母：王陵的母亲。王陵，与刘邦同为沛县人，汉朝开国功臣。②东乡坐陵母：使王陵的母亲面向东方坐着。乡，通"向"。③谨事：认真侍奉。④长者：德高望重的人。⑤伏剑：以剑自刎。

【提示】 这个故事与三国时徐庶之母的故事几乎完全一样。一个是宁死不让儿子为项羽卖命，一个是宁死不让儿子为曹操卖命。因为刘邦是长者，因为刘备是正统，做母亲的以生命教育儿子信义二字的力量，哪怕项羽和曹操的实力再强大。

渔父之义

郑定公与子产①诛杀太子建。建有子名胜。伍胥惧，乃与胜俱奔吴。到昭关，昭关欲执之。伍胥遂与胜独身步走，几不得脱。追者在后，至江，江上有一渔父乘船，知伍胥之急，乃渡伍胥。伍胥既渡，解其剑曰："此剑直②百金，

292

以与父。"父曰："楚国之法，得伍胥者赐粟五万石，爵执珪③，岂徒④百金剑邪!"不受。

（《伍子胥列传》）

【注释】①子产：春秋时郑国卿，著名政治家和思想家。②直：通"值"，价值。③执珪：执珪是楚国最高爵位。④徒：只是。

【提示】伍子胥全家被楚王冤杀，自己又被楚王通缉。但公道自在人心，哪怕一个江湖渔人，在信义面前，也能做到不畏强权，不为名利所诱。

徙木立信

令既具①，未布，恐民之不信，已乃立三丈之木于国都市南门，募民有能徙置北门者②予十金。民怪之，莫敢徙。复曰"能徙者予五十金"。有一人徙之，辄予五十金，以明不欺。卒下令。

（《商君列传》）

【注释】①既具：制定好以后。②募民有能徙置北门者：定语后置句，译为招募能将树木搬到北门的人。

【提示】商鞅了不起的成就之一就在于建立了契约精神，特别是打破了阶级观念，将不对等的贵族与平民摆放到了同等位置。

忠信获罪

燕王曰："若①不忠信耳，岂有以忠信而得罪者乎?"

苏秦曰："不然。臣闻客有远为吏而其妻私②于人者，其夫将来，其私者忧之，妻曰'勿忧，吾已作药酒待之矣'。居三日，其夫果至，妻使妾举③药酒进之。妾欲言酒之有药，则恐其逐主母也；欲勿言乎，则恐其杀主父也。于是乎详僵④而弃⑤酒。主父大怒，笞⑥之五十。故妾一僵而覆酒，上存主父，下存主母，然而不免于笞，恶在乎忠

293

信之无罪也？夫臣之过，不幸而类是⑦乎！"

　　燕王曰："先生复就故官。"益厚遇之。

（《苏秦列传》）

【注释】①若：你。②私：私通。③举：端着。④详僵：假装身体不灵活。详，通"佯"，佯装。⑤弃：洒弃。⑥笞：鞭打。⑦类是：像这样。

【提示】战国时代的纵横家许多都是讲寓言的高手，苏秦即是如此。我们讲求忠信，但忠信的确不能总是给人带来好的结果。

孟尝待客

　　孟尝君在薛，招致诸侯宾客，及亡人有罪者，皆归孟尝君。孟尝君舍业①厚遇之，以故倾②天下之士。食客数千人，无贵贱一与文等③。孟尝君待客坐语，而屏风后常有侍史④，主记君所与客语，问亲戚居处。客去，孟尝君已使使存问⑤，献遗⑥其亲戚。孟尝君曾待客夜食，有一人蔽⑦火光。客怒，以饭不等⑧，辍食辞去。孟尝君起，自持其饭比之。客惭，自刭。士以此多归⑨孟尝君。孟尝君客无所择⑩，皆善遇之。

（《孟尝君列传》）

【注释】①舍业：舍弃家业。②倾：使……向往，钦佩。③无贵贱一与文等：无论地位高低都与孟尝君田文的待遇等齐。④侍史：掌管文书的人。⑤存问：慰问，访问。⑥献遗（wèi）：馈赠。⑦蔽：被遮蔽。⑧以饭不等：认为吃的饭不一样。⑨归：归靠，投靠。⑩客无所择：不挑选门客。

【提示】孟尝君好客最知名，直至今日，我们说人好客，尚说其有"孟尝之风"。抛开其招揽门客的目的不谈，单从其待客之道来看，的确符合信义之道。

王蠋自杀

　　燕之初入齐，闻画邑人王蠋①贤，令军中曰"环画邑三十里②无入"，以王蠋之故。已而使人谓蠋曰："齐人多高③子之义，吾以子为将，封子万家。"蠋固谢④。燕人曰："子不听，吾引三军而屠画邑。"王蠋曰："忠臣不事二君，贞女不更二夫。齐王不听吾谏，故退而耕于野。国既破亡，吾不能存；今又劫之以兵为君将，是助桀为暴也。与其生而无义，固不如烹！"遂经⑤其颈于树枝，自奋绝脰⑥而死。

(《田单列传》)

　　【注释】①王蠋（zhú）：齐国贤者。②环画邑三十里：环绕画邑周围三十里。③高：尊崇，推崇。④固谢：坚决推辞。⑤经：上吊。⑥自奋绝脰（dòu）：自己跳起折断脖子。脰，脖子。

　　【提示】王蠋对忠义看得清楚，燕国是侵略者，作为一名齐国人，在大是大非面前，决不能为侵略者的假仁假义所蒙蔽。

石奢自刎

　　石奢者，楚昭王相也。坚直廉正，无所阿避①。行县，道有杀人者，相追之，乃其父也。纵②其父而还自系③焉。使人言之王曰："杀人者，臣之父也。夫以父立政④，不孝也；废法纵罪，非忠也；臣罪当死。"王曰："追而不及，不当伏罪，子其⑤治事矣。"石奢曰："不私⑥其父，非孝子也；不奉主法⑦，非忠臣也。王赦其罪，上惠也；伏诛而死，臣职也。"遂不受令，自刎而死。

(《循吏列传》)

　　【注释】①阿（ē）避：徇私，回避。②纵：释放。③还自系：回来用绳子捆绑自己。④立政：树立政绩名声。⑤其：表商量语气，还是。⑥私：偏私，偏爱。⑦不奉主法：不遵循君主的法律。

【提示】石奢面对的是一道忠孝两难的选择题，尽管楚王原谅了他，为他开脱说"追而不及，不当伏罪"，他却无法面对良心的谴责，仍旧选择了自杀。

崔杼弑君

景公立，以崔杼为右相，庆封为左相。二相恐乱起，乃与国人盟曰："不与①崔、庆者死！"晏子仰天曰："婴所不获唯忠于君利社稷者是从！②"不肯盟。庆封欲杀晏子，崔杼曰："忠臣也，舍之。"齐太史书曰"崔杼弑庄公"，崔杼杀之。其弟复书，崔杼复杀之。少弟复书，崔杼乃舍之。

（《齐太公世家》）

【注释】①与：跟随，顺从。②婴所不获唯忠于君利社稷者是从：这是我晏婴不能的事，我只顺从忠顺君主造福国家的人。
【提示】值得注意的是齐太史的坚韧，面对强权永不退缩的精神。这一经典案例，不光为史学家所尊崇，也为后世人所景仰，如文天祥就将之写入了《正气歌》中。

卜式捐羊

卜式者，河南人也，以田畜为事①。亲死，式有少弟，弟壮，式脱身出分②，独取畜羊百余，田宅财物尽予弟。式入山牧十余岁，羊致千余头，买田宅。而其弟尽破其业，式辄复分予弟者数③矣。

是时汉方数使将击匈奴，卜式上书，愿输家之半县官④助边。天子使使问式："欲官乎？"式曰："臣少⑤牧，不习仕宦，不愿也。"使问曰："家岂有冤，欲言事乎？"式曰："臣生与人无分争⑥。式邑人贫者贷之，不善者教顺之，所居人皆从式，式何故见冤于人。无所欲言也。"使者曰：

"苟如此，子何欲而然⑦?"式曰："天子诛匈奴，愚以为贤者宜死节于边⑧，有财者宜输委⑨，如此而匈奴可灭也。"使者具其言入以闻。天子以语丞相弘。弘曰："此非人情。不轨⑩之臣，不可以为化⑪而乱法，愿陛下勿许。"

（《平准书》）

【注释】①以田畜为事：以种田放牧为生。②脱身出分：分出家产，自立门户。③数：多次。④愿输家之半县官：希望将一半家产捐献给朝廷。县官，指朝廷，官府。⑤少：从小时起。⑥分争：纷扰争执。分，通"纷"。⑦子何欲而然：您想要什么才这样？⑧宜死节于边：应该在边疆为气节而死。⑨输委：捐献。⑩不轨：不合常理。⑪为化：当作教化百姓的模范。

【提示】这个故事中值得注意的是卜式向国家捐款，丞相公孙弘却认为此人不要任何回报是不合常理的。然而贪求回报的行为只能称之为交易，而非忠信仁义了。

侏儒优旃

优旃①者，秦倡侏儒②也。善为笑言，然合于大道，秦始皇时，置酒而天雨③，陛楯者④皆沾寒。优旃见而哀之，谓之曰："汝欲休乎?"陛楯者皆曰："幸甚。"优旃曰："我即呼汝，汝疾应⑤曰诺。"居有顷，殿上上寿⑥呼万岁。优旃临槛⑦大呼曰："陛楯郎!"郎曰："诺。"优旃曰："汝虽长，何益，幸雨立⑧。我虽短也，幸休居⑨。"于是始皇使陛楯者得半相代⑩。

（《滑稽列传》）

【注释】①优：以歌舞演戏为职业的人，这里表示其职业身份。旃（zhān）：人名。②倡：乐人。古称歌舞艺人为倡。侏儒：身材特别矮小的人。③雨（yù）：下雨。④陛楯者：执盾侍卫于陛侧的臣子。楯，通"盾"。⑤疾应：快速回应。⑥上寿：祝寿。⑦临槛：面对着栏杆。⑧幸雨立：幸运地在雨中站立。此句为讥讽。⑨幸休居：幸运地闲坐休息。⑩半相代：分成两半轮流侍卫。代，更替。

【提示】优旃富有同理心，社会底层上来的人似乎更容易关注人的生存状态，也正是如此他从此改变了一种职业规范。秦始皇也因之而显得不过于残暴了。

渐离刺秦

高渐离变名姓为人庸保①，匿作于宋子②。久之，作苦，闻其家堂上客击筑，彷徨不能去。每出言曰："彼有善有不善。"从者以告其主，曰："彼庸乃知音③，窃言是非④。"家丈人⑤召使前击筑，一坐称善，赐酒。而高渐离念久隐畏约无穷时⑥，乃退，出其装匣中筑与其善衣⑦，更容貌而前。举坐客皆惊，下与抗礼⑧，以为上客。使击筑而歌，客无不流涕而去者。

宋子传客之⑨，闻于秦始皇。秦始皇召见，人有识者，乃曰："高渐离也。"秦皇帝惜⑩其善击筑，重赦之，乃矐其目⑪。使击筑，未尝不称善。稍益近之，高渐离乃以铅置筑中，复进得近，举筑朴⑫秦皇帝，不中。于是遂诛高渐离，终身不复近诸侯之人。

（《刺客列传》）

【注释】①庸保：帮工，伙计。庸，同"佣"，被雇用的人。②匿作于宋子：藏匿在宋子家为其工作。③彼庸乃知音：那个伙计是懂音乐的人。④窃言是非：私下里会评价击筑的精妙和不妥之处。⑤家丈人：东家，主人。⑥久隐畏约无穷时：长久藏身，穷困畏缩没有尽头。⑦善衣：体面的服饰。⑧抗礼：行平等的礼。⑨宋子传客之：宋子带他四处做客。⑩惜：爱惜。⑪矐（huò）其目：熏瞎他的眼睛。矐，熏瞎。⑫朴：通"扑"，击，打。

【提示】高渐离知名度远比荆轲要差，甚至比不上陪荆轲一起执行刺杀任务的秦舞阳。但他为了给朋友报仇，隐忍、熏瞎眼睛，以一己之力完成了其力所能及的谢幕。

张良拾履

良尝闲从容①步游下邳圯②上，有一老父，衣褐③，至良所，直堕其履圯下，顾谓良曰："孺子，下取履！"良鄂然，欲殴之。为其老，强忍，下取履。父曰："履我！"良业④为取履，因长跪履之。父以足受，笑而去。良殊⑤大惊，随目之⑥。

父去里所，复还，曰："孺子可教矣。后五日平明，与我会此。"良因怪之，跪曰："诺。"五日平明，良往。父已先在，怒曰："与老人期，后，何也？"去，曰："后五日早会。"五日鸡鸣，良往，父又先在，复怒曰："后，何也？"去，曰："后五日复早来。"五日，良夜未半往。有顷，父亦来，喜曰："当如是。"出一编书⑦，曰："读此则为王者师⑧矣。后十年兴。十三年孺子见我济北，谷城山下黄石即我矣。"遂去，无他言，不复见。

旦日视其书，乃《太公兵法》也。良因异⑨之，常习诵读之。

（《留侯世家》）

【注释】①从容：悠闲舒缓。②圯（yí）：桥。③衣（yì）褐：穿着粗布衣服。④业：已经。⑤殊：特别。⑥随目之：盯着其背影看。⑦一编书：一卷竹简。⑧王者师：帝王的老师。⑨异：特别对待。

【提示】这是一个童话故事，真实性待定，但施仁义、得回报的道理却影响了许多人。

◁思考与行动▷

1. 你怎么看待信义？
2. 如果你谨守信义，却换来不好的结果，你会继续谨守吗？

3. 你对以上哪则故事印象最深刻？谈谈原因。

二、手　段

历史事件是人缔造的，从中可以折射出许多人性方面的东西。有些固然出于无奈，有些却透露着人性的恶。

吕后之毒

吕后①最怨戚夫人②及其子赵王，乃令永巷③囚戚夫人，而召赵王。

使者三反，赵相建平侯周昌④谓使者曰："高帝属⑤臣赵王，赵王年少。窃闻太后怨戚夫人，欲召赵王并诛之，臣不敢遣王。王且亦病，不能奉诏。"吕后大怒，乃使人召赵相。赵相征至长安，乃使人复召赵王。王来，未到。孝惠帝慈仁，知太后怒，自迎赵王霸上，与入宫，自挟⑥与赵王起居饮食。太后欲杀之，不得间⑦。孝惠元年十二月，帝晨出射。赵王少，不能蚤⑧起。太后闻其独居，使人持鸩⑨饮⑩之。犁明⑪，孝惠还，赵王已死。于是乃徙淮阳王友为赵王。夏，诏赐郦侯⑫父追谥为令武侯。

太后遂断戚夫人手足，去眼，煇⑬耳，饮瘖药⑭，使居厕中，命曰"人彘"。居数日，乃召孝惠帝观人彘。孝惠见，问，乃知其戚夫人，乃大哭，因病，岁余不能起。使人请⑮太后曰："此非人所为。臣为太后子，终不能治天下。"孝惠以此日饮为淫乐，不听政，故有病也。

（《吕太后本纪》）

【注释】①吕后：即吕雉，汉高祖刘邦原配夫人。②戚夫人：亦称戚姬，十分受刘邦宠爱。戚姬生的儿子刘如意被封为赵王，一度几乎取代刘盈（后来的汉惠帝）成为太子。③永巷：皇宫中的长巷，是未分配到各宫去的宫女的集中居住处，也是幽禁失势或失宠妃嫔的地方。④周昌：西汉初期大臣，为人口吃却耿直敢言。刘邦欲废太子，他直言谏止。后为赵王刘如意相。⑤属（zhǔ）：嘱托，托付。⑥挟：护持。⑦不得间：找不到空子。⑧蚤：通"早"，在早上。⑨鸩：（用鸩的羽毛泡成的）毒酒。鸩，古代传说中的毒鸟。⑩饮（yìn）：给别人喝。⑪犁明：等到天明。犁，同"黎"。⑫郦侯：即吕台，吕雉长兄吕泽的长子。⑬熏（xūn）：同"熏"，用火烧灼。⑭瘖（yīn）药：服用后使人失音变哑的毒药。⑮请：谒见，拜见。

【提示】 吕后改变了汉朝的走向，她也被司马迁视为女皇帝。此后汉朝在政治上极力避免受到外戚干扰，却始终无能为力。人性的邪恶在吕后对待戚夫人这件事上得以充分暴露，借助此事，吕后也从儿子手中揽得了摄政大权。

分一杯羹

当此时，彭越数反梁地①，绝②楚粮食，项王患之。为高俎③，置太公④其上，告汉王曰："今不急下⑤，吾烹太公。"汉王曰："吾与项羽俱北面受命怀王，曰'约为兄弟'，吾翁即若翁⑥，必欲烹而翁，则幸分我一杯羹。"项王怒，欲杀之。项伯曰："天下事未可知，且为天下者不顾家，虽杀之无益，只益祸耳。"项王从之。

（《项羽本纪》）

【注释】 ①数反梁地：多次在梁地叛乱。②绝：切断，断绝。③高俎：放在高桌上的砧板；一说，指供瞭望用的车上的高台。④太公：刘邦的父亲。⑤下：下场作战。⑥若翁：与下文的"而翁"都是"你的父亲"之意。

【提示】 项羽以太公威胁刘邦本就不地道，而刘邦就此耍无赖也显得面目可憎。这件事成了历史上的一桩笑谈。

左袒为刘

太尉①欲入北军②，不得入。襄平侯通③尚④符节⑤。乃令持节矫内⑥太尉北军。太尉复令郦寄与典客⑦刘揭先说吕禄⑧曰："帝使太尉守北军，欲足下之国⑨，急归将印辞去，不然，祸且⑩起。"吕禄以为郦兄⑪不欺己，遂解印属⑫典客，而以兵授太尉。太尉将之⑬入军门，行令军中曰："为⑭吕氏右袒⑮，为刘氏左袒。"军中皆左袒为刘氏。太尉行至⑯，将军吕禄亦已解上将印去，太尉遂将北军。

（《吕太后本纪》）

【注释】①太尉：全国最高军事长官，执掌天下军政事务，时任此职的是周勃。②北军：守卫吕后所居长乐宫，是诸吕的活动中心，当时军事力量较强。③襄平侯通：即纪通，因功被刘邦封为襄平侯。④尚：主持，掌握。⑤符节：古代朝廷用作信物的凭证。符，用竹、木或金属制成，上书文字，剖分为二，各执一半，使用时二者相合为验。节，以竹制成，用以证明身份。⑥内：通"纳"，接纳，使进入。⑦典客：古代官名，掌管王朝对属国之交往等事务。⑧吕禄：吕后的侄子，为上将军，统领北军，被吕后封为赵王。⑨之国：去封地赵国。⑩且：将要。⑪郦兄：郦寄，字况。兄，通"况"。⑫属（zhǔ）：托付。⑬将之：持兵符。将，持。⑭为：助，这里是拥护的意思。⑮袒：裸露，此处指露臂。⑯行至：指还没到的时候。行，将。

【提示】"左袒"是周勃稳定军心的手法，究其本质，其实是一场道德胁迫，然后这场胁迫变成了大势所趋。

襄子取代

襄子姊前为代王夫人。简子①既葬，未除服②，北登夏屋③，请代王。使厨人操铜枓④以食代王及从者，行斟，阴⑤令宰人各以枓击杀代王及从官，遂兴兵平代地。其姊闻之，泣而呼天，摩笄⑥自杀。代人怜之，所死地名之为摩笄之山。遂以代封伯鲁子周为代成君。伯鲁者，襄子兄，故太子。太子蚤⑦死，故封其子。

（《赵世家》）

【注释】①简子：赵鞅，赵襄子之父。②除服：古代丧礼仪式，即除去丧礼之服。③夏屋：夏屋山，又名夏壶山、贾屋山、贾母山，在今山西省代县东北。④枓（dǒu）：长柄的勺子。⑤阴：暗中。⑥摩笄（jī）：磨尖发簪。摩，通"磨"。笄，古代束发用的簪子。⑦蚤：通"早"。

【提示】为了扩展地盘，赵襄子不顾情义，杀死了自己的姐夫，害死了自己的姐姐。他随后将代地封给了故太子的儿子作为补偿，这块血淋淋的地盘，赵襄子固然得之心安，但代成君未必心安呀。代成君一定不想要这块封地，因为赵襄子是让代成君替代自己直面代地那些满腔怨恨的百姓。

公孙之谋

其后成侯驺忌与田忌不善①，公孙阅谓成侯忌曰："公何不谋伐魏，田忌必将②。战胜有功，则公之谋中③也；战不胜，非前死则后北④，而命在公矣。"于是成侯言威王，使田忌南攻襄陵。

（《田敬仲完世家》）

【注释】①不善：关系不好。②将：被任命为将领。③中：正确。④非前死则后北：不是向前战死就是向后败逃。

【提示】这是文臣与武将发生矛盾从而发生争斗的著名案例。从这一案例可以看出武将往往是吃亏的一方。

军法行酒

朱虚侯年二十，有气力，忿①刘氏不得职。尝入侍②高后燕饮③，高后令朱虚侯刘章为酒吏。章自请曰："臣，将种也，请得以军法行酒。"高后曰："可。"酒酣，章进饮歌舞④。已而曰："请为太后言耕田歌。"高后儿子畜之⑤，笑曰："顾而父⑥知田耳。若生而为王子，安知田乎？"章曰："臣知之。"太后曰："试为我言田。"章曰："深耕穊种⑦，立苗欲疏⑧，非其种者⑨，锄而去之。"吕后默然。顷之，诸吕有一人醉，亡酒⑩，章追，拔剑斩之，而还报曰："有亡酒一人，臣谨行法斩之。"太后左右皆大惊。业已许其军法，无以罪也。因罢。

（《齐悼惠王世家》）

【注释】 ①忿：忿恨。②侍：侍奉。③燕饮：宴会饮酒。燕，通"宴"。④进饮歌舞：进献饮酒助兴的歌舞。⑤儿子畜（xù）之：像对待儿子一样养育他（刘章是刘邦的孙子）。畜，畜养。⑥而父：你的父亲。⑦深耕概（jì）种：耕地要深，撒种要密。概，稠密。⑧立苗欲疏：栽植禾苗要讲究植株的疏朗。⑨非其种者：不是所种下的植株。⑩亡酒：逃离酒席。

【提示】 在刘氏危亡之际，刘章敢于站出来指斥吕后之非，是有勇气的。而其勇敢为吕后所赏识，没被杀掉，此后他在平定诸吕之乱时立了大功，不知吕后泉下是否懊悔。

田单守城

（田单）乃宣言曰："吾唯惧燕军之劓①所得齐卒，置之前行，与我战，即墨败矣。"燕人闻之，如其言。城中人见齐诸降者尽劓，皆怒，坚守，唯恐见得②。单又纵反间曰："吾惧燕人掘吾城外冢墓，僇③先人，可为寒心。"燕军尽掘垄墓④，烧死人。即墨人从城上望见，皆涕泣，俱欲出战，怒自十倍。

（《田单列传》）

【注释】 ①劓（yì）：中国古代割掉鼻子的一种刑罚。②见得：被俘虏，被抓获。③僇（lù）：侮辱。④垄墓：坟墓。

【提示】 燕国击败齐国，齐国只剩莒、即墨二城未被攻下。当时齐国的将军田单在即墨防卫，通过他一系列的努力，最终击溃了燕国的侵略者。这则小故事可以看到田单的聪明手段。

三令五申

　　孙子武者，齐人也。以兵法见于吴王阖庐。阖庐曰："子之十三篇，吾尽观之矣，可以小试勒兵①乎？"对曰："可。"阖庐曰："可试以妇人乎？"曰："可。"

　　于是许之，出宫中美女，得百八十人。孙子分为二队，以王之宠姬二人各为队长，皆令持戟。令之曰："汝知而②心与左右手背乎？"妇人曰："知之。"孙子曰："前，则视心；左，视左手；右，视右手；后，即视背。"妇人曰："诺。"

　　约束既布，乃设铁钺③，即三令五申之。于是鼓之右④，妇人大笑。孙子曰："约束不明，申令不熟，将之罪也。"复三令五申而鼓之左，妇人复大笑。孙子曰："约束不明，申令不熟，将之罪也；既已明而不如法者，吏士之罪也。"乃欲斩左右队长。

　　吴王从台上观，见且斩爱姬，大骇。趣⑤使使下令曰："寡人已知将军能用兵矣。寡人非此二姬，食不甘味，愿勿斩也。"孙子曰："臣既已受命为将，将在军，君命有所不受。"遂斩队长二人以徇⑥。用其次为队长，于是复鼓之。妇人左右前后跪起皆中规矩绳墨⑦，无敢出声。

（《孙子吴起列传》）

【注释】 ①勒兵：整治、指挥军队。②而：你们的。③铁钺（fūyuè）：指铡刀和大斧，腰斩、砍头的刑具。④鼓之右：击鼓令之看向右手。⑤趣（cù）：赶快，从速。⑥徇（xùn）：对众宣示。⑦中（zhòng）规矩绳墨：合于号令。

【提示】 孙武立威之道在于纪律严明，杀伐果断。吴王阖庐看完《孙子兵法》，仍对孙武的才能有所怀疑。孙武通过此事告诉他谋略是其次的，纪律才是第一位的。

杀妻求将

　　齐人攻鲁，鲁欲将①吴起，吴起取②齐女为妻，而鲁疑之。吴起于是欲就名③，遂杀其妻，以明不与④齐也。鲁卒以为将。将而攻齐，大破之。

（《孙子吴起列传》）

　　【注释】①将：任命……为将。②取：同"娶"。③就名：成就功名。④与：亲附，追随。

　　【提示】吴起是个狠人，他杀妻求将的举动让人有些匪夷所思。其一，鲁国是中等国家，而齐国是大国，按理，鲁国不用他，他去齐国不更好吗？其二，鲁国是孔子的故乡，最讲究礼法仁孝。吴起为了成名，母死不归，杀妻求将，处处违背儒家传统。鲁国又怎能容下他呢？

吴起治军

　　起之为将，与士卒最下者同衣食。卧不设席，行不骑乘，亲裹赢粮①，与士卒分劳苦。卒有病疽②者，起为吮之。卒母闻而哭之。人曰："子卒也③，而将军自吮其疽，何哭为？"母曰："非然也。往年吴公吮其父，其父战不旋踵④，遂死于敌。吴公今又吮其子，妾不知其死所矣。是以哭之。"

（《孙子吴起列传》）

　　【注释】①亲裹赢粮：亲自打包并背负着行军粮食。赢，背负。②病疽（jū）：长了毒疮。③子卒也：你的儿子是普通士兵。④战不旋踵（zhǒng）：打仗不会调转脚后跟，形容勇往无前。

　　【提示】吴起带兵与孙武有所不同，吴起讲究同甘共苦，大有《诗经·无衣》之风。此卒之母虽哭，想必泪水中是带着对吴起的钦佩的。

306

卞庄刺虎

惠王曰："善。今韩魏相攻，期年①不解，或谓寡人救之便，或曰勿救便，寡人不能决，愿子为子主②计之余，为寡人计之。"陈轸对曰："亦尝有以夫卞庄子刺虎闻于王者乎？庄子欲刺虎，馆竖子③止之，曰：'两虎方且④食牛，食甘⑤必争，争则必斗，斗则大者伤，小者死，从伤而刺之，一举必有双虎之名。'卞庄子以为然，立须⑥之。有顷，两虎果斗，大者伤，小者死。庄子从伤者而刺之，一举果有双虎之功。今韩魏相攻，期年不解，是必大国伤，小国亡，从伤而伐之，一举必有两实。此犹庄子刺虎之类也。臣主与王何异也。"惠王曰："善。"

（《张仪列传》）

【注释】 ①期（jī）年：一年。②子主：你的主子（楚王）。当时陈轸在楚国任职，受命出使秦国。③馆竖子：客馆的仆人。④方且：将要。⑤甘：味美的食物。⑥须：等待。

【提示】 继《忠信获罪》之后，这又是一例有趣的寓言故事，从中重点学习纵横家在战国时代赖以生存的手段和智慧。

无效丁公

季布母弟①丁公，为楚将。丁公为项羽逐窘高祖彭城西②，短兵接，高祖急，顾③丁公曰："两贤岂相厄④哉！"于是丁公引兵而还，汉王遂解去⑤。及项王灭，丁公谒见高祖。高祖以丁公徇⑥军中，曰："丁公为项王臣不忠，使项王失天下者，乃丁公也。"遂斩丁公，曰："使后世为人臣者无效丁公！"

（《季布栾布列传》）

【注释】 ①母弟：舅舅。②逐窘高祖彭城西：在彭城西追逐走投无路的刘邦。③顾：回头看。④相厄：为难对方。⑤解去：解围而去。⑥徇（xùn）：对众宣示。

【提示】这个故事中刘邦显得总是有道理，原因在于丁公做错了两件事。其一，不应该放走刘邦；其二，不应该此后以此邀功请赏。

结袜以重

王生者，善为黄老①言，处士②也。尝召居廷中，三公九卿尽会立③，王生老人，曰"吾袜解"，顾谓张廷尉："为我结袜!"释之跪而结之。既已，人或谓王生曰："独奈何廷辱张廷尉，使跪结袜?"王生曰："吾老且贱，自度④终无益于张廷尉。张廷尉方今天下名臣，吾故聊辱廷尉，使跪结袜，欲以重⑤之。"诸公闻之，贤王生而重张廷尉。

（《张释之冯唐列传》）

【注释】①黄老：黄帝与老子的合称，两人都主张清静、无为等思想。②处士：古时候称有德才而隐居不愿做官的人。③会立：聚集站立。④自度：自己揣摩。⑤重：推重。

【提示】这个故事与侯嬴对待信陵君的方式一样，然而其前提是对方能放下姿态，因为不是每个有权势的人都能够放下姿态，可见谦卑之难。

李广带兵

广廉，得赏赐辄分其麾下，饮食与士共之。终广之身，为二千石①四十余年，家无余财，终不言家产事。广为人长，猿臂，其善射亦天性也，虽其子孙他人学者，莫能及广。

广讷口②少言，与人居则画地为军陈③，射阔狭④以饮。专以射为戏，竟⑤死。广之将兵，乏绝之处，见水，士卒不尽饮，广不近水，士卒不尽食，广不尝食。宽缓不苛，士

308

以此爱乐为用⑥。

　　其射，见敌急，非在数十步之内，度不中⑦不发，发即应弦而倒。用此⑧，其将兵数困辱⑨，其射猛兽亦为所伤云。

（《李将军列传》）

【注释】①二千石：汉官秩，郡守级别为二千石。李广长年在边疆做郡守。②讷口：不善言谈。③军陈：指军队的阵法或军伍的行列。④射阔狭：李广在军中训练士兵射箭用的一种方法。阔狭指的是靶子画定宽窄，射中宽格为负，射中窄格为胜。⑤竟：直到……终了。⑥为用：被驱使。⑦度不中：揣摩无法射中。⑧用此：因此。⑨数困辱：屡次受困受辱。

【提示】李广带兵与吴起一样，也是讲究同甘共苦。而且其爱好简单纯粹，真正做到了爱好与职业的统一。

张汤讯鼠

　　张汤者，杜人也。其父为长安丞，出，汤为儿守舍。还而鼠盗肉，其父怒，笞①汤。汤掘窟得盗鼠及余肉，劾鼠掠治②，传爰书③，讯鞫论报④，并取鼠与肉，具狱磔⑤堂下。其父见之，视其文辞如老狱吏，大惊，遂使书狱。父死后，汤为长安吏，久之。

（《酷吏列传》）

【注释】①笞：鞭笞，鞭打。②掠治：拷打审问。③爰（yuán）书：古代记录囚犯供辞的文书。④讯鞫（jū）论报：反复审问，穷究罪行，然后把判决的罪罚报告上级。⑤具狱磔（zhé）：判罪定案后施以分裂肢体的酷刑。狱，诉讼案件。磔，分裂肢体之刑。

【提示】张汤是西汉著名酷吏，因为父亲处理案件的耳濡目染，张汤儿时即有老吏之相，而且手段极为残忍毒辣，关键是其父亲不觉得儿子残忍，反而引导他走向了酷吏之路。

邓通吮痈

文帝尝病痈①，邓通常为帝啮吮②之。文帝不乐，从容③问通曰："天下谁最爱我者乎？"通曰："宜④莫如太子。"太子入问病，文帝使啮痈，啮痈而色难⑤之。已而闻邓通常为帝啮吮之，心惭，由此怨通矣。

（《佞幸列传》）

【注释】①病痈：长了毒疮。②啮（jiè）吮：吮吸。③从容：随口。④宜：应该。⑤色难：脸色为难。

【提示】邓通吮痈，丑态百出，这不必多说。关键是汉文帝之后的做法，他认为邓通此举是爱他的表示，而太子爱他，也必须要甘之如饴地做到这一点。

思考与行动

1. 这部分故事，你对哪一些印象较深刻呢？为什么？

2. 除孙武、吴起、李广以外，你还了解哪些将军呢？请了解一下他们的特点。

3. 你怎么看待人性的善与恶呢？

三、卓　识

历史长河中，总有些人有着超越常人的见识，他们对移风易俗、对人性的认识，对世事的洞察都展现着特别的魅力。

萧何远略

沛公至咸阳，诸将皆争走金帛财物之府①分之，何独先入收②秦丞相御史律令图书藏之。沛公为汉王，以何为丞相。项王与诸侯屠烧咸阳而去。汉王所以具③知天下厄塞④，户口多少，强弱之处，民所疾苦者，以何具得秦图书也。

（《萧相国世家》）

【注释】①争走金帛财物之府：抢先跑到藏着金帛财物的府库。②收：查收。③具：详细。④厄塞：要塞。

【提示】萧何是真正胸有天下的人，是真正对后事有规划的人，仅凭这一点，论功行赏排第一就没有问题。

高祖论功

汉五年，既杀项羽，定天下，论功行封。群臣争功，岁余功不决①。高祖以萧何功最盛，封为酂侯，所食邑多。功臣皆曰："臣等身被坚执锐②，多者百余战，少者数十合③，攻城略地，大小各有差④。今萧何未尝有汗马之劳，徒持文墨议论，不战，顾反居臣等上，何也？"

高帝曰："诸君知猎乎？"曰："知之。""知猎狗乎？"曰："知之。"高帝曰："夫猎，追杀兽兔者狗也，而发踪指示兽处者人也。今诸君徒能得走兽耳，功狗⑤也。至如萧何，发踪指示，功人也。且诸君独以身随我，多者两三人。今萧何举宗数十人皆随我，功不可忘也。"群臣皆莫敢言。

（《萧相国世家》）

【注释】①决：决断。②被（pī）坚执锐：穿坚固甲胄，握锐利武器。③合：回合，即战斗。④各有差：各有不同的战功。⑤功狗：功劳等同于打猎中的狗。

【提示】刘邦的比喻粗俗，但简单、直接，三言两语说服众人，显示了其草莽英雄气概。

田文抗父

初，田婴有子四十余人。其贱妾①有子名文，文以五月五日生②。婴告其母曰："勿举③也。"其母窃举生之。及④

311

长，其母因兄弟而见其子文于田婴⑤。田婴怒其母曰："吾令若去此子⑥，而敢生之，何也？"文顿首，因曰："君所以不举五月子者，何故？"婴曰："五月子者，长与户齐⑦，将不利其父母。"文曰："人生受命于天乎？将受命于户邪？"婴默然。文曰："必受命于天，君何忧焉。必受命于户，则可高其户耳，谁能至者！"婴曰："子休矣⑧。"

（《孟尝君列传》）

【注释】 ①贱妾：地位较低的妾。②五月五日生：旧俗说五月五日生子，男害父，女害母。③举：生育，抚养。④及：等到。⑤其母因兄弟而见其子文于田婴：田文的母亲通过其兄弟让田文去见田婴。⑥吾令若去此子：我让你抛弃这个孩子。去，抛弃。⑦长与户齐：长到与门等齐。⑧子休矣：你住嘴吧。休，停止，罢休。

【提示】 孟尝君之母偷偷将孟尝君养大成人，是个极有胆略见识的人。也只有这样的母亲，才能教育出同样有胆识的儿子出来。那个时代大家都讲究迷信，孟尝君不迷信天命，之后他招揽有罪亡人，将他们收为门客的出格行为也就能够得到解释了。

土偶木偶

孟尝君将入秦，宾客①莫欲其行，谏，不听。苏代②谓曰："今旦③代从外来，见木禺人与土禺人④相与语。木禺人曰：'天雨⑤，子将败⑥矣。'土禺人曰：'我生于土，败则归土。今天雨，流子⑦而行，未知所止息也。'今秦，虎狼之国也，而君欲往，如有不得还，君得无⑧为土禺人所笑乎？"孟尝君乃止。

（《孟尝君列传》）

【注释】 ①宾客：门客。②苏代：战国著名纵横家，苏秦之弟。③旦：早晨。④木禺人与土禺人：木制偶人和土制偶人。苏代以土偶比泾阳君，木偶比孟尝君。泾阳君是秦国公子，此时在齐国充当人质。⑤雨（yù）：下雨。⑥败：溃败，溃散。⑦流子：雨水使你漂流。⑧得无：难道不。

【提示】又是纵横家的一则寓言，看问题通透，分析问题有力。

事有固然

自齐王毁废孟尝君，诸客①皆去。后召而复之，冯驩②迎之。未到，孟尝君太息叹曰："文常好客，遇客无所敢失，食客三千有余人，先生所知也。客见文一日废，皆背文而去，莫顾③文者。今赖先生得复其位，客亦有何面目复见文乎？如复见文者，必唾其面而大辱之。"冯驩结辔下拜。孟尝君下车接之，曰："先生为客谢乎？"冯驩曰："非为客谢也，为君之言失。夫物有必至，事有固然，君知之乎？"孟尝君曰："愚不知所谓也。"曰："生者必有死，物之必至也；富贵多士，贫贱寡友，事之固然也。君独不见夫趣市朝④者乎？明旦，侧肩争门而入；日暮之后，过市朝者掉臂而不顾⑤。非好朝而恶暮，所期物忘其中⑥。今君失位，宾客皆去，不足以怨士而徒绝宾客之路。愿君遇客如故。"孟尝君再拜曰："敬从命矣。闻先生之言，敢不奉教焉。"

（《孟尝君列传》）

【注释】①客：门客，食客。战国时以孟尝君好客最有名，在择客时也最另类，其门客有部分被认为是鸡鸣狗盗之徒，这也被包括司马迁在内的许多人诟病。②冯驩（xuān），又作"冯谖"，是孟尝君最有名的门客。③顾：回头看。④趣（qū）市朝：奔赴早晨的集市。趣，奔赴，奔向。⑤掉臂而不顾：摆动着手臂而不回头看一眼。⑥所期物忘其中：所期待的物品不在其中了。忘，通"无"。

【提示】饱受社会毒打的人都明白冯驩劝孟尝君的这一席话，孟尝君经历这一件事，才算真正理解他的三千门客。

诗书之用

陆生①时时前说称②诗书。高帝骂之曰："乃公③居马上

313

而得之④，安事⑤诗书！"陆生曰："居马上得之，宁可以马上治之乎？且汤武逆取而以顺守之⑥，文武并用，长久之术也。昔者吴王夫差、智伯⑦极武而亡；秦任刑法不变，卒灭赵氏⑧。乡使⑨秦已并天下，行仁义，法⑩先圣，陛下安得而有之？"

（《郦生陆贾列传》）

【注释】①陆生：即陆贾，西汉思想家、政治家、外交家。②说称：推崇，称颂。③乃公：你老子，傲慢的自称语。④居马上而得之：骑在马上得到天下。⑤事：使用。⑥逆取而以顺守之：凭借武力夺取天下，然后顺应民心守住天下。⑦智伯：即荀瑶，史称智襄子，晋国执政大臣，后被赵襄子、韩康子、魏桓子三家联合所杀。⑧赵氏：即秦国王室。秦国先祖被封在赵城，因以为氏。⑨乡（xiàng）使：假使。⑩法：效法，学习。

【提示】刘邦是个草莽英雄，骂人骂得痛快，但听取意见也毫不含糊，这是他打败项羽的重要原因。

季布谏言

季布为河东守，孝文时，人有言其贤者，孝文召，欲以为御史大夫。复有言其勇，使酒难近①。至，留邸②一月，见罢③。季布因进曰："臣无功窃宠④，待罪⑤河东。陛下无故召臣，此人必有以臣欺陛下者；今臣至，无所受事⑥，罢去，此人必有以毁臣者。夫陛下以一人之誉而召臣，一人之毁而去臣，臣恐天下有识闻之有以窥陛下也。⑦"上默然惭，良久曰："河东吾股肱郡⑧，故特召君耳。"布辞之官。

（《季布栾布列传》）

【注释】①使酒难近：爱喝酒耍酒疯，难以亲近。②邸：客馆。③见罢：接见后就令他回郡。④窃宠：谦辞，窃取恩宠。⑤待罪：

谦辞，任职。⑥无所受事：没有接受任何安排。⑦臣恐天下有识闻之有以窥陛下也：我深恐天下有识之士得知此事，会有人以此来窥探出陛下为人处事的深浅。⑧股肱（gōng）郡：如大腿、胳膊一般的郡，形容河东郡重要。

【提示】季布通透世事，太明白怎么一回事了。汉文帝看人还是太简单了，他如果懂得人有两面性，如何看待优缺点的基本问题，他就不会有如此尴尬的处境。

非社稷臣

绛侯①为丞相，朝罢趋出，意得甚②。上礼之恭，常自送之。袁盎进曰："陛下以丞相何如人?"上曰："社稷臣。"盎曰："绛侯所谓功臣，非社稷臣，社稷臣主在与在，主亡与亡。方吕后时，诸吕用事③，擅相王④，刘氏不绝如带⑤。是时绛侯为太尉，主兵柄，弗能正。吕后崩，大臣相与共畔⑥诸吕，太尉主兵，适会其成功，所谓功臣，非社稷臣。丞相如有骄主色。陛下谦让，臣主失礼，窃为陛下不取⑦也。"后朝，上益庄，丞相益畏。已而绛侯望⑧袁盎曰："吾与而兄⑨善，今儿廷毁我!"

（《袁盎晁错列传》）

【注释】①绛侯：即周勃，因功封为绛侯。②意得甚：十分得意。③用事：掌权。④擅相王：擅自相继封王。⑤不绝如带：像一根丝带一样维系着没有灭绝，形容刘氏处境危险。⑥畔：通"叛"，背叛。⑦不取：不该采取（这种做法）。⑧望：怨恨，责怪。⑨而兄：你的兄长。

【提示】袁盎有见识，他看问题懂得进行动机分析，而常人往往只看结果。看动机，就能看到问题的本质。

缇萦救父

文帝四年中，人上书言意①，以刑罪②当传③西之长安。

意有五女，随而泣。意怒，骂曰："生子不生男，缓急④无可使者！"于是少女缇萦⑤伤父之言，乃随父西⑥。上书曰："妾父为吏，齐中称其廉平⑦，今坐法⑧当刑。妾切痛⑨死者不可复生而刑者不可复续⑩，虽欲改过自新，其道莫由⑪，终不可得。妾愿入身为官婢，以赎父刑罪，使得改行自新也。"书闻，上悲其意，此岁中亦除肉刑法⑫。

（《扁鹊仓公列传》）

【注释】①言意：告发淳于意。淳于意是当时名医。②刑罪：触犯刑法之罪。③传：传送。④缓急：紧急情况。偏义复词，偏指"急"。⑤缇（tí）萦：淳于意之女。⑥西：西行。⑦廉平：廉洁公平。⑧坐法：犯法获罪。⑨切痛：深切哀痛。⑩刑者不可复续：遭受肉刑的人不能够回到从前。⑪其道莫由：没有可以走的道路。⑫肉刑法：指通过残害罪犯肉体来达到惩戒目的的刑罚，如黥（qíng）、劓、刖、宫等。

【提示】缇萦并非第一个对肉刑有如此认识的人，但是她让汉文帝废除了肉刑，改以杖刑等刑罚。另外，她提出了代人受罚的诉求，此后，特别是东汉时期，这一诉求一度变得非常流行。

国之本也

冒顿既立，是时东胡①强盛，闻冒顿杀父自立，乃使使谓冒顿，欲得头曼时有千里马。冒顿问群臣，群臣皆曰："千里马，匈奴宝马也，勿与。"冒顿曰："奈何与人邻国而爱一马乎？"遂与之千里马。

居顷之②，东胡以为冒顿畏之，乃使使谓冒顿，欲得单于一阏氏③。冒顿复问左右，左右皆怒曰："东胡无道，乃求阏氏！请击之。"冒顿曰："奈何与人邻国爱一女子乎？"遂取所爱阏氏予东胡。

东胡王愈益骄，西侵。与匈奴间，中有弃地，莫居，千余里，各居其边为瓯脱④。东胡使使谓冒顿曰："匈奴所与我界瓯脱外弃地，匈奴非能至也，吾欲有之。"冒顿问群臣，群臣或曰："此弃地，予之亦可，勿予亦可。"于是冒顿大怒曰："地者，国之本也，奈何予之！"诸言予之者，皆斩之。

冒顿上马，令国中有后者斩，遂东⑤袭击东胡。东胡初轻⑥冒顿，不为备。及冒顿以兵至，击，大破灭东胡王，而虏其民人及畜产。

（《匈奴列传》）

【注释】①东胡：北方游牧民族。因匈奴人又称胡人，所以中原人便把活动在匈奴之东的部落称为"东胡"。②顷之：不久。③阏氏（yān zhī）：匈奴单于及诸王之妻妾。④瓯（ōu）脱：指两国分界的缓冲地带。⑤东：向东。⑥轻：轻视。

【提示】冒顿杀父自立显示了其非常胆略，对土地寸步不让的态度又显示了他的远见卓识。他的杀伐果断令人难忘。

鲁相拒鱼

客有遗①相②鱼者，相不受。客曰："闻君嗜鱼，遗君鱼，何故不受也？"相曰："以嗜鱼，故不受也。今为相，能自给③鱼；今受鱼而免④，谁复给我鱼者？吾故不受也。"

（《循吏列传》）

【注释】①遗（wèi）：馈赠。②相：即公仪休，鲁国丞相。③自给：自我提供。④免：被免职。

【提示】公仪休是个聪明人，他非常清楚他的职位才是让人给他送自己喜欢的礼物的根本原因，那么如何保全自己的职位自然就是需要思量的事。

汲黯视事

孝景帝崩，太子即位，黯为谒者①。东越相攻，上使黯

317

往视之。不至，至吴而还，报曰："越人相攻，固其俗然②，不足③以辱天子之使。"河内失火，延④烧千余家，上使黯往视之。还报曰："家人失火，屋比⑤延烧，不足忧也。臣过河南，河南贫人伤水旱万余家，或父子相食，臣谨以便宜⑥，持⑦发河南仓粟以振⑧贫民。臣请归节，伏矫制⑨之罪。"上贤而释之，迁为荥阳令。

（《汲郑列传》）

【注释】①谒者：掌管朝觐宾飨及奉诏出使。②固其俗然：本来就是他们的习俗使然。③不足：不值得。④延：绵延。⑤屋比：房屋比邻。⑥便（biàn）宜：方便。⑦节：古代使臣奉命出行的凭证。⑧振：通"赈"，救济。⑨矫制：假托君命。

【提示】何为小事，何为大事？汲黯表达了自己的独特看法。小打小闹的打群架不值得关注。而河内千余户人家被火烧，此事必然发生在较大的城市里，相当一部分城市居民肯定早就把值钱的家产搬出来了，故他没有太放心上，而是体恤发生父子相食的人间惨剧的受灾贫民。

庄周拒楚

楚威王闻庄周贤，使使厚币①迎之，许②以为相。庄周笑谓楚使者曰："千金，重利；卿相，尊位也。子独不见郊祭③之牺牛乎？养食④之数岁，衣⑤以文绣，以入大庙⑥。当是之时，虽欲为孤豚⑦，岂可得乎？子亟⑧去，无污我。我宁游戏污渎⑨之中自快⑩，无为有国者所羁，终身不仕，以快吾志焉。"

（《老子韩非列传》）

【注释】①厚币：丰厚的礼金。②许：许诺。③郊祭：祭祀天地，是周代最为隆重的祭典。④养食（sì）：饲养。⑤衣（yì）：穿。⑥大庙：帝王祭祀场所。大，同"太"。⑦孤豚：孤单的小猪。⑧亟

（jí）：急速。⑨污渎（dú）：臭水沟。⑩自快：自我快足。

【提示】常人容易看到的是高官带来的种种好处，但不容易想到其背后隐藏的种种风险。尤其是为了应付差事，规避风险而经常不得已做一些自己不喜欢的事，活得太累。

不食周粟

伯夷、叔齐，孤竹君①之二子也。父欲立叔齐，及父卒，叔齐让伯夷。伯夷曰："父命也。"遂逃去。叔齐亦不肯立而逃之。国人立其中子。于是伯夷、叔齐闻西伯昌②善养老，盍③往归④焉。及至，西伯卒，武王载木主⑤，号为文王，东伐纣。伯夷、叔齐叩马⑥而谏曰："父死不葬，爰及⑦干戈，可谓孝乎？以臣弑君，可谓仁乎？"左右欲兵⑧之。太公曰："此义人也。"扶而去之。武王已平殷乱，天下宗⑨周，而伯夷、叔齐耻⑩之，义不食周粟，隐于首阳山，采薇而食之。

（《伯夷列传》）

【注释】①孤竹君：孤竹国国君。②西伯昌：西伯侯姬昌。③盍：合，一起。④归：投靠，归附。⑤木主：灵位。⑥叩马：勒住马。叩，通"扣"。⑦爰及：延及。⑧兵：杀。⑨宗：尊从。⑩耻：以……为耻。

【提示】伯夷和叔齐本身就是因为在意孝道人伦，从而逃离了孤竹国。他们叩马周武王，也是坚持他们仁孝的一以贯之的人生准则。对于他们此后不食周粟而死一事，后世颇有争议。

范蠡治生

范蠡既雪会稽之耻，乃喟然而叹曰："计然①之策七，越用其五而得意。既已施于国，吾欲用之家。"乃乘扁舟浮于江湖，变名易姓，适②齐为鸱夷子皮，之③陶为朱公。朱公以为陶天下之中，诸侯四通，货物所交易也。乃治产积居^④。与时逐而不责于人^⑤。故善治生者，能择人而任时^⑥。十九年之中三致千金，再分散与贫交^⑦疏昆弟^⑧。

（《货殖列传》）

【注释】 ①计然：越王勾践的重要谋臣，勾践用了他的建议而富国强兵。②适：去。③之：去。④治产积居：购买、囤积货物。⑤与时逐而不责于人：意为把握稍纵即逝的商机，不坑害别人。⑥择人而任时：选择合适的人才，放到合适的岗位，抓住商机。⑦贫交：贫困的朋友。⑧疏昆弟：关系不大密切的同族兄弟。

【提示】 治国与做生意有相通之处，范蠡归隐并不是回归男耕女织，而是换一个领域做了一个王者。

襄公迂腐

冬，十一月，襄公与楚成王战于泓。楚人未济^①，目夷曰："彼众我寡，及其未济击之。"公不听。已济未阵^②，又曰："可击。"公曰："待其已阵。"阵成，宋人击之。宋师大败，襄公伤股。国人皆怨公。公曰："君子不困人于厄^③，不鼓不成列^④。"子鱼曰："兵以胜为功，何常言^⑤与！必如公言，即奴事之^⑥耳，又何战为？"

（《宋微子世家》）

【注释】 ①济：渡河。②阵：列好阵势。③厄：狭窄险要的地方。④不鼓不成列：不向尚未摆好阵势的敌人发动攻击。⑤常言：常规的君子之论。⑥奴事之：像奴隶一样服侍他。

【提示】 宋襄公是商朝后人，以纯正的贵族姿态自视傲人，虽时过境迁但仍不改掉这一毛病。子鱼是通透的人，打仗本就是你死我活无比严肃的事，这还要搞贵族君子那一套规矩不是开玩笑吗？

思考与行动

1. 你怎么看待庄子拒绝成为楚相？

2. 你同意伯夷、叔齐的做法吗？为什么？

3. 关于这部分故事，你还有什么想说的呢？

四、识　人

从历史上看，不管是发现一个人的优点，还是发现一个人的缺点，认清都很难，通常需要时间。白居易曾有诗道"周公恐惧流言日，王莽礼贤下士时"，说的就是这件事。

指鹿为马

八月己亥，赵高欲为乱，恐群臣不听，乃先设验^①，持鹿献于二世，曰："马也。"二世笑曰："丞相误邪？谓鹿为马。"问左右，左右或默，或言马以阿顺^②赵高。或言鹿，高因阴中^③诸言鹿者以法。后群臣皆畏高。

（《秦始皇本纪》）

【注释】①设验：安排实验。②阿（ē）顺：曲从，顺迎。③阴中（zhòng）：暗中伤害。

【提示】在赵高替胡亥杀死公子扶苏、蒙毅、蒙恬，扫清登基一切障碍时，胡亥对赵高有的只有感激之情。到了指鹿为马之际，一切晚矣。

萧何荐人

何素不与曹参相能^①，及何病，孝惠自临视相国病，因问曰："君即百岁^②后，谁可代君者？"对曰："知臣莫如主。"孝惠曰："曹参何如？"何顿首曰："帝得之矣！臣死不恨^③矣！"

（《萧相国世家》）

【注释】①相能：彼此友善。②即百岁：到去世。百岁，死亡的委婉说法。③不恨：没有遗憾。

【提示】曹参不会想到，和自己关系很僵的萧何居然能够向汉惠帝举荐自己，这就是宰相肚里能撑船啊。

夜半前席

后岁余，贾生^①征见^②。孝文帝方受釐^③，坐宣室^④。上因感鬼神事，而问鬼神之本。贾生因具道所以然之状。至夜半，文帝前席^⑤。既罢，曰："吾久不见贾生，自以为过之，今不及也。"

（《屈原贾生列传》）

【注释】①贾生：即贾谊，西汉初年著名的政论家、文学家。②征见：被征召，被召见。③受釐（lí）：皇帝派人祭祀或郡国祭祀后，皆以祭肉归致皇帝，以示受福。④宣室：未央宫中的宣室殿。⑤前席：在坐席上移膝靠近对方。

【提示】如果汉文帝真是如此欣赏贾谊，那为何将之调离中央呢？司马迁将贾谊与屈原合传，大有深意。李商隐的著名七绝《贾生》（"宣室求贤访逐臣，贾生才调更无伦。可怜夜半虚前席，不问苍生问鬼神"）用了这个典故。

奇货可居

子楚，秦诸庶孽孙^①，质^②于诸侯，车乘进用不饶^③，居处困，不得意。吕不韦贾^④邯郸，见而怜之，曰"此奇货可居^⑤"。乃往见子楚，说曰："吾能大子之门^⑥。"子楚笑曰："且自大君之门，而乃大吾门！"吕不韦曰："子不知也，吾门待子门而大。"

（《吕不韦列传》）

【注释】①诸庶孽孙：非正妻所生，是姬妾所生的众多子孙之一。②质：充当人质。③车乘进用不饶：出行、用度不丰饶。④贾

322

(gǔ)：做生意。⑤奇货可居：珍奇的货物可以囤积起来以待高价。⑥大子之门：光大你的门楣。

【提示】商人最厉害之处就在于眼光独到，善于挖掘商品的价值。而吕不韦将商人的做法用到了人的身上，助推谁也瞧不起的子楚最终登上王位。吕不韦的做法被后世一些人效法，这就是政治投机。

曹沫劫盟

曹沫者，鲁人也，以勇力事鲁庄公。庄公好力。曹沫为鲁将，与齐战，三败北①。鲁庄公惧，乃献遂邑之地以和②。犹复以为将。

齐桓公许与鲁会于柯而盟。桓公与庄公既盟于坛上，曹沫执匕首劫齐桓公，桓公左右莫敢动，而问曰："子将何欲？"曹沫曰："齐强鲁弱，而大国侵鲁亦甚矣。今鲁城坏即压齐境③，君其图之④。"桓公乃许尽归鲁之侵地。

（《刺客列传》）

【注释】①三败北：多次失败。②和：求和。③鲁城坏即压齐境：鲁国城墙塌了就倒在了齐国的境内，形容齐国侵占了鲁国大量土地。④君其图之：你还是考虑一下这件事（归还侵占的土地）。

【提示】鲁庄公与曹沫可谓相知相得，一个人可以给另一个人多少信任呢？鲁庄公给出了他的答案。

豫让死报

豫让者，晋人也，故尝事①范氏及中行氏，而无所知名②。去③而事智伯，智伯甚尊宠之。及智伯伐赵襄子，赵襄子与韩、魏合谋灭智伯，灭智伯之后而三分其地。赵襄子最怨智伯，漆其头以为饮器。豫让遁逃山中，曰："嗟乎！士为知己者死，女为说己者容。今智伯知我，我必为

323

报仇而死，以报智伯，则吾魂魄不愧矣。"

（《刺客列传》）

【注释】①事：服侍，侍奉。②无所知名：没有知名的地方。
③去：离开。

【提示】姑且不论智伯人品如何，单看豫让对他以死相报，也足
够让泉下的智伯自得于其非一般的识人之道了。树倒就一定猢狲散
吗？豫让用他的言行给出了答案。

夜追韩信

信数①与萧何语，何奇之。至南郑，诸将行道亡②者数
十人，信度③何等已数言上，上不我用④，即亡。何闻信
亡，不及以闻，自追之。人有言上曰："丞相何亡。"

上大怒，如失左右手。居一二日，何来谒上，上且怒
且喜，骂何曰："若⑤亡，何也？"何曰："臣不敢亡也，臣
追亡者。"上曰："若所追者谁何？"曰："韩信也。"

（《淮阴侯列传》）

【注释】①数（shuò）：多次。②亡：逃亡。③度（duó）：揣
度，估计。④上不我用：刘邦不任用我。宾语前置句。⑤若：你。

【提示】如无萧何追韩信，刘、项究竟鹿死谁手，结局不好说。
局势动荡之际，刘邦也不能保证萧何会不会逃亡，可见识人之难。

博徒足恃

袁盎病免居家，与闾里浮沉①，相随行，斗鸡走狗。雒
阳②剧孟尝过③袁盎，盎善待之。安陵富人有谓盎曰："吾
闻剧孟博徒④，将军何自通之⑤？"盎曰："剧孟虽博徒，然
母死，客送葬车千余乘，此亦有过人者。且缓急⑥人所有。
夫一旦有急叩门，不以亲为解⑦，不以存亡为辞⑧，天下所
望⑨者，独季心⑩、剧孟耳。今公常从⑪数骑，一旦有缓急，

324

宁足恃^⑫乎!"骂富人，弗与通。诸公闻之，皆多^⑬袁盎。

(《袁盎晁错列传》)

【注释】①与闾里浮沉：与里弄之人随波逐流。②雒阳：洛阳。③过：拜访。④博徒：赌徒。⑤何自通之：为何自甘堕落与他来往。⑥缓急：紧急情况。⑦不以亲为解：不用奉养亲人的理由做借口。⑧不以存亡为辞：不因有生死存亡的危险做托词。⑨望：仰望。⑩季心：季布之弟，与其兄均以任侠出名。⑪从：使……跟随。⑫恃：依靠。⑬多：赞美。

【提示】按照儒家观点和官方意见，自然不应当与剧孟这一类人来往，因为他不务正业，还时常以武犯禁。袁盎是从其他角度去看待剧孟的，人总有两面性。

家徒四壁

文君夜亡奔相如，相如乃与驰归成都。家居徒^①四壁立。卓王孙^②大怒曰："女至不材^③，我不忍杀，不分一钱也。"人或谓王孙，王孙终不听。文君久之不乐，曰："长卿^④第俱如^⑤临邛，从昆弟^⑥假贷^⑦犹足为生^⑧，何至自苦如此!"

(《司马相如列传》)

【注释】①徒：只有。②卓王孙：西汉时期巨富。秦始皇灭赵进行统一之际，邯郸城卓氏被迫迁至临邛。其家以冶铁致富。③不材：没有出息。④长卿：司马相如的字。⑤第俱如：只管和我一起去。第，只管。如，去，往。⑥昆弟：兄弟。⑦假贷：借贷。⑧为生：维持生活。

【提示】卓文君赏识司马相如的才华，对他一见钟情，然而爱情终究不能当饭吃，还是要面对生活。

司马得荐

蜀人杨得意为狗监^①，侍上。上读《子虚赋》而善之，曰："朕独不得与此人同时哉！"得意曰："臣邑人司马相如自言为此赋。"上惊，乃召问相如。

（《司马相如列传》）

【注释】①狗监：汉代内官名，主管皇帝的猎犬。

【提示】司马相如果然有才，汉武帝以为当世人写不出《子虚赋》这样的文章。而司马相如被赏识是如此的机缘巧合，若非恰有同乡杨得意推荐，只怕司马相如一生寂然。

布衣之权

及徙豪富茂陵①也，解家贫，不中訾②，吏恐，不敢不徙。卫将军③为言："郭解家贫不中徙。"上曰："布衣权至使将军为言，此其家不贫。"解家遂徙。诸公送者出千余万。

（《游侠列传》）

【注释】①茂陵：汉武帝刘彻的陵寝。②不中訾（zī）：财产没有达到搬家的标准。訾，通"资"。③卫将军：即卫青。

【提示】汉武帝眼光独到，此言一针见血，不久他便将郭解灭族。

旁若无人

荆轲既至燕，爱燕之狗屠①及善击筑者高渐离。荆轲嗜酒，日②与狗屠及高渐离饮于燕市，酒酣以往，高渐离击筑，荆轲和而歌于市中，相乐也，已而相泣，旁若无人者。荆轲虽游于酒人乎，然其为人沉深③好书；其所游诸侯，尽与其贤豪长者相结。

（《刺客列传》）

【注释】①狗屠：以宰狗为职业的人。②日：每天。③沉深：深沉稳重。

【提示】常人只能看到荆轲白日纵酒，却不能知道他深沉好书。

前倨后恭

　　苏秦为从约长①，并相六国②。北报赵王，乃行过雒阳，车骑辎重，诸侯各发使送之甚众，疑于王者。周显王闻之恐惧，除道③，使人郊劳④。苏秦之昆弟妻嫂侧目不敢仰视，俯伏侍取食。苏秦笑谓其嫂曰："何前倨而后恭也?"嫂委蛇蒲服⑤，以面掩地⑥而谢曰："见季子⑦位高金多也。"苏秦喟然叹曰："此一人之身，富贵则亲戚畏惧之，贫贱则轻易之，况众人乎! 且使我有雒阳负郭田⑧二顷，吾岂能佩六国相印乎!"

(《苏秦列传》)

【注释】①从约长：战国时有合纵之约的六国之长。②并相六国：兼任六国丞相。③除道：扫道除尘。④郊劳：到郊外迎接并慰劳。⑤委蛇蒲服：匍匐爬行。委蛇，曲折前进。蒲服，同"匍匐"。⑥以面掩地：用脸贴着地。⑦季子：小叔子。⑧负郭田：近郊良田。负，背靠着。郭，城郭。

【提示】读书能如苏秦一样，有几人哉! 常人讥讽读书人四体不勤、五谷不分，诚有之也。苏秦之嫂对苏秦前倨后恭，并不为奇。

禄不及推

　　文公①修政②，施惠百姓。赏从亡者③及功臣，大者封邑，小者尊爵④。未尽行赏，周襄王以弟带难⑤出居郑地，来告急晋。晋初定，欲发兵，恐他乱起，是以赏从亡未至隐者介子推。推亦不言禄⑥，禄亦不及。

(《晋世家》)

【注释】①文公：晋文公重耳。②修政：修明政教。③从亡者：

327

晋国内乱时跟随重耳流亡的人。④尊爵：加爵。⑤带难：指的是周襄王弟弟王子带叛乱，后来晋文公派兵诛杀王子带，平定了叛乱。⑥不言禄：不说赏赐的事。

【提示】一件事大家彼此心知肚明，但你不说破，我也不说破，最终双方相互猜忌，往往是悲剧收场。

廉颇老矣

廉颇居梁久之，魏不能信用①。赵以数困于秦兵，赵王思复得廉颇，廉颇亦思复用于赵。赵王使使者视廉颇尚可用否。廉颇之仇郭开多与使者金，令毁②之。赵使者既见廉颇，廉颇为之一饭斗米，肉十斤，被甲③上马，以示尚可用。赵使还报王曰："廉将军虽老，尚善饭，然与臣坐，顷之三遗矢④矣。"赵王以为老，遂不召。

（《廉颇蔺相如列传》）

【注释】①信用：信任并使用。②毁：毁谤。③被甲：披上战甲。被，同"披"。④三遗矢：上了几次厕所。矢，通"屎"。

【提示】赵王真的是缺少廉颇不可吗？看来不是。问题的根源并不在郭开，还要在赵王身上找。

管仲评鲍

管仲曰："吾始困时，尝与鲍叔贾①，分财利多自与，鲍叔不以我为贪，知我贫也。吾尝为鲍叔谋事而更穷困，鲍叔不以我为愚，知时有利不利也。吾尝三仕三见逐于君，鲍叔不以我为不肖②，知我不遭时也。吾尝三战三走，鲍叔不以我怯，知我有老母也。公子纠败，召忽死之，吾幽囚受辱，鲍叔不以我为无耻，知我不羞小节而耻功名不显于天下也。生我者父母，知我者鲍子也。"

（《管晏列传》）

【注释】 ①贾（gǔ）：做生意。②不肖：不贤能。

【提示】 鲍叔牙的了不起之处我们可以反过来想，如果将鲍叔牙和管仲两个人对调身份，管仲会像鲍叔牙一样吗？

思考与行动

1. 这部分故事你对哪些印象较深刻呢？为什么？
2. 平时你是怎么看待好朋友的呢？

五、言　论

这里主要记载名人的言语，有正面的，也有负面的，可以说是开《世说新语》之先河。

沐猴而冠

项羽引兵西屠咸阳，杀秦降王子婴，烧秦宫室，火三月不灭，收其货宝妇女而东。人或说项王曰："关中阻山河四塞，地肥饶，可都以霸①。"项王见秦宫室皆以烧残破，又心怀思欲东归，曰："富贵不归故乡，如衣绣夜行②，谁知之者！"说者曰："人言楚人沐猴而冠③耳，果然。"项王闻之，烹说者。

（《项羽本纪》）

【注释】 ①都以霸：定都于此来称霸。②衣绣夜行：穿着精美鲜艳的锦绣衣服夜间上街行走，比喻人富贵以后不为人知。③沐猴而冠：猕猴戴着帽子装扮成人的模样，比喻徒有仪表或地位而无真本领。

【提示】 项羽贪求功名，少了治国谋略。

李斯论鼠

李斯者，楚上蔡人也。年少时，为郡小吏，见吏舍厕

329

中鼠食不洁，近人犬，数惊恐之。斯入仓，观仓中鼠，食积粟，居大庑①之下，不见人犬之忧。于是李斯乃叹曰："人之贤不肖譬如鼠矣，在所自处耳！"

（《李斯列传》）

【注释】①庑（wǔ）：大屋。

【提示】李斯的这句话引导他此后走向了人生巅峰，他不想成为"厕"中之鼠，但他自己被封锁在"仓"中却不自知。

李斯之死

二世二年七月，具斯五刑①，论腰斩咸阳市。斯出狱，与其中子俱执，顾谓其中子曰："吾欲与若复牵黄犬俱出上蔡②东门逐狡兔，岂可得乎！"遂父子相哭，而夷三族。

（《李斯列传》）

【注释】①具斯五刑：对李斯处以"具五刑"的极刑。具五刑包含黥（qíng）、劓、斩左右趾、醢（hǎi）等酷刑。②上蔡：李斯是楚国上蔡人。

【提示】人生到底什么才是重要的？看起来李斯悔之晚矣，不过我们试想一下，如果有机会让李斯重新来过，他真的甘心在社会底层蹉跎一辈子吗？

与哙为伍

信①知汉王畏恶②其能，常称病不朝从。信由此日夜怨望，居常鞅鞅③，羞与绛、灌等列④。信尝过⑤樊将军哙，哙跪拜送迎，言称臣，曰："大王乃肯临臣！"信出门，笑曰："生乃与哙等为伍！"

（《淮阴侯列传》）

【注释】①信：即韩信。②畏恶：害怕并厌恶。③鞅鞅：郁郁寡欢。④与绛、灌等列：和绛侯周勃、灌夫等人同列。周勃和灌夫二人都是猛将，但没有文化，故被韩信看不起。⑤过：拜访。

【提示】韩信太骄傲，如此辱人，实在忘记了自己少年时代被人侮辱的事。

多多益善

上常从容①与信言诸将能不②，各有差。上问曰："如我能将几何③？"信曰："陛下不过能将十万。"上曰："于君何如？"曰："臣多多而益善耳。"上笑曰："多多益善，何为为我禽④？"信曰："陛下不能将兵，而善将将，此乃信之所以为陛下禽也。且陛下所谓天授，非人力也。"

（《淮阴侯列传》）

【注释】①常从容：曾经私下里。常，同"尝"。②能不：能力高低。不，通"否"。③几何：多少。④为我禽：被我管制。禽，通"擒"。

【提示】韩信还是骄傲，他夸赞刘邦是天命所归的同时，仍然是在讲自己的厉害。

无以家为

骠骑将军①为人少言不泄②，有气敢任③。天子尝欲教之孙、吴兵法④，对曰："顾方略何如耳⑤，不至⑥学古兵法。"天子为治第⑦，令骠骑视之。对曰："匈奴未灭，无以家为⑧也。"由此上益重爱⑨之。

（《卫将军骠骑列传》）

【注释】①骠骑（piào qí）将军：即霍去病，西汉名将。②少言不泄：少言寡语，不泄露秘密。③有气敢任：有气魄，敢担当。④孙、吴兵法：指的是《孙子兵法》和《吴起兵法》。⑤顾方略何如耳：看谋略怎样罢了。⑥不至：不需要。⑦治第：建造府第。

331

⑧无以家为：不用治理家业。⑨重爱：重视与喜爱。

【提示】霍去病少年英雄，"匈奴未灭，无以家为"一句慷慨激昂，激励了后代许多仁人志士。

三公布被

汲黯曰："弘位在三公①，奉禄甚多。然为布被②，此诈也。"上问弘。弘谢曰："有之。夫九卿③与臣善者无过④黯，然今日庭诘弘⑤，诚中弘之病⑥。夫以三公为布被，诚饰诈欲以钓名⑦。且臣闻管仲相齐，有三归⑧，侈拟于君，桓公以霸，亦上僭于君⑨。晏婴相景公，食不重肉⑩，妾不衣丝⑪，齐国亦治，此下比于民⑫。今臣弘位为御史大夫，而为布被，自九卿以下至于小吏，无差，诚如汲黯言。且无汲黯忠，陛下安得闻此言。"天子以为谦让，愈益厚之。卒以弘为丞相，封平津侯。

（《平津侯主父列传》）

【注释】①弘位在三公：公孙弘担任御史大夫。汉以丞相、大司马、御史大夫为三公。②布被：盖用麻布做的被子。③九卿：指任奉常、郎中令、卫尉、太仆、廷尉、典客、宗正、治粟内史、少府九种官职的人。当时汲黯担任主爵都尉，位同九卿。④无过：没有超过。⑤庭诘弘：在朝廷上质问我。庭，通"廷"。⑥诚中弘之病：果真说中了我的问题。⑦饰诈欲以钓名：掩饰、欺诈想用以沽名钓誉。⑧三归：三处府第。⑨上僭于君：向上僭越于国君。⑩食不重（chóng）肉：一顿饭不吃两种肉食。⑪妾不衣（yì）丝：妻妾不穿丝制衣服。⑫下比于民：向下等同于百姓。

【提示】公孙弘在为自己辩解的同时，不忘变相夸赞批评自己的汲黯，结果让汉武帝更加欣赏他的才华和肚量，实在是高明。

后来居上

始黯列为九卿，而公孙弘、张汤为小吏。及弘、汤稍

332

益贵，与黯同位，黯又非毁①弘、汤等。已而弘至丞相，封为侯；汤至御史大夫；故黯时丞相史皆与黯同列，或尊用②过之。黯褊心③，不能无少望④，见上，前言曰："陛下用群臣如积薪⑤耳，后来者居上。"上默然。

（《汲郑列传》）

【注释】①非毁：非议，诋毁。②尊用：重用。③褊（biǎn）心：心胸狭窄。④少望：一些怨恨。⑤积薪：堆柴火。

【提示】汲黯是耿直之臣，但他直接把气撒在汉武帝身上，的确不妥。

所欲者奢

威王八年，楚大发兵加齐。齐王使淳于髡之①赵请救兵，赍②金百斤，车马十驷。

淳于髡仰天大笑，冠缨索绝③。王曰："先生少④之乎？"髡曰："何敢！"王曰："笑岂有说⑤乎？"髡曰："今者臣从东方来，见道傍有禳⑥田者，操一豚蹄，酒一盂⑦，祝曰：'瓯窭⑧满篝⑨，汙邪⑩满车，五谷蕃熟，穰穰⑪满家。'臣见其所持者狭而所欲者奢，故笑之。"于是齐威王乃益赍黄金千溢，白璧十双，车马百驷。髡辞而行，至赵。赵王与之精兵十万，革车⑫千乘。楚闻之，夜引兵而去。

（《滑稽列传》）

【注释】①之：去。②赍：赠送。③冠缨索绝：帽绳断了。④少：认为……少。⑤说：说法。⑥禳（ráng）：句鬼神祈祷消除灾殃。⑦盂（yú）：一种盛液体的器皿。⑧瓯窭（ōu jù）：高地（收获的庄稼）。⑨篝：笼。⑩汙（wū）邪：地势低的田地（收获的庄稼）。汙，同"污"。⑪穰（ráng）穰：丰盛的样子。⑫革车：一种战车，因为马身上披着皮革制成的马铠，故名。

【提示】淳于髡的寓言很高明啊。又想马儿跑，又想马儿不吃

333

草，很多人难道不正像齐威王这样吗？

周公吐哺

其后武王既崩，成王少，在襁褓①之中。周公恐天下闻武王崩而畔②，周公乃践阼③代成王摄行政当国④。……而使其子伯禽代⑤就封于鲁。周公戒⑥伯禽曰："我文王之子，武王之弟，成王之叔父，我于天下亦不贱⑦矣。然我一沐三捉发⑧，一饭三吐哺⑨，起以待士⑩，犹恐失天下之贤人。子之鲁⑪，慎无以国骄人⑫。"

（《鲁周公世家》）

【注释】①襁褓（qiǎng bǎo）：包裹婴儿用的被子和带子，古代泛指一岁以下幼童。②畔：通"叛"，叛乱。③践阼（zuò）：即位，登基。古代庙寝堂前两阶，主阶在东，称阼阶。④当国：主持国事。⑤代：替代自己。⑥戒：通"诫"，告诫。⑦不贱：地位不低。⑧一沐三捉发：洗一次头要停顿三次。沐，洗头。捉，用手攥住。⑨一饭三吐哺：一顿饭之间，三次停食，以接待宾客。吐哺，吐出嘴里食物。⑩起以待士：匆忙起身来接待来访的贤人。⑪之鲁：去鲁国。⑫慎无以国骄人：千万不要因为你是国君而看不起人。

【提示】曹操在《短歌行》中说"周公吐哺，天下归心"，夸赞的就是周公这句话。

先从隗始

燕昭王于破燕①之后即位，卑身厚币②以招贤者。谓郭隗③曰："齐因孤之国乱而袭破燕，孤极知燕小力少，不足以报。然诚得贤士以共国④，以雪先王之耻，孤之愿也。先生视可者，得身事之。"郭隗曰："王必欲致士，先从隗始。况贤于隗者，岂远千里哉！"于是昭王为隗改筑宫而师事之⑤。乐毅自魏往，邹衍自齐往，剧辛自赵往，士争趋燕。

334

燕王吊死问孤⑥，与百姓同甘苦。

（《燕昭公世家》）

【注释】①破燕：燕国因为内乱被齐国攻破。②卑身厚币：降低身份，丰厚礼金。③郭隗（wěi）：战国时期燕国大臣、贤者。④共国：同治国事。⑤为隗改筑宫而师事之：专门为郭隗建造房屋，并拜师郭隗来服侍他。⑥吊死问孤：吊唁死者，慰问贫孤。

【提示】郭隗此言有自谦之意，又有自傲之意，实在高明。

舌在足矣

张仪已学游说诸侯。尝从楚相饮，已而楚相亡①璧，门下意②张仪，曰："仪贫无行③，必此盗相君之璧。"共执张仪，掠笞④数百，不服，醳⑤之。其妻曰："嘻！子毋读书游说，安得此辱乎？"张仪谓其妻曰："视吾舌尚在不？"其妻笑曰："舌在也。"仪曰："足矣。"

（《张仪列传》）

【注释】①亡：丢失。②意：怀疑。③无行：没有德行、操守。④掠笞：拷打，笞击。⑤醳（shì）：通"释"，释放。

【提示】读书人对自己充满了信心，这就是知识的力量。

死灰复燃

其后安国①坐法抵罪，蒙狱吏田甲辱安国。安国曰："死灰独不复然②乎？"田甲曰："然即溺③之。"居无何，梁内史缺，汉使使者拜安国为梁内史，起徒中④为二千石。田甲亡走。安国曰："甲不就官⑤，我灭而⑥宗。"甲因肉袒谢。安国笑曰："可溺矣！公等足与治乎？⑦"卒善遇之。

（《韩长孺列传》）

【注释】①安国：韩安国，西汉名臣，官至御史大夫。②然：通

"燃"，燃烧。③溺（niào）：同"尿"，用小便浇灭。④起徒中：从囚徒中选拔出来。⑤就官：就任官职。⑥而：你的。⑦公等足与治乎：你们这些人值得我惩治吗？

【提示】司马迁是倾向于"刑不上大夫"的，因为任谁在狱中都毫无尊严可言，而尊严，又被士大夫极为看重。

高祖祝寿

　　未央宫成。高祖大朝诸侯群臣，置酒未央前殿。高祖奉玉卮①，起为太上皇寿，曰："始大人常以臣无赖，不能治产业，不如仲力②。今某③之业所就孰与仲多④？"殿上群臣皆呼万岁，大笑为乐。

（《高祖本纪》）

【注释】①奉玉卮（zhī）：双手端着玉制的酒杯。②不如仲力：比不上二哥勤劳。仲，古代兄弟排行老二。③某：刘邦的自称。④孰与仲多：（产业）与二哥相比，谁更丰厚。

【提示】刘邦的父亲在批评刘邦是无赖的时候，自然不会想到这个儿子日后能成为皇帝，他是站在农民的角度去看问题的。那么，刘邦不守本分，不务正业，也自然应该接受父亲的批评。

我何渡为

　　于是项王乃欲东渡乌江。乌江亭长舣船待①，谓项王曰："江东虽小，地方千里，众数十万人，亦足王也。愿大王急渡。今独臣有船，汉军至，无以渡。"项王笑曰："天之亡我，我何渡为！且籍②与江东子弟八千人渡江而西，今无一人还，纵江东父兄怜而王我，我何面目见之？纵彼不言，籍独不愧于心乎？"乃谓亭长曰："吾知公长者③。吾骑此马五岁，所当无敌，尝一日行千里，不忍杀之，以赐公。"

（《项羽本纪》）

【提示】"天之亡我，我何渡为"，项羽至死不悟。

李广难封

诸广之军吏及士卒或取封侯。广尝与望气①王朔燕语②，曰："自汉击匈奴而广未尝不在其中，而诸部校尉以下，才能不及中人，然以击胡军功取侯者数十人，而广不为后人③，然无尺寸之功以得封邑者，何也？岂吾相④不当侯邪？且固命也？"朔曰："将军自念，岂尝有所恨⑤乎？"广曰："吾尝为陇西守，羌尝反，吾诱而降，降者八百余人，吾诈而同日杀之。至今大恨独此耳。"朔曰："祸莫大于杀已降，此乃将军所以不得侯者也。"

（《李将军列传》）

【注释】①望气：古代以观察星象或气象来占卜吉凶的人。②燕语：宴饮叙谈。燕，通"宴"。③不为后人：不为人后。④相：面相。⑤恨：遗憾。

【提示】李广喜爱冒险，纵然其个人英勇，但打仗往往部下伤亡极大，这也正是他难以封侯的真正原因。他也如项羽一般，至死不悟。

思考与行动

1. 你对这部分哪些名人名言印象较深刻呢？为什么？

2. 你对项羽、李广他们有怎样的评价呢？

3. 霍去病"匈奴未灭，无以家为也"激励了后世哪些人呢？请讲讲。

《汉书》撷玉

刘彩虹

　　《汉书》，东汉时期的历史学家班固编撰，中国第一部纪传体断代史，"二十四史"之一。《汉书》是继《史记》之后我国古代又一部重要史书，与《史记》《后汉书》《三国志》并称为"前四史"。《汉书》主要记述了上起西汉的汉高祖元年（公元前 206 年），下至新朝的王莽地皇四年（公元 23 年），共二百三十年的史事。《汉书》包括纪十二篇，表八篇，志十篇，传七十篇，共一百篇，后人将其划分为一百二十卷，共八十万字。

　　《汉书》成书于汉和帝时期，前后历时近四十年。班家世代为望族，家多藏书。班彪为当世儒学大家，"唯圣人之道然后尽心"，采集前史遗事，旁观异闻，作《史记后传》六十五篇。班固承继父志，"亨笃志于博学，以著述为业"，撰成《汉书》。

　　《汉书》开创了我国断代纪传表志体史书的先河，奠定了修正史的编排体例。史学家章学诚曾在《文史通义》中说过："迁《史》不可为定法，固《书》因迁之体，而为一成之义例，遂为后世不祧之宗焉。"历来，"史之良，首推迁、固"，"史班"或"班马"并称，两书各有所长，同为中华史学名著，为治文史者必读之史籍。

　　《汉书》尤以史料丰富、闻见博洽著称，"整齐一代之书，文赡事详，要非后世史官所能及"。可见，《汉书》在史学史上有重要的价值和地位。

　　《汉书叙传》中，班固曾述其撰书之旨谓："虽尧舜之盛，必有典谟之篇，然后扬名于后世，冠德于百王。"故知班固撰《汉书》

以颂汉朝之功德。

统编语文教材课文《苏武传》本书不再选用。下面所选文段粗略分为"为君、为官、为士及其他"四个部分。选文及注释以线装书局 2021 年第 1 版《汉书》（任梦强编）为底本，参考古诗文网等，择善而从。

一、为　君

刘邦出身一介平民，成为反秦争霸的最终胜者；汉文帝、景帝时期出现了"文景之治"。这些当然不是偶然的，其中最重要的原因是这几代雄主卓有成效的"为君之道"。

约法三章

元年冬十月，五星聚于东井。沛公至霸上。秦王子婴素车白马①，系颈以组②，封皇帝玺符节③，降枳道旁④。诸将或言诛秦王。沛公曰："始怀王遣我，固以能宽容，且人已服降，杀之不祥。"乃以属吏⑤，遂西入咸阳。欲止宫休舍⑥，樊哙、张良谏，乃封秦重宝财物府库，还军霸上。萧何尽收秦丞相府图籍文书。十一月，召诸县豪桀曰："父老苦秦苛法久矣，诽谤者族，耦语者弃市⑦。吾与诸侯约，先入关者王之，吾当王关中。与父老约，法三章耳：杀人者死，伤人及盗抵罪⑧。余悉除去秦法。吏民皆按堵⑨如故。凡吾所以来，为父兄除害，非有所侵暴，毋恐！且吾所以还军霸上，待诸侯至而定约束耳。"乃使人与秦吏行⑩县乡邑告谕之。秦人大喜，争持牛羊酒食献飨军士。沛公又让不受，曰："仓粟多，非乏，不欲费民。"民又益喜，唯恐沛公不为秦王。

（《高帝纪》）

【注释】①素车白马：白车白马，古代丧车。②系颈以组：用丝

339

带系在脖子上，表示服罪请降。③封皇帝玺符节：封裹着皇帝玉玺、虎符和节。符，君主命将调兵的凭证。④降枳道旁：在枳道旁投降。枳（zhǐ）道，亭名。⑤属吏：交给主管官吏。属，托付。⑥止宫休舍：留在宫中休息住宿。⑦诽谤者族，耦语者弃市：议论国家政事的要灭族，聚在一起交谈的处死于街头。耦语，偶语。⑧抵罪：根据情节轻重判处相应的罪罚。⑨按堵：安居，安定。⑩行：巡行。

【提示】 刘邦入秦，秋毫无犯，约法三章，深得民心。

郦生谏沛公

沛公至高阳传舍①，使人召食其②。食其至，入谒，沛公方踞③床令两女子洗，而见食其。食其入，即长揖④不拜，曰："足下欲助秦攻诸侯乎？且⑤欲率诸侯破秦也？"沛公骂曰："竖儒⑥！夫天下同苦秦久矣，故诸侯相率⑦攻秦，何谓助秦？"食其曰："必欲聚徒合义兵诛无道秦，不宜踞见长者。"于是沛公辍洗，起衣，延食其上坐，谢之。食其因言六国从衡⑧时，沛公喜，赐食其食，问曰："计安出？"食其曰："足下起⑨瓦合之卒，收散乱之兵，不满万人，欲以径入强秦，此所谓探虎口者也。夫陈留，天下之冲⑩，四通五达之郊也，今其城中又多积粟，臣知其令，今请使，令下⑪足下。即不听，足下举兵攻之，臣为内应。"于是遣食其往，沛公引兵随之，遂下陈留。号食其为广野君。

（《郦陆朱刘叔孙传》）

【注释】 ①传舍：旅社。②食其（yì jī）：即郦生，本为监门吏，后来成为刘邦的谋士。③踞：叉开双腿坐着。④长揖：旧时所行的一种见面礼，拱手高举，自上而下移动。⑤且：还是。⑥竖儒：骂人的话，如同说"无见识的儒生"。⑦相率：相互联合。⑧从衡：合纵，连横。从，同"纵"。⑨起：兴起。⑩冲：要塞。⑪下：投降、归降的意思。

【提示】"前倨后恭"，刘邦傲慢无礼的无赖性格和从谏如流的政治家风范于此可见一斑。

刘邦求贤

盖闻王者莫高于周文，伯者莫高于齐桓，皆待贤人而成名。今天下贤者智能岂特古之人乎？患在人主不交故也，士奚由进？今吾以天之灵、贤士大夫定有天下，以为一家。欲其长久，世世奉宗庙亡绝也。贤人已与我共平之矣，而不与吾共安利之，可乎？贤士大夫有肯从我游者，吾能尊显之。布告天下，使明知朕意。御史大夫昌下相国①，相国酂侯②下诸侯王，御史中执法下郡守。其有意称明德者③，必身劝，为之驾，遣诣相国府，署行、义、年④。有而弗言，觉，免⑤。年老癃⑥病，勿遣。

（《高帝纪》）

【注释】①昌下相国：周昌下达诏书给相国。②酂（zàn）侯：指萧何。③其有意称明德者：如果有美名和美德相称的人。④署行、义、年：写下经历、状貌、年龄。义，通"仪"，相貌。⑤觉，免：如果有贤人而不推举，发觉后要免除他的官。⑥癃（lóng）：身体衰弱，病情沉重。

【提示】刘邦建汉后，为了广延人才，在高帝十一年颁布了求贤令。诏书邀请人才辅助汉室，要求各地诸侯和官吏向中央举荐贤人。开篇以周文王、齐桓公自许，表现刘邦心存王霸之志和求贤若渴的心情。

王者无私

昌①至渭桥，丞相已②下皆迎。昌还报，代王乃进至渭桥。群臣拜谒称臣，代王下拜③。太尉勃进曰："愿请间④。"宋昌曰："所言公，公言之；所言私，王者无私。"太尉勃乃跪上天子玺。代王谢⑤曰："至邸⑥而议之。"

（《文帝纪》）

【注释】①昌：宋昌，代王府中尉。②已：同"以"。③下拜：向群臣答礼。④请间：请求屏退从人，以便个别谈话。⑤谢：辞谢。⑥邸：指代邸，即代王在京师的官邸。

【提示】陈平、周勃联合诛诸吕，迎立刘邦第四子代王刘恒为帝。周勃有拥立大功，所以刘恒刚到长安，周勃就提出要和他说悄悄话。刘恒心腹中尉宋昌立刻用"所言公，公言之；所言私，王者无私"的话予以回绝。这表明了刘恒的谨慎与无私。

文帝节俭

　　孝文皇帝即位二十三年，宫室苑囿车骑服御无所增益①。有不便②，辄③弛④以利民。尝欲作露台⑤，召匠计之，直百金。上曰："百金，中人⑥十家之产也。吾奉⑦先帝宫室，常恐羞⑧之，何以台为⑨！"身衣弋绨⑩，所幸⑪慎夫人衣不曳⑫地，帷帐无文绣，以示敦朴，为天下先⑬。

　　　　　　　　　　　　　　　　　（《文帝纪》）

【注释】①益：增加。②不便：不便利的地方。③辄：于是，就。④弛：解除，废除。⑤露台：露天平台。⑥中人：中等家业之人。⑦奉：侍奉。⑧羞：使……羞愧。⑨何以……为：要（用、拿）……做（干）什么呢。⑩弋绨：黑色粗厚的丝织物。⑪幸：宠爱。⑫曳（yè）：拖。⑬先：首要的人或事，表率。

【提示】汉文帝严于律己，带头节俭。

道民务本

　　诏曰："道①民之路，在于务②本。朕亲率天下农，十年于今，而野不加辟③。岁一不登④，民有饥色，是从事焉尚寡，而吏未加务也。吾诏书数下，岁劝民种树，而功未兴，是吏奉吾诏不勤，而劝民不明也。且吾农民甚苦，而吏莫之省⑤，将何以劝焉？其赐农民今年租税之半。"

　　　　　　　　　　　　　　　　　（《文帝纪》）

【注释】①道：后作"导"，引导。②务：致力于。③辟：开拓，开垦。④登：收成。⑤省：省察，了解。

【提示】文帝诏告天下：农业是根本。地方官吏"奉吾诏不勤"，对农业重视不够，对农民疾苦关心不够，这不能调动农民的生产积极性。

废除肉刑

盖闻有虞氏之时，画衣冠①异章服②以为戮③，而民弗犯，何治之至也！今法有肉刑三④，而奸⑤不止，其咎⑥安在？非乃朕德之薄，而教不明与！吾甚自愧。故夫训道不纯⑦而愚民陷焉⑧。《诗》曰："恺弟⑨君子，民之父母。"今人有过，教未施而刑加焉，或欲改行为善，而道亡繇至，朕甚怜之。夫刑至断支体，刻肌肤，终身不息⑩，何其刑之痛而不德也！岂称为民父母之意哉？其除肉刑，有以易之；及令罪人⑪各以轻重，不亡逃，有年而免。具为令⑫。

（《刑法志》）

【注释】①画衣冠：以画有特别的图形或颜色的衣帽来象征各种刑罚。②章服：指给罪犯穿上有特定标志的衣服。章，彩色。③戮：侮辱，羞辱。④肉刑三：古代的三种肉刑，一般指黥（脸上刺字）、劓（割去鼻子）、刖（断足）。⑤奸：指违法犯罪的人与事。⑥咎：过失，罪责。⑦训道不纯：教导的方法不恰当。训，教导。纯，善，好。⑧陷焉：意思是陷入犯罪的境地。⑨恺（kǎi）弟：指平易近人。⑩息：生长。⑪罪人：给人定罪。⑫具为令：制成法令条文。

【提示】因缇萦（参见本书《缇萦救父》篇）上书引发文帝下废除肉刑诏。汉文帝为人"宽仁"，是封建社会唯一一个废除肉刑的皇帝。

官贵廉士

诏曰："人不患其不知，患其为诈也；不患其不勇，患其为暴也；不患其不富，患其亡厌也。其唯廉士，寡欲易足。今訾算十^①以上乃得宦，廉士算不必众^②。有市籍^③不得宦，无訾又不得宦，朕甚愍之。訾算四得宦，亡令廉士久失职，贪夫长利^④。"

（《景帝纪》）

【注释】①訾算十：汉初朝廷规定，家訾十算（十万钱）以上才能做官。宦，官。②众：多。③市籍：秦汉时在市商业区营业的商贾的户籍。④长利：长久获其利。

【提示】对于官吏，汉景帝怕他奸诈狡猾，暴戾待民，贪得无厌。汉景帝对"贪夫长利"的现状极为担忧，他主张，要选那些一生廉洁知足的贤士为官。

非常之功，必待非常之人

诏曰："盖有非常之功，必待非常之人。故马或奔踶^①而致千里，士或有负俗之累而立功名^②。夫泛驾之马，跅弛之士，亦在御之而已^③。其令州郡察吏民有茂才异等可为将相及使绝国者^④。"

（《武帝纪》）

【注释】①踶（dì）：踢，踏。②负俗之累而立功名：背着世俗讥议的包袱，却能建立功名。③泛驾之马，跅弛之士，亦在御之而已：难于驾驭的马，放纵不羁的人才，只不过在于如何驾驭使用他们罢了。跅（tuò）弛，行为放荡不羁。④茂才异等可为将相及使绝国者：超等杰出的才能、可以作为将相以及能出使极远国家的人。

【提示】汉武帝认为，异乎寻常的事业，一定要依靠不同一般的人来完成。受到世俗讥讽的"士"也可以建功立业，关键在于如何驾驭他们。他下令各州郡考察推荐才能超群出众的人。汉武帝用人，不拘一格，唯才是举。

1. 从这些帝王的言行中，你学到哪些为君之道？
2. 如果让你做管理工作，这些文段给你哪些启示？

二、为　官

作为治理社会事务的一种社会职业，为官者要有高尚的德行，要有优秀的才干，要有强烈的责任感，还要有胆有识，能够深谋远虑。

功成身退

　　汉六年，封功臣。良未尝有战斗功，高帝曰："运筹策帷幄中①，决胜千里外，子房功也。自择齐三万户。②"良曰："始臣起下邳，与上会留，此天以臣授陛下。陛下用臣计，幸而时中③，臣愿封留足矣，不敢当三万户。"乃封良为留侯，与萧何等俱封。

（《张陈王周传》）

　　【注释】①运筹策帷幄中：坐在军帐中运谋定计。帷幄，营幕。②自择齐三万户：令张良自己选择齐地三万户作为封邑。③幸而时中：偶然预料准确。

　　【提示】张良多次以《太公兵法》进说刘邦，刘邦多能领悟，并常常采纳张良的谋略。张良功成身退，远离了是非之地。

萧规曹随

　　参子窋为中大夫①。惠帝怪相国不治事，以为"岂少朕与②?"乃谓窋曰："女归，试私从容问乃父曰：'高帝新弃群臣③，帝富于春秋，君为相国，日饮，无所请事，何以忧天下?'然无言吾告女也。"窋既洗沐④归，时间⑤，自从其所谏参⑥。参怒而笞⑦之二百，曰："趣入侍，天下事非乃⑧所当言也。"至朝时，帝让⑨参曰："与窋胡治⑩乎？乃者⑪我使谏君也。"参免冠⑫谢曰："陛下自察圣武孰与高皇帝？"上曰："朕乃安敢望先帝！"参曰："陛下观参孰与萧何贤？"上曰："君似不及也。"参曰："陛下言之是也。且高皇帝与萧何定天下，法令既明具，陛下垂拱⑬，参等守职，遵而勿失，不亦可乎？"惠帝曰："善。君休矣！"

（《萧何曹参传》）

【注释】①窋（zhú）为中大夫：曹参的儿子曹窋任中大夫。窋，曹参的儿子曹窋。中大夫，官名，掌议论，属郎中令。②岂少朕与：难道嫌我年轻吗。③高帝新弃群臣：谓高帝去世不久，是一种讳言。④洗沐：谓休假。汉时官吏五天一休假，料理私生活，如洗澡、梳理头发。⑤时间：找个机会。时，犹伺。间，空隙。⑥自从其所谏参：意谓闲暇时侍奉父亲，把皇上的话变成自己的心意劝谏曹参。⑦笞：杖击或鞭打。⑧乃：你。⑨让：责备。⑩与窋胡治：犹言与窋何干。治，为也。⑪乃者：那时。⑫免冠：脱帽，古人免冠以示谢罪。⑬垂拱：垂衣拱手，不干什么事之意。

【提示】曹参的不作为，实为最好的作为。"清静无为而治"，不扰民，遵照萧何制定好的法规治理国家，使西汉政治稳定，经济发展，人民生活水平日渐提高，为"文景之治"打下了良好的基础。

终军请缨

终军字子云，济南人也。少好学，以辩博能属文闻于郡中。年十八，选为博士弟子。至府受遣，太守闻其有异材，召见军，甚奇之，与交结，军揖太守而去。至长安上书言事，武帝异其文，拜军为谒者给事中。……南越与汉和亲，乃遣军使南越，说其王，欲令入朝，比内诸侯。军自请："愿受长缨，必羁①南越王而致之阙下。"军遂往说越王，越王听许，请举国内属。天子大说，赐南越大臣印绶，一用汉法，以新改其俗，令使者留填抚之。越相吕嘉不欲内属，发兵攻杀其，王及汉使者皆死。语在《南越传》。军死②时年二十余，故世谓之"终童"。

（《严朱吾丘主父徐严终王贾传下》）

【注释】 ①羁（jī）：牵制。②军死：终军死于元狩元年（公元前122年）。

【提示】 终军是个奇才，年少有为，无比自信。可惜二十多岁死去。王勃在《滕王阁序》中说："无路请缨，等终军之弱冠。"

陈汤豪言

于是延寿、汤上疏曰："臣闻天下之大义，当混为一①，昔有唐虞，今有强汉。匈奴呼韩邪单于已称北藩，唯郅支单于叛逆，未伏其辜，大夏②之西，以为强汉不能臣也。郅支单于惨毒行于民，大恶通于天，臣延寿、臣汤将义兵，行天诛，赖陛下神灵，阴阳并应，天气精明，陷阵克敌，斩郅支首及名王以下。宜县头槁街③蛮夷邸间，以示万里，明犯强汉者，虽远必诛。"

（《傅常郑甘陈段传》）

【注释】 ①混为一：统一。②大夏：中亚细亚古国，当即吐火罗，地处今阿富汗北部。③槁街：汉代长安街名，少数民族聚居之处。

【提示】 "明犯强汉者，虽远必诛"，是陈汤上书汇报讨伐郅支单于的战报时写的最后一句话。陈汤有这样的豪言，也有灭了郅支单于的壮举。这句十分霸气的话昭示了大汉王朝的强大和自信。

李广治军

武帝即位，左右言广名将也，由是入为未央卫尉，而程不识时亦为长乐卫尉。程不识故①与广俱以边太守将屯。

及出击胡，而广行无部曲行陈②，就善水草顿舍，人人自便，不击刁斗③自卫，莫府④省文书，然亦远斥候⑤，未尝遇害。程不识正部曲行伍营陈，击刁斗，吏治军簿至明，军不得自便。⑥不识曰："李将军极简易，然虏卒犯之，无以禁；而其士亦佚乐，为之死。我军虽烦扰，虏亦不得犯我。"是时，汉边郡李广、程不识为名将，然匈奴畏广，士卒多乐从，而苦程不识。

（《李广苏建传》）

【注释】 ①故：以前。②广行无部曲行陈：李广行军没有严格的队列和阵势。部曲，古代军队编制。陈，同"阵"。③刁斗：古代铜制的军用锅，白天用以烧饭，晚上击以报时警备。④莫府：即"幕府"，古代军队出征驻屯时，将帅的办公机构设在大帐幕中，称为"幕府"。莫，通"幕"。⑤远斥候：远远地布置侦察哨。斥候：侦察瞭望的士兵。⑥程不识正部曲行伍营陈，击刁斗，吏治军簿至明，军不得自便：程不识对队伍的编制、行军队列、驻营阵势等要求很严格，夜里打更，文书军吏处理考绩等公文簿册要到天明，军队得不到休息。

【提示】 李广治军简便易行，程不识治军严整。二人皆为名将，然而敌人害怕李广，士卒多愿意跟随李广而以跟随程不识为苦。

不失汉节

张骞，汉中人也，建元中为郎。时匈奴降者言匈奴破月氏①王，以其头为饮器，月氏遁而怨匈奴，无与共击之②。汉方欲事灭胡，闻此言，欲通使，道必更③匈奴中，乃募能使者。骞以郎应募，使月氏，与堂邑氏奴甘父俱出陇西。径④匈奴，匈奴得之，传诣⑤单于。单于曰："月氏在吾北，汉何以得往使？吾欲使越，汉肯听我乎？"留骞十余岁，予妻，有子，然骞持汉节⑥不失。

（《张骞李广利传》）

【注释】 ①月氏（zhī）：古代西北民族名，原住敦煌、祁连山一代，遭匈奴攻击，西迁，建立王朝，称大月氏。②无与共击之：没有人援助它共同打击匈奴。③更：经过。④径：途经，用作动词，"取道"的意思。⑤传诣：用传车送到。传，传车，古代驿站上的马车。诣，到。⑥汉节：汉朝给使臣的一种出使凭证，用竹做竿，上面饰以羽或毛。

【提示】 张骞被扣十年，已在匈奴娶妻生子，仍不失汉节，不辱君命。十年后，张骞寻机逃离，开通了汉朝与西域的联系，开拓了著名的"丝绸之路"。

霍光忠心

光为人沉静详审，长财七尺三寸①，白皙，疏②眉目，美须頿③。每出入下殿门，止进有常处，郎仆射窃识④视之，不失尺寸，其资性端正如此。初辅幼主，政自己出，天下想闻其风采。殿中尝有怪，一夜群臣相惊，光召尚符玺郎⑤，郎不肯授光。光欲夺之。郎按剑曰："臣头可得，玺不可得也！"光甚谊⑥之。明日，诏增此郎秩二等。众庶莫不多⑦光。

（《霍光金日磾传》）

【注释】 ①财：通"才"。七尺三寸：汉制，约合今 1.68 米。②疏：疏朗。③须：嘴下边的胡子。頿：两颊上的胡子。④识：标记。⑤尚符玺郎：官名，掌管皇帝的印玺符节。⑥谊：通"义"，意动用法。⑦多：称赞。

【提示】 霍光靠着同父异母兄长霍去病的提携，平步青云，得到汉武帝信任，受遗诏，辅少主。他为人沉稳，处事谨慎，资性端正。尚符玺郎违逆自己，他非但没有处罚，反而奖励这位忠于职守的官员。

何武不徇私

初，武为郡吏时，事太守何寿。寿知武有宰相器，以其同姓故厚之。后寿为大司农，其兄子为庐江长史。时武奏事在邸①，寿兄子适②在长安，寿为具召武弟显及故人杨覆众等，酒酣，见其兄子，曰："此子扬州长史，材能駑下，未尝省见③。"显等甚惭，退以谓武，武曰："刺史古之方伯④，上所委任，一州表率也，职在进善退恶。吏治行有茂异，民有隐逸，乃当召见，不可有所私问。"显、覆众强之，不得已召见，赐卮酒。岁中，庐江太守举之。其守法见惮⑤如此。

（《何武王嘉师丹传》）

【注释】①邸：高级官员居住的处所。②适：恰逢。③省见：犹言赏识提拔。④方伯：一方诸侯之长，泛指地方长官。⑤惮：震慑，撼动。

【提示】何武做何寿的下属时，得到过厚待。他做扬州刺史时，何寿的侄子做扬州下辖的庐江郡长史。而何寿时任大司农，为九卿之一，管理国家财政。何寿想让何武提拔自己的侄子，但何武不为情和权所动，杜绝私人请托，恪守法令。

仗义执言

叔顿道曰："故云中①守孟舒，长者也。"是时，孟舒坐虏大入云中免②。上曰："先帝置孟舒云中十余年矣，虏常一入，孟舒不能坚守，无故③士卒战死者数百人。长者固杀人乎？"叔叩头曰："夫贯高等谋反，天子下明诏，赵有敢随张王④者罪三族。然孟舒自髡钳⑤，随张王，以身死之，岂自知为云中守哉！汉与楚相距⑥，士卒罢敝⑦，而匈奴冒顿新服北夷⑧，来为边寇，孟舒知士卒罢敝，不忍出言⑨，士争临城死敌，如子为父，以故死者数百人，孟舒岂驱之哉！是乃孟舒所以为长者。"于是上曰："贤哉孟舒！"复召以为云中守。

（《季布栾布田叔传》）

【注释】 ①云中：地名，在今内蒙古。②坐虏大入云中免：因匈奴大举入侵云中郡而获罪免去郡守之职。坐，因……而获罪。③无故：没有原因，没有理由。④张王：赵王张敖。⑤髡钳：剃去头发，以铁箍束脖子。⑥距：通"拒"，对抗，对峙。⑦罢敝：疲顿困乏，疲劳不堪。"罢"通"疲"。⑧冒顿（mò dú）新服北夷：冒顿单于新近收服了北边少数民族。⑨出言：说出战。

【提示】 文帝认为孟舒不忠厚的原因是他做云中太守时，未能抵挡匈奴入侵，导致将士死亡。田叔的一番解释，为孟舒正了名。皇帝重新任命孟舒为云中郡太守。

思考与行动

1. 阅读上面文段，梳理一下，做官应该具有哪些优秀的品质？
2. 上面文段中的人物，最能打动你的是谁？查一查资料，对他作更多的了解。

三、为 士

"士"是先秦时最低一等的贵族，秦汉以后沦为最高一等的平民。士人阶层是一个非常活跃的阶层，他们多有特操或特长。因为他们的上升途径主要靠读书，所以狭义的士人指读书人。

季布见曹丘

辩士曹丘生数招权顾金钱①，事贵人赵谈等，与窦长君善②。布闻，寄书谏长君曰："吾闻曹丘生非长者，勿与通。"及曹丘生归，欲得书请布③。窦长君曰："季将军不说④足下，足下无往。"固请书，遂行。使人先发书，布果大怒，待曹丘。曹丘至，则揖布曰："楚人谚曰'得黄金百，不如得季布诺'，足下何以得此声梁楚之间哉？且仆与足下俱楚人，使仆游扬⑤足下名於天下，顾⑥不美乎？何足下距⑦仆之深也？"布乃大说。引入，留数月，为上客，厚

351

送之。布名所以益闻者，曹丘扬之也。

（《季布栾布田叔传》）

【注释】①数招权顾金钱：借重权势为人办事，取其酬劳金钱。顾，通"雇"，酬劳。②事贵人赵谈等，与窦长君善：他侍奉文帝宠幸的宦官赵谈等人，并和景帝舅舅窦长君友好。③欲得书请布：想请窦长君写信把他介绍给季布。请，谒见。④说：同"悦"。⑤游扬：宣扬，传扬。⑥顾：难道。⑦距：同"拒"。

【提示】季布"一诺千金"，表明他最看重的是名声。辩士曹丘生趋炎附势，季布很厌恶。而曹丘生抓住了季布好名的心理，声称要向天下宣扬季布的名声，季布就转怒为喜了。曹丘生到处宣扬季布"千金一诺"的优点，使他享有盛名。后因以曹丘或曹丘生作为荐引、称扬或介绍者的代称。

栾布重义

梁王彭越闻之①，乃言上，请赎布为梁大夫。使于齐，未反，汉召彭越责以谋反，夷三族，枭首雒阳，下诏有收视②者辄捕之。布还，奏事彭越头下，祠③而哭之。吏捕以闻。上召布骂曰："若与彭越反邪？吾禁人勿收，若独祠而哭之，与反明矣。趣亨之④。"方提趋汤⑤，顾曰："愿一言而死。"上曰："何言？"布曰："方上之困彭城，败荥阳、成皋间，项王所以不能遂西，徒⑥以彭王居梁地，与汉合从苦楚也。当是之时，彭王壹顾⑦，与楚则汉破，与汉则楚破。且垓下之会，微彭王，项氏不亡⑧。天下已定，彭王剖符受封，（亦）欲传之万世。今（汉）帝壹征兵于梁，彭王病不行，而疑以为反。反形未见，以苛细诛之，臣恐功臣人人之自危也。今彭王已死，臣生不如死，请就亨。"上乃释布，拜为都尉。

（《季布栾布田叔传》）

【注释】①之：代指燕王臧荼反叛，汉军平叛，俘虏了燕将栾布这件事。②收视：指收殓与吊丧。③祠：祭祀。④趣亨之：赶紧煮了他。趣，通"促"，急忙，赶紧。亨，通"烹"，煮。⑤方提趋汤：正在提着栾布走向汤镬时。⑥徒：但，只。⑦壹顾：意谓倾向一边。⑧项氏不亡：项羽不会灭亡。

【提示】彭越对栾布有救命和提挈之恩，彭越被冤杀，面对油锅，栾布"祠而哭之"，不惜生命。栾布临行前的一番话，义正词严，不仅救了自己，还得到了重用。毕竟刘邦不是昏君。

目不窥园

董仲舒，广川人也。少治①春秋，孝景时为博士②。下帷讲诵，弟子传以久次相授业，或莫见其面。盖三年不窥园，其精如此。进退容止，非礼不行，学士皆师尊之。

（《董仲舒传》）

【注释】①治：研究。②博士：古代学官名。

【提示】董仲舒精心钻研学问，三年没到园圃中观赏过一次，留下成语"目不窥园"。

扬雄好学

扬雄字子云，蜀郡成都人也。……雄少而好学，不为章句，训诂通①而已，博览无所不见。为人简易佚荡②，口吃不能剧谈③，默而好深湛之思，清静亡为，少耆欲，不汲汲④于富贵，不戚戚于贫贱，不修廉隅⑤以徼⑥名当世。家产不过十金，乏无儋⑦石之储，晏如也。自有大度，非圣哲之书不好也；非其意，虽富贵不事也。顾尝好辞赋。

（《扬雄传》）

【注释】①训诂通：理解字句含义。②佚荡：舒缓，悠闲自在。③剧谈：流利地讲话。④汲汲：急切追求的样子。⑤廉隅：本谓棱

353

角，古时比喻品行端方，有志气。⑥徼：要求。⑦儋：可容一石之瓦器，故有儋石之谓。

【提示】扬雄好学，不在字句上下功夫，而是博览群书，喜欢读圣贤书，深入思考。其为人朴素宽和，清静无为，不热衷于富贵。

负薪读书

朱买臣①字翁子，吴人也。家贫，好读书，不治产业，常艾②薪樵，卖以给食，担束薪，行且诵书。其妻亦负戴③相随，数止买臣毋歌呕④道中。买臣愈益疾歌，妻羞之，求去。买臣笑曰："我年五十当富贵，今已四十余矣。女苦日久，待我富贵报女功。"妻恚怒曰："如公等，终饿死沟中耳，何能富贵?"买臣不能留，即听去。其后，买臣独行歌道中，负薪墓间。故妻与夫家俱上冢，见买臣饥寒，呼饭饮之。……会稽闻太守且至，发民除道，县吏并送迎，车百余乘。入吴界，见其故妻、妻夫治道⑤。买臣驻车，呼令后车载其夫妻，到太守舍，置园中，给食之。居一月，妻自经⑥死，买臣乞其夫钱，令葬。

（《严朱吾丘主父徐严终王贾传》）

【注释】①朱买臣：西汉吴县（今属江苏）人。汉武帝时，为会稽太守。②艾：同"刈"，割，砍。③戴：同"载"。④呕：同"讴"，唱。⑤治道：整修道路。⑥自经：上吊。

【提示】朱买臣苦读不辍，对自己的前程也颇为自信。可惜他的妻子看不到希望离开了他，但他们并没有恩断义绝。朱买臣的故事在民间广泛流传。《三字经》"如负薪，如挂角"的"负薪"，讲的就是朱买臣苦读的故事。

一经教子

贤为人质朴少欲，笃志于学，兼通《礼》《尚书》，以《诗》教授，号称邹鲁大儒。征为博士，给事中，进授昭帝

《诗》，稍迁光禄大夫詹事①，至大鸿胪。……贤四子：长子方山为高寝令②，早终；次子弘，至东海③太守；次子舜，留鲁守坟墓；少子玄成，复以明经历位至丞相。故邹鲁谚曰："遗子黄金满籯④，不如一经⑤。"

（《韦贤传》）

【注释】①詹事：官名，执掌皇后、太子家事。②高寝令：陈直说："高寝令与《田千秋传》高庙寝郎，及《冯参传》谓陵寝中郎相似，皆属于太常所管领之诸庙陵寝长丞范围之内。"③东海：郡名，治郯县（在今山东郯城）。④籯（yíng）：竹器，可盛物。⑤经：指儒家经典。

【提示】韦贤有志于学，终为大儒，做了帝师，后来官至丞相。他对孩子的教育也特别成功。四个儿子皆有所立，小儿子做官也做到了丞相。后常用"一经教子"作为称美学人经籍传家、诗书继业的典故。《三字经》"人遗子，金满籯。我教子，惟一经"，典出于此。

温舒编蒲

路温舒①字长君，巨鹿②东里人也。父为里监门③。使温舒牧羊，温舒取泽④中蒲⑤，截以为牒⑥，编用写书。稍习善，求为狱小吏，因学律令，转为狱史，县中疑事皆问焉。太守行县⑦，见而异之，署决曹史。又受《春秋》，通大义。举孝廉⑧，为山邑⑨丞，坐法⑩免，复为郡吏。

（《贾邹枚路传》）

【注释】①路温舒：西汉著名的法学家。②巨鹿：地名，今属河北。③监门：守门人。④泽：水积聚的地方。⑤蒲：水生植物名，可以编席。⑥牒：小简。古无纸，把文字写在小木简上。此指截蒲当简。⑦行县：到县里巡视。⑧举孝廉：汉朝的一种由下向上推选人才为官的制度。⑨山邑：有人疑为"石邑"之误。石邑，县名。

⑩坐法：触犯法律。

【提示】有条件学，没有条件创造条件也要学。路温舒家贫，编蒲抄书。再学习律令和《春秋》，举孝廉，做郡吏。后官至太守，政绩出色。

迁为良史

又其是非颇缪于圣人，论大道则先黄老而后六经，序游侠则退处士而进奸雄，述货殖则崇势利而羞贱贫，此其所蔽也。然自刘向、扬雄博极群书，皆称迁有良史之材，服其善序事理，辨而不华，质而不俚，其文直，其事核，不虚美，不隐恶，故谓之实录。乌呼！以迁之博物洽闻，而不能以知自全，既陷极刑，幽而发愤，书①亦信矣。迹其所以自伤悼，《小雅》巷伯②之伦。夫唯《大雅》"既明且哲，能保其身"，难矣哉！

（《司马迁传》）

【注释】①书：这里指《报任安书》。②《小雅》巷伯：《诗经·小雅》中之《巷伯》，是西周寺人（宦官）孟子（官名巷伯）因遭人谗毁而发泄怨愤之诗。

【提示】班固是东汉人，生活于西汉武帝时期儒家定为一尊之后。他认为司马迁不足（"此其所蔽"）的四点是站在儒家立场上的判断。司马迁高超的撰写历史能力，尤其是秉笔直书的写史态度，使其成为令人敬服的良史。司马迁给任安的信中所描述的身"陷极刑"发愤著述等心路历程是可信的。

陈词委婉

上乃征褒。既至，诏褒为圣主得贤臣颂其意。褒对曰："夫荷旃被毳者，难与道纯绵之丽密；羹藜唅糗者，不足与论太牢之滋味。①今臣辟在西蜀，生于穷巷之中，长于蓬茨②之下，无有游观广览之知，顾③有至愚极陋之累，不足

356

以塞④厚望，应明指。虽然，敢不略陈愚而抒情素⑤！"

（《严朱吾丘主父徐严终王贾传》）

【注释】 ①夫荷旃被毳者……不足与论太牢之滋味：肩扛羊毛毡身披鸟兽细毛的人，很难跟他说丝绵的华丽细密；食用粗劣饭菜的人，不值得和他谈牛、羊、猪三牲全备的太牢的滋味。旃（zhān），通"毡"。毳（cuì），鸟兽的细毛。纯，丝也。羹藜，藜藿之羹。糗（qiǔ），炒熟的米麦等干粮。太牢，古代帝王诸侯祭祀社稷时，牛、羊、豕三牲全备为"太牢"，此指牛、羊、豕等肉食。②蓬茨：以蓬盖的屋。③顾：犹反。④塞：满足。⑤抒情素：抒发真情。

【提示】 王褒为人谦卑，当他接受为圣明君主得到贤臣而作赋颂的任务时，他应召态度谦逊，陈词委婉。"夫荷旃被毳者，难与道纯绵之丽密；羹藜晗糗者，不足与论太牢之滋味"虽为自谦之词，但蕴含哲理。

思考与行动

1. 士人有文士、武士、侠士、隐士、辩士、谋士……查一查，他们具有怎样的特点？你欣赏哪种士人？

2. 古代"士人"通过苦读，完成了向"士大夫"的过渡。我们读书的目的是什么？

四、其 他

《汉书》是与《史记》比肩的"前四史"之一，记载了许多著名人物的故事，他们的许多言行成了流传千古的经典，警示后人，启迪来者。

失信之交

赞曰：张耳、陈馀，世所称贤，其宾客厮役①皆天下俊桀，所居国无不取卿相者。然耳、馀始居约时②，相然信死，岂顾问哉③！及据国争权，卒相灭亡，何乡④者慕用之诚，后相背之戾⑤也！势利之交，古人羞之，盖谓是矣。

（《张耳陈馀传》）

【注释】①厮役：为人驱使的奴仆，指干勤杂活计的奴仆。②始居约时：当初贫贱不得意时。约，紧缩节俭，引申为贫贱。③相然信死，岂顾问哉：相互信任，为生死之交，难道还有什么疑问吗？④乡：同"向"，从前，过去。⑤戾（lì）：同"戾"，乖张，暴戾。

【提示】张耳、陈馀两人贤能，原先为生死之交，后来为了争权夺地，互相攻伐以致身死，两败俱伤。后用为势利之交、交情不终的典故。

郦况卖友

其①子寄，字况，与吕禄②善。及高后崩，大臣欲诛诸吕，吕禄为将军，军于北军③，太尉勃④不得入北军，于是乃使人劫⑤商，令其子寄绐⑥吕禄。吕禄信之，与出游，而太尉勃乃得入据北军，遂以诛诸吕。商是岁薨，谥曰景侯。子寄嗣。天下称郦况卖友。

（《樊郦滕灌傅靳周传》）

【注释】①其：代指郦商。②吕禄：吕后之侄，统率北军。③北军：汉代守卫京师的部队之一，因驻守长安城北，故称"北军"。④勃：周勃。⑤劫：胁制。⑥绐（dài）：欺骗。

【提示】郦寄骗走了好友吕禄，使周勃控制了北军，从而诛杀了吕氏家族。这本是恢复刘氏统治的一件功劳，但出卖朋友使得郦氏留下骂名。忠义难两全。成语"见利忘义"出自于此。

忘恩负义

数月，京师吏民解弛①，枹鼓数起②，而翼州部中有大贼。天子思敞③功效，使使者即家在所召敞。敞身被重劾，及使者至，妻子家室皆泣惶惧，而敞独笑曰："吾身亡命④为民，郡吏当就捕，今使者来，此天子欲用我也。"即装随使者诣公车上书曰："臣前幸得备位列卿，待罪京兆，坐杀贼捕掾⑤絮舜。舜本臣敞素所厚吏，数蒙恩贷，以臣有章劾当免，受记考事⑥，便归卧家，谓臣'五日京兆'，背恩忘义，伤化薄俗。臣窃以舜无状，枉法以诛之。臣敞贼杀无辜，鞫狱故不直⑦，虽伏明法，死无所恨。"元子引见敞，拜为冀州刺史。敞起亡命，复奉使典州。

（《赵尹韩张两王传》）

【注释】 ①解弛：懈怠松弛。解，通"懈"。②枹（fú）鼓数起：击鼓报警的事屡次发生。③敞：张敞，有政治才能，尝为妻画眉，时人非之，以此不得大位。后以光禄勋杨恽获罪被杀事牵连，被劾奏当免。掾属讥之为"五日京兆"，不肯听命，他愤而案杀之，以此免为庶人。④亡命：逃亡。⑤坐：因。贼捕掾：汉代主捕盗贼的小吏。⑥以臣有章劾当免，受记考事：因为有奏章弹劾我应当免职，接受罢免文书，审查被检举的事实。⑦鞫狱故不直：断案有意不按照法律规定。鞫，通"鞫"，审问犯人。

【提示】 张敞妄自杀人而逃亡，得知将被重新启用，不失时机地向皇上陈述了真实情况。

絮舜一副小人嘴脸，被杀掉且留下骂名。成语"忘恩负义"出自于此。

习惯成自然

夫习①与正人居之，不能毋正，犹生长于齐不能不齐言也；习与不正人居之，不能毋不正，犹生长于楚之地不能不楚言也。故择其所耆②，必先受业，乃得尝之；择其所乐，必先有习，乃得为之。孔子曰："少成若天性，习惯如自然。"

（《贾谊传》）

【注释】①习：习惯。②耆：通"嗜"，爱好。

【提示】习惯成自然，近朱者赤。培养太子的好习惯，莫若让他同品行端正的人相处。

善恶渐至

积善在身，犹长日加益①，而人不知也；积恶在身，犹火之销膏，而人不见也。非明乎情性察乎流俗者，孰能知之？此唐、虞之所以得令名，而桀、纣之可为悼惧者也。夫善恶之相从，如景乡之应形声②也。故桀、纣暴谩③，谗贼并进，贤知隐伏，恶日显，国日乱，晏然自以如日在天④，终陵夷而大坏。夫暴逆不仁者，非一日而亡也，亦以渐至，故桀、纣虽亡道，然犹享国十余年，此其浸微浸灭之道也。

（《董仲舒传》）

【注释】①长（zhǎng）日加益：言日时有增加。②景乡之应形声：如影随形，如响随声。景，影。乡，响。③谩：与"慢"同。④如日在天：意谓终不败亡。

【提示】董仲舒向武帝说明"善恶之相从，如景乡之应形声"的道理。积善与行恶所带来的不同后果，并非一日之功，而是长期积累所致。治国者不可不察。

务于修身

虽然①，安可以不务②修身乎哉！《诗》云："鼓钟于宫，声闻于外。"③"鹤鸣于九皋，声闻于天。"④苟能修身，何患不荣！太公体行⑤仁义，七十有二乃设用⑥于文武，得信⑦厥说。封于齐，七百岁而不绝。此士所以日夜孳孳⑧，敏行而不敢怠也。辟若鹡鸰⑨，飞且鸣矣。传曰："天不为人之恶寒而辍其冬，地不为人之恶险而辍其广，君子不为小人之匈匈而易其行。"⑩"天有常⑪度，地有常形，君子有常行；君子道其常，小人计其功。"《诗》云："礼义之不愆⑫，何恤人之言?"故曰："水至清则无鱼，人至察则无徒；冕而前旒，所以蔽明；黈纩充耳，所以塞聪。"⑬明有所不见，聪有所不闻，举大德，赦小过⑭，无求备于一人之义也⑮。枉而直之，使自得之；优而柔之，使自求之；揆而度之，使自索之。⑯盖⑰圣人之教化如此，欲其自得之；自得之，则敏且广⑱矣。

(《东方朔传》)

【注释】①虽然：尽管如此，但是……②务：致力，重。③鼓钟于宫二句：《诗经·小雅·白华》诗句，意为内部有事一定会表现在外面。鼓钟，敲钟。宫，室。④鹤鸣于九皋二句：《诗经·小雅·鹤鸣》诗句，意同上。九皋，深泽。九，表多数，这里形容深。⑤太公体行：姜太公亲自去做。⑥设用：大用。⑦信：同"伸"，伸张，伸展。⑧孳孳：犹孜孜，勤勉的样子。⑨鹡鸰：鸟名，这种鸟飞时鸣叫，行则摇尾，这里比喻人勤恳修身而不懈怠。⑩"天不为人"以下数句：这是《荀子·天论》里的话，字句稍有不同。恶，厌恶。辍，停止。⑪常：常规，规律。⑫愆：差错。⑬水至清则无鱼六句：出于《大戴礼记》卷八《子张问入官》，是孔子教诲弟子的话。冕，天子至大夫所戴的冠。旒（liú），冠冕前边垂着的一串串小珠。明，视力好。黈纩(tǒu kuàng)，黄绵。聪，听力好。⑭举大德，赦小过：（对人）要用他的大德，宽容他的小过。举，使用，嘉奖。⑮无求备于一人之义也：指不要求全责备，苛求人十全十美的意思。⑯枉而直之六句：孔子的话，意为：弯曲的要使他直，但要让他自己获得直，要让他心情宽舒自寻高意，让他自己懂得揆情度理，自觉地去求索。枉，曲。优柔，宽舒。揆度，揣测估摸。得、求、索，都含求索之义。⑰盖：大约，是一种推测语气。⑱敏且广：聪敏而视野开阔，见识宏大。

【提示】修养身心，声望日隆，荣耀随至。修养身心，不能懈息，不必苛求。修养身心，自去探求。

抑郁而无谁语

少卿足下①：曩者辱②赐书，教以慎于接物，推贤进士为务。意气勤勤恳恳，若望仆不相师用③，而流俗人之言。仆非敢如是也。虽罢驽，亦尝侧闻长者遗风矣④。顾自以为身残处秽，动而见尤，欲益反损，是以独郁悒而无谁语。谚曰："谁为为之？孰令听之？⑤"盖钟子期死，伯牙终身不复鼓琴。何则？士为知己用，女为说己容。若仆大质⑥已亏缺，虽材怀随和，行若由夷⑦，终不可以为荣，适足以发笑而自点耳⑧。

（《司马迁传》）

【注释】①足下：书信中对人的尊称。②辱：谦辞，意指使对方受屈辱。③意气：情意和语气。勤勤恳恳：诚挚貌。望：怨。相师：听从指教。④罢驽：疲弱无用的劣马。罢，同"疲"。侧闻：谦辞，私下听。长者：指有品德有气度、为众人尊。⑤谁为（wèi）为（wéi）之？孰令听之：为谁做这样的事情，使谁听从这些话。⑥大质：指身体。⑦虽材怀随和，行若由夷：即使怀有随侯珠、和氏璧那样的可贵之才，有如许由、伯夷那样的高尚品德。⑧适：正好。自点：自取诟辱。点：本指小黑点，引申为诟辱。

【提示】这段《报任安书》的开头，显示了作者胸中蓄积着满腔悲愤。任安以为中书令是武帝左右最亲近的宠幸之臣，以至要司马迁向汉武帝"推贤进士"。这使司马迁哭笑不得，他自视其处境是卑微孤独的，内心抑郁，无人可诉。当世之荣，已与自己绝缘。

贤圣发愤之所为作

古者富贵而名摩灭①，不可胜记，唯倜傥②非常之人称焉。盖文王拘而演③《周易》；仲尼厄④而作《春秋》；屈原放逐，乃赋《离骚》；左丘失明，厥有《国语》⑤；孙子膑脚，《兵法》修列⑥；不韦迁蜀，世传《吕览》⑦；韩非囚

362

秦，《说难》《孤愤》⑧。《诗》三百篇，大氐贤圣发愤⑨之所为作也。此人皆意有所郁结，不得通其道⑩，故述往事，思来者。乃如⑪左丘无目，孙子断足，终不可用⑫，退而论书策⑬以舒其愤，思垂空文以自见⑭。仆窃不逊，近自托于无能之辞，网罗天下放失旧闻⑮，略考其行事，综其终始，稽其成败兴坏之纪⑯，上计轩辕，下至于兹，为十表，本纪十二，书八章，世家三十，列传七十，凡百三十篇。亦欲以究天人之际⑰，通古今之变，成一家之言。草创未就，适会此祸⑱，惜其不成，是以就极刑而无愠⑲色。仆诚以著此书，藏之名山，传之其人，通邑大都，则仆偿前辱之责⑳，虽万被戮，岂有悔哉！然此可为智者道，难为俗人言也。

（《司马迁传》）

【注释】 ①摩灭：同"磨灭"。②倜傥：卓越特出，才气豪迈。③演：推演。相传周文王被纣拘禁于羑里后，推演《易经》的八卦为六十四卦，成为《周易》一书的主要内容。④厄：困厄，这里指政治上不得意。⑤左丘：春秋时鲁史官左丘明。失明：失掉视力。厥：句首语气词。左丘明失去视力后著作《国语》的事，除本文而外，不见他书。⑥孙子：指孙膑，不知其原名。膑脚：古代肉刑之一，剜去膝盖骨。《兵法》：指《孙膑兵法》，世传有此书，但久不见。1972年于山东临沂银雀山出土了该书的若干竹简，现已整理出版。修列：逐条撰写。⑦不韦：吕不韦，战国末年的大商人，秦庄襄王丞相。秦王嬴政即位，尊为相国，十年，因罪免职，被迁往蜀地，后来自杀。《吕览》：即《吕氏春秋》。这是吕不韦的门客集体撰写的。它的成书是在吕不韦迁蜀之先，做秦丞相之时。⑧韩非：韩国的公子，他屡次以书谏韩王，韩王不用。他又作《说难》《孤愤》等十余万言。书传到秦国，很受秦王赞赏。秦因此急攻韩，韩即派韩非出使秦。至秦后，为李斯所害，囚死于狱中。⑨大氐：即大抵，大致。发愤：抒发内心的激愤。⑩通其道：行其道，指实现理想。⑪乃如：至于。⑫不可用：不能被社会所任用。⑬论书策：

363

论列阐述自己的见解，写为书策。⑭垂：流传。空文：指与实际功业不同的文章。见：表现。⑮放失旧闻：散乱失传的文献。失：通"逸"，散失。⑯稽：求，探究。纪：纲纪，这里指线索，道理。⑰天人之际：指自然与人事的关系。⑱会：恰巧，适逢。此祸：指受官刑的灾祸。⑲愠：恼怒，怨恨。⑳责："债"的本字。

【提示】《周易》等名著，大都是圣贤抒发愤懑的作品。这些理想得不到实现的圣贤们，发愤著述，期望文章能流传后世，使自己的心意得到彰显。司马迁亦是发愤著书，"以究天人之际，通古今之变，成一家之言"。他为了探讨历史演变规律，总结国家民族兴衰成败之理，而不惜忍受极刑活下来。其所求之功利，是国家民族之功利，这是一种崇高的精神。

道不可以贰

且功不可以虚成，名不可以伪立，韩设辩以徼君，吕行诈以贾①国。《说难》既酋，其身乃囚②；秦货既贵，厥宗亦隧③。是故仲尼抗浮云之志④，孟轲养浩然之气⑤，彼岂乐为迂阔哉？道不可以贰⑥也。

（《叙传上》）

【注释】①贾（gǔ）：买也。②《说难》既酋二句：言韩非揣摩辩说之难既成，而卒遭拘囚。（吴恂说）酋，成也。③秦货既贵二句：言子楚既贵，而吕不韦丧身。秦货，谓子楚。④浮云之志：《论语·述而》："子曰：'不义而富且贵，于我如浮云。'"⑤浩然之气：《孟子·公孙丑上》："我善养吾浩然之气。"⑥贰：怀疑，不信任。

【提示】功业不可以凭虚伪建成，名声不可以靠诈伪树立。正道是不可以怀疑的。

《思考与行动》

1. 缺德的人终究难有好下场。修身贵在养德。结合自身实际，写一篇关于养德的随笔。

2. 读一读《报任安书》全文，走进司马迁的心灵世界。

364

《贞观政要》撷玉

梁 娟

　　唐玄宗开元、天宝之际，社会仍呈现着兴旺的景象，但社会危机已露端倪，对政治颇为敏感的吴兢已感受到衰颓的趋势。为了保证皇朝的长治久安，他深感有必要总结唐太宗君臣相得、励精图治的成功经验，为当时的帝王树立起施政的楷模。《贞观政要》正是基于这样一个政治目的而写成的，旨在歌颂"贞观之治"，总结唐太宗时代的政治得失，希望后来君主以为借鉴。唐宋以来较有作为的皇帝都读《贞观政要》，其至还成为了辽、西夏、金的皇帝乃至日本天皇的教科书。

　　《贞观政要》全书十卷四十篇，以君道、政体、任贤、纳谏、君臣鉴戒等为篇目，分别采摘贞观年间唐太宗及身边大臣如魏征、王珪、房玄龄等四十五人的政论、奏疏以及重大施政措施等，主要内容包括治国方针、选贤任能、精简机构、申明法制、崇尚儒术、评论历史得失等方面，同时强调统治者的自身修养，如敬贤纳谏、谦逊谨慎、防止奢惰等。《贞观政要》把唐太宗贞观年间励精图治、繁荣向上的局面生动地展现在读者面前，称颂当时无盗贼行于世，监狱常空，马牛遍布田野，外出不闭户，君王有任贤纳谏的美德，臣子有辅君进谏的忠心，一派太平盛世的景象。书中对唐太宗晚年生活奢靡放纵的劣迹，亦直书不讳。

　　《贞观政要》提出了"君依于国，国依于民"的重民思想，务实求治、与民休息、重视农业、发展生产的施政方针，"爱之如一"、较为持平的民族政策，任人唯贤的用人主张，广开言路的开明措施，

365

尊儒重教的文化政策，仁德先行、省刑慎罚的统治策略，以及俭约慎行、善始慎终的人格要求。它是中国开明封建统治的战略和策略、理论和实践的集大成者。

《贞观政要》和《旧唐书》《新唐书》《资治通鉴》等有关贞观政事的记载相比，较为详细，为研究唐初政治和李世民、魏征等人的政治思想提供了重要资料。对于了解古代政治文化有重要的参考价值。它既有对政治思想的总结，又有对实践经验的记录，对治国施政很有参考价值，对管理者如何知人善任搞好管理等很有参考价值。居安思危、克己修身、虚心诚心仁心等思想观念，对于提高个人修养，也很有参考价值。

下面所选《贞观政要》原文片段，以上海三联书店明成化九年内府刊本为底本。《谏太宗十思疏》入选统编中学语文教材，这里不再选用。

一、为君之道

君主个人的品德才智是治国安邦的一个重要砝码。君道是君主对政治现实与历史经验教训的总结。"社稷安危、国家治乱，在于一人而已"，作为人君，应该正确处理君民关系、君臣关系。作为君主，应广泛听取不同方面的意见和建议，理解"兼听则明，偏信则暗"的真正内涵，懂得创业固然艰难、守业更为重要的道理。君道观是唐太宗政治理论的思想核心。

先存百姓

贞观①初，太宗谓侍臣曰："为君之道，必须先存百姓。若损百姓以奉其身，犹割股②以啖③腹，腹饱而身毙。若安天下，必须先正其身，未有身正而影曲，上治而下乱者。朕④每思伤其身者不在外物，皆由嗜欲以成其祸。若耽嗜滋味，玩悦声色，所欲既多，所损亦大，既妨政事，又扰生民。且复出一非理之言，万姓为之解体，怨讟⑤既作，离叛亦兴。朕每思此，不敢纵逸。"谏议大夫⑥魏征对曰："古者圣哲之主，皆亦近取诸身，故能远体诸物。昔楚聘詹何⑦，问其治国之要，詹何对以修身之术。楚王又问治国何如，詹何曰：'未闻身治而国乱者。'陛下所明，实同古义。"

（《卷一君道第一》）

【注释】①贞观：唐太宗李世民年号，公元627年至649年。②股：大腿。③啖：吃或给人吃。④朕：我，自秦始皇起，为皇帝自称。⑤讟（dú）：诽谤，怨言。⑥谏议大夫：官名。唐时掌侍从规谏。⑦詹何：战国时楚国隐者、哲学家，善术数，亦称詹子、瞻子。

【提示】在君民关系方面，唐太宗注意总结以往统治者的经验教训，特别注意隋亡的教训。隋炀帝恃其富强，不顾后患，徭役无时，遂至灭亡。唐太宗深以为戒。他认为百姓是君主赖以生存的基础，损害百姓来满足君主一己之私欲，无异于"割股啖腹"。要避免重蹈覆辙，必须处理好君民关系。

兼听则明

贞观二年，太宗问魏征曰："何谓为明君暗君？"征曰："君之所以明者，兼听也；其所以暗者，偏信也。《诗》云：'先人有言，询于刍荛①。'昔唐、虞②之理，辟四门，明四目，达四聪③。是以圣无不照，故共、鲧④之徒，不能塞也；靖言庸回⑤，不能惑也。秦二世⑥则隐藏其身，捐隔疏贱而偏信赵高⑦，及天下溃叛，不得闻也。梁武帝⑧信朱异⑨，而侯景举兵向阙，竟不得知也。隋炀帝⑩偏信虞世基，而诸贼攻城剽邑，亦不得知也。是故人君兼听纳下，则贵臣不得壅蔽，而下情必得上通也。"太宗甚善其言。

（《卷一君道第一》）

【注释】①刍荛：割草打柴的人，泛指草野鄙陋之人。②唐、虞：指尧和舜，尧曰陶唐氏，舜曰有虞氏。③辟四门，明四目，达四聪：赞扬尧舜的话。意为开四方之门，以招贤纳俊，广四方之视听，以防止耳目闭塞。④共、鲧：共即共工，唐虞官名；鲧是夏禹之父。⑤靖言庸回：当面说得好听，背后又在捣鬼。⑥秦二世：秦始皇少子，名胡亥，继承帝位后称二世皇帝。常居深宫，公卿大臣很难见到他。⑦赵高：宦官，秦二世用他为相。⑧梁武帝：南朝梁的建立者。姓萧，名衍。他偏听朱异的建议，纳东魏降将侯景为大将军。后侯景反叛。⑨朱异：梁官员，任散骑常侍。⑩隋炀帝：杨广，隋文帝次子。内史侍郎虞世基蒙蔽其耳目，以致农民起义，烽火四起，陷没郡县，他还全然不知，后被杀。

【提示】魏征以史为鉴，论证"兼听则明，偏信则暗"的观点。尧舜治理天下，广开四方门路招纳贤才，了解与听取各方面的意见。像尧舜这样圣明的君主，是无所不知的。而秦二世、梁武帝、隋炀帝，隔绝贤臣，偏信赵高、朱异、虞世基，弄得天下大乱，各路兵马攻城掠邑，还蒙在鼓里。

守成之难

贞观十年，太宗谓侍臣曰："帝王之业，草创与守成孰难？"尚书左仆射①房玄龄对曰："天地草昧②，群雄竞起，攻破乃降，战胜乃克。由此言之，草创为难。"魏征对曰："帝王之起，必承衰乱，覆彼昏狡③，百姓乐推，四海归命，天授人与，乃不为难。然既得之后，志趣骄逸，百姓欲静而徭役不休，百姓凋残而侈务不息，国之衰弊，恒由此起。以斯而言，守成则难。"太宗曰："玄龄昔从我定天下，备尝艰苦，出万死而遇一生，所以见草创之难也。魏征与我安天下，虑生骄逸之端，必践危亡之地。所以见守成之难也。今草创之难既已往矣，守成之难者，当思与公等慎之。"

（《卷一君道第一》）

【注释】①仆射（yè）：尚书省的长官，即宰相。②草昧：用以指国家草创秩序未定之时。草，杂乱。昧，蒙昧，原始未开化的状态。③昏狡：昏庸害民。昏，昏愦；狡，伤害。

【提示】讨论"草创"与"守成"，寓含着忧患意识。忧患意识通常有两种。一为乱世之忧——在内忧外患接踵而至，国家、民族面临生死存亡的关头，仁人志士忧思郁结，献策出力，乃至舍生忘死。二是治世之忧——在社会矛盾相对缓和，但潜在危机犹存之时，为国家的长治久安，睿智之士竭思尽虑而防患于未然。乱世之忧，祸患人人得见，需要的是献身精神。治世之忧，祸患尚未显露痕迹，非英明而有远见者无从发现，不仅需要勇气，更需要胆识，是深层次的忧患。

居安思危

贞观十五年，太宗谓侍臣曰："守天下难易？"侍中①魏征对曰："甚难。"太宗曰："任贤能，受谏诤，即可。何谓为难？"征曰："观自古帝王，在于忧危之间，则任贤受谏。及至安乐，必怀宽怠②，言事者惟令兢惧，日陵月替③，以至危亡。圣人所以居安思危，正为此也。安而能惧，岂不为难？"

（《卷一君道第一》）

【注释】①侍中：官名，唐门下省正式长官。因官位高，故只加赐于身居要职的大臣。②宽怠：松懈，怠惰。③日陵月替：一天天地衰颓下去。

【提示】这里强调了居安思危的重要性。

清净固本

唐太宗谓侍臣①曰："往昔初平京师②，宫中美女珍玩，无院不满。炀帝意犹不足，征求不已，兼东西征讨，穷兵黩武，百姓不堪，遂致亡灭。此皆朕所目见。故凤夜孜

369

孜③，惟欲清净，使天下无事。遂得徭役不兴，年谷丰稔④，百姓安乐。夫治国犹如栽树，本根不摇，则枝叶茂荣。君能清净，百姓何得不安乐乎？"

（《卷一政体第二》）

【注释】①侍臣：周围的大臣。②京师：此指隋朝京城大兴（今西安）。③孜孜：勤恳的样子。④稔：丰收。

【提示】唐太宗深感隋朝灭亡是因为"百姓不堪"。民为邦本，太宗"惟欲清净，使天下无事"，百姓得以休养生息，安居乐业。"君能清净"——不奢靡，不折腾，得到了民心，发展了经济，巩固了国本。这也就为后来的盛世做出了铺垫。

思考与行动

1. 这些文章提出了怎样的治国观点？
2. 这些观点对我们有什么启示？写一篇随笔。

二、修养作风

对于君主的个人修养，清心寡欲和虚心纳谏是相当重要的。做到这两点，是唐太宗成功的关键。从历代统治者的施政实践上看，这两条对于政权安危具有普遍意义。

答魏征诏

太宗手诏答曰：省频抗表，诚极忠款，言穷切至。披览忘倦，每达宵分①。非公体国情深，启沃义重，岂能示以良图，匡其不及！朕闻晋武帝自平吴已后，务在骄奢，不复留心治政。何曾②退朝谓其子劭曰："吾每见主上不论经国远图，但说平生常语，此非贻厥子孙者，尔身犹可以免。"指诸孙曰："此等必遇乱死。"及孙绥，果为淫刑所戮。前史美之，以为明于先见。朕意不然，谓曾之不忠，其罪大矣。夫为人臣，当进思尽忠，退思补过，将顺其美，匡救其恶，所以共为治也。曾位极台司③，名器崇重，当直辞正谏，论道佐时。今乃退有后言，进无廷诤④，以为明智，不亦谬乎！危而不持，焉用彼相？公之所陈，朕闻过矣。当置之几案，事等弦、韦⑤。必望收彼桑榆，期之岁暮，不使康哉良哉，独美于往日，若鱼若水，遂爽于当今。迟复嘉谋，犯而无隐。朕将虚襟静志，敬伫德音。

（《卷一论君道第一》）

【注释】①宵分：半夜。②何曾：西晋大臣，与司马懿私交深厚，在废曹立晋的过程中起了相当重要的作用，因此，晋朝一建立，他晋升为公。③台司：指三公的高位。④廷诤：在朝廷上直言规劝。⑤弦、韦：弦，弓弦。韦，柔软的皮。相传西门豹性急，常佩韦以自缓。董安于性缓，常佩弦以自急。在这里弦、韦代指有益的规劝。

【提示】上自国家政策，下至宫廷及老百姓的生活琐事，唐太宗均能虚心纳谏，并提倡和鼓励臣下诤谏。太宗尝言："每有谏者，纵不合朕心，亦不以为忤。"

太宗求谏

太宗威容俨肃，百僚①进见者，皆失其举措②。太宗知其若此，每见人奏事，必假颜色，冀闻谏诤，知政教得失。贞观初，尝谓公卿曰："人欲自照，必须明镜；主欲知过，必藉忠臣。主若自贤，臣不匡正，欲不危败，岂可得乎？故君失其国，臣亦不能独全其家。至于隋炀帝暴虐，臣下钳口③，卒令不闻其过，遂至灭亡，虞世基等，寻亦诛死。前事不远，公等每看事有不利于人，必须极言规谏。"

（《卷二求谏第四》）

【注释】①百僚：指百官。②失其举措：慌手忙脚，手足无措。③钳口：以威胁胁迫人不敢讲话。

371

皇后讽谏

太宗有一骏马，特爱之，恒①于宫中养饲，无病而暴死，太宗怒养马宫人，将杀之。皇后谏曰："昔②齐景公以马死杀人，晏子请数③其罪云：'尔养马而死，尔罪一也。使公以马杀人，百姓闻之，必怨吾君，尔罪二也。诸侯闻之，必轻④吾国，尔罪三也。'公乃释⑤罪。陛下尝⑥读书见此事，岂忘之邪⑦？"太宗意乃解。又谓房玄龄曰："皇后庶⑧事相启沃⑨，极有利益尔。"

（《卷二纳谏第五》）

【注释】①恒：平常。②昔：从前，以前。③数：一一列举（罪状或过失）。④轻：轻视，看不起。⑤释：取消，解除。⑥尝：曾经。⑦邪：通"耶"，语气词。⑧庶：平常的。⑨启沃：启发影响。

【提示】这位善于借古喻今匡正李世民为政失误的长孙皇后，辅佐太宗开创"贞观之治"，留下了"千古贤后"的美名。唐太宗时期大至军国大计、施政方针，小至日常生活、兴趣爱好，都有人规谏，而且大小官员、皇后、皇子都敢于进谏，一时风清气正。

主正臣谏

贞观元年，太宗谓侍臣曰："正主任邪臣，不能致理①；正臣事邪主，亦不能致理。惟君臣相遇，有同鱼水，则海内可安。朕虽不明，幸诸公数相匡救，冀凭直言鲠议②，致天下太平。"谏议大夫王珪对曰："臣闻，木从绳则正，后从谏则圣③。是故古者圣主必有争臣七人，言而不用，则相继以死。陛下开圣虑，纳刍荛，愚臣处不讳之朝，实愿罄其狂瞽④。"太宗称善，诏令自是宰相入内平章⑤国计，必使谏官随入，预闻政事。有所开说，必虚己纳之。

（《卷二求谏第四》）

【注释】①致理：即"致治"，取得治国的胜利。②鲠议：直言进谏。鲠，原意是骨卡在喉咙里，这里指直言。③圣：圣明。④狂瞽：狂肆直言。⑤平章：筹商，讨论。

【提示】贞观年间，特别是贞观之初，恐人不言，导之使谏，这一兼听纳下的思想和行动，造成了谏诤蔚然成风、君臣共商国是的良好风气，是"贞观之治"中最引人瞩目的方面。唐太宗也因而成为一个从谏如流、雄才大略的帝王，是中华民族历史上屈指可数的政治家。

仁义治国

贞观十三年，太宗谓侍臣曰："林深则鸟栖，水广则鱼游，仁义积则物自归之。人皆知畏避灾害，不知行仁义则灾害不生。夫仁义之道，当思之在心，常令相继①，若斯须②懈怠，去之已远。犹如饮食资身③，恒令腹饱，乃可存其性命。"王珪顿首曰："陛下能知此言，天下幸甚!"

（《卷五仁义第十三》）

【注释】①相继：指持续不断。②斯须：片刻。③资身：指保养。

【提示】苛政猛于虎，仁政是士大夫传统的政治理想，太宗对此认识深刻。他认为，多施仁义，百姓自然会归心。用仁义治国，国家就会气运长久。广修仁义，则灾害不生。

诚信保君

贞观十年，魏征上疏曰：臣闻为国之基，必资于德礼，

373

君之所保，惟在于诚信。诚信立则下无二心，德礼形则远人斯格①。然则德礼诚信，国之大纲，在于君臣父子，不可斯须②而废也。故孔子曰："君使臣以礼，臣事君以忠。"又曰："自古皆有死，民无信不立。"文子曰："同言而信，信在言前；同令而行，诚在令外。"然而言而不信，言无信也；令而不从，令无诚也。不信之言，无诚之令，为上则败德，为下则危身，虽在颠沛之中，君子之所不为也。

（《卷五诚信第十七》）

【注释】①格：来，至，意谓信服、归顺。②斯须：须臾，一会儿。

【提示】君臣之间如果互相猜忌，就难以齐心协力处理国家大事。太宗待人以诚，任人不疑，魏征将诚信视为处理国家政务的大纲。这也是贞观君臣能成就"贞观之治"的重要原因。

拒绝营阁

贞观二年，公卿奏曰："依《礼》，季夏之月，可以居台榭。今夏暑未退，秋霖方始，宫中卑湿①，请营一阁以居之。"太宗曰："朕有气疾②，岂宜下湿？若遂来请，糜费良多。昔汉文将起露台，而惜十家之产，朕德不逮③于汉帝，而所费过之，岂为人父母之道也？"固请至于再三，竟不许。

（《卷六俭约第十八》）

【注释】①卑湿：低下潮湿。②气疾：气息不顺的毛病。③不逮：比不上。

【提示】太宗把奢侈纵欲视为王朝败亡的重要原因，因此厉行俭约，不务奢华。贞观二十年间，太宗由于贯彻了"自王公以下，第宅、车服、婚嫁、丧葬，准品秩不合服用者，宜一切禁断"的主张，因此国家风俗简朴，衣无锦绣，财帛富饶，无饥寒之弊。

1. 请你根据这些片段，想象一下唐太宗与他人是一种什么样的关系。

2. 唐太宗曾言："以史为镜，可以知兴替；以人为镜，可以明得失。"我们不妨以太宗为镜，反思一下我们的得失。

3. 贞观时期，如果你在朝为官，会有怎样的表现？

三、知人善任

唐太宗非常重视官吏的任用。对地方长官，更是特别重视。他把各州都督（地方掌管军事的最高长官）和刺史（地方掌管行政的最高长官）的姓名都写在宫里的屏风上，随时记下他们的成绩和过失，以备提拔或贬降。他很注意县令的选择，要五品以上的官员保举能胜任县令的人，而各州刺史则由皇帝亲自选拔任命。他成就伟业丰功的重要原因之一，就是知人善任，并在长期的实践中形成了自己独特的人才观。一是惟才是举，如其有才，虽仇不弃。二是不求全责备，用人所长，随才使用。三是用人重实绩，爱护信任，推诚相待。

重用玄龄

房玄龄①，齐州临淄人也。初仕隋，为隰城②尉。坐事③，除名徙上郡。太宗徇地渭北，玄龄杖策谒于军门。太宗一见，便如旧识，署渭北道行军记室参军④。玄龄既遇知己，遂罄竭心力。是时，贼寇每平，众人竞求金宝，玄龄独先收人物，致之幕府，及有谋臣猛将，与之潜相申结⑤，各致死力。累授秦王府记室⑥，兼陕东道大行台考功郎中⑦。玄龄在秦府⑧十余年，恒典管记。隐太子、巢刺王以玄龄及杜如晦为太宗所亲礼，甚恶之，谮⑨之高祖，由是与如晦并遭驱斥。及隐太子将有变也，太宗召玄龄、如晦，令衣道士服，潜引入谋议。及事平，太宗入春宫，擢拜太子左庶子。贞观元年，迁中书令。三年，拜尚书左仆射，监修国史，封梁国公，实封一千三百户。既总任百司，虔恭夙夜，尽心竭节，不欲一物失所。闻人有善，若己有之。明达吏事，饰以文学，审定法令，意在宽平。不以求备取人，不以己长格物，随能收叙，无隔疏贱。论者称为良相焉。十三年，加太子少师。玄龄自以一居端揆⑩十有五年，频抗表辞位，优诏不许。十六年，进拜司空，仍总朝政，依旧监修国史。玄龄复以年老请致仕，太宗遣使谓曰："国家久相任使，一朝忽无良相，如失两手。公若筋力不衰，无烦此让。自知衰谢，当更奏闻。"玄龄遂止。太宗又尝追思王业之艰难，佐命之匡弼⑪，乃作《威凤赋》以自喻，因赐玄龄，其见称类如此。

（《卷二任贤第三》）

【注释】①房玄龄：名乔，字玄龄。与杜如晦、魏征等同为唐太宗的重要助手。②隰城：在今山西省西部，黄河支流昕水上游。③坐事：因犯律令而获罪。④记室参军：官名，唐制，掌军府表启书疏之职。⑤潜相申结：暗中交结。⑥记室：官名，负责撰写章表文檄。⑦考功郎中：官名，唐尚书省所辖吏部，下置四司，各以郎中主其政。⑧秦府：即秦王府。太宗即位前封为秦王。⑨谮（zèn）：无中生有地说人坏话。⑩端揆（kuí）：指宰相。因宰相居百官之首，故称端揆。⑪匡弼：辅佐的意思。

【提示】房玄龄长于吏治，立法宽正，量才用人，适应了唐初要求安定和急需人才的社会政治形势，为"贞观之治"做出了重要贡献。唐太宗以房玄龄为股肱心膂，表现了他用人的三项基本态度：不问资历，唯见功绩；既倚重信任，又关心爱护；用则不疑，推诚相待。

量才授职

贞观元年，太宗谓房玄龄等曰："致治之本，惟在于审^①。量才授职，务省官员。故《书》称：'任官惟贤才。'又云：'官不必备，惟其人。'若得其善者，虽少亦足矣；其不善者，纵多亦奚为？古人亦以官不得其才，比于画地作饼，不可食也。《诗》曰：'谋夫孔多，是用不就。'又孔子曰：'官事不摄，焉得俭？'且'千羊之皮，不如一狐之腋。'此皆载在经典，不能具道。当须更并省官员，使得各当所任，则无为而治矣。卿宜详思此理，量定庶官员位。"玄龄等由是所置文武总六百四十员。太宗从之，因谓玄龄曰："自此傥有乐工杂类，假使术逾侪辈^②者，只可特赐钱帛以赏其能，必不可超授官爵，与夫朝贤君子比肩而立，同坐而食，遣诸衣冠以为耻累。"

(《卷三择官第七》)

【注释】①审：审慎。②侪辈：同辈，同列，同行。

【提示】唐太宗在多个场合中有类似的表述，表明自己如何打破传统观念，在更为广泛的范围内选择人才。唐太宗屡屡向诸臣强调人才在实现天下大治中的重要性。

重用魏征

魏征^①，巨鹿人也。近徙家相州之内黄。武德末，为太子洗马^②。见太宗与隐太子阴相倾夺，每劝建成早为之谋。太宗既诛隐太子，召征责之曰："汝离间我兄弟，何也？"众皆为之危惧。征慷慨自若，从容对曰："皇太子若从臣言，必无今日之祸。"太宗为之敛容，厚加礼异，擢拜谏议大夫。数引之卧内，访以政术。征雅有经国之才，性又抗直，无所屈挠。太宗每与之言，未尝不悦。征亦喜逢知己之主，竭其力用。又劳之曰："卿所谏前后二百余事，皆称朕意。非卿忠诚奉国，何能若是！"三年，累迁秘书监，参预朝政，深谋远算，多所弘益。太宗尝谓曰："卿罪重于中钩^③，我任卿逾于管仲^④，近代君臣相得，宁有似我于卿

377

者乎?"

（《卷二任贤第三》）

【注释】①魏征：唐初政治家。字玄成，少时孤贫落拓，有大志，出家为道士。隋末参加瓦岗起义军，李密败，降唐。又被窦建德所获，任起居舍人。建德败，入唐为太子洗马。太宗即位，历任谏议大夫，秘书监，侍中，封郑国公。②洗马：官名，即前马或先驱之意。③中钩：射中衣带钩的意思。④管仲：名夷吾，字仲。春秋时齐国名相。齐襄公被杀之后，公子小白和公子纠争继王位，管仲辅佐公子纠，曾射中小白的衣带钩，小白佯死逃脱。后小白立，是为齐桓公。因鲍叔牙举荐，管仲为齐相，辅佐桓公称霸。

【提示】魏征正直忠诚无私，对四主个个忠心。他对王权与臣下相辅相成关系的认识非常深刻。因而他极力劝谏太宗，且谏言能深得太宗之心。太宗十分赏识魏征，视为心腹，二人真可谓"君臣相得"。

择人重德

贞观三年，太宗谓吏部尚书杜如晦曰："比见吏部择人，惟取其言词刀笔，不悉其景行①。数年之后，恶迹始彰，虽加刑戮，而百姓已受其弊②。如何可获善人?"如晦对曰："两汉取人，皆行著乡闾，州郡贡之，然后入用，故当时号为多士。今每年选集，向数千人，厚貌饰词，不可知悉，选司但配其阶品而已。铨简之理③，实所未精，所以不能得才。"太宗乃将依汉时法令，本州辟召，会功臣等将行世封事，遂止。

（《卷三择官第七》）

【注释】①景行：高尚的德行。②弊：伤害。③铨简之理：选补官员的规章制度。

【提示】唐太宗对吏部尚书杜如晦说起吏部择人"惟取其言词

刀笔，不悉其景行"，批评吏部注重"才"却忽视了"德"。以此标准，结果很可能是任用了有才无德之人。在才、德这两个基本条件中，德是占据统帅地位的。

思考与行动

1. 太宗君臣有哪些用人标准？请简要说明。
2. 这些用人标准给你哪些做人的启示？

四、重视农业

李世民对农业非常重视，鼓励农业生产，实施了很多关于农业的政策，让百姓们可以通过农业生产来满足生活需要，并且促进了经济发展。对于受灾地区加大救济力度，让朝臣和政府机构都节约开支，来减轻百姓负担。

简静务本

贞观二年，太宗谓侍臣曰："凡事皆须务①本。国以人为本，人以衣食为本，凡营衣食，以不失时为本。夫不失时者，在人君简静②乃可致耳。若兵戈屡动，土木不息，而欲不夺农时，其可得乎？"王珪曰："昔秦皇、汉武，外则穷极兵戈，内则崇侈宫室，人力既竭，祸难遂兴。彼岂不欲安人乎？失所以安人之道也。亡隋之辙，殷鉴不远，陛下亲承其弊，知所以易之。然在初则易，终之实难。伏愿慎终如始，方尽其美。"太宗曰："公言是也。夫安人宁国，惟在于君。君无为则人乐，君多欲则人苦。朕所以抑情损欲③，克己自励耳。"

（《卷八务农第三十》）

【注释】①务：致力于。②简静：简政不折腾，即"不生事劳

379

民"。③抑情损欲：抑制性情，减少欲望。

【提示】贞观二年，唐太宗对侍臣说，国以人为本，而人以食为本，其关键在于不误农时，因此，人君不要滥用民力，耽误农时。

太宗吞蝗

贞观二年，京师旱，蝗虫大起。太宗入苑①视禾，见蝗虫，掇②数枚而咒曰："人以谷为命，而汝食之，是害于百姓。百姓有过，在予一人③。尔其④有灵，但当蚀我心，无害百姓。"将吞之，左右遽⑤谏曰："恐成疾，不可！"太宗曰："所冀⑥移灾朕躬⑦，何疾之避⑧？"遂吞之。

（《卷八务农第三十》）

【注释】①苑：古代帝王游玩、打猎和躬耕的园林。②掇：抓取。③予一人：古代帝王的自称。④其：如果。⑤遽：立刻。⑥冀：希望。⑦躬：自身。⑧何疾之避：宾语前置句。

【提示】在国家有难之际，唐太宗首先想到的是人民，担忧的是民生，无怪乎当时的百姓对唐太宗如此爱戴。唐太宗在蝗灾面前的行为，将其愿为人民承载灾难的勇气和坚决消灭蝗虫的决心体现得淋漓尽致，也将一个明君的形象烘托得高大伟岸。

农时甚要

贞观五年，有司上书言："皇太子将行冠礼①，宜用二月为吉，请追兵以备仪注②。"太宗曰："今东作③方兴，恐妨农事。"令改用十月。太子少保萧瑀奏言："准阴阳家④，用二月为胜。"太宗曰："阴阳拘忌，朕所不行。若动静必依阴阳，不顾理义，欲求福祐，其可得乎？若所行皆遵正道，自然常与吉会。且吉凶在人，岂假阴阳拘忌？农时甚要，不可暂失。"

（《卷八务农第三十》）

①冠礼：古代男子成年时要举行加冠的仪式。②追兵：增调、增补兵卒。仪注：典礼仪式。③东作：春耕生产。④准：按照。阴阳家：盛行于战国末期到汉初的一种哲学流派。后世把以看星相、占卜、择日、看风水等为业的人，也称为阴阳家。

【提示】皇太子要举行成人礼，可谓大事。而阴阳家所选的黄道吉日"恐妨农事"，唐太宗下令改期。太宗认为，吉凶取决于人，怎能听信阴阳禁忌呢？求得吉祥，要考虑的应该是道德和礼义。农时要紧，不能耽误。一代雄主，英明睿智。

以民为本

贞观十六年，太宗以天下粟价率计斗值五钱，其尤贱处，计斗值三钱，因谓侍臣曰："国以民为本，人以食为命。若禾黍不登①，则兆庶非国家所有。既属丰稔若斯，朕为亿兆人父母，唯欲躬务俭约，必不辄为奢侈。朕常欲赐天下之人，皆使富贵，今省徭赋，不夺其时，使比屋之人恣其耕稼，此则富矣。敦行礼让，使乡闾之间，少敬长，妻敬夫，此则贵矣。但令天下皆然，朕不听管弦，不从畋猎②，乐在其中矣！"

（《卷八务农第三十》）

【注释】①登：丰收。②畋猎：打猎。

【提示】国以民为本，民以农为本。太宗说，自己要克勤克俭，不事奢华，省徭薄赋，不夺农时，使民富裕。他还要使民尊贵（懂礼）。并且表示，百姓"富贵"就是他的快乐。这些言论显示了一代明君的风范。

思考与行动

1. 唐太宗对国家、农民、粮食的关系是怎样认识和处理的？

2. 农村、农业、农民问题至今仍十分重要。每年中央发布的一号文件都是"三农"问题。深入思考"食"这个大问题，写一篇随笔。

五、规谏皇子

王子皇孙，自幼富贵，不知民间疾苦，贪图享受，以致违法乱纪，自取灭亡。唐太宗熟知历史，深知"创业容易守业难"的道理。因此，他十分重视对皇子皇孙们的教诲，严加教诫，力图使他们谨慎修身，自守分际。针对子弟们少居富贵不知人间疾苦的弱点，要求有关人员要常为他们"说百姓间利害事"。太宗除告诫太子节奢欲、重农业、爱民力外，还鼓励朝臣谏教太子。临终前，唐太宗还亲撰《帝范》十二篇赐太子，总结自己的施政经验教诲太子，可谓用心良苦。

以史为鉴

贞观十年，太宗谓荆王元景、汉王元昌、吴王恪、魏王泰等曰："自汉已来，帝弟帝子，受茅土、居荣贵者甚众，惟东平[①]及河间王[②]最有令名，得保其禄位，如楚王玮[③]之徒，覆亡非一，并为生长富贵，好自骄逸所致。汝等鉴诫，宜熟思之。拣择贤才，为汝师友，须受其谏铮，勿得自专[④]。我闻以德服物，信非虚说。比尝梦中见一人云虞舜，我不觉竦然敬异，岂不为仰其德也！向若梦见桀、纣，必应斫之。桀、纣虽是天子，今若相唤作桀、纣，人必大怒。颜回、闵子骞[⑤]、郭林宗、黄叔度[⑥]，虽是布衣。今若相称赞道类此四贤，必当大喜。故知人之立身，所贵者惟在德行，何必要论荣贵。汝等位列藩上，家食实封，更能克修德行，岂不具美也？且君子小人本无常，行善事则为君子，行恶事则为小人，当须自克励，使善事日闻，勿纵欲肆情，自陷刑戮。"

（《卷四教诫太子诸王第十一》）

382

【注释】①东平：即东平王刘苍，汉光武帝之子。好经书，有智思，文称典雅。明帝问他处家何事最乐，他答道："为善最乐。"②河间王：刘德，汉景帝之子，以博学有德著称。③楚王玮：晋武帝之子，曾掌兵权，刚狠好杀，犯罪被斩首。④自专：自以为是，独断专行。⑤颜回、闵子骞：二人都是孔子的学生，以德行著称。⑥郭林宗、黄叔度：二人都是后汉时的高尚之士。

【提示】唐太宗采取以史为鉴的办法，嘱咐皇子们谨慎修身，以期常葆富贵。他告诫皇子们，拥有一方土地的诸王，其兴盛必定是由于积善，其败亡必定是由于积恶。要戒骄奢，知礼度，否则必"自陷刑戮"。

太宗训恪

贞观十一年，太宗谓吴王恪曰："父之爱子，人之常情，非待教训而知也。子能忠孝则善矣！若不遵诲诱，忘弃礼法，必自致刑戮，父虽爱之，将如之何？或汉武帝既崩，昭帝嗣立，燕王旦①素骄纵，诪张②不服，霍光遣一折简诛之③，则身死国除。夫为臣子不得不慎。"

（《卷四教诫太子诸王第十一》）

【注释】①燕王旦：汉武帝第四子刘旦。汉昭帝即位后，刘旦与左将军上官桀等谋废昭帝，事败自杀。②诪（zhōu）张：放肆。③霍光遣一折简诛之：刘旦与上官桀谋反事败，汉昭帝以书信谴责，刘旦见信后自杀。霍光，字子孟，昭帝八岁即位，他以大司马大将军之职受武帝遗诏辅政。折简，书信。

【提示】这一年，李恪因为打猎踩坏百姓庄稼的事而被唐太宗罢免了安州都督一职，所以此番话实际上是唐太宗在非常严肃地批评李恪："虽然你是我儿子，但你若不遵纪守法我也救不了你。"虽然这口吻相当严厉，但史实和道理都很清楚，唐太宗其实是爱子情深的。

教育太子

贞观十八年，太宗谓侍臣曰："古有胎教世子①，朕则不暇。但近自建立太子，遇物必有诲谕，见其临食将饭，谓曰：'汝知饭乎？'对曰：'不知。'曰：'凡稼穑艰难，皆出人力，不夺其时，常有此饭。'见其乘马，又谓曰：'汝知马乎？'对曰：'不知。'曰：'能代人劳苦者也，以时消息，不尽其力，则可以常有马也。'见其乘舟，又谓曰：'汝知舟乎？'对曰：'不知。'曰：'舟所以比人君，水所以比黎庶，水能载舟，亦能覆舟。尔方为人主，可不畏惧！'见其休于曲木之下，又谓曰：'汝知此树乎？'对曰：'不知。'曰：'此木虽曲，得绳则正，为人君虽无道，受谏则圣。此傅说所言②，可以自鉴。'"

（《卷四教诫太子诸王第十一》）

【注释】①胎教：古代对胎儿施行教育的一种方法。传说周文王之母大任，为人端庄。怀上文王时，"目不视恶色，耳不听淫声，口不出傲言"。因此生下文王成为圣人。世子：即太子。②傅说所言：为"惟木从绳则正，后从谏则圣"，见《尚书·说命上》。后，君王。傅说，商王时名相，辅佐高宗武丁安邦治国，形成"武丁中兴"的辉煌盛世。

【提示】唐太宗教育太子，从身边小事设问，引出一系列治国的大道理；化用古圣先贤的话，让太子自以为戒。循循善诱，教子有方。"水能载舟，亦能覆舟"比喻贴切，认识深刻，且有着民本思想。

遂良谏言

贞观中，皇子年小者多授以都督刺史，谏议大夫褚遂良上疏谏曰："昔两汉以郡国①治人，除郡以外，分立诸子，割土封疆，杂用周制。皇唐郡县，粗依秦法。皇子幼年，或授刺史。陛下岂不以王之骨肉，镇捍四方，圣人造制，道高前古？臣愚见有小未尽。何者？刺史师帅，人仰以安。得一善人，部内苏息；遇一不善人，阖州劳弊。是以人君爱恤百姓，常为择贤。或称河润九里，京师蒙福②；或与人兴咏③，生为立祠④。汉宣帝云：'与我共理者，惟良二千石⑤乎！'如臣愚见，陛下子内年齿尚幼，未堪临民者，请且留京师，教以经学。一则畏天之威，不敢犯禁；二则观见朝仪，自然成立⑥。因此积习，自知为人，审堪临州，然后遣出。臣谨按汉明、章、和三帝，能友爱子弟，自兹以降，以为准的。封立诸王，虽各有土，年尚幼小者，召留京师，训以礼法，垂以恩惠。讫三帝世，诸王数十百人，惟二王⑦稍恶，自余皆冲和深粹⑧。惟陛下详察。"太宗嘉纳其言。

（《卷四教诫太子诸王第十一》）

【注释】 ①郡国：汉朝的行政区划。郡直属于中央，国由分封的王侯统治。②河润九里，京师蒙福：汉光武帝时，颍川盗贼猖獗，于是以郭伋为颍川太守。召见郭伋时，汉光武帝说："贤能太守，去帝城不远，河润九里，冀京师并蒙神也。"河润九里，出自《庄子·列御寇》"河润九里，泽及三族"，意为施恩于人，如河水浸润土地。③与人兴咏：深得民心，为人歌咏。④生为立祠：为活人立祠堂。⑤二千石：郡守。汉代郡守俸禄为二千石，故称。⑥成立：成长自立。⑦二王：指楚王刘英、广陵王刘荆，为汉光武帝第六、九子，因谋反事败自杀。⑧冲和深粹：指品德高尚。冲和，淡泊平和。深粹，深厚纯粹。

【提示】 唐太宗准备将皇子中的年幼者，派遣到各地担任都督、刺史之职。褚遂良上疏谏阻，认为这不是一个完善的办法，应当让他们留在京城，接受礼法上的训导。唐太宗采纳了他的意见。

385

1. 唐太宗是从哪些方面来教育自己孩子的？说说他的教育艺术。
2. 太宗的孩子们会不会按照太宗的教导去做？为什么？写一篇随笔来谈谈。

《聊斋志异》撷玉

韩　丽

　　蒲松龄，字留仙，号剑臣，别号柳泉居士，山东淄川县（今淄博市淄川区）蒲家庄人。明崇祯十三年（1640），出生在一个书香世家，卒于清康熙五十四年（1715）。他的家族，明万历以来也曾"科甲相继"；但至蒲松龄时代，家道没落，"数椽风雨之庐，十亩荆榛之产；卖文为活，废学从儿；纳税倾囊，愁贫任妇"（《呈石年张县公俚谣序》）。他十九岁，"初应童子试，即以县、府、道三第一，补博士弟子员"（张元《柳泉蒲先生墓表》）。此后则屡挫于乡试，以岁贡终老。他一生，除了去扬州府宝应县充当幕宾一年，均设帐于缙绅之家；而在同邑西铺毕际有家时间最长，设馆教书三十年，七十岁才归老家居。七十六岁辞世。

　　蒲松龄自幼便对民间的鬼神故事兴致浓厚。据清人笔记《三借庐笔谈》记载，蒲松龄每晨起就在大道边铺席于地，并摆设烟茶，坐待过往行人，以搜集奇闻异事。每听到一事，回家后就加以粉饰润色。康熙元年（1662），二十二岁的蒲松龄开始撰写狐鬼故事。康熙十八年（1679）春，四十岁的蒲松龄初次将手稿集结成书，名为《聊斋志异》。此后屡有增补。《聊斋志异》的写作历时四十余年，倾注了蒲松龄大半生精力。

　　《聊斋志异》是中国清初的一部文言短篇小说集。郭沫若称其"写鬼写妖高人一筹，刺贪刺虐入木三分"。小说揭露封建统治的黑暗，抨击科举制度的腐朽，反抗封建礼教的束缚，追求平民百姓的幸福，反映了 17 世纪中国的社会面貌。全书中以爱情主题的作品数

387

量最多，表现了强烈的反封建礼教的精神，也表现了作者的爱情理想。奇特诡谲的故事情节，异彩纷呈的人物形象，不同流俗的美学理想，构成《聊斋志异》的独特风格。

鲁迅曾说："《聊斋志异》虽亦如当时同类之书，不外记神仙狐鬼精魅故事，然描写委曲，叙次井然，用传奇法，而以志怪、变幻之状，如在目前；又或易调改弦，别叙畸人异行，出于幻域，顿入人间；偶述琐闻，亦多简洁，故读者耳目，为之一新。"（《中国小说史略》）阅读这部短篇小说集，不仅可以窥见明清社会现实，还可以看到中国传统文化，学习短篇小说虚构技巧。

本书所选二十六个片段，为名篇中典型情节，可以一窥此书的思想和艺术特色。以人民文学出版社 2008 年 4 月版《全本新注聊斋志异》为底本。统编语文教材课文《狼》《促织》不再选用。

一、狐　精

《聊斋志异》中写狐狸精的故事很多。蒲松龄笔下的花妖狐媚可谓内外兼修，既有美貌，又有美德，还有智慧、才干、超能力，这大多是从男性视角出发的理想女性形象。关于花妖狐媚的虚幻故事，既表现出世俗百姓的恋爱婚姻观念，也反映出明清时期的社会文化思想。

痴女狂笑[①]

次日，至舍后，果有园半亩，细草铺毡，杨花糁径[②]；有草舍三楹，花木四合其所。穿花小步，闻树头苏苏有声，仰视，则婴宁在上。见生来，狂笑欲堕。生曰："勿尔，堕矣！"女且下且笑，不能自止。方将及地，失手而堕，笑乃止。生扶之，阴捘其腕[③]。女笑又作，倚树不能行，良久乃罢。生俟其笑歇，乃出袖中花示之。女接之，曰："枯矣。何留之？"曰："此上元妹子所遗，故存之。"问："存之何意？"曰："以示相爱不忘也。自上元相遇，凝思成病，自分化为异物，不图得见颜色，幸垂怜悯。"女曰："此大细事④。至咸何所靳惜⑤？待郎行时，园中花，当唤老奴来，折一巨捆负送之。"生曰："妹子痴耶？"女曰："何便是痴？"生曰："我非爱花，爱拈花之人耳。"

（《婴宁》）

【注释】①痴女狂笑：节选部分前面的故事为：王子服郊野游玩时见一女子，荣华绝代，笑容可掬，拾其遗花，神魂丧失。回到家后，不语不食，相思成疾。寻至山中，发现此女，名唤婴宁，是其姨女。后面的故事是：携女归家，娶为妻子。后来方知，婴宁是狐生鬼养。②糁（sǎn）径：像碎米屑星星点点散落在小路上。糁，碎米屑，泛指散乱的粒状细物，这里作动词，撒落。③阴捘其腕：暗中捏她的手腕。④大细事：很小的事。⑤靳惜：吝惜。

【提示】"狂笑欲堕""且下且笑""笑又作，倚树不能行"，天真未凿、活泼可爱的少女形象跃然纸上。枯花留念，以示爱慕，女似不解，欲赠一捆，似乎痴傻。

弃绝尘缘①

居无几何，女忽谓生曰："妾不为情缘，何处得烦恼？君被逮时，妾奔走戚眷间，并无一人代一谋者。尔时酸衷，诚不可以告愬②。今视尘俗益厌苦。我已为君蓄良偶，可从此别。"生闻，泣伏不起，女乃止。夜遣禄儿侍生寝，生拒不纳。朝视十四娘，容光顿减；又月余，渐以衰老；半载，黯黑如村妪；生敬之，终不替③。女忽复言别，且曰："君自有佳侣，安用此鸠盘④为？"生哀泣如前日。又逾月，女暴疾，绝饮食，羸卧闺闼。生侍汤药，如奉父母。巫医无灵，竟以溘逝。生悲恒欲绝。

（《辛十四娘》）

【注释】①弃绝尘缘：节选部分前面的故事为：冯生遇到容色娟

好的辛十四娘，主动向其父求娶未得，幸亏冥界舅母作媒，娶得美丽聪慧贤淑的狐女辛十四娘。冯生不听十四娘规劝，终被阴险恶毒的朋友陷害，成为阶下囚，十四娘为救冯生历尽艰辛。②愬：诉。③终不替：始终不改变态度。替，更改。④鸠盘：梵语"鸠盘茶"的省称，意译为瓮形鬼、冬瓜鬼，小说中用以形容既老且丑的妇人。

【提示】 这个狐女既有妇德又有慧根，比如规劝丈夫谨慎交友，为救夫难想尽办法，再如看透世事，斩断情丝。十四娘先是让容色衰老，希望丈夫会嫌弃自己。此计不成，再以暴疾绝食结束生命。斩尘缘，绝烦恼，最终名列仙籍。

知缘畏礼①

次夜，更既深，灭烛欲寝，闻楼后发扃，辟之閛然②。急起窥觇，则扉半启。俄闻履声细碎，有烛光自房中出。视之，则青凤也。骤见生，骇而却退，遽阖双扉。生长跽而致词曰："小生不避险恶，实以卿故。幸无他人，得一握手为笑，死不憾耳。"女遥语曰："惓惓深情，妾岂不知？但叔闺训严，不敢奉命。"生固哀之，云："亦不敢望肌肤之亲，但一见颜色足矣。"女似肯可，启关出，捉之臂而曳之。生狂喜，相将入楼下，拥而加诸膝。女曰："幸有夙分③；过此一夕，即相思无用矣。"问："何故？"曰："阿叔畏君狂，故化厉鬼以相吓，而君不动也。今已卜居④他所，一家皆移什物赴新居，而妾留守，明日即发矣。"言已，欲去，云："恐叔归。"生强止之，欲与为欢。方持论间，叟掩入。女羞惧无以自容，俯首倚床，拈带不语。叟怒曰："贱辈辱吾门户！不速去，鞭挞且从其后！"女低头急去，叟亦出。尾而听之，诃诟万端。

（《青凤》）

【注释】 ①知缘畏礼：节选部分前面的故事为：耿去病为堂叔看守房屋时，结识了美丽的狐女青凤。后面的故事是：青凤叔叔不同

390

意他们在一起，并且搬离了这座房屋。耿去病清明扫墓时遇到两只小狐狸被狗追逐，狐狸向他求援，耿去病怜惜它，把它抱回家，狐狸竟变成了青凤。一年后，青凤的堂弟孝儿突然拜访耿去病，说其父有难，求他帮助。耿去病救下了青凤叔叔，尽释前嫌，叔叔一家又搬回了这座房屋。②辟之閛（pēng）然：砰的一声，门被推开了。閛，形容门扇的撞击声。③凤分（fèn）：宿缘，前世注定的缘分。④卜居：选择居所，这里指迁居。

【提示】耿去病狂放不羁，不因狐狸非同类而憎恶；青凤虽是狐女，但与深闺女子品行无异，注重男女有别，恪守封建礼教。儒家讲"发乎情，止乎礼"，男女在相处的过程中产生情愫是正常的，可是不能超越礼教的范畴。青凤与耿去病纠缠的一系列细节将古代封建女子注重男女有别表现得淋漓尽致。

狐女施恩①

生不暇问，抱女呜哭。女亦惨然。既而推儿曰："汝忘尔父耶？"儿牵女衣，目灼灼视生。细审之，福儿也。大惊，泣问："儿那得来？"女曰："实告君：昔言邻女者，妄也。妾实狐。适宵行，见儿啼谷口，抱养于秦。闻大难既息，故携来与君团聚耳。"生挥涕拜谢。儿在女怀，如依其母，竟不复能识父矣。天未明，女即遽起。问之，答曰："奴欲去。"生裸跪床头，涕不能仰。女笑曰："妾诳君耳。今家道新创，非凤兴夜寐不可。"乃剪莽拥彗②，类男子操作。生忧贫乏，不自给。女曰："但请下帷读③，勿问盈歉，或当不至饿死。"遂出金治织具；租田数十亩，雇佣耕作。荷镵诛茅④，牵萝补屋⑤，日以为常。里党闻妇贤，益乐资助之。约半年，人烟腾茂，类素封⑥家。

（《红玉》）

【注释】①狐女施恩：节选部分前面的故事为：狐女红玉帮助贫困书生冯相如娶到美丽温顺的妻子；邑绅宋御史看见冯妻美艳，将其抢去，殴打冯家父子致其伤残，冯父愤恨呕血而死，冯相如状告不应，一位侠客帮助冯相如杀死宋御史父子，冯相如因涉嫌杀人被捕，县令被人持刀恐吓，因而放出冯相如；在冯家遭逢变故后，红玉帮助相如抚育孩子，恢复家业。②剪莽拥彗：剪除杂草，持帚清扫。莽，草。彗，扫帚。③下帷读：意谓闭门苦读。《史记·儒林列传》：董仲舒"下帷讲诵，弟子传以久次相授业，或莫见其面，盖三年董仲舒不观于合园，其精如此"。下帷，放下室内的帷幕。④荷镵诛茅：扛起锄锹，铲除茅草；指努力耕作。镵，掘土工具。⑤牵萝补屋：牵挽薜萝，遮补茅屋；指处境贫困，居不庇身。杜甫《佳人》诗："侍婢卖珠回，牵萝补茅屋。"萝，薜萝。⑥素封：富户，财主。

【提示】 狐狸精红玉美丽温柔、善解人意，还有非凡能力。她不仅救助冯生出危困，还帮他重振家业。

狐女飞仙[1]

女见人喏喏，似口不能道辞，生亦讳言其异。怀孕十余月，计日当产。入室，嘱宗杜门禁款者[2]，自乃以刀剖脐下，取子出，令宗裂帛束之，过宿而愈。又六七年，谓宗曰："夙业偿满，请告别也。"宗闻泣下，曰："卿归我时，贫苦不自立，赖卿小阜[3]，何忍遽言离遏[4]？且卿又无邦族，他日儿不知母，亦一恨事。"女亦怅惘曰："聚必有散，固是常也。儿福相，君亦期颐[5]，更何求？妾本何氏。倘蒙思眷，抱妾旧物而呼曰：'荷花三娘子！'当有见耳。"言已解脱，曰："我去矣。"惊顾间，飞去已高于顶。宗跃起，急曳之，捉得履。履脱及地，化为石燕；色红于丹朱，内外莹彻，若水精然。拾而藏之。检视箱中，初来时所着冰縠帔尚在。每一忆念，抱呼"三娘子"，则宛然女郎，欢容笑黛，并肖生平；但不语耳。

（《荷花三娘子》）

【注释】 ①狐女飞仙：节选部分前面的故事为：宗湘若与一狐女

392

交好许久，宗生家人按一西域僧人指点，想要捉拿狐女。当狐女被捉住后，宗生念及往日深情，让家人放掉了狐女。狐女感其恩德，指点他寻得了荷花三娘子，三娘子为其增财生子。②禁款者：禁止他人叩门。款，叩门。③阜：丰富。④离邈（tì）：远离。⑤期颐（qī yí）：百岁。

【提示】在清代，由于道教世俗化的发展，以及在下层民众中的影响，通俗小说、戏曲人物中多见道教仙人的影响，荷花三娘子化仙飞升，正是道教世俗化给乡野社会带去的影响。

思考与行动

1. 这些狐精的形象寄寓了哪些世俗的愿望？
2. 结合《聊斋志异》其他小说，梳理一下蒲松龄笔下理想的女性形象是什么样的。

二、鬼　魅

女鬼，是《聊斋志异》中又一常见形象，既有采人阳气、吸人精魂的恶鬼，也有助人危难、福荫门楣的善鬼。女鬼故事在警戒男子不可贪图美色的同时，也体现出佛家因果报应、生死轮回的思想。

以正避邪①

向晚，燕生归，宁质②之，燕以为魅。宁素亢直，颇不在意。宵分，女子复至，谓宁曰："妾阅人多矣，未有刚肠如君者。君诚圣贤，妾不敢欺。小倩，姓聂氏，十八夭殂，葬寺侧，辄被妖物威胁，历役贱务；觍颜向人，实非所乐。今寺中无可杀者，恐当以夜叉③来。"宁骇求计。女曰："与燕生同室可免。"问："何不惑燕生？"曰："彼奇人也，不敢近。"问："迷人若何？"曰："狎昵我者，隐以锥刺其足，彼即茫若迷，因摄血以供妖饮；又或以金，非金也，乃罗刹鬼骨，留之能截取人心肝：二者，凡以投时好耳。"

393

宁感谢。问戒备之期，答以明宵。临别泣曰："妾堕玄海，求岸不得。郎君义气干云，必能拔生救苦。倘肯囊妾朽骨，归葬安宅④，不啻再造。"宁毅然诺之。

（《聂小倩》）

【注释】①以正避邪：节选部分前面的故事为：宁采臣暂居寺院时，聂小倩受夜叉指使前来谋害。后面的故事是：宁采臣脱险之后，不负小倩重托，将其朽骨安葬在书斋外，收留她侍奉母亲和久病的妻子。宁妻病逝后，小倩嫁给宁采臣做鬼妻，指点宁采臣除掉前来报复的夜叉。几年后，宁采臣考中进士，小倩生下一子，宁采臣纳一小妾，小倩、小妾又各生一子，三个儿子长大后都成了有名望的人。②质：询问。③夜叉：梵语，意为凶暴丑恶，佛经中的一种恶鬼。④安宅：这里指安静的藏地，即墓穴。

【提示】宁采臣刚直自重，不为女色所诱惑，鬼怪难夺其命。

女鬼画皮①

偶适市，遇一道士，顾生而愕。问："何所遇?"答言："无之。"道士曰："君身邪气萦绕，何言无?"生又力白。道士乃去，曰："惑哉! 世固有死将临而不悟者。"生以其言异，颇疑女；转思明明丽人，何至为妖，意道士借魇禳以猎食者②。无何，至斋门，门内杜，不得入。乃逾垝垣，蹑迹而窗窥之③，见一狞鬼，面翠色，齿巉巉如锯。铺人皮于榻上，执彩笔而绘之；已而掷笔，举皮，如振衣状，披于身，遂化为女子。睹此状，大惧，兽伏而出④。

……

异史氏曰："愚哉世人! 明明妖也，而以为美。迷哉愚人! 明明忠也，而以为妄。然爱人之色而渔之，妻亦将食人之唾而甘之矣。天道好还，但愚而迷者不悟耳。可哀也夫!"

（《画皮》）

【提示】恶鬼画皮，以美貌诱人，得以吸人阳气。

淫为祸端①

水莽，毒草也。蔓生似葛；花紫，类扁豆。误食之，立死，即为水莽鬼。俗传此鬼不得轮回，必再有毒死者，始代之。以故楚中桃花江一带，此鬼尤多云。楚人以同岁生者为同年，投刺②相谒，呼庚兄庚弟，子侄呼庚伯，习俗然也。有祝生造其同年某，中途燥渴思饮。俄见道旁一媪，张棚施饮，趋之。媪承迎入棚，给奉甚殷。嗅之有异味，不类茶茗，置不饮，起而出。媪急止客，便唤："三娘，可将好茶一杯来。"俄有少女，捧茶自棚后出。年约十四五，姿容艳绝，指环臂钏，晶莹鉴影。生受盏神驰；嗅其茶，芳烈无伦。吸尽再索。觑媪出，戏捉纤腕，脱指环一枚。女赪颊③微笑，生益惑。略诘门户④，女云："郎暮来，妾犹在此也。"生求茶叶一撮，并藏指环而去。至同年家，觉心头作恶，疑茶为患。……某舁送之，将至家门而卒。

（《水莽草》）

【注释】①淫为祸端：节选部分后面的故事是：祝生死后，阻挠寇三娘转世，并娶其为妻。祝生阻挠所有误食水莽草而死的鬼魂再来害人，天帝认为他有功于人世，册封他为四渎牧龙君。②刺：名片。③赪（chēng）颊：红着脸。赪，赤色。④略诘门户：此处指祝生询问三娘晚间居于何处，思欲与之幽会。

文雅女鬼①

既久，家人窃听之，闻其歌者，无不流涕。夫人窥见其容，疑人世无此妖丽，非鬼必狐；惧为厌蛊，劝公绝之。公不能听，但固诘之。女愀然曰："妾，衡府宫人也。遭难而死，十七年矣。以君高义，托为燕婉，然实不敢祸君。倘见疑畏，即从此辞。"公曰："我不为嫌；但燕好若此，不可不知其实耳。"乃问宫中事。女缅述②，津津可听。谈及式微之际③，则哽咽不能成语。女不甚睡，每夜辄起诵准提、金刚诸经咒。公问："九泉能自忏耶？"曰："一也。妾思终身沦落，欲度来生耳。"又每与公评骘诗词，瑕辄疵之；至好句，则曼声娇吟。意绪风流，使人忘倦。公问："工诗乎？"曰："生时亦偶为之。"公索其赠。笑曰："儿女之语，乌足为高人道。"

（《林四娘》）

【注释】①文雅女鬼：节选部分前面的故事为：陈公夜坐，四娘来访。后面的故事是：冥王因四娘生前无罪，死后不忘经咒，让她投生王侯之家。②缅述：忆述。③式微之际：衰败之时。

【提示】林四娘能诗文，晓音律；诵念佛经，祈福来世。故事既可见反清复明思想，亦可见佛教文化的影响力。

穿越阴阳①

生怒，盛气襆被，独卧荒亭中，留烛以觇其异。……少顷，一女郎自西北隅出，神情婉妙。阒然至灯下，怒骂："何处狂生，居然高卧②！"生起笑曰："小生此间之第主，候卿讨房税耳。"遂起，裸而捉之。女急遁。生先趋西北隅，阻其归路。女既穷，便坐床上。近临之，对烛如仙；

渐拥诸怀。女笑曰:"狂生不畏鬼耶? 将祸尔死!"……生曰:"室人不幸俎谢,感悼不释于怀。卿能为我致③之否?"女闻之益戚,曰:"妾死二十年,谁一致念忆者! 君诚多情,妾当极力。然闻投生有地矣,不知尚在冥司否。"逾夕,告生曰:"娘子将生贵人家。以前生失耳环,挞婢,婢自缢死,此案未结,以故迟留。今尚寄药王廊下,有监守者。妾使婢往行贿,或将来也。"……二鼓向尽,老婢果引生妻而至。

(《章阿端》)

【注释】 ①穿越阴阳:节选部分前面的故事为:戚生所购府第白昼见鬼,妻子傍晚去楼亭,回来后病逝。后面的故事是:女鬼章阿端为戚妻阴间行贿,戚妻得以居住人间三年;阿端生病遇难,戚妻为她请巫医作道场以化解冤孽,阿端投生为城隍之女。②高卧:高枕而卧,形容安闲。③致:招致,招来。

【提示】 章阿端善良重情,多行善事,终得善报。

思考与行动

1. 恶鬼常以美色诱惑男子,而男子每每禁不住诱惑。此类故事给了我们什么启示?

2. 《画皮》等故事被改编成电影。比较一下,电影的改编好吗? 得失表现在哪些地方?

三、畸 人

明朝李贽、徐渭、冯梦龙、唐寅等文士自称"畸人",畸士之风风靡于时,凡是不入流俗、有过人之处者都能称为畸人。鲁迅评说《聊斋志异》"别叙畸人异行,出于幻域,顿入人间"。"畸人"当指有独特志行、不同流俗的人,"畸人异行"是指这些人所为的异乎寻常的奇异之事。

超脱富贵①

长清僧，道行高洁。年八十余犹健。一日，颠仆不起，寺僧奔救，已圆寂矣。僧不自知死，魂飘去，至河南界。河南有故绅子，率十余骑，按鹰猎兔。马逸②，堕毙。魂适相值，翕然而合③，遂渐苏。厮仆还问之。张目曰："胡至此！"众扶归。入门，则粉白黛绿④者，纷集顾问。大骇曰："我僧也，胡至此！"家人以为妄，共提耳悟之⑤。僧亦不自申解，但闭目不复有言。饷以脱粟⑥则食，酒肉则拒。夜独宿，不受妻妾奉。

（《长清僧》）

【注释】①超脱富贵：节选部分后面的故事是：长清僧又回到了寺庙。②马逸：马受惊狂奔。逸，奔跑。③翕（xī）然而合：指僧魂猛地与堕尸合在一起。翕然，犹翕忽，迅疾的样子。④粉白黛绿：妇女的妆饰，代指姬妾之类的青年女子。粉白，面敷粉。黛绿，眉画黛。⑤提耳悟之：恳切开导，促其醒悟。提耳，扯着耳朵，意思是谆谆晓喻。《诗经·大雅·抑》："匪面命之，言提其耳。"⑥饷以脱粟：用糙米做饭给他吃。饷，用食物款待。脱粟，糙米。

【提示】魂灵附体，人间怪事，更令人称叹的是，世人多喜爱奢靡纷繁的富贵之乡，而长清高僧却能够摒弃人欲，超凡脱俗。

以命报恩①

一日，某弟方在内廨②，与宰关说③。值晨进薪水④，忽一樵人至前，释担抽利刃，直奔之。某惶急，以手格刃，刃落断腕；又一刀，始决其首。宰大惊，窜去。樵人犹张皇四顾。诸役吏急阖署门，操杖疾呼。樵人乃自刭死。纷纷集认，识者知为田七郎也。宰惊定，始出复验。见七郎僵卧血泊中，手犹握刃。方停盖审视，尸忽崛然跃起，竟决宰首，已而复踣⑤。衙官捕其母、子，则亡去已数日矣。

398

武闻七郎死，驰哭尽哀。

（《田七郎》）

【注释】①以命报恩：节选部分前面的故事为：田七郎是个家境贫寒的猎户。武承休梦中得人指点，要结识这位能共患难的朋友，然而田七郎不受重金不欲结识；田七郎惹了人命官司，武承休为其重金摆平；武承休被人陷害，申冤无门。②内廨：官署的内舍。③关说：通融说情。④薪水：柴草和水。⑤踣：倒在地上。

【提示】田七郎为武承休杀了仇人和狗官，以命报恩。正是"受人知者分人忧，受人恩者急人难。富人报人以财，贫人报人以义。""田七郎"是"畸人异行"中的佼佼者——心有坚守，不为财诱；受人恩情，以命相报。小说表现出封建社会的"报恩"美德，揭露在当时社会报恩的悲剧性。

为父报仇①

玉伺诸仆去，阖扉下楗②焉。诸仆就别室饮。移时，闻厅事③中格格有声。一仆往觇之，见室内冥黑，寂不闻声。行将旋踵④，忽有响声甚厉，如悬重物而断其索。亟问之，并无应者。呼众排阖⑤入，则主人身首两断；玉自经死，绳绝堕地上，梁间颈际，残缳俨然。众大骇，传告内闼⑥，群集莫解。众移玉尸于庭，觉其袜履虚若无足；解之，则素舄⑦如钩，盖女子也。

（《商三官》）

【注释】①为父报仇：节选部分前面的故事为：商三官的父亲被富豪指使家奴殴打致死，家人状告官府，却不被受理；三官女扮男装，以优人李玉的身份潜入仇家。②楗：门闩。③厅事：正厅。古代官员办公听讼的正房叫听事；后来私家堂屋也称听事，通常写作"厅事"。④旋踵：回步，转身。⑤排阖：打开关闭的房门。⑥内闼：内宅，指内眷。⑦素舄：服丧者所穿白鞋。

【提示】商三官对官府袒护豪绅有清醒认识，她以艺人身份混入仇家，手刃仇人，胆识非凡，性格勇毅。

临变不惊①

顷之，皎月初升，见弥望皆芦苇。既泊，王邀金父子出户一豁②，乃乘间挤金入水。金有老父，见之欲号。舟人以篙筑③之，亦溺。生母闻声出窥，又筑溺之。王始喊救。母出时，庚娘在后，已微④窥之。既闻一家尽溺，即亦不惊，但哭曰："翁姑俱没，我安适归！"王入劝："娘子勿忧，请从我至金陵。家中田庐，颇足赡给，保无虞也。"女收涕曰："得如此，愿亦足矣。"王大悦，给奉良殷。

（《庚娘》）

【注释】①临变不惊：节选部分前面的故事为：金大用一家人在逃难途中遇到了王十八，王十八贪恋金妻庚娘美色，伺机谋害金大用。后面的故事是：庚娘想方设法杀死了王十八，金大用落水未死，庚娘自杀安葬后又活了过来，夫妻团圆。②一豁：犹言一豁心目，即远望散心。③筑：撞击。④微：悄悄，隐约。

【提示】蒲松龄评说："大变当前，淫者生之，贞者死焉。生者裂人眦，死者雪人涕耳。至如谈笑不惊，手刃仇雠，千古烈丈夫中岂多匹俦哉！"庚娘可与英烈男子并驾齐驱。

恩仇分明①

问："囊中何物？"曰："仇人头耳。"检而窥之，须发交而血模糊。骇绝，复致研诘。曰："向不与君言者，以机事不密，惧有宣泄。今事已成，不妨相告：妾浙人。父官司马，陷于仇，彼籍吾家②。妾负老母出，隐姓名，埋头项③，已三年矣。所以不即报者，徒以有母在；母去，又一块肉累腹中，因而迟之又久。囊夜出非他，道路门户未稔，恐有讹误耳。"言已，出门。又嘱曰："所生儿，善视之。

400

君福薄无寿，此儿可光门闾。夜深不得惊老母，我去矣！"方凄然欲询所之，女一闪如电，瞥尔间④遂不复见。生叹惋木立，若丧魂魄。明以告母，相为叹异而已。后三年，生果卒。子十八举进士，犹奉祖母以终老云。

（《侠女》）

【注释】①恩仇分明：节选部分前面的故事为：顾生对门住着一家贫苦母女，顾家母子经常照顾这对母女，女子感念恩德，照顾顾母，并为顾家私生一子。女子居此三年，为父报仇。②籍吾家：抄没我家财产。籍，没收，登记。③埋头项：隐藏不敢露面。④瞥尔间：转眼间。

【提示】此女来去如电，剑术非凡；艳如桃李，冷若冰霜；有仇者夺命，有恩者报恩，是一个性格丰满而复杂的女性形象。

思考与行动

1. 从这些故事中，你能看出哪些传统文化观念？
2. 对于这些"另类"，你怎么看？写一篇杂感。
3. 搜集生活中的"畸人"故事，思考其价值。

四、官　员

《聊斋志异》曲折隐约地反映了明清社会问题。"刺贪刺虐入木三分"，是郭沫若先生对书中所写贪官酷吏故事的著名评论。《梦狼》《席方平》《续黄粱》三篇小说，或写梦境，或写冥界，隐喻现实社会中贪官酷吏如狼似虎。而《雹神》则描写了一位体恤子民的好官。

虎狼之衙①

丁曳之出，曰："公子衙署，去此不远，亦愿见之否？"翁诺。少间，至一第，丁曰："入之。"窥其门，见一巨狼当道，大惧，不敢进。丁又曰："入之。"又入一门，见堂上、堂下，坐者、卧者，皆狼也。又视墀②中，白骨如山，益惧。丁乃以身翼翁而进。公子甲，方自内出，见父及丁良喜。少坐，唤侍者治肴蔌③。忽一巨狼，衔死人入。翁战惕而起，曰："此胡为者?"甲曰："聊充庖厨。"翁急止之。心怔忡不宁，辞欲出，而群狼阻道。进退方无所主，忽见诸狼纷然嗥避，或窜床下，或伏几底。错愕不解其故。俄有两金甲猛士努目入，出黑索索甲。甲扑地化为虎，牙齿巉巉。一人出利剑，欲枭其首。一人曰："且勿，且勿，此明年四月间事，不如姑敲齿去。"乃出巨锤锤齿，齿零落堕地。虎大吼，声震山岳。翁大惧，忽醒，乃知其梦。

(《梦狼》)

【注释】①虎狼之衙：节选部分前面的故事为：白翁长子白甲为官异地，两年来不闻音信。一丁姓远亲来访，邀白翁同游梦幻。后面的故事是：白甲途中被强盗砍下头颅，头被接上后，又活了过来，但是肩托下巴，两只眼睛只能顾看自己的脊背。②墀（chí）：堂前台阶上面的空地，又指台阶。③肴蔌：菜肴。

【提示】堂上堂下，坐者卧者，皆为狼；环视四周，白骨如山。故事惊悚至极，深刻讽刺当时官吏贪婪暴虐残害百姓的社会现实。

阴间酷刑①

俄有皂衣人唤入。升堂，见冥王有怒色，不容置词，命笞二十。席厉声问："小人何罪?"冥王漠若不闻。席受笞，喊曰："受笞允当，谁教我无钱也!"冥王益怒，命置火床。两鬼捽②席下，见东墀有铁床，炽火其下，床面通赤。鬼脱席衣，掬置其上，反复揉捺之。痛极，骨肉焦黑，苦不得死。约一时许，鬼曰："可矣。"遂扶起，促使下床着衣，犹幸跛而能行。复至堂上，冥王问："敢再讼乎?"席曰："大冤未伸，寸心不死，若言不讼，是欺王也。必

402

讼!"王曰:"讼何词?"席曰:"身所受者,皆言之耳。"
冥王又怒,命以锯解其体。

(《席方平》)

【注释】①阴间酷刑:节选部分前面的故事为:席方平为父伸
冤,魂赴冥府,但上自冥王,下至城隍,尽为羊某买通。后面的故
事是:席方平投胎之后,愤啼三日而死,魂赴灌口,见到二郎神,
终得伸张冤屈。②捽(zuó):揪,抓。

【提示】席方平备受酷刑,负屈难伸。小说借席方平的遭遇深刻
地揭露了封建社会暗无天日的黑暗现实,表达了平民百姓对公平正
义的渴望,歌颂了席方平勇往直前、顽强刚毅、不畏强暴的斗争
精神。

仗势欺人①

一日,念微时②尝得邑绅王子良周济,我今置身青云,
渠尚蹉跎仕路,何不一引手?早旦一疏,荐为谏议,即奉
俞旨③,立行擢用。又念郭太仆曾睚眦我,即传吕给谏及侍
御陈昌等,授以意旨;越日,弹章交至,奉旨削职以去。
恩怨了了,颇快心意。偶出郊衢,醉人适触卤簿④,即遣人
缚付京尹,立毙杖下。接第连阡者,皆畏势献沃产。自此,
富可埒国。无何而嫋嫋、仙仙,以次殂谢,朝夕遐想。忽
忆曩年见东家女绝美,每思购充媵御,辄以绵薄违宿愿,
今日幸可适志。乃使干仆数辈,强纳资于其家。俄顷,藤
舆昇至,则较昔之望见时,尤艳绝也。自顾生平,于愿
斯足。

(《续黄粱》)

【注释】①仗势欺人:节选部分后面的故事是:包拯上疏言罪,
科、道、九卿纷上奏章,曾孝廉被抄家贬逐;他在路上遇到强盗,
被巨斧砍死;在阴间,阎王判他欺君误国之罪,罚他下油锅、上刀

山、喝铁水，投胎为乞丐之女；此女被诬以合谋奸夫杀死丈夫的罪名，被凌迟处死。曾孝廉豁然而醒，心中有悟，遂遁迹山林。②微时：未发迹时。③俞旨：皇帝应允的圣旨。俞，应允。④卤簿：仪仗队。

【提示】曾孝廉在一僧舍避雨时，偶入梦境。在梦中，他高居太师之位，享尽荣华富贵，然而擅作威福，卖官鬻爵，肆抢民财，强娶民女。身居高位者如果以权谋私，生时死后皆受惩罚。

罚蝶之令

长山王进士岵生为令时，每听讼，按罪之轻重，罚令纳蝶自赎；堂上千百齐放，如风飘碎锦，王乃拍案大笑。一夜，梦一女子，衣裳华好，从容而入，曰："遭君虐政，姊妹多物故①。当使君先受风流之小谴耳。"言已，化为蝶，回翔而去。明日，方独酌署中，忽报直指使②至，皇遽而出，闺中戏以素花簪冠上，忘除之。直指见之，以为不恭，大受诟骂而返。由是罚蝶令遂止。

(《放蝶》)

【注释】①物故：死亡。②直指使：官名。也称直指使者，朝廷特派巡视地方的官员。明清时代，指巡按御史。

【提示】宫廷喜欢斗促织，地方官员就喜欢玩蝴蝶。官场昏暗，由此可见一斑。

雷神去也①

少间，向天师细语。天师谓公曰："此先生同乡，不之识耶？"公问之。曰："此即世所传雷神李左车也。"公愕然改容。天师曰："适言奉旨雨雹，故告辞耳。"公问："何处？"曰："章丘。"公以接壤关切②，离席乞免。天师曰："此上帝玉敕，雹有额数，何能相徇？"公衰不已。天师垂思良久，乃顾而嘱曰："其多降山谷，勿伤禾稼可也。"

404

又嘱："贵客在坐，文去勿武③。"神出，至庭中，忽足下生烟，氤氲匝地。俄延逾刻，极力腾起，才高于庭树；又起，高于楼阁。霹雳一声，向北飞去，屋宇震动，筵器摆簸。公骇曰："去乃作雷霆④耶！"天师曰："逗戒之，所以迟迟；不然，平地一声，便逝去矣。"公别归，志其月日，遣人问章丘。是日果大雨雹，沟渠皆满，而田中仅数枚焉。

（《雹神》）

【注释】①雷神去也：节选部分前面的故事为：王公在楚地任职时，去拜访张天师。②公以接壤关切：王公想到章丘和他所管辖的地方相邻，十分关心。③文去勿武：温文离开，不要勇武。④去乃作雷霆：去时真如雷霆。

【提示】传说道教张天师可通神灵，他嘱托雹神不伤禾苗、温文离开，雹神都答应了。这个故事反映了老百姓希望少受自然灾害之苦的愿望。

⌒思考与行动⌒

1. 为官者常常集中地表现出哪些人性的弱点？如何防治这些人性弱点？

2. 小说借助神鬼之力表现官场，这类浪漫主义的写法有何好处？

3. 搜集整理古今贪官酷吏和清官良吏的故事。

五、其　他

《聊斋志异》创造性地继承了六朝志怪小说和唐传奇的优秀传统，构思奇特，刻画细腻，语言简洁。其荒诞独特的故事情节，异彩纷呈的艺术形象，都有扎根于社会的思想基础，并由此曲折地反映了当时的社会矛盾及广大人民群众的愿望，也熔铸了作者的感受与寄托。下面几则选文，可见一斑。

洛阳牡丹①

后二年，姊妹各举一子，始渐自言："魏姓②，母封曹国夫人。"生疑曹无魏姓世家，又且大姓失女，何得一置不问？未敢穷诘，而心窃怪之。遂托故复诣曹，入境谘访，世族并无魏姓。于是仍假馆旧主人。忽见壁上有赠曹国夫人诗，颇涉骇异，因诘主人。主人笑，即请往观曹夫人。至则牡丹一本，高与檐等。问所由名，则以其花为曹第一，故同人戏封之。问其"何种"，曰："葛巾紫③也。"心益骇，遂疑女为花妖。既归，不敢质言，但述赠夫人诗以觇之。女瞿然变色，遽出呼玉版抱儿至，谓生曰："三年前，感君见思，遂呈身相报；今见猜疑，何可复聚！"因与玉版皆举儿遥掷之，儿堕地并没。生方惊顾，则二女俱渺矣。悔恨不已。后数日，堕儿处生牡丹二株，一夜径尺，当年而花，一紫一白，朵大如盘，较寻常之葛巾、玉版，瓣尤繁碎。数年，茂荫成丛；移分他所，更变异种，莫能识其名。自此牡丹之盛，洛下无双焉。

（《葛巾》）

【注释】 ①洛阳牡丹：节选部分前面的故事为：洛阳人常大用喜爱牡丹，他在山东曹州与牡丹仙子葛巾结下姻缘，并促成了其弟常大器与葛巾堂妹玉版的婚事，后有贼寇入宅，姐妹二人智退贼寇。②魏姓：隐指牡丹葛巾出于魏家。宋欧阳修《洛阳牡丹记》："魏家花者，千叶肉红，花出魏相家。"③葛巾紫：牡丹品种名，也见《群芳谱》。

【提示】 常大用的猜疑之心使姐妹二人掷儿离去。儿隐没处生出两株牡丹，日益茂盛，从此有了"牡丹之盛，洛下无双"的盛景。蒲松龄评说："怀之专一，鬼神可通，偏反者亦不可谓无情也。少府寂寞，以花当夫人；况真能解语，何必力穷其原哉？惜常生之未达也！"

花神复活①

　　香玉以一手握绛雪，相对悲哽。及坐，生把之觉虚，如手自握，惊问之。香玉泫然曰："昔妾，花之神，故凝；今妾，花之鬼，故散也。今虽相聚，勿以为真，但作梦寐观可耳。"……生悒悒不乐。香玉亦俯仰自恨。乃曰："君以白蔹②屑，少杂硫黄，日酹妾一杯水，明年此日报君恩。"别去。明日，往观故处，则牡丹萌生矣。生乃日加培植，又作雕栏以护之。……生视花芽，日益肥茂，春尽，盈二尺许。归后，以金遗道士，嘱令朝夕培养之。次年四月至宫，则花一朵，含苞未放；方流连间，花摇摇欲折；少时已开，花大如盘，俨然有小美人坐蕊中，裁三四指许；转瞬飘然欲下，则香玉也。笑曰："妾忍风雨以待君，君来何迟也！"遂入室。

(《香玉》)

【注释】①花神复活：节选部分前面的故事为：胶州黄生在崂山下读书，结缘牡丹仙子香玉；有一人游玩下清宫见到白牡丹花，很是喜爱，移花至家，牡丹枯萎，香玉亦死；香玉姐姐耐冬绛雪不忍黄生孤单，变幻人形前来陪伴黄生，但是黄生一直不能遗忘香玉；黄生的痴情感动了花神，花神让香玉再降人间。后面的故事是：十年后，黄生得病而亡，变成一株五叶草陪伴在白牡丹旁，而道观中小道士砍掉了五叶草，牡丹、耐冬也相继凋零死去。②白蔹（liǎn）：中草药名，其根可入药。《群芳谱》谓种植牡丹，以白蔹末拌种，可使苗旺；分枝栽培，则需以少量轻粉和硫磺涂抹劈破之处，然后埋坑培土。

【提示】深情所结，生死不渝；精诚所至，死可复生；生时相伴，死后相随，唯有真爱，恒存天地。蒲松龄评说："情之至者，鬼神可通。花以鬼从，而人以魂寄；一去而两殉之，即非坚贞，亦为情死矣。"

因果报应

张姓暴卒，随鬼使①去，见冥王。王稽簿②，怒鬼使误捉，责令送归。张下，私浼鬼使，求观冥狱。鬼导历九幽，刀山、剑树，一一指点。末至一处，有一僧扎股穿绳而倒悬之，号痛欲绝。近视，则其兄也。张见之惊哀，问："何罪至此？"鬼曰："是为僧，广募金钱，悉供淫赌，故罚之。欲脱此厄，须其自忏。"张既苏，疑兄已死。时其兄居兴福寺，因往探之。入门，便闻其号痛声。入室，见疮生股间，脓血崩溃，挂足壁上，宛冥司倒悬状。骇问其故。曰："挂之稍可，不则痛彻心腑。"张因告以所见。僧大骇，乃戒荤酒，虔诵经咒。半月寻愈。遂为戒僧③。

（《僧孽》）

【注释】①鬼使：佛教所说的受阎罗役使、到阳世追摄罪人的鬼卒。②稽簿：检核簿籍。簿，指迷信传说中阴曹掌管的生死簿。③戒僧：即戒行僧。戒行，佛家语，指在身、语、意三方面恪守戒律的操行。

【提示】一个姓张的人误死，游历冥狱，见到兄长遭受酷刑，知其募财淫赌而受罚。复活后，他探问兄长，告其所见，兄长改过自新。小说体现佛家因果报应思想。

萌蛇归山①

一日，蛇人经其处，蛇暴出如风②。蛇人大怖而奔。蛇逐益急，回顾已将及矣。而视其首，朱点俨然，始悟为二青。下担呼曰："二青，二青！"蛇顿止。昂首久之，纵身绕蛇人，如昔弄状。觉其意殊不恶，但躯巨重，不胜其绕；仆地呼祷③，乃释之。又以首触笥③。蛇人悟其意，开笥出小青。二蛇相见，交缠如饴糖状，久之始开。蛇人乃祝小青："我久欲与汝别，今有伴矣。"谓二青曰："原君引之来，可还引之去。更嘱一言："深山不乏食饮，勿扰行人，以犯天谴。"二蛇垂头，似相领受。遽起，大者前，小者后，过处林木为之中分。蛇人伫立望之，不见乃去。自此行人如常，不知其何往也。

（《蛇人》）

【注释】①蛲蛇归山：节选部分前面的故事为：一个以耍蛇为业的人，驯养了一条叫二青的蛇，二青为蛇人寻得一条驯良的小蛇，名曰小青；二青长有三尺多的时候，蛇人放它归山。②暴出如风：猛然窜出，行如骤风。③笥：装蛇的箱子。

【提示】蛇通人性，蛇亦有情。二青与蛇人和小青的深深情谊令人感叹。

岳庙显灵①

月余，受杖数百，冤苦罔控②。遂诣东郭岳庙，跪而祝之，哭失声。无何，一虎自外来。隶错愕，恐被咥噬。虎入，殊不他顾，蹲立门中。隶祝曰："如杀某子者尔也，其俯听吾缚。"遂出缧索絷虎项，虎帖耳受缚。牵达县署，宰问虎曰："某子尔噬之耶？"虎颔之。宰曰："杀人者死，古之定律。且妪止一子，而尔杀之，彼残年垂尽，何以生活？倘尔能为若子也，我将赦之。"虎又颔之。乃释缚令去。

妪方怨宰之不杀虎以偿子也，迟旦③，启扉，则有死鹿；妪货其肉革，用以资度。自是以为常，时衔金帛掷庭中。妪从此致丰裕，奉养过于其子。

（《赵城虎》）

【注释】①岳庙显灵：节选部分前面的故事为：七十岁老妪的儿子被老虎吃了，她到县衙状告老虎，府隶醉中应下捕虎的差事，却捕捉不到。后面的故事是：几年后，老妪死去，老虎到她坟前哀嚎吊唁，人们为此虎立下"义虎祠"）。②罔控：无法申诉。③迟旦：第二天早晨。

【提示】 老虎认罪伏法，像儿子一样奉养老妪；老妪生时得养，死后得葬。

美丑颠倒①

（马骥）从人浮海，为飓风引去，数昼夜至一都会。其人皆奇丑；见马至，以为妖，群哗而走。……马问其相骇之故，答曰："尝闻祖父言：西去二万六千里，有中国，其人民形象率诡异②。但耳食③之，今始信。"问其何贽。曰："我国所重，不在文章，而在形貌。其美之极者，为上卿；次任民社④；下焉者，亦邀贵人宠，故得鼎烹⑤以养妻子。若我辈初生时，父母皆以为不祥，往往置弃之；其不忍遽弃者，皆为宗嗣耳。"问："此名何国？"曰："大罗刹国。都城在北去三十里。"马请导往一观。……时值朝退，朝中有冠盖出，村人指曰："此相国也。"视之，双耳皆背生，鼻三孔，睫毛覆目如帘。又数骑出，曰："此大夫也。"以次各指其官职，率訾睾⑥怪异；然位渐卑，丑亦渐杀⑦。

（《罗刹海市》）

【注释】 ①美丑颠倒：节选部分前面的故事为：俊美的马骥子承父业，开始经商。后面的故事是：马骥用煤涂面，大家觉得他很漂亮，又因善歌，深得王宠；后来入龙宫，娶龙女，享尽荣华富贵；马骥思念父母，别妻归家；三年后，龙女将一儿一女送出海面；但因仙尘两隔，夫妻各居一方。②诡异：怪异。③耳食：指不加审察，轻信传闻。④任民社：古称直接理民的地方官为"职任民社"。民社，人民和社稷。⑤鼎烹：美食，贵人所享。此指贵人赐与的"残杯冷炙"。⑥訾睾：狰狞。⑦杀：煞，减。

【提示】 丑为美，美为丑，罗刹国完全是一个颠倒的世界，作者指桑骂槐，旁敲侧击，此乃愤世嫉俗之作。

1. 这些故事隐喻了怎样的社会现实和人们的理想愿望？

2. 揣摩蒲松龄的笔法，试着虚构两篇关于花妖的浪漫主义爱情故事。

图书在版编目（CIP）数据

经典撷玉：中华传统文化精粹文段导读／黄耀新主编. -- 北京：中国文史出版社，2024.1

ISBN 978-7-5205-4119-0

Ⅰ．①经… Ⅱ．①黄… Ⅲ．①中华文化-高中-教学参考资料 Ⅳ．①G634.303

中国国家版本馆 CIP 数据核字（2023）第 102605 号

责任编辑：卢祥秋

出版发行：**中国文史出版社**

社　　址：北京市海淀区西八里庄路 69 号院　邮编：100142

电　　话：010-81136606　81136602　81136603（发行部）

传　　真：010-81136655

印　　装：北京新华印刷有限公司

经　　销：全国新华书店

开　　本：720×1020　1/16

印　　张：26.5　　　字数：395 千字

版　　次：2024 年 1 月第 1 版

印　　次：2024 年 1 月第 1 次印刷

定　　价：69.80 元